Geschichte Japans

Von
Maria-Verena Blümmel,
Günther Distelrath,
Axel Klein,
Josef Kreiner,
Regine Mathias,
Christian Oberländer und
Detlev Taranczewski

Herausgegeben von
Josef Kreiner

Reclam

6., aktualisierte und erweiterte Auflage

RECLAMS UNIVERSAL-BIBLIOTHEK Nr. 19574
2010, 2017, 2018 Philipp Reclam jun. GmbH & Co. KG,
Siemensstraße 32, 71254 Ditzingen
Umschlagabbildung: Japanische Teezeremonie.
Holzschnitt von Yōshū Chikanobu, 1895
Kartengestaltung: Dipl.-Ing. Martin Gref
Druck und Bindung: Canon Deutschland Business Services GmbH,
Siemensstraße 32, 71254 Ditzingen
Printed in Germany 2018

ISBN 978-3-15-019574-1

Auch als E-Book erhältlich

www.reclam.de

Inhalt

3 Der frühe Feudalismus

Von Detlev Taranczewski

4 Japan und die ostasiatische Staatenwelt an der Wende vom Mittelalter zur Frühen Neuzeit

Von Josef Kreiner

6 Von den Ungleichen Verträgen zur Großmacht – Japans Weg zum modernen Nationalstaat

Von Christian Oberländer

7 Das Entstehen einer modernen städtischen Gesellschaft und Kultur, 1900/1905–1932

Von Regine Mathias

8 Japan im Krieg, 1931–1945

Von Axel Klein

9 Japan bis zum Anfang des 21. Jahrhunderts

Von Axel Klein und Josef Kreiner

Anhang

Vorwort

Geschichte und Kultur Japans üben seit den ersten Kontakten zwischen beiden Welten um die Mitte des 16. Jahrhunderts auf Europa eine besondere Anziehungskraft aus. Ein Teil dieser Faszination geht sicherlich auf die Tatsache zurück, dass die Geschichte dieses von Europa räumlich so weit entfernten Landes auffallende Ähnlichkeiten und Parallelen zu jener Europas zur jeweils gleichen Zeit aufweist, oder dass sie zumindest in dieser Weise interpretiert werden kann. So haben die Hidalgos und Jesuitenmissionare des 16. Jahrhunderts in Japan eine ihnen ohne Schwierigkeiten verständliche Feudalgesellschaft vorgefunden. Diese empfundene Europa-Nähe führte in der Folge dazu, dass Japan in der europäischen Geistesgeschichte vielfach als Vorbild – etwa in der Gegenreformation und Früh-Aufklärung – oder als Ort einer Europa-Kritik dargestellt wurde. Nach der Öffnung des Landes und dem Beginn der Modernisierung ab 1868 lassen sich Parallelen insbesondere mit der Geschichte Deutschlands, das ja erst drei Jahre nach Japan 1871 mit dem Aufbau des modernen Nationalstaates begonnen hat, aufzeigen. Nicht von ungefähr hat sich daher Japan in diesem Zeitabschnitt vielfach an deutschen Vorbildern orientiert. Auch im 20. Jahrhundert sind solche Parallelen mit Entwicklungen in Deutschland auffällig. Vor allem das Bündnis zwischen beiden Mächten im Zweiten Weltkrieg – wiewohl von beiden Seiten ungeliebt und zu Recht als »hohle Allianz« bezeichnet – sowie der ähnlich verlaufene wirtschaftliche Wiederaufstieg in der zweiten Hälfte des 20. Jahrhunderts haben dazu geführt, dass in beiden Ländern eine gewisse Vertrautheit mit dem jeweils anderen vorausgesetzt und in der Bevölkerung auch so gefühlt wird. Heute gehören beide Länder zu den führenden Industrienationen der Welt, sehen sich aber auch den gleichen Problemen wirtschaftlicher, sozialer – besonders demographischer – und auch kultureller Art gegenüber, die wiederum ein engeres Zusammengehen erforderlich machen.

Die deutschsprachige Japanforschung hat in den vier Jahrhunderten ihrer wissenschaftlichen Auseinandersetzung mit Japan, seiner Geschichte, Kultur und Gesellschaft, eine Reihe ganz herausragender Ergebnisse erbracht, nicht nur auf dem Gebiete der Beschreibung, sondern auch auf dem der Deutung und Interpretation. Ein Teil dieser Ergebnisse ist heute noch gültig und integraler Bestandteil aller Japan-Diskurse.

Zuallererst muss hier der Name Engelbert Kaempfer genannt werden, ein Arzt, Botaniker und Entdeckungsreisender aus Lemgo in Lippe/Westfalen (1690–92 im Dienste der holländischen *Vereenigten Oostindischen Compagnie* (VOC) in Japan). Kaempfers Manuskript hat in seiner postum 1627 erschienenen englischen Übersetzung *The History of Japan* das Japanbild des Westens wie auch das Selbstbild Japans ganz nachhaltig geprägt mit seiner Darstellung der harmonischen Gesellschaft Japans als Vorbild für Europa. Als erster formulierte Kaempfer die Idee, Japan hätte sich Anfang des 17. Jahrhunderts freiwillig von der Außenwelt abgeschlossen, um den inneren Frieden zu sichern.

Weiter ist der Würzburger Arzt und Naturforscher Philipp Franz von Siebold zu nennen, der 1823–29 im Dienste des niederländischen Kolonialministeriums, 1859–63 als Angestellter einer holländischen Handelsfirma, dann als Berater der Shōgunatsregierung in Japan war. Siebolds Hauptwerk *Nippon. Archiv zur Beschreibung von Japan und dessen Neben- und Schutzländern* (Leiden 1832–52) interpretiert zumindest in seinem Titel die sogenannte »Landesabschließung« nicht als solche, sondern als eine durchdachte Maßnahme der Außenpolitik, mit der Japan sich eine eigene, von China verschiedene Machtsphäre mit einem Kordon von »Nebenländern«, nämlich Korea, Ryūkyū und den Ainu-Landen (Ezo = Hokkaidō, Sachalin, Kurilen) im Norden geschaffen habe.

Verglichen mit den Leistungen auf den Gebieten der Literaturwissenschaft, Philologie und – in den letzten Jahrzehnten verstärkt – der Sozialwissenschaften sind allerdings zusammenfassende Darstellungen geschichtswissenschaftlicher Art eher selten geblieben. In der zweiten Hälfte des 20. Jahrhunderts sind nur wenige Überblicke zur Geschichte Japans in deutscher Sprache erschienen. 1968 erschien *Das japanische Kaiserreich* des US-Amerikaners John Whitney Hall in deutscher Übersetzung. Bis heute ist dies noch immer die zuverlässigste Geschichte Japans, sieht man einmal davon ab, dass allein schon das Erscheinungsjahr der Erstausgabe eine wirklich umfassende Darstellung und abschließende Interpretation der Nachkriegsgeschichte bzw. der Entwicklungen bis zum Anfang des 21. Jahrhunderts unmöglich macht und vielfach umwälzende neuere Forschungen zu allen Teilbereichen der japanischen Geschichte nicht berücksichtigt sind.

Hans Adalbert Dettmers *Grundzüge der Geschichte Japans* ist ebenso wie Reinhard Zöllners *Geschichte Japans. Von 1800 bis zur Gegenwart* ein Ergebnis des Hochschulunterrichts. Beide sind eher knapp gehalten bzw. beschränken sich auf einen Ausschnitt der gesamten Geschichte und wenden sich in erster Linie an Studierende.

Die ursprünglich 1963 bis 1966 in japanischer Sprache in drei Bänden erschienene *Nihon no rekishi* von Inoue Kiyoshi ist 1995 von Manfred Hubricht als *Geschichte Japans* übersetzt herausgekommen. Sie ist ein typisches Produkt der marxistisch orientierten Geschichtsauffassung der liberalen »Nachkriegsdemokratie« Japans und setzt eine nähere Kenntnis dieser inner-japanischen Diskussion voraus, kann also kaum als erste Einführung empfohlen werden.

Die meisten Darstellungen der japanischen Geschichte

benutzen für eine notwendige Gliederung des Stoffes ein Periodisierungsschema, das auch von der japanischen Geschichtsschreibung verwendet wird (s. Tab. S. 468f.) und das sich ausschließlich an einem einzigen Kriterium orientiert. Dieses ist die Unterscheidung nach dem geographischen Ort, dem Sitz der die Macht ausübenden jeweiligen Regierung bzw. Regierungsorgans. Diese Gliederung beginnt im Jahre 710, als im nördlichen Teil der Yamato-Ebene (geographisch auch Nara-Becken genannt) die erste längerfristige Hauptstadt Heijō-kyō (»Friedenspalast-Hauptstadt«) nach dem stadtplanerischen Vorbild von Chang'an, der Hauptstadt der chinesischen Tang-Dynastie, errichtet wurde. Nach dem späteren Namen der an Bedeutung rasch verlierenden Stadt wird diese Epoche als Nara-Zeit bezeichnet.

784 wird der Sitz des Tennō und der Regierung aus Nara wegverlegt, nicht zuletzt um dem Druck und den politischen Machenschaften der buddhistischen Klöster zu entgehen, und 794 das heutige Kyōto unter der Bezeichnung Heian-kyō (»Friedenshauptstadt«) als Regierungssitz etabliert. Die davon ihren Namen ableitende Heian-Zeit dauert bis zum Ende des 12. Jahrhunderts, als 1192 eine in inneren Kämpfen die Vorherrschaft davontragende Militärclique im Ort Kamakura, im damals äußersten Osten des japanischen Reichsgebietes, ein Bakufu errichtet. Bakufu wird meist als »Zelt-Regierung« übersetzt. Der Begriff *baku/maku* bedeutet jedoch den übermannshohen, mit dem Wappen des Feldherrn geschmückten Spann-Vorhang, der das Oberkommando im Feldlager auf drei Seiten umgibt und vor Einsicht schützt. Die Bezeichnung »Feldlager-Regierung« sollte auf die militärische Genügsamkeit und Disziplin der neuen Machthaber, im Gegensatz zu dem ausufernden Prunk des Hofes und der Hofaristokratie, hinweisen.

Im Jahre 1333 wurde Kamakura in Feldzügen rivalisierender Clans niedergebrannt, und die siegreiche Partei verlegte ihr Bakufu zurück nach Kyōto in den Stadtteil Muromachi, um eine stärkere Kontrolle über den Hof auszuüben. Während jahrzehntelanger Kriegswirren im 16. Jahrhundert wurde Kyōto völlig zerstört. Der Jesuit Franz Xaver berichtet im Jahre 1550, er hätte nur armselige Hütten zwischen Brandruinen vorgefunden. Dennoch war die ideologische Bedeutung dieser Stadt als Sitz sowohl des Tennō als auch des Shōgun so groß, dass der erste der drei sogenannten »Reichseiniger«, Oda Nobunaga, erst mit der Besetzung Kyōtos 1568 seinen Machtanspruch als Herrscher ganz Japans anmelden konnte. Seinen Herrschaftssitz erbaute Nobunaga 1576 am Ort Azuchi am Biwa-See in Gestalt einer durch die Berichte der portugiesischen Jesuiten auch in Europa berühmten Burg. Sein Nachfolger, der Feldherr und *kampaku* (Reichskanzler) Toyotomi Hideyoshi, errichtete seine Residenz in Momoyama südlich von Kyōto und gleichzeitig 1583 die Zwingburg Ōsaka zur Sicherung der Herrschaft seiner Familie. Im Anschluss an die Perioden Kamakura und Muromachi werden daher die letzten Jahrzehnte des 16. Jahrhunderts als Azuchi-Momoyama-Zeit bezeichnet.

Anfang des 17. Jahrhunderts errichtete der aufgrund eher zweifelhafter Genealogien Anspruch auf das Amt des Shōgun erhebende dritte »Reichseiniger« Tokugawa Ieyasu erneut ein Bakufu mit Sitz in Edo, einem damals unbedeutenden Fischerdorf am Nordende der Bucht von Tōkyō. Dort verblieb der Sitz des Shōgunates der Edo-Zeit bis zur Rückgabe des Amtes an den Tennō im November 1867.

So einsichtig und praktisch sich diese Gliederung auf den ersten Blick erweist, so schwierige Probleme birgt sie in sich. Zunächst ist klar, dass die japanische Geschichte nicht erst im Jahre 710 beginnt und auch nicht 1867 endet. Das erste Problem versuchte man dadurch zu lösen, dass man den Namen der Landschaft Asuka in der Südostecke des Nara-Beckens, in der sich bis auf wenige Ausnahmen die kurzfristig errichteten und wieder aufgegebenen Paläste und Regierungssitze mehrerer Herrscher im 7. Jahrhundert befanden, als Bezeichnung dieses Zeitabschnittes des altjapanischen Staates verwendete. Asuka ist allerdings genuin ein Terminus der Kunstgeschichte und als solcher im Zusammenhang mit politischer und Ereignisgeschichte missverständlich. Das zweite Problem ist noch einfacher umgangen worden, indem – ganz in Übereinstimmung mit dem oben angeführten Kriterium des Ortes des Regierungssitzes – nach 1868 von Tōkyō-Zeit gesprochen wurde. Allerdings gibt es in den etwa 140 Jahren, in denen Tōkyō nun schon Hauptstadt Japans und gleichzeitig auch Sitz des Tennō ist, mehrfach tiefgehende Brüche, die es schwierig machen, diesen Zeitabschnitt unter einem Terminus und Begriff zu subsumieren; es sei hier nur auf die sogenannte Meiji-Verfassung 1889, das Kriegsende 1945 und die darauf folgende »Friedens-Verfassung« von 1946 verwiesen.

Ebenfalls problematisch, weil kontrovers diskutiert, sind die jeweiligen Angaben von bestimmten Jahren für den Beginn bzw. das Ende der einzelnen Zeitabschnitte sowie die Frage der Behandlung von Übergängen. Für die Nara-Zeit ist z.B. das Jahr 710 als Beginn sowie 784 als Ende von Heijō-kyō als Regierungssitz durch kaiserliche Erlasse eindeutig. Die darauffolgenden zehn Jahre bis zur Etablierung von Heian-kyō wurden einfach als Weiterführung der Nara-Zeit behandelt. Ausgrabungen aus neuester Zeit haben jedoch eindeutig gezeigt, dass am Ort Nagaoka an der Verbindungsstrecke zwischen Heian/Kyōto und Ōsaka bereits Palast- und Regierungsbauten vollendet waren, nach 784 ein Regierungsumzug dorthin vollzogen worden war und man also folgerichtig zwischen 784 und 794 von einer Nagaoka-Zeit sprechen muss. Ebenso ist für das Ende der Heian-Zeit 1180 der Neubau einer Hauptstadt Fukuhara (im Gebiet der heutigen Stadt Kōbe) durch den Taira-Clan bekannt, in der auch der Tennō seinen Sitz nehmen musste. Am Übergang von der Kamakura- zur Muromachi-Zeit wiederum kam es zu einem Schisma des Hofes. Der die kaiserlichen Regalien (Spiegel, Schwert und Krummjuwel) mit sich führende und daher als rechtmäßig anerkannte Süd-Hof nahm in den Bergen von Yoshino südlich der Nara-Ebene Zuflucht. Japanische Historiker nehmen dies zum Anlass, um von Nagaoka-, Fukuhara- bzw. Yoshino-Zeit zu sprechen, auch wenn dies zu einem immer komplizierteren Periodisierungsschema führt.

Da schließlich das Bakufu der Muromachi-Zeit mit den Bürgerkriegen der Ōnin- und Bummei-Ära ab 1467 seine zentralen Funktionen fast vollständig einbüßte, gab dies für die Geschichtsschreibung den Ausschlag, um für das 16. Jahrhundert von dem Kriterium des Regierungssitzes für die Gliederung von Geschichtsabschnitten abzugehen und die Zeit ab 1467 nach einem Terminus aus der chinesischen Geschichtsschreibung (Zhanguo, 476–221 v. Chr.) als *Sengoku-jidai* (»Periode der Streitenden Reiche«) zu bezeichnen, wobei deren Ende mit so verschiedenen Daten wie 1568 (Einzug Oda Nobunagas in Kyōto), 1598 (Tod Toyotomi Hideyoshis), 1600 (Entscheidungsschlacht von Sekigahara und Sieg von Tokugawa Ieyasu), 1616 (Fall der Burg von Ōsaka und Untergang der Familie Toyotomi) oder noch anderen belegt wird.

Dass sich eine nach einem so einfachen Kriterium aufgebaute und dabei gleichzeitig so komplizierte Fragen aufwerfende Periodisierung so lange gehalten hat, ist in erster Linie wohl dem Umstand zuzuschreiben, dass sie in ihren Grundzügen mit einer ebenfalls schon früh entwickelten Gliederung nach einem weiteren höchst einfachen Prinzip übereinzustimmen scheint, nämlich dem Prinzip des die tatsächliche Macht ausübenden Geschlechtes (de nomine ist dies immer die keinen Namen tragende Familie des Tennō-Clans).

Schon in der Asuka-Zeit gewinnt die Familie der Fujiwara die Vorherrschaft unter einer Reihe um die Macht rivalisierender Clans. Sie kann ihre Stellung in der Nara-Zeit ausbauen, und in der Heian-Zeit ist sie so einflussreich, dass sie über Generationen hinweg die jeweilige Hauptfrau des Tennō stellt. Im 12. Jahrhundert beginnt dann der Aufstieg zweier »neuer«, sich auf Zweigfamilien der Tennō-Linie zurückführender Geschlechter, der Taira (Heike) und der Minamoto (Genji). Sie dominieren die Zeitabschnitte Fukuhara bzw. Kamakura, ebenso wie dies für die mit den Minamoto weitläufig verwandte Familie der Ashikaga in der Muromachi-Zeit und für die Tokugawa in der Edo-Zeit gilt.

Sehr früh hat die Geschichtswissenschaft erkannt, dass die Namen der einzelnen Geschlechter für verschiedene Gesellschaftsschichten stehen. Insbesondere die stark marxistischen Denkschemata verhaftete japanische Geschichtsschreibung des 20. Jahrhunderts hat auf der Grundlage dieser Periodisierungsansätze versucht, zu größeren Einteilungen zu gelangen. So entspricht die Herrschaft der Fujiwara in der Nara- und Heian-Zeit in der Sozialgeschichte der Vorherrschaft des Hofadels *kuge* bzw. des Kaiserhofes; die Form der Machtverwaltung entspricht dem Beamtenstaat nach chinesischem Vorbild, wie er durch die Verwaltungserlasse *ritsu* und *ryō* im Jahre 701 geschaffen wurde. Die Geschlechter der Taira, vor allem jedoch jene der Minamoto, Hōjō, Ashikaga und der Tokugawa repräsentieren die Macht des Schwertadels *buke*, die bis ins 19. Jahrhundert hinein aufrechterhalten werden konnte. Sie wird im Gegensatz zu europäischen Idealformen jedoch in »dezentralisierten« (Kamakura- und Muromachi-Zeit) und »zentralisierten« (Edo-Zeit) Feudalismus unterteilt, unterbrochen von der bereits erwähnten Unruhezeit des 16. Jahrhunderts.

Das Aufkommen einer bürgerlichen Kultur im 17./18. Jahrhundert (Edo-Zeit) wird als möglicher Ansatz zu einer »Herrschaft der Bürger« (*chōmin*) diskutiert, aber keineswegs allgemein in dieser Form anerkannt. Die »Herrschaft des Volkes« (*kokumin*, als Stand eher *shimin*) wird im modernen Nationalstaat ab 1868 nach marxistischer Geschichtsauffassung durch den japanischen Kapitalismus beeinträchtigt, wenn nicht unterdrückt, und kommt erst nach 1945 voll zum Tragen.

Parallel zur Gliederung der europäischen Geschichte werden schließlich jeweils mehrere dieser mehr oder weniger deckungsgleichen Perioden und Zeitabschnitte zu großen, übergreifenden Epochen zusammengefasst: Das Altertum der japanischen Geschichte, *kodai* oder *jōdai*, entspricht Asuka-, Nara- und Heian-Zeit mit der Herrschaft des Hofadels, insbesondere dem Geschlecht der Fujiwara. Kamakura- und Muromachi-Zeit, d. h. die Periode der Herrschaft des Schwertadels im Abschnitt des dezentralisierten Feudalismus, werden als Mittelalter *chūsei* zusammengefasst, wobei der Übergang zur Frühen Neuzeit *kinsei* der Edo-Zeit (Tokugawa-Shōgunat bzw. zentralisierter Feudalismus) nicht immer eindeutig festgelegt ist. Der darauffolgende Abschnitt der Neuzeit *kindai* umschließt die Tōkyō-Zeit ab Mitte des 19. Jahrhunderts bis 1945, danach folgt die Gegenwart *gendai* ab 1945.

Im Hinblick auf die angeführten Schwierigkeiten, die diese bisher üblichen Einteilungsversuche einer Überblicksdarstellung in den Weg stellen, haben wir uns entschieden, in der vorliegenden Beschreibung einen anderen Weg zu gehen. Die Darstellung der verschiedenen, im Laufe der japanischen Geschichtsschreibung in den Vordergrund gerückten »großen« Daten der politischen oder der Ereignisgeschichte treten in den Hintergrund, und langfristige Entwicklungen, ausgehend von zunächst noch wenig auffälligen Veränderungen in Wirtschaft, Gesellschaft oder im Wertesystem, gewinnen an Bedeutung. Vor allem kommt es zu jeweils längeren Übergängen und Überlagerungen, da ja Institutionen, selbst wenn sie mit einem Edikt neu geschaffen bzw. aufgelöst werden, ihre volle Bedeutung niemals sofort entfalten oder beenden.

Dies gilt vielleicht in ganz besonderem Maße für Japan, wo zumindest ab Mitte des 6. Jahrhunderts die Linie des Tennō-Geschlechts ungebrochen an der Spitze des Staates steht, ohne jedoch durchgehend auch die Macht in Händen zu halten. Auch das Bakufu/Shōgunat hat nach seiner Schaffung 1192 ungebrochen bis 1867 bestanden.

Für die Periodisierung bieten sich folgende Institutionen an, die jeweils im Mittelpunkt der Darstellung eines durch sie geprägten Geschichtsabschnittes stehen, über diesen hinaus aber Bestand haben: In der Geschichte des altjapanischen Staates von der Frühzeit bis zum 8. Jahrhundert sind es die sog. *uji* (»Geschlechter« oder »Clans«), mächtige Familienverbände, die in wechselnden Koalitionen um die Vorherrschaft zunächst in der Yamato-Ebene und später darüber hinaus kämpften. Aus ihnen geht die im darauffolgenden Geschichtsabschnitt, der durch die Machtkonzentration auf die Institutionen Hof und Hofadel geprägt ist, dominierende Familie der Fujiwara hervor. In peripheren Regionen halten sich jedoch regional stark verwurzelte Familienverbände bis ins Mittelalter hinein. Sie bilden die Machtbasis des Süd-Hofes während des Schismas im 14. Jahrhundert und werden erst durch die Kämpfe der Reichseinigung im 16. Jahrhundert bzw. den zentralen Machtapparat des Tokugawa-Bakufu völlig vernichtet.

Das erste Edikt, das im Jahre 830 erblichen Anspruch auf Landbesitz, der von Besteuerung, Gerichtsbarkeit und militärischen Gefolgschaftsleistungen ausgenommen ist, anerkennt, öffnet den Weg zu der für die Etablierung des »dezentralisierten« Feudalismus grundlegenden Institution der *shōen*-Grundherrschaften, deren Reste erst im 16. Jahrhundert aufgelöst werden. Für das Mittelalter bietet sich die als einzige von außen Japan angebotene Institution, das von der chinesischen Hegemonialmacht etablierte System des »Tributhandels«, d.h. der freiwilligen Einordnung in das mit Handelsfreiheiten verknüpfte Hegemonialsystem der Großmacht China, an. In Ansätzen lässt es sich schon in vorgeschichtlicher Zeit und dann wieder im Altertum erkennen; für das Königreich Ryūkyū ist es bis 1879 politische Leitlinie, doch für Japan (einschließlich Ryūkyū) ist vor allem jener Zeitabschnitt, der durch die Vollendung dieses außenpolitischen und ideologischen Systems durch die Ming-Dynastie Chinas ab dem 14. Jahrhundert geprägt ist, entscheidend. Die Umdeutung dieser Institution durch die ersten Tokugawa-Shōgune Anfang des 17. Jahrhunderts im Sinne eines nun von Japan dominierten Hegemonialsystems zeigt Japans neues politisches Bewusstsein.

Der moderne Nationalstaat der zweiten Hälfte des 19. Jahrhunderts baut auf dieser Vorstufe auf. Seine Ideologie öffnet Wege zu einem Verständnis des japanischen Imperialismus, der Kolonialfragen bis hin zu Problemen der Aufarbeitung von Krieg und Nachkriegszeit in der Gegenwart. Da der Schwerpunkt unserer Darstellung auf der Neueren und der Gegenwartsgeschichte Japans liegen soll, haben wir im 20. Jahrhundert noch weitere, detailliertere Teilungen eingeführt und der Beschreibung der bürgerlichen Gesellschaft in den 1920er Jahren (»Taishō-Demokratie«), des Militarismus in den 1930er Jahren (*kurai tanima*, »Dunkles Tal«) und schließlich der ökonomischen Institutionen in ihrem Wirken während des wirtschaftlichen (Wieder-)Aufstieges Japans in der zweiten Hälfte des 20. Jahrhunderts (Japan als Handelsstaat, Technologiestaat und schließlich als Informationsgesellschaft) breiteren Raum eingeräumt.

Die Autorinnen und Autoren dieses Buches sind zahlreichen Kolleginnen und Kollegen im In- und Ausland, vornehmlich in Japan, für langjährige und wertvolle Unterstützung zu großem Dank verpflichtet, zu vielen, um sie hier einzeln und namentlich zu nennen. Herr stud. phil. Christian Gmür von der Martin-Luther-Universität Halle-Wittenberg hat die Tabellen des Anhanges zusammengestellt. Herr Jens Ostwald, Tōkyō, hat in der Endphase der Redaktion sein Fachwissen eingebracht. Die Karten stammen von Herrn Dipl. Ing. Martin Gref von der Abteilung Kartographie des Geographischen Instituts der Rheinischen Friedrich-Wilhelms-Universität Bonn. Ihnen allen gilt an dieser Stelle unser herzlicher Dank, wobei abweichende Interpretationen und Fehler ausschließlich uns anzulasten sind.

Hinweise

Zur Transkription: Die Umschrift des Japanischen im Text folgt der sog. Hepburn-Umschrift. Vokale werden wie im Deutschen, Konsonanten wie im Englischen ausgesprochen, lange dunkle Vokale (*a*, *u*, *o*) werden durch einen Längungsstrich (*ā*, *ū*, *ō*), lange helle Vokale (*e*, *i*) durch ein hinzugefügtes *i* (*ei*, *ii*) gekennzeichnet. Der Apostroph ' bezeichnet eine Silbentrennung. Für Chinesisch wird die Pinyin-Umschrift, für Koreanisch das MacCune-Reischauer-System verwendet. Der Buchstabe *ŏ* entspricht einem *eo*.

Zur Zeitrechnung: Das japanische Kalenderjahr beginnt jeweils am ersten Neumond nach Ablauf eines sog. *sekku*-Abschnitts (= ca. 2 Wochen) nach der Winter-Sonnenwende, d.h. zwischen 21. Januar und 19. Februar unseres Kalenders. Im Altertum wurden die Jahre der Regierungszeit eines Herrschers durchgezählt. Anfang des 6. Jahrhunderts wurde aus China der sog. »60er Zyklus«, gebildet durch eine Kombination der zwölf Zeichen des ostasiatischen Tierkreises und der fünfteiligen Elementen-Reihe, übernommen. Im Jahre 645, fortlaufend ab 701, wurde schließlich vom Hof das chinesische System, anlässlich besonderer Anlässe *nengō* (Regierungsdevisen) zu verkünden, eingeführt. Die Bezeichnungen dieser *nengō* sind komprimierte Zitate aus den chinesischen Klassikern, deren Bedeutung sich der japanischen Allgemeinheit kaum mehr erschließt. Wir haben uns daher entschlossen, keine möglicherweise irreführenden Übersetzungen zu geben, sondern nur eine einfache lautliche Transkription zu gebrauchen. Ein besonderer Zeitpunkt für die Verkündung einer neuen Devise existierte lange Zeit nicht, sie konnte jederzeit erfolgen. Erst mit der Verfassung von

1889 wurde der Regierungsantritt eines Tennō als Beginn einer neuen *nengō* festgelegt, ihre Dauer auf die Lebenszeit des jeweiligen Tennō begrenzt und ihre, heute vom Kabinett verkündete, Bezeichnung als postumer Name dieses Tennō bestimmt (Meiji, Taishō, Shōwa, Heisei).

Personennamen werden in der in Japan (und allgemein in Ostasien) üblichen Form angeführt, d. h. zunächst steht der Familien- oder Geschlechtername, darauf folgt der persönliche Vorname, im Altertum und Mittelalter oftmals durch ein genitivisches *no* verbunden (Minamoto no Yoritomo: Yoritomo aus der Familie der Minamoto).

1 Ur- und frühgeschichtliche Grundlagen

Von Josef Kreiner

Epochenüberblick

Das Gebiet der vier japanischen Hauptinseln Hokkaidō, Honshū, Shikoku und Kyūshū erstreckt sich von Kap Sōya auf 45 Grad nördlicher Breite bis zum 31. Grad bei Kap Sata, der Südspitze der Halbinsel Ōsumi auf Kyūshū, und weiter bis zur Insel Hateruma, der südlichsten der Ryūkyū-Inseln am nördlichen Wendekreis. Nur 17% dieses knapp 370000 km² großen Gebietes sind für dauernde Besiedelung geeignetes Flachland. Zur Zeit der ersten Nachweise von Menschen in diesem Gebiet vor etwa 37000 bis 16000 Jahren bot sich jedoch ein ganz anderes Bild. Breite Landbrücken verbanden die Inseln mit dem Festland im Süden wie im Norden. Die ältesten Funde von Skeletten und Steingeräten (Paläolithikum) lassen vermuten, dass aus beiden Richtungen, Südostasien wie Sibirien, Einwanderungen stattgefunden haben. Nach neuesten Erkenntnissen wurde auch die älteste Keramik um etwa 14000 v. Chr. von Sibirien über Nordjapan nach Süden verbreitet. Ab ca. 10000 v. Chr. lässt sich über ganz Japan eine Keramik-Kultur mit Schnurmuster-(*jōmon*-)Verzierung nachweisen, die zunächst noch nicht als voll-neolithisch bezeichnet werden kann. Erst in ihrer zweiten Hälfte ist der Anbau von Kulturpflanzen nachweisbar, darunter im 1. Jahrtausend vor der Zeitwende auch schon von Reis. Die nachfolgende Yayoi-Periode (ca. 3. Jh. v. Chr. – 3. Jh. n. Chr.) ist durch reichen Gebrauch von Bronze (Kultgegenstände wie Bronze-»Glocken«, Spiegel, Helle-

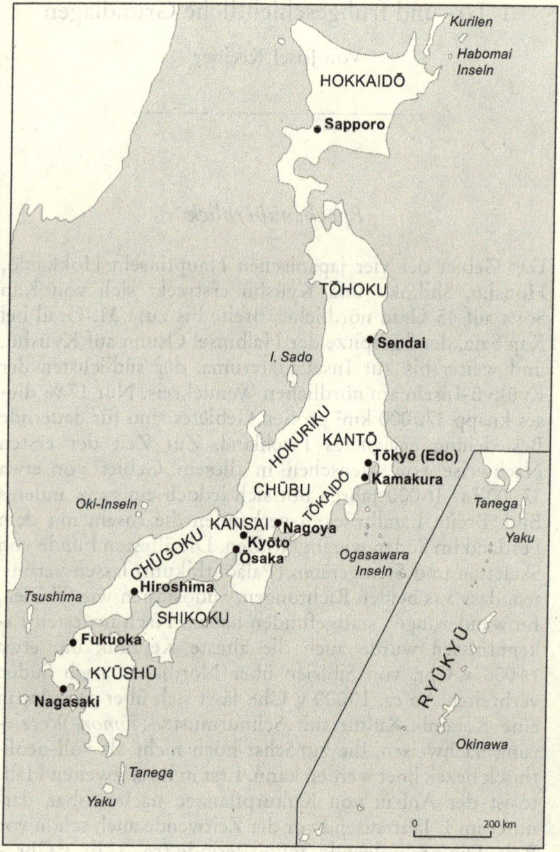

Karte 1: Japan und seine Großlandschaften

barden) gekennzeichnet. Sie wird allgemein als Grundlage der durch den Nassfeld-Reisbau charakterisierten japanischen Kultur angesehen. Aus chinesischen Quellen wissen wir auch, dass sich erste staatliche Gebilde und Föderationen unter Führung einer Königin Himiko von Yamatai im 2. Jahrhundert n. Chr. formten und mit Korea und China in Kontakt traten. Volk und Land wurden mit dem Namen Wa bezeichnet.

Auf der Matrix der Yayoi-Kultur entwickelte sich als letzte der urgeschichtlichen Perioden die nach den zahlreichen Grabhügeln der Fürsten und Oberschicht als Kofun (»Tumuli« oder »Hügelgräber«)-Kultur bezeichnete Eisenzeit Japans. Ein tiefgehender Wandel, ja Bruch in der Entwicklung dieser Kultur in der zweiten Hälfte des 4. Jahrhunderts legt die Vermutung nahe, ein Reiterkriegervolk hätte vom Kontinent kommend die einheimische bäuerliche Bevölkerung unterworfen und in der Yamato- oder Nara-Ebene den Yamato-Staat Altjapans gegründet. In jedem Fall ist das Wa-Yamato-Japan dieser Zeit aktiv in die Kämpfe der Staatenwelt auf der koreanischen Halbinsel verwickelt. Durch ein Bündnis mit dem Staat Paekche (jap. Kudara), von wo u. a. die buddhistische Lehre um die Mitte des 6. Jahrhunderts nach Japan vermittelt wurde, einseitig gebunden, wurde Japan Mitte des 7. Jahrhunderts in den Strudel des Untergangs von Paekche mit hineingezogen. Als Folge verlor Japan die Vorherrschaft zur See, musste sich von der Halbinsel zurückziehen und in das hegemoniale Herrschaftssystem Chinas der Tang-Dynastie (Annahme der Verpflichtung zu Tributsendungen; jap. *sakuhō-* oder *sappō*-System) einordnen. Diese Verbindung wurde für die weitere kulturelle und politisch-institutionelle Entwicklung in der folgenden Periode von entscheidender Bedeutung.

Im Inneren sind ab dem Beginn des 6. Jahrhunderts heftige Auseinandersetzungen zwischen einzelnen führenden *uji* (Geschlechterverbände) innerhalb des Yamato-

Staates zu verfolgen. Eine führende *uji*-Sippe vermochte sich weniger durch militärische Macht als durch priesterliche Ritualfunktion durchzusetzen. Als von der Sonnengottheit Amaterasu abstammend, nahm sie die zentrale Stellung innerhalb des in diesen Jahrhunderten mehrmals umgeformten japanischen Mythos, wie er Anfang des 8. Jahrhunderts dann schriftlich festgehalten wurde, ein. Dennoch sind sowohl aus koreanischen wie den späteren japanischen Quellen mehrere Dynastie-Wechsel zu rekonstruieren. Ab dem 7. Jahrhundert sind aber auch die letzten, heftigsten Gegner wie die Sippe der Soga ausgeschaltet, die Dynastie ist fest etabliert. Die Bezeichnung der früheren Herrscher – *ō-kimi* »Groß-König«, später *sumera-no-mikoto* »Erhabener Herrscher« – wird zu dem aus dem Daoismus Chinas übernommenen *tennō* »Himmels-Herrscher«, das Land setzt auch im Ausland die Bezeichnung Nihon (Nippon) »Sonnenaufgang« statt Wa durch. Mit der Assimilierung von Fremdvölkern wie den Hayahito im Süden und den Emishi im Norden ist die japanische Ethnogenese abgeschlossen, nur die (späteren) Ezo oder Ainu auf Hokkaidō bleiben noch außerhalb des Reiches.

um 37 000 – 16 000 vor heute	Pleistozäne Menschenfunde
um 16 000 – 12 000 vor heute	Erste Keramikfunde
um 11 000 – 5./3. Jh. v. Chr.	Jōmon-Periode (Keramik)
ca. 1. Jt. v. Chr.	Erste Funde von Reis-, Hirse-, Buchweizen-Anbau
5./3. Jh. v. Chr. – 3. Jh. n. Chr.	Yayoi-Periode: Bronzegeräte, Nassfeld-Reisbau
57	Goldsiegel von Kaiser Wu-ti an den König des Landes Na in Wa
188	Königin Himiko von Yamatai einigt alle Wa-Länder
266	Königin Iyo

3.–7. Jh.	Kofun »Hügelgräber«-Periode, Bronze und Eisen
372	Paekche sendet »Siebenarmiges Schwert«
414	Steinsetzung des Königs Hot'ae von Kokuryŏ am Yalu berichtet über Feldzüge der Wa
5. Jh.	Fünf Könige der Wa in Kontakt mit China/Süd-Song
um 470/480–502	König Wu von Wa = Yūryaku beherrscht Mitteljapan
527	Aufstand des Iwai in Kyūshū vereitelt Korea-Feldzug
538 oder 552	Übermittlung der buddhistischen Lehre nach Japan
562	Japanische Besitzungen in Korea (Mimana) gehen verloren
572	Soga no Umako schaltet Mononobe-Sippe aus, bringt Prinz Shōtoku an die Macht
645	Taika-Staatsstreich
658–660	Feldzug des Abe no Hirafu gegen die Su-Shen und Emishi im Nordosten
660	Paekche durch Invasion Sillas zerstört
663	Versuch der Restitution Paekches endet mit Niederlage Japans in der Seeschlacht von Hakusuki-no-e
664	Festungsbauten gegen befürchtete Tang-Invasion; chinesische Gesandtschaft erzwingt Politik-Wechsel
720	Aufstand der Hayahito
727–930	Gesandtschaftswechsel mit Bohai
780–789	Aufstand der Emishi, Fall der Grenzfestung Taga-jō
794–811	Feldzüge des Sakanoue no Tamuramaro gegen die Emishi in der Tōhoku-Region

Früheste Menschenfunde und Paläolithikum

Die frühesten Menschenfunde auf dem Gebiet der japanischen Inseln gehen in das Pleistozän zurück. Auf dem Höhepunkt der letzten Eiszeit vor etwa 20000 Jahren lagen die Temperaturen bis 8 °C niedriger und der Meeresspiegel 130 m tiefer als heute. Fast das ganze Gebiet des Gelben und des Ostchinesischen Meeres lag trocken, und nur schmale Meeresarme trennten Japan von der koreanischen Halbinsel bzw. von Taiwan. Im Norden verbanden Landbrücken Hokkaido mit Sachalin sowie dem Festland. Über diese Wege erreichten Großtiere wie der nach dem deutschen Geologen Edmund Naumann benannte Ur-Elefant, Großhirsche und Mammuts Japan. Mit ihnen zogen die ersten Menschen, Angehörige der ältesten Homo-Sapiens-Gruppe Ostasiens, nach Japan. Skelettfunde vom Yamashita-Cave (Stadt Naha, Okinawa) datieren etwa 37000 vor heute, Funde aus der »Ziegenhöhle« Pinza-abu auf der Insel Miyako etwa 26000 vor heute, jene aus dem Steinbruch von Minatogawa (Süd-Okinawa) 22000 vor heute. Alle diese Fundplätze haben keine Kulturartefakte geliefert. Die etwa gleich alten Knochenfunde des Hamakita-*man* (Hamana-See, Präf. Shizuoka) sind dagegen von Mikrolith-Werkzeugen begleitet. Neueste Funde aus der Sakitari-Höhle auf Okinawa (35000 vor heute) haben neben Skelettresten auch den weltweit ältesten und bisher einzigen Angelhaken aus Muschelschale (23000 vor heute) erbracht. Die Grabung von Saonetabaru auf Ishigaki im Yaeyama-Archipel hat 19 fast vollständig erhaltene Skelette eines Gräberfeldes (20000 vor heute) erschlossen, das weltweit einzigartig ist und Fragen nach den Jenseitsvorstellungen der ältesten Homo-Sapiens-Menschen aufwirft, aber auch nach deren Seetüchtigkeit.

Mehr als 10000 Funde von Steingeräten einer vor-keramischen Periode – in Europa würde man von Paläolithikum sprechen, doch bereitet die Übernahme der an europäischen Befunden orientierten Periodengliederung in Ostasien Schwierigkeiten – lassen sich grob in zwei »Kulturen« gliedern. Ein als älter angenommener Fundkomplex wird durch grob zubehauene Steingeräte (als *chopper* und *chopping-tools* bezeichnet) charakterisiert, wie sie zuerst 1949 am Fundort Iwajuku, Präf. Gumma, Kantō-Raum, festgestellt wurden. Ähnlichkeiten mit Funden aus der Oberen Höhle von Choukou-tien bei Beijing, vor allem aber mit dem Hoabinian-Komplex in Indochina und dem Patjitanian Javas lassen Verbindungen zu Südostasien vermuten. Datierungen sind äußerst unsicher, da Fragen der geologischen Stratifizierung umstritten sind. Der zweite, offensichtlich jüngere Komplex mit Mikrolithen, kleineren Geräten wie Klingen, Spitzen und Schabern aus Obsidian, findet sich etwa 20000 vor heute in Hokkaidō (mit Verbindungen nach Sibirien) und überquerte 14000 vor heute die damals sehr schmale Meeresstraße von Tsugaru nach Süden. Der europäischen Terminologie nach würde diese Fundgruppe dem oberen Paläo- oder dem Mesolithikum entsprechen.

Jōmon, das lange Neolithikum

Fast zeitgleich mit diesem Mikrolithen-Komplex lassen sich die frühesten Keramikfunde Japans datieren. Sie schließen im Norden an die Oshipovka-Kultur (Amur-Region bis Baikalsee; ca. 16000 vor der Gegenwart) an. Sehr frühe Funde stammen von der Tsugaru-Halbinsel, Nord-Honshū (16500 vor heute), aus Shikoku, Präf. Ehime (12165 +/– 600) und aus dem Fukui-Cave, Präf. Nagasaki (12700 +/– 600). Dieser Fundkomplex wird durch eine handgeformte, in Tonwulst-Technik aufgebaute und mittels aufgesetzter Tonstreifen, meist jedoch durch das Abrollen geflochtener Schnüre (*jōmon*, »Schnur-Muster«) verzierte Keramik charakterisiert und danach als Jōmon-Kultur bzw. -Periode bezeichnet. Während dieser mehr als 10000 Jahre fortdauernden Zeit lassen sich vor allem in den Keramikformen mehr als 50 regionale und zeitliche Typen unterscheiden, wobei ungeklärt ist, inwieweit es sich dabei auch um weitergehende kulturelle Differenzierungen handelt. Die Menschen jener Zeit sind in erster Linie, natürlich in der Anfangsphase ausschließlich, Jäger, Sammler und Fischer. Begünstigt von der vor etwa 11000 Jahren beginnenden Warmzeit können sie vor allem in Nordost-Japan (Tōhoku-Region Honshūs) ein sehr reiches Leben führen, das demjenigen der von der Ethnologie als *affluent foragers* bezeichneten Völker etwa des prähistorischen Baltikums oder der rezenten Nordwestküste Nordamerikas entsprochen haben dürfte: Der zum Laichen die Flüsse hinaufziehende Lachs, das Sammeln von Waldfrüchten (Maronen, Nüsse, Haselnüsse, Wacholderbeeren u. a.) und die Jagd – unterstützt von dem vom Kontinent übernommenen domestizierten Hund – ermöglichten die Anlage reicher Vorratslager, die wiederum über Jahrhunderte hindurch besiedelte große Dörfer möglich machten. Der Fundplatz Sannai Maruyama (Präf. Aomori) war von etwa 5500 bis 4000 vor heute (Wende vom Frühen zum Mittleren Jōmon) besiedelt. Es handelt sich um ein von Palisaden umgebenes Dorf mit mehr als 100 Gruben- und Langhäusern. Rätsel gibt ein auf sechs riesigen Pfählen aus Kastanienholz ruhendes, zweistöckiges Pfahlhaus auf.

Ab der Mitte der Jōmon-Periode mehren sich die Hinweise auf Ackerbau, also auf das Bestehen eines »Voll-Neolithikums«. Der Anbau von Sojabohnen ist vor 3600 Jahren nachgewiesen, wenig später der mehrerer Arten von Hirse und Kürbis. Knollenfruchtanbau ist nur indirekt erschlossen. Vor allem die Spätphase der Jōmon-Periode

(Kamegaoka-Kultur) ist gekennzeichnet durch ein Ausufern des Dekors an großen Keramikgefäßen und Hinweise auf eine mögliche religiöse Verehrung einer Muttergottheit (Verbindung Frau–Mond–Wasser–Schlange–Unsterblichkeit), wie sie durch Funde von Tonfiguren und -masken erschlossen werden kann und im Mythos wie Volksglauben der historischen Zeit weiterlebt.

Ob und wie weit die Jōmon-Kultur als Basis der späteren japanischen Kultur angesehen werden kann, darüber gehen die Meinungen auseinander. Festgehalten werden muss, dass es sich nicht um eine einheitliche, fest geschlossene Kulturtradition gehandelt hat, so dass sehr wohl einzelne lokale Ausprägungen stärker als andere überlebt haben und in späteren Kulturschichten aufgegangen sein können. Ganz besonders gilt das für die Sprache: Eine einzige »Jōmon-Sprache« hat es nicht gegeben, man nimmt vielmehr die Existenz von bis zu mehreren hundert Sprachen in Japan für die Jahrtausende vor der Zeitwende an.

Auf Hokkaidō dauert die Kulturfiguration der Jōmon-Periode lange an – nun als Epi-Jōmon bezeichnet – und wird erst um 800 n.Chr. von der Ochotsk-Kultur mit Schwerpunkt im Raum um das Ochotskische Meer bzw. der Satsumon-Kultur (8.–12. Jh.) abgelöst. Auf den Inseln der Ryūkyū-Kette im Südwesten, die nur teilweise von Jōmon durchdrungen worden waren, folgt in der zweiten Hälfte des 1. Jahrtausends n.Chr. zunächst eine als »Muschelhaufen-Kultur« bezeichnete Phase, dann um ca. 1000 n.Chr. die durch zahlreiche Wehrbauten (*gusuku*) charakterisierte Gusuku-Periode, die bereits Verbindungen zu China und Zentral-Japan besitzt.

Yayoi, *»formative period«* japanischer Kultur

Um etwa 300 v. Chr. tritt ein neuer, veränderter Kulturkomplex auf den Hauptinseln Kyūshū, Shikoku und Honshū auf. Er ist gekennzeichnet durch eine auf der Töpferscheibe hergestellte, hart gebrannte rötliche Keramik mit runden Tellern und zylindrischen Töpfen ohne Verzierung. Nach dem ersten Fundort auf dem Gelände der heutigen Tōkyō-Universität wird von Yayoi-Kultur bzw. -Periode gesprochen, ihr Zeitraum etwa vom 5./3. Jahrhundert vor bis zum 3. Jahrhundert n. Chr. festgelegt. Lange Zeit nahm man eine »neolithische Revolution« an, mit raschem Vordringen des Nassreis-Anbaus und der damit verbundenen Kultur (von den Ackerbaugeräten bis hin zu religiösen Vorstellungen, Kult und Ritual) von China südlich des Yangtse nach Nord-Kyūshū und weiter nach Osten. Dies, so wurde postuliert, sei die entscheidende Phase der japanischen Ethnogenese und der Entstehung der japanischen Kultur, die mit dem Nassfeld-Reisbau gleichgesetzt wurde. Inzwischen ist jedoch klar geworden, dass es sich um mehrere langfristige und sehr viel umfassendere Entwicklungen gehandelt hat. Der japanische Reis (*Oryza japonica*; Rundkorn, das beim Kochen Stärke freigibt) stammt aus dem weiten Gebiet Südostasiens. Bereits im 10. Jahrhundert v. Chr., also in der Spätphase des Jōmon, hat diese Reissorte von Süd-China über die Shandong-Halbinsel, möglicherweise weiter über Korea oder auch direkt, Nord-Kyūshū erreicht. Im 7./6. Jahrhundert v. Chr. ist sie im Kansai-Raum und im 1. Jahrhundert v. Chr. in Kantō nachgewiesen. Gleichzeitig verbreitete sich, ebenfalls aus dem Jōmon herüberkommend, der Anbau von Trockenreis, Hirse, Gerste und Buchweizen auf Brandrodungsfeldern. An Haustieren traten das Schwein (schwer zu unterscheiden vom einheimischen Wildschwein) und das Huhn (aus Südostasien) neben dem

Hund auf. Die Ziege erreichte erst später, ebenfalls aus Südostasien, Okinawa. Die Katze wurde erst in historischer Zeit als Geschenk eines chinesischen Kaisers bekannt.

Neben geschliffenen Steingeräten, etwa halbmondförmige Erntemesser, mit denen die Ähren abgeschnitten werden, kommen aus Sandeisen gegossene Geräte (Sicheln, Blätter von Hacken und Spaten) sowie eine Vielzahl von Bronzeobjekten auf. Bei den letzteren fallen auch aufgrund ihrer regionalen Verbreitung Bronze-»Glocken« (*dōtaku*) bis zu 1,2 m Größe ohne Klöppel vor allem im Kansai-Raum, riesige Hellebarden in Kyūshū und Schwerter im Raum der Inlandsee auf. Alle diese Geräte sind offensichtlich für den Kult bestimmt gewesen und wurden gehortet, ebenso wie aus China erhaltene, aber auch in Japan selbst gegossene Bronze-Spiegel. Spiegel und Schwert bilden, zusammen mit der Halskette von Krummjuwelen (*magatama*, als Kette *mikubidama*; kommaförmig gekrümmt geschliffene Edelsteine), bis heute die drei Reichskleinodien. Der Spiegel als Verkörperung der Sonnengottheit wird im Ise-Schrein verwahrt, das Schwert ging 1192 in der Seeschlacht von Dan-no-ura verloren; nach anderer Überlieferung liegt es im Shintō-Schrein Atsuta-jingū in Nagoya. Die Kette wird in einem Raum des Palastes aufbewahrt, und mit ihrem Anlegen am Tag nach dem Hinscheiden eines Herrschers tritt der neue Tennō sein Amt an.

Die Yayoi-Periode hat einige sehr bekannte Fundorte hinterlassen, so Toro nahe Shizuoka, Karako in der Nara-Ebene und vor allem Yoshinogari in der Präf. Saga auf Kyūshū. Yoshinagari war die gesamte Yayoi-Periode hindurch besiedelt, besonders in der Spätphase (1.–3. Jh. n. Chr.) als zentraler Ort eines größeren Herrschaftsbereiches ausgebaut worden zu einer befestigten Stadt mit zweifachem Graben und Palisadenwall, Wachttürmen, Toranlagen, zahlreichen Grubenwohnungen, Pfahlspeichern und einem dreistöckigen Kult(?)bau. Alle Yayoi-Siedlungen umfassten auch ausgedehnte Bestattungsräume bzw. Friedhöfe (Steinkistengräber; Graburnen in Kyūshū; Tumuli in der Spätphase).

Die Menschenfunde aus der Yayoi-Periode zeigen zwei verschiedene Typen: eine Menschenform, die deutlich aus der Jōmon-Periode hervorgegangen ist, mit kräftigem Knochenbau, gedrungenem Körper und breitem Gesicht, und eine vor allem in Nord-Kyūshū und in Yamaguchi am Westende von Honshū auftretende Form mit größerem Wuchs und langem Schädel bzw. schmalem Gesicht. Die moderne Anthropologie kann aufgrund von Blutgruppen-, Rhesusfaktor- und Gen-Forschung den zweiten Typ mit dem Kontinent, vor allem Süd-China, verknüpfen. Die Frage bleibt jedoch, ob es sich bei diesen Vorgängen um eine Substitution, d. h. einen grundlegenden, vollständigen Wechsel in der Bevölkerung, um eine Metisation, d. h. ein Verschmelzen zweier Bevölkerungsteile, oder um eine aufgrund des Wechsels in der Ernährung eingetretene Transformation handelt.

Alle Forscher sind sich jedoch einig darin, dass der Wechsel von Jōmon zu Yayoi eine Verschiebung des Bevölkerungs- und damit auch Kulturschwerpunktes von Ost- bzw. Nordost-Japan nach West- bzw. Südwest-Japan mit sich gebracht hat, und dass wir ab Yayoi auch mit einiger Sicherheit von »japanischer Kultur« zu sprechen berechtigt sind, auch wenn der Prozess der Ethnogenese noch lange nicht abgeschlossen ist. Die chinesischen Quellen, die über das Japan in den ersten Jahrhunderten nach der Zeitwende berichten, überliefern in Orts- und Personennamen jedenfalls genügend Material, um die Sprachwissenschaftler sicher sagen zu lassen, die Sprache der Yayoi-Periode sei dem Altjapanischen des 8. Jahrhunderts eng verwandt.

Diese chinesischen Berichte erhellen jedoch vor allem auch frühe historische Abläufe in der zweiten Hälfte der Yayoi-Periode. Es handelt sich um die, offiziellen Chroniken der einzelnen Dynastien regelmäßig angehängten, Darstellungen zu den Randvölkern Chinas, hier die Kapitel über die »Barbaren des Ostens« (*Tung-i*), die zunächst nur kurze Anmerkungen, später jedoch eigene Abschnitte zu dem Volk der Wa (chin. *Wo-jen*) enthalten. Das Schriftzeichen für diese Volksbezeichnung enthält ursprünglich das sinnanzeigende Radikal »Tier«, erst später »Mensch«, und scheint einem Diminutiv zu entsprechen, der Name Wa selbst ist jedoch japanischen Ursprungs. Die Bezeichnung wird auch in die später aufkommende Benennung Yamato »Groß-Wa« für den altjapanischen Staat bzw. Japan allgemein übernommen.

Als erste berichtet die Chronik der Han-Dynastie aus dem 1. Jahrhundert n. Chr., die hundert Länder der Wa im Ostmeer würden regelmäßig Tributgesandte in die Präfekturhauptstadt Lolang im Norden der koreanischen Halbinsel senden. Mit solchen Gesandtschaften wird die Vorherrschaft der Hegemonialmacht Chinas, besonders des chinesischen Herrschers als »Sohn des Himmels«, anerkannt. China ist daher an solchen Verbindungen interessiert und fördert sie (vgl. S. 155f.).

Kaiser Wu-ti hat entsprechend im Jahre 57 dem König des Landes Na des Wa-Volkes ein goldenes Siegel verliehen, das die Einordnung in den chinesischen Herrschafts- und Kulturkreis (Schrift!) zum Ausdruck bringt. Der Fund eines solchen Siegels mit Griff in Form einer eingerollten Schlange auf der Halbinsel Shikanojima an der Hakata-Bucht, Nord-Kyūshū, im Jahre 1784 schien den Bericht des *Han-shou* eindrucksvoll zu bestätigen, wenn sich auch in jüngster Zeit Zweifel regen und eine Edo-zeitliche Fälschung für möglich halten. König Suishō aus einem der Wa-Länder soll 107 n. Chr. 160 Sklaven nach Lolang geschickt haben, danach brechen die Berichte ab.

Zwischen 146 und 188 haben Unruhen und kriegerische Auseinandersetzungen die Länder der Wa heimgesucht. Erst die Chronik der Nördlichen Wei-Dynastie, das *Wei-*

chih (kompiliert von Chen Shou) mit ihrem Abschnitt über das Wa-Volk bringt wieder eingehende Berichte, die ausführlichsten und umstrittensten. Danach hätte eine Königin Himiko aus dem Lande Yamatai, die mit Magie das Volk beherrschte, im Jahre 188 alle Wa-Länder zusammengeführt und 239 eine Gesandtschaft an den Wei-Hof geschickt. Dieser wurden ein goldenes Siegel zur Anerkennung der Herrschaft der Königin verliehen und einhundert Bronzespiegel als Geschenk überreicht. Chinesische Gesandtschaften erwiderten die Anerkennungsdiplomatie und beschreiben detailliert ihren Weg von Korea über die Inseln Tsushima und Iki in die Länder Ito und Nu im Bereich des heutigen Fukuoka, wo sie anscheinend empfangen und abgefertigt wurden. Wo das eigentliche Land Yamatai gelegen hat, ist bis heute Gegenstand von Spekulationen. Der Norden Kyūshūs wird sehr oft genannt, auch die Ausgrabung von Yoshinogari hat diesen Vermutungen Nahrung gegeben. Wenn jedoch der Yamato-Raum (Nara-Ebene, Kansai-Region) die Residenz der Königin Himiko gewesen sein sollte, würde das den Beginn des altjapanischen Yamato-Staates mit Yamatai verknüpfen und seine Tradition um mehrere Jahrhunderte in die Vergangenheit zurückverlängern. In jüngster Zeit wird der Grabhügel des Hashibaka-Kofun südlich von Nara als Bestattungsstätte der Königin vermutet. 2009 haben Ausgrabungen bei Makimuku bei Sakurai (Präf. Nara) in unmittelbarer Nähe des genannten Grabhügels eine Anlage von vier großen (Palast?-)Gebäuden in einer Ost-West-Achse freigelegt, die Spekulationen nähren, vielleicht den Sitz der Königin von Wa gefunden zu haben.

Zur Kultur der Wa erzählt das *Wei-chih*, dass die Männer ihre Körper tätowierten, um beim Tauchen im Meer angreifende Fische abzuschrecken. Sie kennten keine Pferde und Rinder, würden Reisbau betreiben und aus dem geernteten Reis ein alkoholisches Getränk bereiten, dem sie sehr zugetan seien. Als Kleidung trügen sie poncho-artige Überwürfe und würden ein Tuch um den Kopf wickeln. Ihre Gesellschaft sei klar gegliedert, es gebe Minister und Grenzwächter, und Niedrige würden am Wegrand niederknien, um Höherrangige zu grüßen. Kein Mann habe Zutritt zu ihrer Königin, einzig ihr Bruder überbringe ihre Befehle. Diese Angaben vermitteln ein Bild, das mit den Ausgrabungsbefunden übereinstimmt und diese wertvoll ergänzt. Allem Anschein nach handelt es sich bei der Kultur des Wa-Volkes, d.h. der Yayoi-Periode, bereits um eine gemischte mit verschiedenen Wurzeln im Süden (Tätowierung, Tauchfischerei, Reisbau) und Norden (Knochen-Divination).

Nach dem Tode der Königin Himiko zerfiel der Staatenbund der Wa, sie selbst wurde in einem Grabhügel bestattet. Erst Jahre danach, 266, gelang es der 13jährigen Königin Iyo erneut die Vorherrschaft zu erlangen, eine Gesandtschaft zum Kaiser der Westlichen Chin zu entsenden und um Investitur anzusuchen.

Kofun-Hügelgräber, Fragen der Ethnogenese und die Rolle des Kontinents

Auf die Yayoi-Periode folgt von der zweiten Hälfte des 3. bzw. ab Anfang des 4. Jahrhunderts bis zum 7. Jahrhundert die Kofun-Periode, so benannt nach den zahlreichen (bis zu 100000) Grabhügeln, die diesen Zeitabschnitt charakterisieren. Die Keramik bleibt einfach. Die Hajiki-Keramik führt die Yayoi-zeitlichen Formen weiter, dazu tritt die hartgebrannte bläuliche Sueki-Keramik, die koreanische Wurzeln hat. Die Bestattungen erfolgen in Steinsärgen oder Holzsärgen in Schiffsform in Rundhügeln (Früh-Kofun) oder an der Spitze bzw. Seite eines Rundhügels, an den ein rechteckiger Vorsatz (als Kultort?) ansetzt, so dass in der Draufsicht eine Schlüssellochform entsteht (2. Hälfte Kofun-Periode). Insbesondere diese sog. »Schlüsselloch-Tumuli«, von denen sich 4700 meist in der Kansai-Region finden, nehmen riesige Ausmaße an. Der traditionell dem Herrscher Nintoku zugeschriebene Kofun aus dem späten 5. Jahrhundert nahe der Küste bei Ōsaka ist 486 m lang, der Rundteil misst 243 m im Durchmesser und ist 35 m hoch. Dieses Bauwerk, größer als die Pyramiden, umfasst 1,45 Mill. m^3 und benötigte 1,5 Mill. Tagesleistungen zur Errichtung. Der sog. Ōjin-Kofun nahe dabei ist mit 425 m Länge nur geringfügig kleiner. Beide sind von kleineren Trabantengräbern (Rundhügel) umgeben. Die Grabbeigaben, die zunächst eher kultischen Charakter haben (Bronzespiegel, geschliffene Stein-Juwelen *magatama*), nehmen in der zweiten Hälfte kriegerischen Charakter an (Schwerter, Pferdegeschirr, Schuppenpanzer). Rund um den gesamten Grabhügel werden hohe Tonzylinder, sog. *haniwa*, aufgestellt, manchmal mit Aufsätzen in Figurenform, die Menschen, Pferde und andere Tiere, Schiffe, Häuser und anderes darstellen. Zumindest für die frühe Kofun-Periode ist eine klare Yayoi-Matrix zu erkennen.

An diesen Wechsel bzw. diese Veränderungen um die Mitte der Kofun-Periode Ende des 4. Jahrhunderts knüpft eine Interpretation an, die diesen Abschnitt der japanischen Frühgeschichte in Verbindung setzt mit historischen Vorgängen im gesamten Raum Ostasiens, die sog. »Reiterkrieger-Hypothese«. Dieser zufolge sind mongolisch-tungusische Reitervölker vom 3. Jahrhundert an auf dem Kontinent nach Süden vorgestoßen, wo sie nach dem Zusammenbruch der Han-Dynastie in China in rascher Aufeinanderfolge mehrere Reiche errichteten. Eine dieser sinisierten Gruppen aus dem Reich Fuyü (korean. Puyŏ) in der südlichen Mandschurei wäre über die koreanische Halbinsel bis nach Japan gelangt und hätte in der Nara-Ebene den altjapanischen Staat Yamato errichtet. Sprachlich fände das in der grundsätzlich altaischen Syntax des Japanischen seinen

Karte 2: Ostasien um die Mitte des 1. Jahrtausends n. Chr.

Ausdruck. In der Mythe käme dies an vielen Stellen zum Ausdruck, so etwa im Bericht vom Abstieg des Enkels der Sonnengottheit, Ninigi, auf den Berg Takachiho in Süd-Kyūshū (Motiv des koreanischen Tangun-Reichsgründungsmythos) oder dem Ostfeldzug des angeblich ersten Herrschers Jimmu. Nur in den Namen zweier dieser frühen mythischen Herrscher komme das Element *jin* = *kami* »Gottheit« vor, in Jimmu und Sujin (10. Herrscher). Der volle Name des letzteren lautet Hatsu-kuni-shirasu Sumera-no-mikoto, »Erlauchter Herrscher, der als erster das Land beherrscht«. Sein Beiname Mimaki-iri-hiko »Prinz aus Mimaki = Mimana« weist auf seine Herkunft aus der Region Mimana, einem japanischen Herrschaftsraum an der Südspitze Koreas hin. Sujin wäre also der mythologisch verbrämte erste Herrscher Yamatos = Japans Ende des 4. Jahrhunderts, alle früheren Angaben sind späte Konstruktion, um das Ausland (China) zu beeindrucken.

Die Geschichte der folgenden Jahrhunderte scheint in manchen Ereignissen diese selbst in der Archäologie nicht unumstrittene Theorie zu bestätigen, wenngleich bis zum Einsetzen der vollen Schriftgeschichte im 7. und 8. Jahrhundert vieles unklar bleibt und der Interpretation überlassen werden muss. Klar ist jedenfalls, auch aus Schriftquellen und Bodenfunden aus China und Korea, dass der altjapanische Yamato-Staat auf der koreanischen Halbinsel in kriegerische Auseinandersetzungen verstrickt war. In Korea hatten sich nach dem Zusammenbruch der chinesischen Präfekturen Lolang und Taifang drei Staaten gebildet: im Norden bis in die Mandschurei hinein das militärisch starke Kokuryŏ (jap. Kokuri), im Südosten davon Silla (jap. Shiragi) mit der Hauptstadt Kyŏngju und im Südwesten das am stärksten sinisierte Paekche (jap. Kudara). Zwischen Silla und Paekche lag das japanisch beherrschte Mimana mit der Landschaft Kaya als Zentrum um das heutige Pusan, das als Nihon-fu (»Japan-Regierungssitz«) bezeichnet wurde.

Der Yamato-Staat des Altertums

Eine Steinstele des Königs Kwanggaet'o (Hot'ae, jap. Kōtai-ō) von Kokuryŏ aus dem Jahre 414 nördlich des Yalu-Flusses berichtet, dass im Jahre 391 die Wa über das

Meer gesetzt und gegen Silla und Paekche siegreich vorgegangen seien, bis sie von den Reiterkriegern Kokuryŏs bezwungen wurden. Die Gegner der oben erwähnten »Reiterkrieger-Hypothese« sehen in diesen für Japan verlustreichen Kämpfen den Anstoß, den gesamten »Reiterkrieger-Komplex« in einer Art Kulturübertragung zu übernehmen und in Japan noch auszubauen. Verglichen mit Kokuryŏ und Silla, die die soziale Organisation zentralasiatischer Reitervölker bewahrt hatten, war das stark sinisierte Paekche zu schwach, um allein zu bestehen, und schloss sich daher an Japan an, eine Allianz, die für die japanische Geschichte und Geistesgeschichte entscheidend wichtig wurde, man denke nur an die von Paekche im Sinne auch ideologischer Annäherung in die Wege geleitete Weitergabe der buddhistischen Lehre nach Japan. Ein erstes Zeichen dieser Annäherung an Japan ist das Geschenk eines »Sieben-armigen Schwertes«, einer Eisenklinge mit je drei an beiden Seiten ansetzenden Spitzen, im Jahre 372 an den japanischen Herrscher. Ein solches Objekt, laut Inschrift datiert 369, befindet sich im Isonokami-Schrein in Nara. Bereits in diesen frühen Auseinandersetzungen kamen zahlreiche Flüchtlinge, Emigranten oder Spezialisten verschiedenster Berufe nach Japan, die hier unter der Bezeichnung *Kikajin* integriert wurden. Nach dem im Jahre 815 kompilierten *Shinsen Shoji-roku*, einem Verzeichnis der Abstammungslinien von 1182 Familien und 424 Sonderlinien, stammt ein Drittel der japanischen Oberschicht des 9. Jahrhunderts ursprünglich vom Kontinent bzw. aus Korea. Familiennamen wie Aya und Hata sind repräsentativ für eine Abstammung aus Paekche resp. Silla.

Über Paekche bzw. später direkt über das Ostchinesische Meer nahm Wa/Yamato Verbindung mit dem Südhof der Song auf und trat erneut in ein tributäres Vasallenverhältnis zu China. Insbesondere die in chinesischen Quellen erwähnten »Fünf Könige von Wa« in der ersten Hälfte des 5. Jahrhunderts, San (Gesandtschaften 413, 421, 425,

430), Chin (438), Sei (443, 451), Kō (462) und Wu (478, 479, 502) überboten sich in ihren Ersuchen um Belehnung mit einem repräsentativen Amt bzw. Titel, die ihre Stellung im Gesamtgefüge der ostasiatischen Staatenwelt hätten erhöhen können. China handhabte diese Auszeichnungen jedoch mit großer Zurückhaltung. Erst König Wu wurde schließlich 502 als »Generalissimus zur Unterwerfung des Ostens« geehrt, was sehr wahrscheinlich seinem tatsächlichen Machtanspruch gerecht wurde. Wu wird mit dem in japanischen Quellen des frühen 8. Jahrhunderts (*Kōjiki* und *Nihongi*) genannten Yūryaku identifiziert, einem als sehr kriegerisch beschriebenen Herrscher. Der Fund eines Schwertes mit gold-eingelegter Inschrift aus dem Inariyama-Kofun (Präf. Saitama, Kantō-Raum) nennt für das Jahr 471 (?) einen *ō-kimi* »Groß-König« Wakatakeru, ein anderer Name für Yūryaku. Ein anderes Schwert aus dem Eda Funayama-Kofun (Präf. Kumamoto, Kyūshū) gibt den gleichen Herrschernamen. Der Staat Yamato hätte also unter Wu = Yūryaku zumindest das Gebiet von Mittel-Kyūshū bis in den Kantō-Raum im Osten beherrscht und über Paekche und Mimana nach Korea ausgegriffen.

507 scheint ein Wechsel in der Dynastie stattgefunden zu haben, ein Ersetzen der »Sujin-Ōjin-Yūryaku-Linie« durch eine andere (einheimische?), das in der späteren Geschichtsschreibung nur schwach überspielt werden konnte. Der aus Gebieten nahe der nördlichen Reichsgrenze nach Yamato gebrachte »Nachfolger« Keitai versuchte mehrmals, dem Amt zu entkommen, bis ihn endlich der eigentliche Machthaber Ōtomo no Kanamura inthronisiert hatte. Dieser Vorgang zeigt deutlich, dass der Yamato-Staat von mehreren mächtigen Geschlechtern oder Sippen, *uji* genannt, beherrscht wurde, die in heftige Konkurrenzkämpfe um wichtige Einflussbereiche verstrickt waren. Es handelt sich um patrilinear aufgebaute und streng patriarchalisch geführte Verbände von einer Haupt- oder Stammfamilie zugeordneten bluts- resp. fiktiv-ver-

wandten Familien, die eine Region kontrollierten. Sie führten sich auf eine gemeinsame Ahnengottheit *ujigami* zurück, deren Kult in den Händen des Sippenführers *uji-no-kami* lag. Als Oberschicht führten sie einen Familiennamen (mit Ausnahme des Herrschergeschlechts, das bis heute ohne einen solchen ist) sowie einen erblichen Titel (*kabane*), der auf das Amt hinwies. Unter den *uji* bzw. ihnen zugeordnet waren die *be*, Gruppen von Bauern und Handwerkern. Eine sehr kleine Gruppe von *yatsuko* »Unfreien« (ca. 5 % der Bevölkerung) gehörte als Dienstboten den *uji*-Familien.

Je nach den herrschenden Machtverhältnissen wurden die Überlieferungslinien der einzelnen *uji* zu einem größeren Ganzen, der staatstragenden Ideologie und Mythologie zusammengefasst, bis schließlich der Überblick immer schwieriger wurde und 682 der Herrscher Temmu den Auftrag gab, nach chinesischem Vorbild eine Genealogie der *ō-kimi* (»Groß-Könige«) zu kompilieren, das *Teiki* (»Kaiser-Chronik«), dem das *Kyūji* (»[Chronik] alter Dinge«) als Sammlung von Mythen und mündlichen Überlieferungen zur Seite gestellt wurde. Diese frühen Geschichtsquellen sind verlorengegangen, wurden jedoch bei der Kompilation von *Kojiki* und *Nihongi* verwendet. Dies ist in etwa auch die Zeit, in der das koreanische Geschichtswerk *Samguk-sagi* und auch chinesische Quellen für 607 berichten, das Land der Wa lege Wert darauf, von nun an als Nihon (»Aufgang der Sonne«) bezeichnet zu werden – ein Zeitpunkt, der von vielen Historikern als Abschluss der japanischen Ethnogenese gesehen wird.

Das den Zentralraum Yamato in der Nara-Ebene und die dort mächtigen *uji*-Verbände kontrollierende Herrschergeschlecht, das sich in seiner Überlieferung auf die Sonnengottheit Amaterasu (wahrscheinlich ursprünglich ein männlicher Himmelsherrscher Takagi-no-kami) zurückführte, legte großen Wert darauf, dass sich unterwerfende lokale Geschlechter entsprechend in die Mythen-

Tradition Yamatos einordneten, so etwa der Raum Izumo am Japanischen Meer mit der Hauptgottheit Susanowo (Izumo-Schrein, Präf. Shimane) oder das Aso-Gebiet in Mittel-Kyūshū (Aso-Schrein, Präf. Kumamoto). Diese Familien regierten als von Yamato kontrollierte *kuni-no-miyatsuko* (»Provinz-Statthalter«) weiter. Manche konnten ihre lokale Machtposition bis in das Mittelalter hinein bewahren.

Nach Ausschaltung der möglicherweise vom Kontinent gekommenen, sich jedenfalls in den Kämpfen in Korea und an den japanischen Reichsgrenzen auszeichnenden »Sujin-Ōjin-Yūryaku-Linie« hatte im 6. Jahrhundert das Geschlecht der Ōtomo die eigentliche Macht im Staate, gefolgt von dem das erbliche Amt des Feldzeugmeisters innehabenden Geschlecht der Mononobe und den auf dem Feld des Rituals führenden Soga und Nakatomi, den späteren Fujiwara.

Anfang des 6. Jahrhunderts verfolgte Ōtomo no Kanamura in Korea die Politik eines Ausgleichs mit Silla, dem große Teile von Mimana übereignet wurden. Da gleichzeitig Silla gegen Paekche vorging, musste Paekche mit weiteren Teilen Mimanas gestärkt werden (512, 513). In einem jähen Politikschwenk sollte nun der Feldherr Ōmi no Kenu die japanische Herrschaft in ganz Mimana wiederherstellen, doch warf sich ihm der Provinz-Statthalter von Tsukushi (Nord-Kyūshū) und wahrscheinlich Befehlshaber der Flotte, Iwai, in den Weg. Dieser Aufstand des Iwai im Jahre 527 konnte erst nach langwierigen Kämpfen durch Mononobe no Arakai niedergeworfen werden. Im Inneren standen sich nun Ōtomo und Mononobe gegenüber. Kyūshū als Flottenbasis war geschwächt worden und Mimana trotz mehrerer neuer Ansätze nicht mehr zu halten. 562 fiel es an Silla. In dieser Zeit wurde 538 oder 552 der Buddhismus durch König Sŏngmyŏng von Paekche an den japanischen Herrscher Kimmei vermittelt. Das letzte Datum fällt zusammen mit dem nach buddhistischer

Lehre errechneten Einsetzen des Endzeitalters 1500 Jahre nach Buddhas Tod, ist also wahrscheinlich konstruiert, um Japan als dem Land, das das Endzeitalter beherrscht, eine besondere Rolle zuzuschreiben. In der Auseinandersetzung, ob man diese neue Lehre aufnehmen oder ablehnen sollte, sprachen sich Mononobe und Nakatomi dagegen aus. Die Soga entschieden sich dafür und übernahmen fortan den Schutz des Buddhismus.

Nicht zuletzt diese Entscheidung bedeutete den folgenden Aufstieg der *uji*-Sippe der Soga: 572 wurde Soga no Umako führender Minister und stürzte 587 die Mononobe. 592 ermordete er Sushun-Tennō und konnte den mit einer Soga-Frau verheirateten Prinzen Shōtoku als Regenten eines weiblichen Tennō, seiner Nichte, installieren, bevor ihn dessen Sohn Naka no Ōe, der spätere Tenji-Tennō, mit Unterstützung des Geschlechts der Nakatomi in dem Staatsstreich des Jahres 645 ausschaltete.

Inzwischen hatte sich die Lage auf der koreanischen Halbinsel stark verändert. Zwischen 581 und 589 konnte die Sui-Dynastie China einigen und forderte die Entsendung von Tributgesandtschaften, um die Herrschaft ihres Kaisers im Inneren und Äußeren zu bekräftigen. Die Soga entsprachen der Einladung und sandten 600, 607, 609 und 614 Gesandtschaften. Als im Jahre 607 dem chinesischen Kaiser jedoch eine Botschaft gesandt wurde vom »Herrscher des Sonnen-Aufgangs« an den »Herrscher des Sonnen-Untergangs«, stellte dies einen so großen Affront dar, dass China die Annahme des Schreibens verweigerte. Kokuryŏ weigerte sich im Gegensatz zu Japan, Gesandte auszutauschen. Strafexpeditionen der Sui gegen Kokuryŏ scheiterten mehrfach unter strengen Wintern und brachten hunderttausende Verluste. Diese Niederlagen führten 618 zum Sturz der Sui durch die Tang-Dynastie. Japan scheint aus diesen Vorgängen auf eine gewisse Schwäche Chinas geschlossen zu haben. Auch als die Tang-Dynastie 645 den Angriff auf Kokuryŏ wieder aufnahm, blieb dieses Unternehmen lange erfolglos. Silla, das 654 dem japanischen Beispiel folgend den chinesischen Staatsaufbau übernommen hatte, verbündete sich daraufhin mit Tang zum Angriff auf Paekche. Trotz mehrerer Gesandtschaften an den Tang-Hof (630, 653, 659) gelang es Japan nicht, Tang zu beschwichtigen. Gleichzeitig war der Yamato-Staat an seiner Nordgrenze in heftige Kämpfe verwickelt. 658 bis 660 unternahm der Feldherr Abe no Hirafu einen Feldzug gegen das Volk der Su-Shen (jap. Mishihase), die aus der Region um das heutige Wladiwostok die nordjapanischen Küsten angriffen. Dabei kämpfte er auch gegen das Volk der Emishi, wobei es sich möglicherweise um frühe Teile der späteren Ezo-Ainu handelt. Zwei Emishi wurden jedenfalls 659 dem Tang-Kaiser als Beweis japanischer Expansionserfolge präsentiert – auch dies ein nicht gerader geschickter Einfall.

Im Jahre 660 fiel Paekche dem gemeinsam vorgetragenen Angriff der Tang-Dynastie und Sillas zum Opfer. Der König floh mit seinem Hof nach Japan und erhielt eine Residenz im Raum von Ōsaka, später im nördlichen Hyūga (heute Präf. Miyazaki). Der Kronprinz Paekches erhoffte sich jedoch, mit militärischer Unterstützung Japans das verlorene Reich wieder aufrichten zu können. Ein vor allem von der japanischen Flotte mit mehr als 400 Schiffen vorgetragener Angriff im Mündungsgebiet des Paekkang (jap. Hakusuki-no-e)-Flusses scheiterte in der Nacht vom 28. auf den 29. des 8. Monats 663 infolge des Unvermögens des Kommandierenden, der die an der koreanischen Küste extrem großen Unterschiede zwischen Ebbe und Flut nicht kannte. Die gesamte Flotte wurde vernichtet, Fluss und Meer waren »rot von Blut«. Erst 50 Jahre später löste eine japanische Gesandtschaft die letzten gefangenen Marinesoldaten aus chinesischer Gefangenschaft aus.

Mit dem Fall Paekches und dem Verlust der Flotte fühlte sich Japan von einer bevorstehenden Invasion der Tang bedroht. Schon 664 wurde am südlichen Ausgang der

Ebene von Fukuoka ein 14 m hoher und 1 km langer Wall (Mizuki) mit davorliegendem Graben gebaut, der noch bei den Mongolen-Einfällen im 13. Jahrhundert bemannt wurde. Bei Kurume baute man einen ähnlichen Wall und auf den Inseln Tsushima, Iki sowie in den Küstengebieten der Inlandsee wurden eiligst Befestigungsanlagen mit bemannten Signalfeuerstationen errichtet. Doch schon im gleichen Jahr erschien eine Gesandtschaft der Tang mit 47 Schiffen und 2000 »Gesandten« in Japan, die mehrere Jahre lang am Hofe blieb und sehr wahrscheinlich eine Politikwendung erzwungen hat. Die internen Kämpfe am Kaiserhof dürften dies widerspiegeln, bis schließlich mit dem Sieg des Temmu-Tennō 672 die Pro-Tang-Partei sich durchsetzte. Auch hier vermutet die Geschichtswissenschaft einen Wechsel der Dynastie.

Dass sich Tang-China nicht noch nachhaltiger mit Yamato auseinandersetzte, hatte seinen Grund wohl darin, dass sich der Verbündete Silla 675 gegen China wandte und die Tang siegreich aus Korea drängte. Ohne die Herrschaft über das nun geeinte Korea war für China eine Intervention in Japan nicht möglich, angesichts der freiwillig unternommenen Einordnung Japans in die Herrschaftssphäre der Hegemonialmacht China aber auch nicht notwendig. Äußeres Zeichen dieser Politik war die Teilnahme eines japanischen Gesandten an der feierlichen Zeremonie des *fungshan* am Berg Tai-shan auf der Shandong-Halbinsel im Jahre 666, bei der dem Himmel durch den chinesischen Herrscher die Vollendung der Unterwerfung des Erdkreises mitgeteilt wurde.

Die zahlreichen weiteren Gesandtschaften nach China (insgesamt 15 an den Tang-Hof) wurden jeweils von dem nach dem Verlust Koreas als unmittelbar dem Kaiserhof unterstehend eingerichteten »Außenamt« Dazaifu in Tsukushi (heute Präf. Fukuoka) abgefertigt. Ähnlich intensiv gestaltete sich der diplomatische Verkehr mit dem Reich Bohai (jap. Bokkai) eines sinisierten Tungusenvolkes in der Region Nordkorea-Mandschurei-Wladiwostok. Zwischen 727 und 930 wurden 35 Gesandtschaften empfangen und 13 dorthin entsandt, meist über Tsuruga und andere Orte am Japanischen Meer.

Nachdem seit 663 keine Unternehmungen in Korea mehr möglich waren, wandte sich das ganze Interesse des Yamato-Hofes der Abrundung seiner Herrschaft auf den japanischen Inseln selbst zu. Im Norden (Tōhoku-Region, Hokkaidō) traten die Emishi (vgl. Ainu *enju* »Mensch«, oder *emush* »Schwert«) als starke Gegner den Yamato-Siedlern gegenüber. 724 wurde nördlich der heutigen Stadt Sendai die starke Grenzbefestigung Taga-jō errichtet. Nach heftigen Kämpfen fiel diese jedoch 780 an die Emishi, die 789 ein japanisches Heer vernichteten. Erst die Feldzüge des Sakanoue no Tamuramaro 794–803 und 804–811 entlang der Küste des Japanischen Meeres nach Norden bis über die Tsugaru-Straße nach Hokkaidō beruhigten die nun bis an die Nordspitze Honshūs vorgeschobene Reichsgrenze. Dieser Feldherr war der erste, der 794 den später so wichtigen Titel eines *sei'i-tai-shōgun* (»Generalissimus zur Unterwerfung der Barbaren«) verliehen bekam. Um diese Zeit treten die Ainu auch erstmals als anthropologischer (durchaus mongoloid mit starker Ähnlichkeit zum Jōmon-Menschen) und kultureller Typ (Satsumon-Kultur) in Erscheinung.

In Süd-Kyūshū verteidigte sich das Volk der Hayahito. Es scheint sich möglicherweise um ein Fremdvolk mit austronesischer Sprache gehandelt zu haben, das von 689–805 regelmäßig die Leibwache am Herrscherhof in Yamato stellte, dort auch Musik und Tänze pantomimischer Art aufführte und Sumo-Turniere abhielt. Nach einem Aufstand 720 wurde durch das Dazaifu die Unterwerfung des Gebietes und seine Einbeziehung in den Staat der Nara-Zeit betrieben. Von den südlichen Inseln waren vereinzelt nur Yaku, Tanega und Amami-Ōshima mit Tributsendungen an den Hof und den Ise-Schrein in Erscheinung getreten. Okinawa wird im Zusammenhang mit Schiffsverschlagungen der Tang-Gesandtschaften gelegentlich erwähnt. Das chinesische Geschichtswerk *Suishou* berichtet wenig glaubwürdig, ein Königreich auf Okinawa habe die Aufforderung zur Tributsendung abgelehnt und sei 610 von einer riesigen Armee vernichtet, König und Bevölkerung seien als Sklaven nach China verschleppt worden. Es handelt sich bei diesem Bericht sehr wahrscheinlich um Taiwan. Danach brechen Berichte bis in das 12./13. Jahrhundert ab.

Das komplizierte und immer wieder auseinanderfallende Netzwerk der Machtverteilung unter den *uji*-Geschlechtern des Yamato-Hofes war am Beginn des 8. Jahrhunderts fast vollständig abgelöst worden von dem Beamtenstaat chinesischen Zuschnitts unter der nun unangefochtenen Vorrangstellung der Tennō-Dynastie.

2 Die Dominanz des Kaiserhofs vom Ende des 7. bis zum 12. Jahrhundert

Von Maria-Verena Blümmel

Epochenüberblick

Diese Epoche, die rund 500 Jahre, also ein knappes Drittel der vormodernen Geschichte Japans, umfasst, entspricht in der meistgebräuchlichen Periodisierung, welche die einzelnen Abschnitte nach dem Ort des jeweiligen Regierungssitzes benennt, der sog. Nara- (710–784) und Heian-Zeit (794–1185). Ihr prägendstes Merkmal ist die Ausübung der Regierung durch eine zivile Elite auf der Basis einer gesetzlich geregelten bürokratischen Verwaltung und familiärer Bindungen. Dabei bildete diese um den Tennō gruppierte Hofaristokratie eine Kultur aus, die weit über das Ende der Epoche und ihre sozialen Grenzen hinaus normsetzend wirkte.

Seit dem 6. Jahrhundert standen die Machtkämpfe um Thronfolge oder Vorrang einzelner Familien des Erbadels immer auch in Zusammenhang mit den Auseinandersetzungen um Zustimmung oder Ablehnung neuer Ideen aus China, so bei der Einführung des Buddhismus, der Schaffung eines Verdienstadels oder der Frage der Stellung des Tennō. Die Siege der Reformer ermöglichten im Verlauf des 7. Jahrhunderts eine schrittweise Modernisierung des bestehenden Geschlechterstaates nach chinesischem Vorbild, so dass zu Beginn des 8. Jahrhunderts die gesetzlichen Grundlagen eines zentralisierten Beamtenstaates unter einem absoluten Kaiser kodifiziert werden konnten. Dessen Position jedoch beruhte auf der Abstammung von seinen göttlichen Vorfahren und deren Herrschaftsauftrag.

Ein solcher Staat zwang zur Aufgabe der Praxis häufig wechselnder Residenzen. So wurden 710 der Palast und die Stadt Heijō (das heutige Nara) errichtet zur Aufnahme des Hofes und der Verwaltung, der Aristokratie sowie der buddhistischen Klöster, die inzwischen mit wichtigen Funktionen in das Staatsgefüge integriert worden waren.

Dieser Kaiserhof von Nara kam der chinesischen Vorstellung eines politisch mächtigen Kaisers und einer gebildeten Beamtenschaft sehr nahe; er war weltoffen und pflegte auf vielen Ebenen intensiven Austausch mit China und anderen Ländern des Kontinents. Dennoch war das chinesische Vorbild nicht vollständig übernommen, geschweige denn umgesetzt worden; das Land hatte andere Dimensionen, und nicht für alle tradierten Institutionen fand sich ein überzeugender Ersatz. Es waren vor allem zwei Elemente des Reformwerks, die sich nicht durchsetzen bzw. nicht mit den japanischen Verhältnissen aussöhnen ließen: die Reklamierung allen Landes als Staatsland und die Bindung von Ämtern und Rängen an Bildung oder Verdienst.

Am Ende des 8. Jahrhunderts wurde die Hauptstadt doch noch einmal verlegt: 794 entstand Heian (das heutige Kyōto) nach denselben architektonischen Prinzipien, aber in größeren Ausmaßen als Heijō und sollte bis 1869 Sitz des Kaiserhofes bleiben.

Bis zum 9. Jahrhundert waren einige Abweichungen von den gesetzlich verankerten Reformen so sehr zur Regel geworden, dass man sie als Institutionen »außerhalb der Gesetze« legalisierte, nämlich privaten und damit vererbbaren Großgrundbesitz (s. Kap. 3) sowie das Regentenamt für eine dem Kaiserhaus durch Einheirat verbundene Familie. Diese Konstellation einer dualen Machtausübung durch Kaiser und Regent, wobei dem Tennō Ritual und Zeremoniell und den Regenten die Ausführung weltlichalltäglicher Aufgaben oblagen, behielt durch die gesamte vormoderne Geschichte Japans hindurch nahezu unangefochten ihre Gültigkeit. Inhaber und äußere Form des Regentenamtes wechselten in Abhängigkeit von den tatsächlichen Machtverhältnissen im Land, doch erst die Übertragung der Regentschaft an einen von der kaiserlichen Familie unabhängigen Angehörigen der Militärelite beendete am Ausgang des 12. Jahrhunderts die Epoche der Dominanz des Kaiserhofs.

Nahezu zeitgleich mit dem Rückzug der Tennō aus der Tagespolitik zog sich auch das Land auf sich selbst zurück: Am Ende des 9. Jahrhunderts wurde der diplomatische Austausch mit China eingestellt. Handelskontakte sowie Studien- oder Missionsreisen buddhistischer Mönche fanden jedoch weiterhin statt.

In dieser Zeit verwandten der Kaiserhof und die Damen und Herren des Hofadels ihren Reichtum und ihre Muße darauf, in allen Bereichen der materiellen Kultur und der schönen Künste höchst elegante und empfindsame Formen zu entwickeln bzw. deren Ausgestaltung zu fördern, wobei zu den größten Leistungen die Schaffung einer eigenen Schrift sowie einer sehr subtilen Vers- und Prosaliteratur zählen. Diese Kultur wurde für alle folgenden Generationen und Gesellschaftsschichten zum Maßstab schlechthin.

Außerhalb der sehr abgehobenen Welt des Kaiserhofes und der Hauptstadt verloren die Reformgesetze noch schneller ihren Einfluss und ihre Gültigkeit. Steuerfreier Grundbesitz weitete sich aus und seine Konzentration in den Händen weniger Familien machte bewaffneten Schutz notwendig. So entstand neben der beamteten Provinzverwaltung eine militärische Elite mit direktem Landbesitz und persönlicher Gefolgschaft, die während des 12. Jahrhunderts vom Hofadel zunehmend in die Auseinandersetzungen um Thronfolge und Regentschaft hineingezogen wurde. Das Jahrhundert endete kriegerisch und mit dem Verlust der ungeteilten Macht des Kaiserhofes: 1192 wurde der erste erbliche Shōgun ernannt und damit erstmals die Regentschaft durch einen Angehörigen der Militärelite vom Hof anerkannt. Daran sollte sich, trotz einiger erfolgloser Restaurationsversuche, bis 1867 nichts mehr ändern.

Die Epoche kaiserlicher Dominanz war durch eine Umwandlung des bestehenden Geschlechterstaats in einen modernen, zentral organisierten Beamtenstaat nach dem Vorbild der chinesischen Sui- und Tang-Dynastien (589–906) eingeleitet und erreicht worden. Trotz der unbestreitbaren Vorteile und des Entwicklungsschubs, den diese Reformen bewirkten, wurden vom 9. Jahrhundert an verschiedene Anpassungen dieses Systems an überkommene japanische Verhältnisse vorgenommen: Erbanspruch galt wieder vor Anspruch durch Bildung, und die duale Form der Regierungsausübung wurde fest etabliert. Aus dem chinesischen Erbe übernommen wurde der hohe Respekt vor Zivilisation und Bildung insgesamt sowie die Bedeutung dieser Kriterien für die Beurteilung des einzelnen Menschen.

375	Der Überlieferung nach Einführung der chinesischen Schrift
538 (oder 552)	Der Überlieferung nach Einführung des Buddhismus
604	»17-Artikel-Verfassung« des Kronprinzen Shōtoku (574–622)
607	Stiftung des Hōryū-ji-Tempels bei Nara durch den Kronprinzen Shōtoku
645	Taika-Putsch, Vernichtung der Familie Soga
	Beginn der Jahreszählung in Regierungsdevisen (*nengō*): Taika (Große Wandlung)
	Prinz Naka no Ōe, der spätere Tenji-Tennō, wird Kronprinz

646	Erlass des Taika-Reformedikts: kein privater Landbesitz; zentrale Verwaltung, Steuern und Dienste
	Naniwa wird Residenz
657	Gründung der Hossō-Schule des Buddhismus
661–671	Regierungszeit des Tenji-Tennō
663	Rückzug Japans von der koreanischen Halbinsel
667	Ōtsu (Ōmi-Palast) wird Residenz
668	Erste Kodifikation der Reformgesetze (nicht gesichert)
669	Tod des Nakatomi (später Fujiwara) no Kamatari (geb. 614), Ahnherr der Familie Fujiwara, neben Tenji-Tennō Motor der Reformen
672	*Jinshin no ran* (Aufruhr im Jahr Wasser-Affe [*mizunoe/jin-saru/shin*]): Erbfolgekrieg zwischen Sohn und Bruder des Tenji-Tennō
673–686	Regierungszeit des Temmu-Tennō
673	Asuka (Kiyomigahara-Palast) wird Residenz
	Einrichtung eines Amtes für Angelegenheiten der (shintoistischen) Gottheiten sowie der »Kanzlei der Hochschule«
681	Einrichtung einer Kommission zur Kompilation einer Chronik
682–689	Kodifikation der Reformgesetze (nicht erhalten)
684	Neue Rangfolge für den Adel
685	Anordnung, in jedem Haus einen Buddha-Altar aufzustellen
694	Fujiwara wird die erste Hauptstadt mit Gittergrundriss
697–707	Regierungszeit des Mommu-Tennō
701	Fertigstellung des Taihō-Kodex: Systematisierung der Reformgesetze, Abschluss der Taika-Reform
710	Heijō (Nara) wird Hauptstadt
712	Fertigstellung des *Kojiki* (Bericht von alten Dingen)
713	Erlass zur Kompilation von Provinztopographien *Fudoki*
718	Revision des Taihō-Kodex: Yōrō-Kodex
720	Tod des Fujiwara no Fuhito (geb. 659), Schwiegervater des Mommu-Tennō sowie Groß- und Schwiegervater des Shōmu-Tennō
	Fertigstellung des ersten (von sechs) offiziellen Annalenwerken, *Nihongi* (Annalen des Sonnenursprungslandes)
724–749	Regierungszeit des Shōmu-Tennō

731	Einrichtung eines Staatsrats
736	Gründung der Kegon-Schule des Buddhismus
741	Anordnung zum Bau von Provinzhaupttempeln
743	Legalisierung der Erblichkeit des Grundbesitzes
745–752	Guss und Einweihung des Großen Buddha im Tōdai-ji-Tempel in Nara
751	Kompilation der chinesischen Gedichtanthologie *Kaifūsō*
753	Gründung der Ritsu-Schule des Buddhismus und Einrichtung der ersten Weihebühne in Japan durch Ganjin (688–763)
756	Übergabe der Hinterlassenschaften des Shōmu-Tennō an das Schatzhaus (Shōsō-in) des Tōdai-ji-Tempels
8. Jh. (2. Hälfte)	Kompilation der japanischen Gedichtanthologie *Manyōshū* (Zehntausend-Blatt-Sammlung)
765–770	Affäre um den Mönch Dōkyō
781–806	Regierungszeit des Kammu-Tennō
784	Nagaoka wird Hauptstadt
792	Ersatz der Dienstpflichtigen durch lokale Milizen
794	Heian (Kyōto) wird Hauptstadt
797	Ernennung des Sakanoue no Tamuramaro zum Oberbefehlshaber (*sei'i-tai-shōgun*) gegen die Emishi im Nordosten
	Fertigstellung des *Shoku-Nihongi* (Fortgesetzte Annalen des Sonnenursprungslandes)
9. Jh.	Entwicklung der *Kana*-Silbenschriften
805	Gründung der Tendai-Schule des Buddhismus
806	Gründung der Shingon-Schule des Buddhismus
809–823	Regierungszeit des Saga-Tennō
810	Einrichtung eines Archivarbüros
811	Letzter Feldzug gegen die Emishi, danach kulturelle Angleichung
820	Einrichtung einer Polizeibehörde
821	Fertigstellung des *Dairi-shiki* (Ausführungsbestimmungen [zu den Gesetzen] für den Palast)
834	Veröffentlichung des amtlichen Gesetzeskommentars Ryō no gige
838	Letzte offizielle Gesandtschaft nach China

844	Letzte dokumentierte Landneuzuteilung
9. Jh. (2. Hälfte)	Entstehung der ältesten japanisch geschriebenen Prosaerzählung *Taketori-monogatari* (Die Erzählung vom Bambussammler)
858	Fujiwara no Yoshifusa (804–872) wird Regent für den minderjährigen Seiwa-Tennō
884	Fujiwara no Mototsune (836–891) wird Regent für den erwachsenen Kōkō-Tennō
885–891	Sugawara no Michizane (845–903) in hohen Staatsämtern, 901 Verbannung
894	Abbruch der offiziellen Beziehungen zu China
901	Fertigstellung des letzten offiziellen Annalenwerkes *Sandai-jitsuroku* (Aufzeichnungen über die drei Kaiser = Seiwa-, Yōzei- und Kōkō-Tennō)
905	Kompilation der ersten (von 21) Kaiserlichen Gedichtanthologie *Kokin[waka]shū* (Sammlung [von Gedichten] aus alter und neuer Zeit)
906	Ende der Tang-Dynastie in China
927	Fertigstellung des *Engi-shiki* (Ausführungsbestimmungen der Ära Engi [zu den Gesetzen])
935	Entstehung des *Tosa-nikki* (Tosa-[Reise-]Tagebuch) des Ki no Tsurayuki
995	Fujiwara no Michinaga (966–1028) wird Oberhaupt der Familie: Höhepunkt der Macht der Fujiwara
966–1028	Lebenszeit des Fujiwara no Michinaga
1002	Entstehung des *Makura no sōshi* (Kopfkissenheftchen) der Hofdame Sei Shōnagon
um 1010	Entstehung des *Genji-monogatari* (Erzählung vom [Prinzen] Genji) der Hofdame Murasaki Shikibu
1016–1017	Michinaga wird Regent: er ist Schwiegervater von vier und Großvater von drei Tennō
11. Jh. (2. Hälfte)	Fertigstellung des *Eiga-monogatari* (Erzählung von strahlender Blüte): Fortführung der Historiographie in Erzählform
1052–53	Bau der Amida-Halle des Byōdō-in-Tempels
1068–1072	Regierungszeit des Go-Sanjō-Tennō (1034–1073)

1069	Einrichtung des Dokumentarbüros zur Kontrolle des Landbesitzes
1072–1086	Regierungszeit des Shirakawa-Tennō (1053–1129), danach Exkaiser bis 1129
1086	Einrichtung der »Regierung durch abgedankte Kaiser« (*insei*)
1123	Gründung der Yūzū-nembutsu-Schule des Buddhismus
1153	Taira no Kiyomori (1118–1181) übernimmt die Führung seiner Familie
1156	*Hōgen no ran* (Aufruhr der Ära Hōgen [1156–59]): Thronfolgestreit, der militärisch ausgetragen wird
1159	*Heiji no ran* (Aufruhr der Ära Heiji [1159–60]): Machtkampf um Einfluss bei Hof, ausgetragen zwischen Angehörigen der Kriegerfamilien Taira und Minamoto, Sieg der Taira
1167	Taira no Kiyomori wird Großkanzler
1175	Gründung der Jōdo(Reines Land)-Schule des Buddhismus
1177	Zerstörung der Großen Staatszeremonienhalle
1180	Thronbesteigung des Antoku-Tennō (1178–85), des Enkels von Taira no Kiyomori
1180–1185	landesweiter Krieg zwischen den Taira und den Minamoto, endet mit der Seeschlacht von Dan-no-ura (bei Shimonoseki), Sieg der Minamoto
1185	Minamoto no Yoritomo (1147–1199) kann in allen Provinzen Militärgouverneure (*shugo*) und Landverwalter (*jitō*) einsetzen
1191	Gründung der Rinzai-Schule des Zen
1192	Yoritomo wird vom Tennō zum erblichen Militärregenten (*sei'i-tai-shōgun*) ernannt

Tennō und Beamtenstaat

Bereits in der dem Kronprinzen Shōtoku zugeschriebenen sog. »17-Artikel-Verfassung« vom Anfang des 7. Jahrhunderts wurde, neben der aus daoistischem Gedankengut abgeleiteten Forderung nach einer harmonischen Einordnung des Menschen in den Kosmos sowie derjenigen nach Verehrung der buddhistischen Kleinodien, der Anspruch auf eine absolute Vorherrschaft des Tennō erhoben. Diese zentrale Idee chinesischen Staatsdenkens war aus den Lehren des Konfuzius entwickelt und hatte nach der neuerlichen Einigung Chinas unter der Sui-Dynastie im Jahr 589 auch in Japan deutlich an Attraktivität gewonnen, wo starke Zentralisierungsbestrebungen im Gange waren, die aber immer wieder mit den Ansprüchen des Erbadels in Konflikt gerieten.

In etlichen konkreten Schritten, z.B. der Einführung von Hofrängen, versuchte der Kronprinz zwar, seine Vorstellungen politisch umzusetzen, doch erst die Ausschaltung der Familie Soga durch den Taika-Putsch 645 machte den Weg frei für umfassende Reformen mit dem Ziel der Errichtung eines zentralisierten und bürokratischen Staatswesens nach chinesischem Vorbild.

Anführer des Putsches und Motor der nachfolgenden Reformen waren Prinz Naka no Ōe und Nakatomi no Kamatari. Naka no Ōe, der umgehend zum Kronprinzen ernannt worden war, verfügte noch im selben Jahr eine Ergänzung der seit 604 anerkannten chinesischen Zeitrechnung dahingehend, dass die Jahre, ebenfalls nach dem Muster chinesischer Politik, nach Regierungsdevisen zu zählen seien: Für das laufende Jahr 645 wurde programmatisch der Begriff »Taika« – »Große Wandlung« oder sinngemäß »Große Reform« – gewählt. Das Reformedikt vom Anfang des Jahres 646 umfasste vier Punkte: erstens die Abschaffung von Privatbesitz an Land und Menschen, zweitens die Einrichtung einer zentralen Verwaltung der Hauptstadt und der Provinzen, drittens die Zuteilung von Land aufgrund von Bevölkerungslisten und viertens Besteuerungsregelungen. Diese Anordnungen wurden in den Folgejahren in zahlreichen Einzelschritten behutsam umgesetzt und nach und nach kodifiziert. Dabei suchte man die Angehörigen des alten Erbadels dadurch für die Reformen zu gewinnen, dass man ihnen, ausgestattet mit Amt und Rang innerhalb des neuen Staatswesens, ihre eigenen ursprünglichen Ländereien zur Verwaltung übergab. Die gesicherte Besoldung und die am Steueraufkommen erkennbare Effizienz der neuen Verwaltungsmethoden trugen ein übriges zur Akzeptanz des neuen Systems bei.

Diese Veränderungen in der staatlichen Struktur bewirkten auch gesellschaftliche Veränderungen, weniger – trotz anderslautender Reformabsichten – in der alltäglichen Realität der Landbevölkerung als für die Oberschicht. Aus dem Erbadel in einem in lokale Zentren gegliederten Geschlechterstaat wurde eine auf den Kaiserhof hin orientierte zivile Aristokratie (*kuge*, wörtlich: Regierungsfamilien). Der Waffengang um die Nachfolge des Tenji-Tennō im Jahr 672 war denn auch für lange Zeit der letzte mit militärischen Mitteln ausgetragene Machtkampf im direkten Umfeld des Kaiserhofes.

Temmu-Tennō setzte die Reformpolitik seines Bruders fort und brachte die Taika-Reformen zu einem ersten Abschluss. Während seiner Regierungszeit erfolgte die erste gesicherte Kodifikation der Gesetze. Er ließ mit Fujiwara die erste Hauptstadt mit einem Gittergrundriss wie die chinesische Metropole Chang'an (das heutige Xi'an) errichten und berief eine Kommission für die Abfassung einer Reichschronik, die einerseits der Präsentation Japans nach außen dienen und andererseits die alleinigen Ansprüche der Kaiserfamilie auf den Thron belegen sollte. Temmu war auch der erste, der als Tennō in der als Synthese aus chinesischen Vorstellungen und japanischen Traditionen gewonnenen Definition dieses Amtes herrschte (s. S. 64–65).

Neben dieser besonderen Tennō-Vorstellung aber waren die geschriebenen Gesetze der zweite Grundpfeiler der kaiserlichen Macht. Der Taihō-Kodex von 701 und seine revidierte Fassung von 718, der Yōrō-Kodex (»Taihō« und »Yōrō« sind Regierungsdevisen), sind ihre frühesten, allerdings nur indirekt durch Zitate in Kommentarwerken aus dem 9. Jahrhundert erhaltenen Fassungen. Sie bestehen aus Strafbestimmungen (*ritsu*) und den Regulierungen (*ryō*), die sich aus den einzelnen Punkten des Taika-Reformedikts ergeben hatten. Die Stellung des Tennō blieb außerhalb der gesetzlichen Regelungen, der Behördenaufbau der Zentralregierung wird genau aufgeführt: An ihrer Spitze standen nebeneinander das Amt für Götterangelegenheiten und Staatskult sowie das Großkanzleramt mit acht nachgeordneten Ministerien. Ihnen oblag unter der Leitung des Großkanzlers sowie je eines Kanzlers zur Linken und zur Rechten die gesamte zivile Verwaltung. Zum Zuständigkeitsbereich des ersteren gehörten das Zentralministerium, das Ministerium für Zeremonien und Beamte, die Ministerien für Angelegenheiten des Adels und Angelegenheiten des Volkes. Im rechten (und damit im chinesisch-japanischen Denken nachgeordneten) Zuständigkeitsbereich lagen das Kriegs-, Justiz- und Finanzministerium sowie dasjenige für Angelegenheiten des Kaiserhofes. Die Wachen für den Kaiserhof wurden aus den Provinzen rekrutiert, verwaltet wurden diese jedoch von einem aus der Hauptstadt entsandten beamteten Gouverneur. Man geht davon aus, dass dieser Verwaltungsapparat mit all seinen nachgeordneten Dienststellen 10 000 Personen in der Hauptstadt und 3000 in den Provinzen umfasste, wobei allerdings nur ca. 750 Planstellen ein Hofrang zugeordnet war.

Diese Hofränge, die zu Ämtern und damit Einkünften und Privilegien berechtigten, waren ein sehr komplexes

System mit insgesamt 34 Unterteilungen, da ein Rang bis zu vier Stufen haben konnte. Es gab vier den Angehörigen der kaiserlichen Familie vorbehaltene Prinzenränge und neun weitere, vom fünften Rang an hatte sein Inhaber Zugang zur Inneren Palastanlage. Die erste Ernennung setzte den Besuch der Hochschule voraus, einer dem Beamtenministerium nachgeordneten Institution zur Ausbildung der Staatsbeamten; Lehrstoff waren die chinesischen Klassiker. Angestrebt war also der gebildete und durch Bildung gesittete Beamte, Beförderungen bedurften der Beurteilung und vom fünften Rang an aufwärts auch der Zustimmung des Tennō. Das Rangsystem wurde komplettiert durch Verdienstränge ohne Einkünfte und Priesterränge für den buddhistischen Klerus.

Genauso minutiös wie der Hof war das Land strukturiert: Neben der zu Verwaltungszwecken in eine linke und rechte Hälfte geteilten Hauptstadt gab es 66 Provinzen mit 592 Distrikten, die, in die fünf Zentralprovinzen (*kinai*) und sieben Großlandschaften (*dō*) zusammengefasst, durch ein Straßennetz erschlossen und mit fünf Hauptstraßen an die Zentrale angebunden waren.

Das landwirtschaftlich genutzte Land, insbesondere die Nassreisfelder, waren laut Gesetz Staatsland und der freien Landbevölkerung nach einem bestimmten Schlüssel – ca. 2 Ar für jeden erwachsenen Mann, etwa 1/3 Ar für jede Frau in einem Haushalt – zur Bewirtschaftung zugeteilt. Davon waren Steuern in Reis und Textilien zu entrichten sowie Abgaben oder Kriegsdienste zu leisten, als Wachen in der Hauptstadt oder an den Grenzen. Die Steuer- und Dienstpflicht galt vom 20. bis zum 60. Lebensjahr, Inhaber von Hofrängen waren davon nicht betroffen. Für die erfolgreiche Anwendung dieses Systems waren regelmäßige Volkszählungen und nach diesen aktualisierte Landzuweisungen notwendig.

In ähnlich detaillierter Weise hatte das Taika-Reformedikt in nahezu allen Bereichen des öffentlichen und privaten Lebens zu gesetzlichen Regelungen nach chinesischem Vorbild geführt. Daher können die gut hundert Jahre von Temmu-Tennō bis Kammu-Tennō, in denen politisch und persönlich mächtige Tennō die Anwendung dieser Gesetze durch ihre Beamten wirklich durchsetzen und in Wohlstand für das Land umsetzen konnten, auch als *ritsuryō*-Zeit bezeichnet werden.

Diese Vorstellung von Kaiserherrschaft beschreibt aber nur einen Teil der Wirklichkeit, die mit dem japanischen Begriff »Tennō« bezeichnet wird. Direkt übersetzt bedeutete dieser Begriff »Himmlischer Herrscher« und nahm damit zunächst Bezug auf die chinesische Idee eines Mandats des Himmels für die Herrschaft auf der Erde, als diese Formulierung erstmals zur Zeit des Kronprinzen Shōtoku in einem Schreiben des japanischen an den chinesischen Herrscher verwendet wurde. In Japan musste dem Begriff »himmlisch« jedoch eine andere Bedeutung gegeben werden, die allerdings in der Auseinandersetzung mit der chinesischen Vorstellung geformt wurde: Dort bezeichnete er den durch das Studium und die Beobachtung der überkommenen Riten sittlich Herausragenden, hier verwies er auf die göttliche Abstammung der Kaiserfamilie von der Sonnengottheit Amaterasu (»Die am Himmel Strahlende«) und deren Herrschaftsauftrag allein an männliche oder weibliche Mitglieder dieser Familie. Die Chroniken, deren Kompilation Temmu-Tennō in Auftrag gab, das 712 fertiggestellte *Kojiki* (Bericht von alten Dingen) und das 720 beendete *Nihongi* (Annalen des Sonnenursprungslandes), dienten genau diesem Zweck, die ununterbrochene Abstammungslinie dieser Familie und damit ihre dauerhafte Legitimation zur Herrschaft zu belegen. Anders als in China, wo das Mandat des Himmels von einer Dynastie an eine andere verlorengehen konnte, war legitime Herrschaft in Japan nur möglich durch Zugehörigkeit zu der Familie, die aufgrund ihrer göttlichen Abstammung den Herrschaftsauftrag erhalten hatte. Das Element der Erblichkeit, gegen das die Taika-Reformer in allen anderen Bereichen so vehement ankämpften, behauptete sich hier als entscheidendes Kriterium.

Aus göttlicher Abstammung und göttlichem Auftrag resultierte mit der Zeit auch die Göttlichkeit des Beauftragten qua Amt. Viele dieser Vorstellungen werden seit der Zeit des Temmu-Tennō genauer fassbar, in die auch die Einrichtung des Amtes für Angelegenheiten der shintoistischen, also autochthonen Gottheiten fällt. Dieses wird im Taihō-Kodex dann an der Spitze der Ämterhierarchie genannt und verwaltet den ebenso bürokratisch geregelten Staatskult um die kaiserlichen Ahnengottheiten und andere Götter der einheimischen Tradition.

Auch die Gestaltung der Hauptstädte (s. Karte 3) folgte der immer präziseren Tennō-Vorstellung. Nachdem bislang fast mit jedem Thronwechsel auch ein Wechsel der Residenz einhergegangen war, wurde 694 in Fujiwara, einem Ort in der Südost-Ecke der Nara- oder Yamato-Ebene, erstmals eine aufwendige Anlage nach dem Vorbild der Tang-Metropole verwirklicht, d.h. ein rechteckiger Grundriss mit schachbrettartig angeordneten Straßen und einer Mittelachse von Süden nach Norden, wo sich, der chinesisch-daoistischen Gleichsetzung von Kaiser und Polarstern zufolge, der Palast befand. Dieses Muster galt ebenso für Heijō (das heutige Nara), das 710 entstand, jedoch mit einem deutlich erweiterten Gittergrundriss von 4,5 km (N–S) auf 4 km (O–W). Allein die Palastanlage mit dem Inneren Palast des Tennō und den seit den Taihō-Gesetzen notwendigen Amtsgebäuden umfasste ein Areal von ca. 1 km²; in den südlichen Stadtteilen waren Adelspaläste, buddhistische Tempel, Märkte und Werkstätten zur Versorgung des Hofes angesiedelt. Eine Stadtmauer gab es nicht. Um die Mitte des 8. Jahrhunderts soll Heijō etwa 200 000 Bewohner gehabt haben, davon ca. 10 000 Personen in Regierungsdiensten. Die Gesamtbevölkerung Japans zu jener Zeit wird auf 5,5 bis 6 Millionen geschätzt.

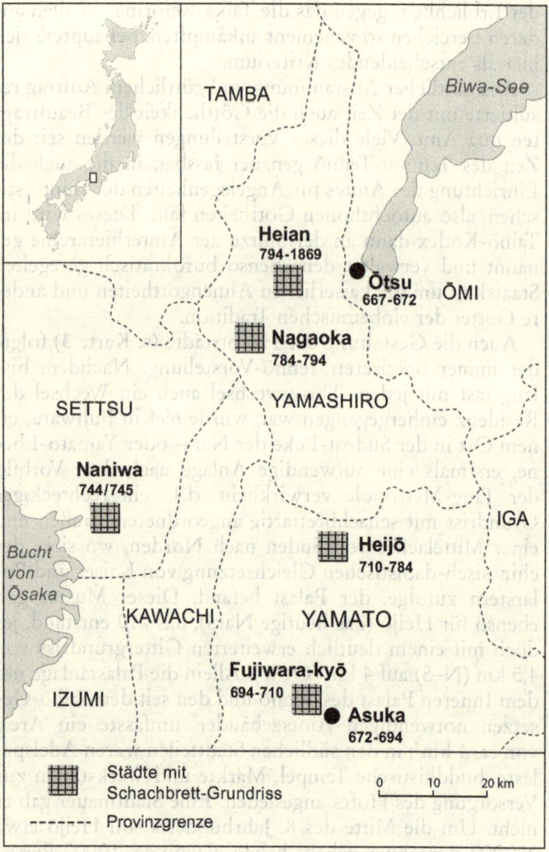

Karte 3: Die Hauptstädte des Altertums

Abgesehen von kurzen Unterbrechungen während der Regierungszeit des Shōmu-Tennō, die mit Erdbeben und einer Pockenepidemie zusammenhingen, blieb Heijō bis 784 Hauptstadt. Dann ordnete Kammu-Tennō eine neuerliche Verlegung der Residenz an, die nach einem Fehlschlag mit Nagaoka 794 zur Errichtung von Heian (dem heutigen Kyōto) führte. Erst diese »Hauptstadt der Ruhe und des Friedens« hatte dauerhaften Bestand, sie blieb bis 1869 Sitz des Kaiserhofes. Heian war noch größer als Heijō (5,2 km auf 4,5 km), es hatte eine bessere Wasserversorgung und mit dem Yodo-Fluss eine gute Verbindung zum Hafen Naniwa (das heutige Ōsaka). Die Stadtanlage folgte denselben Prinzipien wie Heijō mit der einen Ausnahme, dass die buddhistischen Klöster in Heijō zu verbleiben hatten bis auf zwei Tempelbauten östlich und westlich des südlichen Zugangs zur Stadt.

Aus dieser Anordnung des Tennō wurde die am häufigsten genannte Begründung abgeleitet für das immense Unternehmen einer Hauptstadtverlegung in den Dimensionen, wie sie der *ritsuryō*-Staat inzwischen benötigte: Dass Kammu-Tennō nämlich der beträchtlich gewachsenen Einflussnahme der buddhistischen Klöster auf die Politik entgehen bzw. ihr einen Riegel vorschieben wollte. Dies deckt sich auch mit seinem Interesse an chinesischem Denken und seiner Absicht, den Taihō-Gesetzen durch eine stärkere Kontrolle der Beamtenschaft wieder zu besserer Wirkung zu verhelfen. Ein weiteres Argument ist dynastischer Art: 770 war die direkte Linie seit Temmu-Tennō erloschen und mit Kōnin-Tennō ein Nachkomme des Tenji-Tennō auf den Thron gekommen. Es steht zu vermuten, dass sein Sohn, Kammu-Tennō, seine Residenz da errichten wollte, wo die angestammte Landbasis dieses Familienzweigs lag.

Die gut 70 Jahre, in denen Heijō die Hauptstadt Japans war (710–784), waren nicht nur für die *ritsuryō*-Gesetze, sondern auch für den Buddhismus die Zeit der weitreichendsten öffentlichen Wirkung. Da beides Japan direkt mit China verband, war dieser Zeitraum auch eine Phase mit vielfältigen internationalen Kontakten durch diplomatische oder Missionsgesandtschaften.

Nachdem Japan sich 663 unter chinesischem Druck von der koreanischen Halbinsel zurückgezogen hatte, wurde der Gesandtschaftsaustausch dennoch beibehalten, der, verstärkt noch durch eine große Zahl koreanischer Emigranten, den neuesten Stand festländischen Wissens nach Japan vermittelte. Dieses floss direkt ein in die Umsetzung des Taika-Reformedikts, trug zur Modernisierung handwerklicher und landwirtschaftlicher Techniken bei und führte auch zur Gründung der sechs Schulen des sog. Nara-Buddhismus, von denen drei bis heute erhalten sind.

Diese einzelnen Schulen unterschieden sich vor allem durch die Sutren, die sie in den Mittelpunkt ihrer Studien stellten. Sie wurden durch festländische Missionare in Japan bekannt gemacht und zunächst an Klöstern etabliert. Ihre Rituale und Kunstwerke sowie die Aussicht auf Vergeltung guter Werke machten sie jedoch auch für die aristokratische Oberschicht attraktiv. Zum größten Förderer des Buddhismus neben Kronprinz Shōtoku und Temmu-Tennō, der die Verehrung Buddhas auch außerhalb der Klöster angeordnet hatte, wurde Shōmu-Tennō, der diese Lehre der Tennō-Idee und damit dem Staat dienstbar machte. 741 verfügte er die Einrichtung sog. Provinzhaupttempel, um die Vielzahl der durch fromme Stiftungen der Hof- und Provinzaristokratie gegründeten Mönchs- und Nonnenklöster zu strukturieren und verwalten zu können. Gleichzeitig übertrug er ihnen die Aufgabe, für das Staatswohl zu beten. An die Spitze dieser Tempelorganisation wurde als Landeshaupttempel der Tōdai-ji (»Großer Osttempel«) in Nara gestellt, dessen Errichtung Shōmu-Tennō 745 unter dem Eindruck verheerender Naturkatastrophen veranlasste. Für diesen Tempel ließ er eine Kolossalstatue des Buddha Vairocana (jap. *Dainichi nyorai*, der Buddha des Lichts) gießen, der nach der Lehre des Kegon-Sutra die Zentralgestalt des buddhistischen Kosmos war und als dessen japanische Erscheinungsform die Sonnengottheit Amaterasu interpretiert wurde. Auf diese Weise waren die beiden transzendenten Welten der einheimischen wie der fremden Gottheiten in harmonische Beziehung gesetzt und gleicherweise zu Garanten der Tennō-Institution geworden.

Die Einweihungsfeier des Großen Buddha im Jahr 752 wurde zu einem Großereignis für die gesamte buddhistische Welt und belegte Japans Verbundenheit mit den Ländern der Seidenstraße. Gleichzeitig dokumentierte der Tōdai-ji auch eine neugewonnene Unabhängigkeit: Der chinesische Mönch Ganjin begründete dort 753 die Ritsu-Schule des Buddhismus und richtete eine Weihebühne ein, so dass von nun an reguläre Mönchsordination in Japan selbst möglich wurde.

Die starke Verzahnung von Hofaristokratie und Klerus, abzulesen an der Indienstnahme der Klöster durch den Staat sowie den Rückzug vieler Adliger ins Klosterleben, führte zu einem der ganz wenigen Versuche im Verlauf der japanischen Geschichte, den Kaiserthron zu usurpieren. Der Hossō-Mönch Dōkyō, Berater und Günstling der Tochter und Nachfolgerin des Shōmu-Tennō, überredete die Kaiserin, ihn in hohe Staatsränge zu erheben und zu ihrem Nachfolger zu ernennen, was diese letztlich nur aus Respekt vor dem Orakel der Gottheit des Usa-Schreines in Kyūshū unterließ.

Der Tod dieser Herrscherin (770) und die nachfolgende Verbannung Dōkyōs bedeuteten eine Zäsur im Umgang des Hofes mit dem Buddhismus. Für Kammu-Tennō stand konfuzianisches Denken stärker im Vordergrund, und durch die Hauptstadtverlegung schuf er auch räumliche Distanz zu den Nara-Klöstern. Dennoch entstanden während seiner Regierungszeit zwei weitere bedeutende Schulen: Der Tendai- wie der Shingon-Buddhismus wurden von japanischen Mönchen in Zentren außerhalb der neuen Hauptstadt gegründet und ermöglichten durch die Betonung meditativer (Zen) und mystischer (Mandala) Elemente mehr persönliche Frömmigkeit. Außerdem beförderten sie die Verschmelzung von Buddhismus und einheimischem Götterkult, die sich bereits im Verständnis des Großen Buddha von Nara angekündigt hatte.

Somit war im Verlauf des 8. Jahrhunderts die chinesische Vorstellung einer durch Gesetze rational oder, in ästhetischen Kategorien gesprochen, symmetrisch geordneten Welt im Dienste des Kaisertums auf alle irdischen und transzendenten Bereiche angewendet worden: den Staatsaufbau in Ämtern und Rängen, die Gliederung des Landes und die Anlage der Residenzen sowie die Organisation des buddhistischen und einheimischen Kultes. Diese Ordnung zeitigte zunächst Erfolge: Das Land prosperierte durch effizientere Landwirtschaft, bessere Verwaltung und höhere Bildung. Dennoch blieben manche Teile dieses Entwurfs zu fremd, um sich auf Dauer gegen autochthone Vorstellungen behaupten zu können. Allen voran die Kategorie Erblichkeit ließ sich nicht eliminieren und bewirkte in der Folge bedeutende Veränderungen, sozusagen eine Japanisierung des chinesischen Systems.

Tennō und Regentschaft

Auch nach der Festschreibung der Taika-Reformen im Taihō-Kodex von 701 und trotz ihrer offensichtlichen Erfolge konnten damit die Ansprüche der Hofaristokratie nicht auf Dauer zufriedengestellt werden. Wenn auch nie die Vorrangstellung des Tennō als solche in Frage gestellt wurde, so lässt sich doch an der vermehrten Einrichtung neuer »Ämter außerhalb der Gesetze« (*ryōge no kan*) die Verschiebung der Macht zwischen Kaiserhaus und Hofadel, allen voran der Familie Fujiwara, ablesen. 731 wurde ein Staatsrat (*sangi*) aus zunächst sechs, später acht Personen fest eingerichtet, dessen Mitglieder rangmäßig zwar unter den Kanzlern standen, durch den direkten Zugang zum Tennō aber doch ein Gegengewicht zu dem bereits deutlich von den Fujiwara dominierten Großkanzleramt bilden konnten. Diese Familie, deren Stammvater maßgeblich am Taika-Putsch und den folgenden Reformen beteiligt gewesen war, strebte danach, sich auch in der *ritsuryō*-Hierarchie durch eine erfolgreiche Heiratspolitik eine bevorzugte Position innerhalb des Hofadels zu verschaffen. Fujiwara no Fuhito war der Schwiegervater des noch jungen Mommu-Tennō, dadurch Großvater von Shōmu-Tennō, dem er eine weitere Tochter in die Ehe gab. Da in der Aristokratie dieser Zeit Polygamie üblich und Matrilokalität vorherrschend waren, ermöglichten die mütterlichen Familienbindungen eine bedeutende Einflussnahme. Fuhito erreichte das Amt eines Kanzlers zur Rechten und war maßgeblich an der Kompilation der Gesetzeskodizes sowie der Vorbereitung jener Chroniken beteiligt, die die Genealogien der Kaiser- und Adelsfamilien und damit überkommene Ansprüche dokumentierten.

Der Aufstieg der Fujiwara verlief jedoch nicht kontinuierlich. Noch galt das Prüfungssystem der Hochschule als direkter Zugang zu Rängen und Ämtern und kamen Kaiser auf den Thron, die in der Lage waren, dieses auch durchzusetzen. Kammu-Tennō war eine solche Persönlichkeit: Unbelastet von mütterlichen Familienbindungen an die Fujiwara und dem Buddhismus gegenüber distanziert, verfügte er die Verlegung der Hauptstadt und bestand auf einer Erneuerung der staatlichen Institutionen im Sinne der Taihō-Gesetze. Inspekteure sollten die Umsetzung kaiserlicher Politik auch außerhalb der Hauptstadt kontrollieren. Doch in den Provinzen musste selbst Kammu-Tennō Zugeständnisse machen. Bereits 743 war die Erblichkeit von Grundbesitz an neu gerodetem Land legalisiert worden, was den Umfang des Staatslandes sowie die Steuern und Abgaben verminderte. So mussten auch die Dienstpflichtigenheere durch lokale Milizen ersetzt werden, die noch bis zum Jahr 811 an der Nordostgrenze des kaiserlichen Einflussbereiches zur Verteidigung der Siedler gegen die Übergriffe der fremdstämmigen Emishi eingesetzt wurden.

Drei seiner Söhne folgten Kammu-Tennō auf dem Thron, von denen vor allem Saga-Tennō nochmals als besonders sinophiler Herrscher gilt; zwar weniger im Sinne des strengen und sparsamen Organisators wie sein Vater, sondern als hochgebildeter Literat konfuzianischer Prägung, der zu den drei bedeutendsten Kalligraphen Japans gezählt wird. Dennoch versuchte auch er, dem weiter gestiegenen Einfluss der Fujiwara entgegenzuwirken: So wurden der Staatsrat, auf jetzt acht Personen vergrößert, neu belebt, 810 das sog. Archivarbüro (*kurōdodokoro*) als kaiserliches Exekutivorgan und 820 eine eigene Polizeibehörde (*kebi'i-shichō*) eingerichtet sowie 834 die Gesetzeskodizes durch einen amtlichen Kommentar, das *Ryō no gige*, in ihrer Bedeutung betont.

Trotz alledem lassen sich grundsätzliche Veränderungen in Position und Selbstverständnis der Tennō nicht mehr übersehen. Sie waren nicht länger politisch mächtige, durch loyale Beamte wirkende Herrscher im Alleinbesitz des Staatslandes, vielmehr wurden sie zunehmend aus den politischen Alltagsgeschäften hinausgedrängt. Aber sie galten weiterhin, da ihre Herrschaftsberechtigung unbestritten blieb, als Quelle jeglicher Legitimation und Humanität im Sinne von Ethik und Bildung und damit als Garanten des Rituals. Das 821 fertiggestellte *Dairi-shiki* (»Ausführungsbestimmungen [zu den Gesetzen] für den Palast«; enthält das Hofzeremoniell im Jahreslauf) zeigt, welchen Umfang die im konfuzianischen Denken so verstandene zeremonielle Herrschaftsausübung inzwischen angenommen hatte.

Wichtiger Hintergrund all dieser Veränderungen war die Zunahme von privatem und steuerfreiem Grundbesitz, wodurch die Grundlagen des Verdienstbeamtentums insgesamt in Frage gestellt wurden. Neben von Anfang an bestehenden Ausnahmen für Tempel- oder Verdienstland wurde 724 Neuland zunächst auf drei Generationen und 743 ganz erblich. Durch Kommendierung dieser Ländereien an den von Steuern und Abgaben befreiten Personenkreis entstanden große, nicht unbedingt räumlich zusammenhängende Güter, die sog. *shōen* (s. Kap. 3). Tennō und Beamtenstaat büßten durch diese Entwicklung ihre wirtschaftlichen Grundlagen ein und mussten den Hofadelsfamilien zwangsläufig auch bei der Erblichkeit von Rängen und Ämtern Zugeständnisse machen. So erhielten die Söhne von Angehörigen des Hochadels vom fünften Rang an bereits bei der Geburt sog. Schattenränge verliehen; die Hochschule verlor damit ihre Funktion zwar nicht als Bildungsinstitution, wohl aber als Auslesestätte für den Beamtennachwuchs. Damit blieben die höchsten Staatsämter einigen wenigen Familien vorbehalten, von denen die Fujiwara durch ihre Heiratspolitik, aber auch etliche Intrigen am erfolgreichsten waren. Ihnen gelang es, die Kanzlerämter zu monopolisieren und von der Stellung des Großkanzlers aus unter Ausnützung ihrer familiären Bindungen an die Kaiserfamilie auch in die Position von kaiserlichen Regenten zu gelangen.

857 wurde Fujiwara no Yoshifusa zum Großkanzler ernannt, das höchste Amt in der Beamtenhierarchie und als einziges mit dem ersten Rang verknüpft. Dieses Amt diente der Beratung des Tennō von der Spitze der Regierung her und war bislang keineswegs regelmäßig und dann nur an Mitglieder der kaiserlichen Familie verliehen worden. Ein Jahr später, beim Tod des Montoku-Tennō, der sein Neffe gewesen war, übernahm er, als Nichtmitglied der Kaiserfamilie ebenfalls erstmalig, die Regentschaft für dessen noch jugendlichen Sohn und Nachfolger Seiwa-Tennō, der wie-

derum sein Enkel und in seinem Hause aufgewachsen war; 866 wurde Yoshifusa das Regentenamt (*sesshō*) auch nominell übertragen. Sein Adoptivsohn Mototsune erweiterte den Einfluss der Familie noch einmal, indem er 884 dieselben Befugnisse für den erwachsenen Kōkō-Tennō übernahm: Aus der in den Dokumenten benutzten Benennung dieser Tätigkeit als einer Teilfunktion des Großkanzleramtes wurde im Lauf des 10. Jahrhunderts das Amt mit der Bezeichnung *kampaku*. Durch diese beiden Ämter beherrschte die Familie Fujiwara die Politik für gut 150 Jahre. Die Entscheidungen des Kaiserhofs wurden nicht länger in den Ministerien, sondern in ihrer Hauskanzlei (*mandokoro*) gefällt. Absoluter Höhepunkt ihres Einflusses und zugleich Glanzzeit höfischer Kultur war die Zeit ab 995, in der Fujiwara no Michinaga die Familie leitete: Ihr Grundbesitz übertraf sogar den der Kaiserfamilie, auf die Ämter von Regenten und Kanzler hatten sie einen erblichen Anspruch erreicht. Obwohl nur ein Jahr selbst Regent, war Michinagas Stellung am Hof als Vater von vier Kaiserinnen und Großvater dreier späterer Kaiser über dreißig Jahre lang unangefochten.

Die Übernahme der alltäglichen Regierungsgeschäfte durch die Familie Fujiwara bedeutete de facto das Ende des *ritsuryō*-Staates, da sie seine wesentlichen Grundlagen – urbares Land als Staatsbesitz und Bildung als Qualifikation für Ränge und Staatsämter – außer Kraft setzte. Für die nachfolgende zweite Hälfte der Zeit der Dominanz des Kaiserhofes, nun ausgeübt durch Regenten, ist der Begriff *ōchō kokka* (Höfischer Staat) üblich geworden. Formal wurde jedoch keine der bestehenden Institutionen aufgehoben, sondern sie blieben, reduziert auf den zeremoniellen Teil ihrer Aufgaben, bestehen, während für die Tagespolitik neue Funktionsämter entstanden.

Gegen diese Entwicklung gab es nur wenig Widerstand im Grundsätzlichen. Durch die Nachfolgeregelungen (keine Primogenitur, leichte Adoptionen) und die Familien-

Darstellung (vereinfacht) der Verflechtungen des Fujiwara no Michinaga und seiner direkten Nachkommen mit dem Kaiserhof

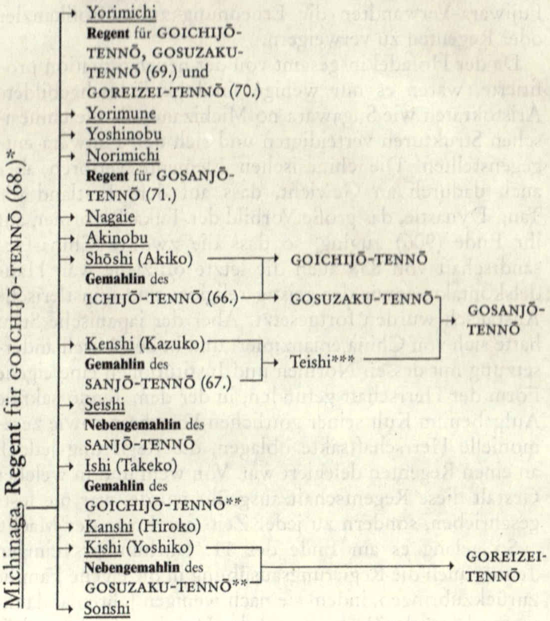

* Position in der Abfolge der Kaiser.

** Beide Kaiser sind sowohl Schwiegersöhne als auch Enkel des Michinaga.

*** Sie gilt nicht als Fujiwara, sondern als kaiserliche Prinzessin, daher die relative Unabhängigkeit des Go-Sanjō-Tennō.

strukturen (Polygamie, Heirat auch zwischen Verwandten vierten Grades, Matrilokalität) der Zeit waren die meisten Kaiser bei ihrer Thronbesteigung sehr jung und hatten weder die Reife noch die familiäre Unabhängigkeit, ihren Fujiwara-Verwandten die Ernennung zum Großkanzler oder Regenten zu verweigern.

Da der Hofadel insgesamt von der neuen Situation profitierte, waren es nur wenige sinologisch hochgebildete Aristokraten wie Sugawara no Michizane, die die chinesischen Strukturen verteidigten und sich den Fujiwara entgegenstellten. Die chinesischen Elemente verloren aber auch dadurch an Gewicht, dass auf dem Festland die Tang-Dynastie, das große Vorbild der Taika-Reformer, auf ihr Ende (906) zuging, so dass die zwölfte China-Gesandtschaft von 838 auch die letzte offizielle war. Handelskontakte sowie der geistig-religiöse und künstlerische Austausch wurden fortgesetzt. Aber der japanische Staat hatte sich von China emanzipiert und in der Auseinandersetzung mit dessen Normen und Institutionen eine eigene Form der Herrschaft gefunden, in der dem Tennō sakrale Aufgaben im Kult seiner göttlichen Vorfahren sowie zeremonielle Herrschaftsakte oblagen, die Regierung jedoch an einen Regenten delegiert war. Von wem und in welcher Gestalt diese Regentschaft ausgeübt wurde, war nie festgeschrieben, sondern zu jeder Zeit eine Frage der Macht.

So gelang es am Ende des 11. Jahrhunderts einigen Tennō, auch die Regierungsausübung in die eigene Familie zurückzubringen, indem sie nach wenigen Jahren abdankten und von der Position und der Hauskanzlei des weltlichen Familienoberhaupts aus, zugleich verbunden mit der Autorität eines Exkaisers, für ihre jungen Söhne oder Enkel die Regierungsgeschäfte führten. Die Grundlagen für diese der Fujiwara-Regentschaft nicht unähnliche Konstellation schuf Go-Sanjō-Tennō, der 1068 als Erwachsener und ohne Bevormundung durch einen Fujiwara-Großvater auf den Thron kam, sofort Maßnahmen zur

Kontrolle und Eindämmung des privaten Landbesitzes ergriff und die Fujiwara-Regenten bei diesen Entscheidungen überging. Mit dieser neugewonnenen Unabhängigkeit konnte sein Sohn, Shirakawa-Tennō, nach seiner Abdankung 1086 die »Regierung durch abgedankte Kaiser« (*insei*, wörtlich: »Regierung aus dem Kloster«, s. S. 110) einrichten und 43 Jahre lang für drei Kaiser ausüben. Ähnlich lange »regierten« auch die Exkaiser Toba (1123–1156) und Go-Shirakawa.

Daher boten Kaiserhof und Hauptstadt im 12. Jahrhundert ein völlig anderes Bild als zur Zeit ihrer Errichtung. Es galt nicht mehr die symmetrische, auf den Kaiser hin ausgerichtete Ordnung, sondern das konkurrierende Nebeneinander auch räumlich getrennter und wechselnder Höfe: der amtierende Tennō und sein Palast, die Residenzen der Fujiwara-Regenten sowie die Exkaiser, die nach ihrer Abdankung üblicherweise in den geistlichen Stand traten und in Klöstern residierten. Die Stadt verlor im Lauf der Zeit ihren regelmäßigen Grundriss sowohl durch Wachstum wie auch als Folge von Naturkatastrophen und aufkommenden Gewalttätigkeiten; die vollständige Zerstörung der Großen Staatszeremonienhalle des Kaiserpalastes durch ein Feuer im Jahr 1177 kann durchaus als Vorzeichen für das weitere Schicksal des Kaiserhofes gesehen werden.

Um diese Zeit war der Kaiserhof bereits völlig in die Machtkämpfe des militärischen Provinzadels hineingezogen worden. Ein solcher hatte sich seit dem 10. Jahrhundert formieren und immer mehr Unabhängigkeit erlangen können, da das Desinteresse der Hofaristokraten, ihre Provinzämter auch wirklich vor Ort wahrzunehmen, sowie die Zunahme privaten Landbesitzes die staatlichen Einflussmöglichkeiten in den Provinzen stark reduzierten. Vor allem zum Schutz der privaten Güter entstanden dort Milizen und aus diesen regionale Militärverbände um einzelne Führerpersönlichkeiten der Provinzelite, die selbst genügend Landbesitz hatten, um diese Verbände zu unterhalten (s. Kap. 3). So waren zwar die Familien des Hofadels, seit der Zeit der Exkaiser in vermehrtem Maße auch wieder die Kaiserfamilie selbst, durch Kommendierung in den Besitz großer Ländereien gekommen: 1156, beim Tod des Toba-Tennō, war nur noch ein Prozent des kultivierten Landes in Staatseigentum. Aus diesem Landbesitz zogen Hof und Adel ihren Reichtum, für seine Kontrolle waren sie aber auf den bewaffneten Provinzadel angewiesen. Bereits Fujiwara no Michinaga hatte sich zum Schutz der Belange der Tennō und Regenten der militärischen Hilfe der sich auf Seiwa-Tennō (reg. 858–876) zurückführenden Familie Minamoto versichert, die Exkaiser stützten sich in der Folge mehr auf die Familie Taira, die sich von Kammu-Tennō herleitete.

Diese beiden Familien hatten in den Provinzen die größte Basis an Land und Anhängerschaft an sich binden können, die Minamoto im Osten und Nordosten der Hauptstadt, die Taira im Westen und entlang der Inlandsee, wodurch sie auch den lukrativen Chinahandel kontrollierten. Als daher im Jahr 1156 sowohl der regierende Kaiser wie der Exkaiser jeweils deren Hilfe bei Nachfolgestreitigkeiten anforderten, war dies nicht nur seit nunmehr fast 500 Jahren wieder der erste mit Waffen entschiedene Streit am Kaiserhof, sondern es wurde auch der Machtkampf dieser beiden Provinzkriegerfamilien in die Hauptstadt getragen und führte dort 1159 erneut zu Unruhen, aus denen die Taira als Sieger hervorgingen.

Von diesem Zeitpunkt an bestimmte die Militärelite das Geschehen auch in der Metropole und gewann Einfluss auf die zivile kaiserliche Regierung. Taira no Kiyomori hatte Go-Shirakawa-Tennō 1156 als Kaiser und 1159 als Exkaiser siegreich unterstützt und setzte als erster »Provinzkrieger« Forderungen nach einem der oberen Ränge der höfischen Ämterhierarchie durch. Bis 1167 hatte er das Amt des Großkanzlers erreicht und in ähnlicher Manier wie seinerzeit die Fujiwara seiner Familie eine Vormachtstellung am Hof geschaffen, indem er zahlreichen Familienangehörigen wichtige Beamtenposten übertrug, eine seiner Töchter mit Takakura-Tennō verheiratete und seinen zweijährigen Enkel 1180 als Antoku-Tennō auf den Thron brachte. Obwohl Kiyomori selbst bald wieder vom Amt des Großkanzlers zurückgetreten war und sich in die Hafenstadt Fukuhara (nahe dem heutigen Kōbe) an der Inlandsee zurückgezogen hatte, wurde die Residenz der Taira-Familie im Rokuhara-Bezirk von Heian für einen kurzen Zeitraum von etwa 20 Jahren ebenso zum Ort der Regierung wie es zuvor die Hauskanzlei der Fujiwara oder das Büro des Exkaisers gewesen waren. Trotz der formalen Einfügung in die höfischen Strukturen blieben die Taira jedoch Außenseiter im Milieu des Hofes, den Titel eines Regenten erreichte Kiyomori nicht, seine gewalttätige und diktatorische Herrschaft isolierte ihn. Seine Gegner jedoch sammelten sich, zunächst um den Exkaiser, dann um die Minamoto, die sich im Osten neu formiert hatten.

Der Machtkampf zwischen den beiden großen Provinzkriegerfamilien Taira und Minamoto dauerte fünf Jahre und erfasste in zahlreichen berühmten Schlachten das ganze Land. Nach ersten Verlusten im Osten und dem Tod von Kiyomori 1181 wurden die Taira zusammen mit dem kleinen Antoku-Tennō 1183 auch aus der Hauptstadt vertrieben. Dem Rückzug nach Shikoku folgte die Flucht über die Inlandsee nach Westen und schließlich 1185 die endgültige Niederlage ihrer Flotte bei Dan-no-ura (nahe dem heutigen Shimonoseki).

Militärisch beherrschten jetzt die Minamoto unter ihrem Anführer Yoritomo das Land. Dieser hatte sich im Osten mit dem Zentrum Kamakura (in der Nähe des heutigen Tōkyō) bereits eine gut organisierte Macht- und Landbasis geschaffen, die er nach dem Sieg über die Taira festigte und erweiterte, ohne jedoch für sich selbst Ämter am Kaiserhof anzustreben. Vielmehr erwirkte er von Exkaiser Go-Shirakawa die Genehmigung, sowohl ein Ratgebergremium für den Exkaiser vorzuschlagen als auch Ämter zur Überwachung aller Provinzverwaltungen einzurichten und zu besetzen: nämlich Militärgouverneure für die einzelnen Provinzen (*shugo*) sowie militärische Landverwalter (*jitō*) für die großen Landgüter (*shōen*) (s. S. 132).

Mit diesen vom Hof verliehenen Vollmachten kontrollierte Minamoto no Yoritomo tatsächlich von seiner »Regierung im Feldlager« (*bakufu; baku = maku*, der um die Kommandozentrale im Feld gespannte Vorhang) in Kamakura aus das ganze Land, eine Machtposition, die nach dem Tod des Exkaisers Go-Shirakawa von Go-Toba-Tennō 1192 durch die Ernennung zum Militärregenten (*sei'i-tai-shōgun*, kurz: Shōgun) bestätigt wurde. Diese Bestätigung einer mit Hilfe von Ämtern aus dem Bereich der militärischen Verwaltung ausgeübten Regentschaft eines Angehörigen der Militärelite bedeutete zugleich aber auch das Ende der Epoche der Dominanz des Kaiserhofes über Japan.

Zweifellos war die Ausbildung eines Regentenamtes für die Ausübung der weltlichen Aufgaben des Tennō die einschneidendste Weiterentwicklung, die das von China entlehnte *ritsuryō*-System in Japan erfuhr. Eine solche Aufgabenteilung war japanischem Denken keineswegs fremd – es sei nur an die Kronprinzen Shōtoku oder Naka no Ōe erinnert –, neu war jedoch die Übernahme dieser Funktion durch »Untertanen«, Personen, die nicht zur Kaiserfamilie gehörten, am Ende der Epoche nicht einmal mehr zum Hofadel. Ihre Autorität hatte sich zunächst noch auf familiäre Bindungen zum jeweils amtierenden Tennō gegründet, dann immer mehr auf privaten Grundbesitz; letztlich hatte die Privatisierung des Bodens zur Profanisierung der politischen Macht geführt.

Davon unangetastet blieben die kultischen und zeremoniellen Vollmachten des Tennō und deren legitimierende

Kraft. Ebenso unbestritten galt der Kaiserhof weiterhin als Ort einer hochentwickelten und über die Hauptstadt hinaus normsetzenden Kultur.

Die höfische Kultur

Kulturelle Leistungen im engeren Sinne erbrachten zu Beginn dieser Zeit der Dominanz des Kaiserhofes vor allem die buddhistischen Klöster: Seit der Errichtung des Hōryū-ji-Tempels (erste Bauten vom Ende des 6. Jahrhunderts) sind durch sie bedeutende Beispiele der Architektur, Plastik und Malerei auf uns gekommen. Der spezifische Beitrag des Hofes zur japanischen Kultur aber ist die Gestaltung der Etikette sowie die Kultivierung der Schrift und des Schreibens.

Diese begann 673 mit der Einrichtung der Hochschule (*daigaku*) zur Ausbildung einer in chinesischer Sprache und Schrift sowie Philosophie und Literatur versierten Beamtenelite, die allein über ihren Bildungserfolg zu Rängen und Ämtern bei Hof kommen sollte. Zuvor, seit Einführung der chinesischen Schrift nach Japan an der Wende vom 4. zum 5. Jahrhundert, waren Schreiben und Lesen das Monopol einer Schreibergilde und des buddhistischen Klerus gewesen, die selbst meist chinesischer oder koreanischer Herkunft (*Kikajin*) waren.

Bei dem genau entgegenlaufenden Satzbau der beiden Sprachen war die chinesische Schrift als eine nicht phonetische, sondern Piktogrammschrift wenig geeignet für die Wiedergabe der japanischen Sprache, so dass das Schreiben lange Zeit auf das Amtliche beschränkt und in Schrift und Sprache chinesisch blieb. Doch schon dabei war zur Wiedergabe von Namen, bei denen die Aussprache von Bedeutung ist, Kreativität vonnöten: Hier wurde der erste

Schritt zu einer nur am Lautwert orientierten Verwendung der chinesischen Schriftzeichen getan.

Wegen dieser Einschränkungen standen auch die ältesten japanischen Literaturwerke zunächst noch in direktem Zusammenhang mit den Intentionen des höfischen Beamtenstaates und entstammen der Zeit unmittelbar nach der Etablierung der kaiserlichen Regierung in der neuen Hauptstadt Heijō (Nara). Das *Kojiki* (Bericht von alten Dingen) von 712 belegt in Chronikform die Abstammung der regierenden Kaiserfamilie von der Sonnengottheit und damit ihren Herrschaftsanspruch seit mythischer Zeit, während das *Nihongi* (Annalen des Sonnenursprungslandes, 720) im Stil der chinesischen Kaiserannalen und mit Blick auch auf eine außerjapanische Leserschaft in reinem Chinesisch die Geschichte des Landes und seiner Herrscher bis in die unmittelbare Gegenwart (697) dokumentiert. Ihm folgen bis zum Beginn des 10. Jahrhunderts noch fünf weitere derartige offizielle Reichsannalen. Dazu kommen ergänzend die *Fudoki*, seit 713 erstellte Provinzbeschreibungen, die wirtschaftliche und geographische Fakten, aber auch Sagen und Legenden enthalten und die Schreibung japanischer Ortsnamen mit chinesischen Zeichen festlegen.

Um die Mitte des Jahrhunderts entstanden erste Werke der Schönen Literatur: Das *Kaifūsō*, eine Sammlung chinesischer Gedichte, belegt nach der philosophisch-historiographischen auch den Grad chinesisch-literarischer Bildung, den der japanische Hofadel inzwischen erreicht hatte. Das wenig später kompilierte *Manyōshū* (Zehntausend-Blatt-Sammlung) fasst die landessprachliche lyrische Tradition seit der zweiten Hälfte des 5. Jahrhunderts zusammen und enthält rund 4500 Gedichte, die bislang verstreut in historiographischen Werken oder mündlich überliefert worden waren. Mit ihrer Niederschrift wurde das Verfahren, chinesische Schriftzeichen unabhängig von ihrer Bedeutung nur nach dem Lautwert zu verwenden, so weit vervollkommnet, dass eine zwar umständliche, aber doch adäquate Fixierung der fünfzig Silben der japanischen Sprache erreicht war, die als *manyōgana* (im Stil des *Manyō[shū]* geliehene Zeichen) bezeichnet wurde. Der weitere Gebrauch führte zu kursiven Vereinfachungen dieser Zeichen, die dann nicht länger Piktogramme waren, sondern ein reines Silbenalphabet darstellten, das eine leichte und vollständige Verschriftung des Japanischen ermöglichte. Dennoch blieb die chinesische Schrift und Amtssprache weiterhin das Medium der gebildeten Hofbeamtenschaft. In der gesprochenen Sprache und mit den vereinfachten Zeichen schrieben vorrangig die Hofdamen, weshalb man diese Schrift zunächst *onnade* (Frauenhand) nannte; der heute übliche Begriff *hiragana* (glatte Zeichen) stammt erst aus dem 17. Jahrhundert. Wenig später wurde von buddhistischen Mönchen ein zweites Silbenalphabet, die *katakana* (Teilzeichen), entwickelt, die statt der kursiven Vollform Teilelemente eines Piktogramms *pars pro toto* zur Darstellung von dessen Lautwert verwendeten. Dieses Silbenalphabet wird nach wie vor hauptsächlich bei Fremd- und Fachwörtern gebraucht.

Mit dieser Silbenschrift konnte nun auch eine Prosaliteratur entstehen, an der die Damen des Hofes einen prägenden Anteil hatten: Erzählungen, Tagebücher und Miszellensammlungen, die in japanischer Schrift und eleganter, mit Gedichten durchsetzter Umgangssprache das Leben, Lieben und Trachten des Hofadels schildern. Ein interessantes Beispiel für den Wandel in Schrift, Sprache und Verfasserschaft ist das *Tosa-nikki* (Tosa-[Reise-]Tagebuch) von 935, in dem ein Mann, der Hofbeamte Ki no Tsurayuki, unter dem schützenden Vorwand, eine Frau zu sein, die japanische Silbenschrift benutzt und poetisch und gefühlvoll seine Rückkehr aus der Provinz Tosa auf Shikoku in die Hauptstadt beschreibt. Zu den herausragenden Beispielen dieser klassischen japanischen Prosaliteratur aber zählen das *Makura no sōshi* (Kopfkissenheftchen), das höfisches Leben in klugen Skizzen darstellt, und das *Genji-monogatari* (Erzählung vom [Prinzen] Genji), das dazu ein romanartiges Panorama entrollt. Beide wurden kurz nach der Jahrtausendwende von den Hofdamen Sei Shōnagon und Murasaki Shikibu verfasst, die jede in Diensten einer kaiserlichen Gemahlin, der Nichte Teishi und der Tochter Shōshi des Regenten Fujiwara no Michinaga, standen. Themenumfang, Werturteile und Zitate aus der japanischen und sogar chinesischen Literatur einschließlich der Verwendung chinesischer Schriftzeichen belegen das hohe Bildungsniveau, das Frauen zu dieser Zeit erreichen konnten.

Dieser Aufschwung der Literatur setzte nach dem Abbruch der offiziellen Beziehungen zu China (894) ein und verlief zeitgleich mit dem Aufstieg der Familie Fujiwara zum Höhepunkt ihrer Macht unter Fujiwara no Michinaga (966–1028). Es lassen sich daran ein neues kulturelles Selbstbewusstsein und gewandelte Bildungsinhalte ablesen, die zwar weiterhin chinesische Wurzeln haben, aber dennoch sehr eigenständige japanische Entwicklungen darstellen. Nachdem die Tagespolitik in der Hauskanzlei der Fujiwara-Regenten gemacht wurde und die Hofämter zunehmend rein zeremonieller Natur waren, blieb als Hauptaufgabe von Kaiser und Hofadel die Durchführung der zahlreichen Zeremonien sowie die Bildung und Formung der eigenen Persönlichkeit. Für die Männer gab es dazu die Institution der Hochschule (*daigaku*), die als obligatorisches Bildungsinstitut auch dann noch weiterbestand, als sie nicht länger zur Beamtenausbildung nötig war. Allerdings veränderte sich die Wertigkeit der einzelnen Fächer: Die literarischen Kenntnisse und daher auch das Lehrpersonal dieser Fakultät erlangten eine höhere Wertschätzung als das zum politischen Handeln nötige philosophische, also konfuzianische Wissen. Weibliche Bildung hingegen fand informell in der Familie statt und sollte zu einer möglichst hochrangigen Heirat bzw. zur

Zulassung als Hofdame qualifizieren. Schreiben, Lesen, Musizieren sowie Kenntnisse der lyrischen Tradition und der Etikette waren unabdingbar und wurden im täglichen Miteinander durch Abschauen und Zuhören erlernt.

Die allgemeine Loslösung von chinesischen Vorbildern führte auch zu einer veränderten Geschichtsschreibung. Auf das 901 fertiggestellte letzte chinesisch geschriebene amtliche Annalenwerk *Sandai-jitsuroku* (Aufzeichnungen über drei Kaiser) folgte erst am Ende des 11. Jahrhunderts eine Fortführung für die Zeit von 887 bis 1092: das *Eiga-monogatari* (Erzählung von strahlender Blüte). Sein Titel bereits erweist es als höfische Erzählung, sprachlich wie diese gestaltet von mehreren Autoren, unter denen man mit guten Gründen auch Hofdamen vermutet. Inhaltlich liegt das Schwergewicht der Darstellung nunmehr ganz im Trend der Zeit stärker auf dem Hofadel als auf den Kaisern; den größten Raum nimmt das als Zeit »strahlender Blüte« beschriebene Wirken des Fujiwara no Michinaga ein.

Die am Hof von Heian von Männern und Frauen gleichermaßen geschaffene Prosaliteratur war von entscheidender Bedeutung für die Dokumentation der gesprochenen Sprache jener Zeit wie auch für die Weiterentwicklung der japanischen Schrift zu einer Mischung aus Silbenalphabet und chinesischen Zeichen. Obwohl der normative Einfluss dieser Prosatexte auf die Sprachentwicklung unbestreitbar ist, behielten sie dennoch immer den Charakter des Privaten; offiziell dagegen und damit öffentlicher Bewertung ausgesetzt waren das chinesische Schrifttum und die Lyrik.

Die vorherrschende lyrische Form zur Zeit des Höfischen Staates war das 31silbige Kurzgedicht (*tanka* oder *waka*; Kurzgedicht bzw. japanisches Gedicht), das aus fünf Zeilen ohne Reim, aber mit einem vorgegebenen Silbenschema (5-7-5-7-7 Silben) bestand. Aus den Beispielen der frühesten Lyriksammlung *Manyōshū* waren formale und inhaltliche Regeln für diese Gedichtform abgeleitet worden, die in Gedichtwettstreiten bei Hof erprobt wurden und in der Folge zu unterschiedlichen Dichterschulen führten. Diese Gedichte waren unverzichtbarer Teil kultivierter Kommunikation und galten als höchster Ausdruck der literarischen Kompetenz des Hofadels. Daher beauftragte Daigo-Tennō 905 den Hofbeamten und Dichter Ki no Tsurayuki (der Verfasser des *Tosa-nikki*; s. S. 83) mit der Kompilation des *Kokin[waka]shū* (Sammlung [von Gedichten] aus alter und neuer Zeit). Für diese Sammlung wurden rund 1100 mustergültige Gedichte aus Privatsammlungen oder Prosawerken ausgewählt und thematisch geordnet präsentiert. Bis zum Beginn des 15. Jahrhunderts folgten zur Dokumentation des lyrischen Schaffens des Hofadels unter kaiserlicher Patronage noch 20 weitere derartige offizielle und repräsentative Anthologien.

Die Bedeutung dieser Gedichte reichte jedoch weit über das Literarische hinaus. Besonders in niedergeschriebener Form waren sie kleine Gesamtkunstwerke, durch die sich die umfassende Geschmacksbildung ihrer Verfasser und Verfasserinnen zeigte: Kenntnis der poetologischen Regeln, Angemessenheit des Inhalts bezüglich der Jahreszeit und des eventuellen Empfängers, Fähigkeit zur kalligraphischen Gestaltung sowie die nötigen Kenntnisse bei der Auswahl und Dekoration des Gedichtblatts waren unabdingbar, um sich – als Mann oder Frau – der kultivierten Welt zu empfehlen.

Diese Welt war der Kaiserpalast und die Hauptstadt, ab 794 für nahezu elfhundert Jahre Heian, das seit Ende des 12. Jahrhunderts nur noch schlicht Miyako (die Hauptstadt), in sinojapanischer Aussprache Kyōto, genannt wurde.

Seit Fujiwara 694 Residenz geworden war, wurden die japanischen Hauptstädte nach dem Vorbild der chinesischen Metropole mit dem schon beschriebenen schachbrettartigen Grundriss und durch eine nordsüdliche Mittelachse in zwei Hälften geteilt angelegt (s. Karte 4). An den Ausfallstraßen waren Tore errichtet, Stadtmauern gab es im Gegensatz zu China nicht; im Falle von Heian boten jedoch Berge im Osten, Norden und Westen Schutz. Hier entstanden auch die Klöster der neuen buddhistischen Schulen, nachdem Kammu-Tennō eine Ansiedlung im Stadtgebiet untersagt hatte.

Im nördlichen Zentrum der Stadtanlage, als Ausgangspunkt der Mittelachse, befand sich der Kaiserpalast, ein mit Mauern von der Stadt abgegrenztes Areal, zu dem die Große Staatszeremonienhalle, die Ministerien, die Innere Palastanlage des Kaisers und seiner Familie, Gartenanlagen sowie zahlreiche Amtsstellen und Funktionsgebäude gehörten. Die Adelsresidenzen lagen in unmittelbarer Nähe in den nordöstlichen Straßenquadraten.

Die strenge Symmetrie der ursprünglichen Stadtanlage ging jedoch mit der Zeit verloren, da der tiefer gelegene, sumpfige Südwesten wohl nie vollständig bebaut worden war und die Wiederaufbauten nach Bränden oder Naturkatastrophen zu einer Nordostverschiebung der Stadt führten: Statt zwei gegengleichen – linken und rechten – Stadthälften bestimmte die Teilung in eine obere Stadt der Aristokraten (nach Schätzungen zwei- bis dreitausend, unter Einschluss des niederen Hofadels und des Klerus höchstens fünftausend Personen) und eine untere Stadt, bewohnt vom Rest der ca. 150000 Einwohner, das Bild der Metropole.

Von den genannten Zerstörungen blieb auch der Palast nicht verschont, doch bis ins 11. Jahrhundert hinein errichtete man einzelne Gebäude immer wieder neu bis zu dem Großfeuer von 1177, dem die Große Staatszeremonienhalle endgültig zum Opfer fiel. Die offiziellen und inoffiziellen Abläufe am Kaiserhof wurden dadurch jedoch nicht grundsätzlich in Frage gestellt, da die Kaiser zu Zeiten, in denen der Palast nicht zur Verfügung stand, in

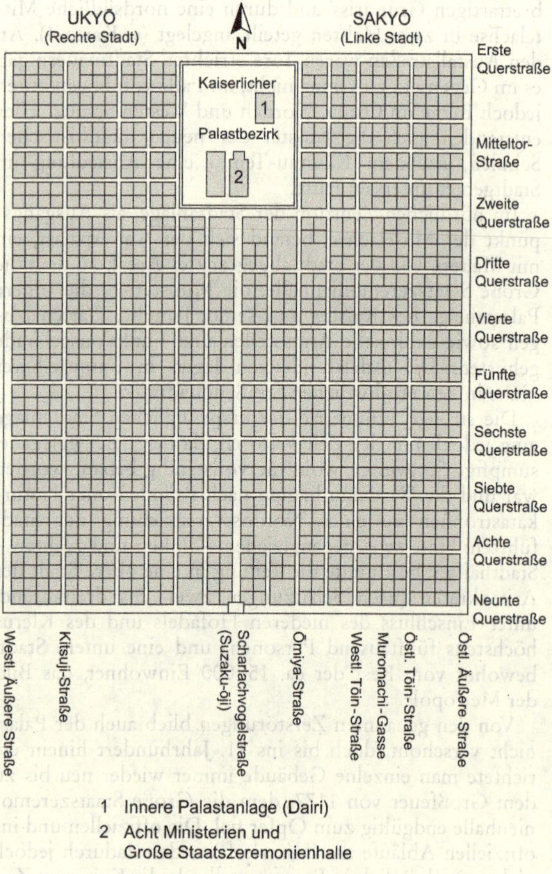

Karte 4: Stadtanlage von Heian-kyō

Adelsresidenzen außerhalb der Palastmauern, z.B. denen ihrer mütterlichen Fujiwara-Verwandten, Wohnung nahmen. Die japanische Bauweise ermöglichte es ohne weiteres, diese Räumlichkeiten durch einige wenige charakteristische Möbelstücke zu einem, allerdings beengten, Ersatzpalast umzufunktionieren (*sato-dairi*, wörtlich: Palast außerhalb) und damit dem höfischen Leben weiterhin den notwendigen Rahmen zu bieten.

In dieser abgegrenzten, sich selbst genügenden Welt agierten Kaiser und Adel, nur hier konnten sie ihren Lebensstil entfalten, weshalb die Entsendung auf einen Posten außerhalb der Hauptstadt fast einer Verbannung gleichkam. Ebenso fern waren ihnen die Bewohner jenseits der Palastmauern, diese wurden bei gelegentlichen Ausfahrten als exotische Wesen mit befremdlich grobem Benehmen wahrgenommen, auch wenn dazu all die Handwerker gehörten, denen die elegante Ausstattung des Kaiserhofes zu danken war.

Der Palast war die Bühne eines weitgehend durch Zeremonien geformten Lebens: Die Vorschriften des *Dairi-shiki* (Ausführungsbestimmungen [zu den Gesetzen] für den Palast) regelten detailliert den Ablauf der jährlich wiederkehrenden Ereignisse im Palast. Ähnliche Texte enthielten Bestimmungen für den Tagesablauf oder Vorkommnisse des persönlichen Lebens. Durch diese schriftliche Fixierung wurden die einzelnen Vorgänge zu Präzedenzfällen, deren Gültigkeit auch aus der jeweils korrekten Durchführung resultierte. Die überlieferte Etikette gehörte zur Bildung jedes Hofadeligen, doch für das Zeremonialwissen insgesamt, die genaue Kenntnis der Abläufe und Ausstattung, gab es Expertenfamilien, die über die Traditionen und ihre Einhaltung wachten. Auch hier entstanden, wie schon in der Lyrik, aus unterschiedlichen Traditionsauffassungen verschiedene Zeremonialschulen bzw. -stile.

Mit der Einhaltung der profanen und kultischen Zeremonien leisteten die Kaiser auch nach dem Übergang der alltäglichen Politik in die Hände von Regenten ihren spezifischen Beitrag zum Funktionieren des Höfischen Staates. Daher umfassten diese Zeremonien rituelle Amtshandlungen wie Ernennungen, Entsendungen oder den formellen Beginn von Amtsgeschäften sowie im kultischen Bereich buddhistische Riten und die Verehrung der einheimischen (Shintō-)Gottheiten, vor allem der Sippengottheiten des Kaiserhauses und anderer bedeutender Familien, durch Opfer- und Reinigungsfeiern oder das Erntekosten. Diese Indienstnahme der Gottheiten zum Wohl des Staates war mehr Staatskult denn Religion, weshalb dieser im einzelnen im Rahmen der letzten wichtigen Aktualisierung der *ritsuryō*-Gesetze, dem *Engi-shiki* (Ausführungsbestimmungen der Ära Engi [zu den Gesetzen]) von 927, nochmals verbindlich geregelt wurde. Derartiges »göttliches Walten« jeglicher Provenienz benannte man zu dieser Zeit mit dem Wort *shintō*; zur Bezeichnung eines eigenen religiösen Lehrsystems wurde der Begriff erst wesentlich später.

Von der höfischen Kultur untrennbar, wenn auch nicht primär vom Hofadel gestaltet, ist der Buddhismus, der während der Zeit der Dominanz des Kaiserhofes wie dieser selbst gravierende Veränderungen erfuhr.

Die großen Klöster in Heijō (Nara) waren in erster Linie Studiengemeinschaften, die eine differenzierte religiöse Lehre propagierten und chinesisches Wissen übermittelten. Damit konnte die Aristokratie gewonnen werden, die vom einheimischen Götterglauben weder religiös noch intellektuell angesprochen worden war. Die daraus entstandene enge Verflechtung mit dem Kaiserhof und die Einbindung in staatliche Strukturen, ebenso die Maßnahmen des Kammu-Tennō, um dem politischen Einfluss und den finanziellen Ansprüchen der Klöster entgegenzuwirken, wurden bereits beschrieben (s. S. 67).

Dennoch stellten die buddhistischen Mönche die beständigste Verbindung Japans mit dem Festland bis nach

Zentralasien her, von wo sie nicht nur immer neue Lehrschriften, sondern auch viele künstlerische und technische Anregungen mitbrachten. Dies zeigt sich bereits an den Malereien und Plastiken des ältesten in Japan erhaltenen Tempels, des Hōryū-ji bei Nara (gestiftet 607), später dann an den sakralen und profanen Kunstgegenständen aus der Hinterlassenschaft des Shōmu-Tennō, die seit 756 im Schatzhaus des Tempels Tōdai-ji, dem Shōsō-in, aufbewahrt werden. Der fortgesetzte Austausch kulminierte zu Beginn des 9. Jahrhunderts in der Einrichtung zweier neuer Schulen durch Mönche, die bestehenden Nara-Klöstern entstammten, aber nach der Rückkehr von Studienaufenthalten in China in der religiösen Lehre und Praxis andere Schwerpunkte setzten. Saichō begründete 805 die Tendai-Schule, die das Lotos-Sutra und Meditationsübungen (Zen) in den Mittelpunkt stellte. Ihr Zentrum war der Tempel Enryaku-ji auf dem Hiei-Berg nordöstlich der neuen Hauptstadt Heian. 806 folgte die Gründung der Shingon-Schule durch Kūkai, eine Geheimlehre mit vielen mystischen Elementen (Mandala) und einem ausgefeilten Ritualwesen mit dem Haupttempel Kongōbu-ji auf dem Kōya-Berg in der Provinz Ki'i (heute Präf. Wakayama).

Die Verflechtung mit Hof und Adel stellte sich auch hier rasch wieder ein: Beide Gründerpersönlichkeiten entsprachen dem aristokratischen Bildungsideal; die spätere Legende machte Kūkai (postum Kōbō Daishi: »Der die Lehre weithin verbreitende große Lehrer«) gar zum Kulturheros und schrieb ihm die Erfindung der *hiragana*-Silbenschrift und die Einführung des Reisanbaus zu. Folgeträchtig wurde aber in vieler Hinsicht – z.B. im Zusammenhang mit der Steuerbefreiung von Landbesitz (s. S. 73) – die Übertragung hoher Klosterpositionen an die nachgeborenen Söhne des Hofadels. So bildeten sich enge, keineswegs immer harmonische Kontakte zwischen den Fujiwara und dem Tendai-Kloster Enryaku-ji, während die Kaiserfamilie mehr der Shingon-Schule verbunden war, eine Shingon-

Halle im Palast errichtete, Shingon-Rituale in das höfische Jahresbrauchtum aufnahm und den Tempel Ninna-ji zu einem weiteren Zentrum dieser Lehre in der Hauptstadt Heian selbst machte.

Vor allem aber trugen diese beiden Lehren wesentlich zur weiteren Verschmelzung von Buddhismus und einheimischem Götterglauben bei, indem aus ihren Kategorien die Theorie von Urstand (*honji*) und herabgelassener Spur (*suijaku*) entwickelt wurde. Das heißt, die (Shintō-)Gottheiten wurden als raum-zeitliche Manifestationen der immer gültigen Buddha-Wirklichkeit gesehen, die sich wie die Menschen erst noch die Buddhaschaft erarbeiten müssen. Damit wurden neue kultische und rituelle Formen möglich, etwa die Einrichtung von Schreintempeln – üblicherweise werden die buddhistischen Kultstätten als »Tempel«, die der einheimischen (Shintō-)Gottheiten als »Schreine« bezeichnet – zur Übernahme von Schutzfunktionen der Schreingottheiten für die Buddha: Der Kasuga-Schrein beim Tōdai-ji-Tempel in Nara ist ein Beispiel für eine derartige Verknüpfung.

Zur persönlichen Religiosität und Frömmigkeit gehörte zwar auch der Glaube an die einheimischen oder chinesisch-daoistischen Gottheiten und Geister, doch die größte Bedeutung kommt hier den Lehren um den Buddha Amida des westlichen Paradieses bzw. Reinen Landes zu. Sie verhießen Buddhaschaft, also Erlösung, allein durch das Vertrauen in die Barmherzigkeit des Buddha und das Anrufen seines Namens (*nembutsu*). Die Schulgründungen dieser Richtung entstanden ohne direkte Einflüsse aus China und waren auch dem einfachen Volk leicht zugänglich. 1175 gründete der Tendai-Mönch Hōnen die »Schule des Reinen Landes« (*Jōdoshū*), die in der Folge in vier große Richtungen zerfiel und u.a. die Abschaffung des Mönchszölibats verfügte. Die Lehren und Vorstellungen vom Reinen Land wirkten sich auch in Literatur und Kunst, Architektur und Gartengestaltung aus, wo sie zur

Vollendung eines vom chinesischen abgewandten, z.B. betont asymmetrischen Stils beitrugen. Ein Höhepunkt dieses Stils und zugleich eine architektonische Konkretisierung des Reinen Landes ist der Byōdō-in in Uji südlich von Kyōto, ursprünglich eine Sommerresidenz des Fujiwara no Michinaga, die sein Sohn Yorimichi 1052 in eine Tempelanlage umgestalten ließ.

Wiederum direkt auf Kontakte mit dem chinesischen Buddhismus zurückzuführen ist die Einrichtung der ersten selbständigen Zen-Schule in Japan, der Rinzai-Schule, die der Tendai-Mönch Eisai nach zwei Studienaufenthalten in China begründete. Zen (von chin. *ch'an*, Meditation) gehörte durchaus auch zum Repertoire der älteren Richtungen, besonders der Tendai-Schule, weshalb diese die Verselbständigung und eine Niederlassung in der Hauptstadt vehement bekämpfte. Eisai ging daher im Jahr 1200 nach Kamakura, wo seine Lehre nachhaltigen Einfluss auf die geistige Orientierung des Kriegeradels gewann.

Der Kaiserhof und die Aristokratie von Heijō und Heian (Nara und Kyōto) haben während der Phase höfischer Dominanz in der Auseinandersetzung mit China eine Kultur entwickelt, die zur Vorgabe für alle folgenden Epochen wurde. Dabei war der Buddhismus gewiss die stärkste tragende Brücke für einen fortdauernden geistigkulturellen Austausch mit China auch nach dem Abbruch der Beziehungen auf staatlicher Ebene und zugleich ein Ferment für eigenständige japanische Weiterführungen.

3 Der frühe Feudalismus

Von Detlev Taranczewski

Epochenüberblick

Hof und Hofadel haben in der Epoche des Altertums von ihrer Residenzstadt aus das kulturelle, politische und wirtschaftliche Geschehen beherrscht. In der nun folgenden Epoche machen ihnen Krieger, Bauern und Geistliche diese Vorherrschaft streitig und drängen sie schließlich in wenigen Jahrhunderten ganz an den Rand der Handlung. Um diese lange währende, von den Provinzen ausgehende Umwälzung und die sich herausbildende neue Struktur schlagwortartig zu charakterisieren, erschienen uns die Begriffe Feudalismus und Mittelalter, die beide aus der europäischen Geschichte vertraut sind, angemessen. Das japanische Mittelalter umfasst eine Zeitspanne vom ausgehenden 11. bis zum späten 16. Jahrhundert. Mit dem europäischen Mittelalter hat es gemein, dass es wie dieses als Zwischen-Epoche verstanden wird. Beginnend mit der Desintegration eines »antiken« zentralistischen Staatswesens endet es mit der Frühen Neuzeit, einer Epoche staatlicher Rezentralisierung. Die Tendenz zur Dezentralisierung politischer Herrschaft ist das hervorstechende Merkmal des japanischen wie auch des europäischen Mittelalters. Im damit umfassten Zeitraum unterscheiden sich jedoch beide: Das europäische Mittelalter beginnt im 5. oder 6. Jahrhundert, also ein halbes Jahrtausend vor dem japanischen. Dagegen liegt das Ende des Mittelalters in beiden Fällen nicht weit auseinander – in Europa um die Wende vom 15. zum 16., in Japan im späten 16. Jahrhundert.

»Mittelalter« und »Feudalismus« gehören beide zum festen Begriffsbestand der modernen japanischen Geschichtsschreibung. Mit Feudalismus assoziieren wir zunächst bestimmte Formen der soziopolitischen Organisation innerhalb der herrschenden Aristokratie, deren Grundelemente Vasallität und Lehnswesen sind. Vasallität bezeichnet als idealer Typus von Vergesellschaftung ein auf freiwilligem Vertrag unter rechtlich Gleichen gegründetes Verhältnis zwischen Vasall/Gefolgsmann und Herrn, in dessen Rahmen der Vasall Unterstützung vor allem militärischer Art verspricht, wofür er im Gegenzug vom Herrn rechtlichen Schutz gewährt bekommt. Das Lehnswesen bildet die materielle Seite der Vasallität. Der Herr überlässt seinem Vasallen Herrschafts- und Nutzungsrechte über Territorien oder auch andere Einkunftsquellen, kurz: Lehen, um sich so seiner Treue zu versichern und um außerdem seinen Herrschaftsbereich durch fähige Männer seines Vertrauens zu schützen und zu verwalten. Im weiteren Sinne umfasst der Begriff Feudalismus – oder genauer: Feudalgesellschaft – auch bestimmte Formen von Herrschaft über Land und Leute, insbesondere über die ackerbäuerlichen Produzenten. Aber auch autonome Geistlichkeit, Städte und freies Stadtbürgertum sowie selbstverwaltete Landgemeinden und Landschaften gehören in das Bild speziell der frühen Feudalgesellschaft – in Europa wie in Japan. In Japan deckt sich der frühe Feudalismus mit dem Mittelalter, der vom 11. bis 16. Jahrhundert dauernden Epoche der Dezentralisierung. Auch die nachfolgende Epoche, die Frühe Neuzeit (spätes 16. bis Mitte des 19. Jahrhunderts, s. Kap. 5), wird in der japanischen Geschichtsschreibung oft als feudal verstanden und wegen ihrer zentralistischen politischen Struktur mit dem europäischen Absolutismus verglichen.

Um die Tiefe des Umbruchs von der alten zur feudalen sozialen Ordnung zu verdeutlichen, folgt zunächst eine Schilderung der Ausgangslage im Altertum und der tiefgreifenden Veränderungen, die im Lauf des 10. Jahrhunderts vor allem die Agrarverfassung und -politik betrafen. Die Differenzierung der Rechte am Land in den Provinzen und die politischen und ökonomischen Folgen für Provinzen und Hauptstadt legt der darauffolgende Abschnitt dar. In den beiden nächsten Abschnitten wird die innovative Rolle lokaler Grundherren im Ackerbau beleuchtet und die militärische Seite der lokalen Grundherren sowie die neuen Formen sozialer Organisation, die sie hervorbringen, beschrieben. Nachdem so die wirtschaftlichen und gesellschaftlichen Voraussetzungen der mittelalterlich-feudalen Epoche umrissen sind, wirft der folgende Abschnitt einige Schlaglichter auf den politischen Prozess, in dem die neuen kriegeradligen Protagonisten die Verfassung des Landes von Grund auf umgestalten. Der abschließende Abschnitt richtet den Blick auf die innovative Dynamik, die im Mittelalter die gesamte Gesellschaft erfasst hat.

---

um 750	Staatlich betriebene Erschließungsfelder für das Kloster Tōdai-ji (»frühe *shōen*«); älteste Flurpläne; widersprüchliche Gesetzgebung über die Rechte an erschlossenem Ackerland
879	Ausweisung von 4000 *chō*/ha Nassreisfeldern in Hauptstadtnähe als staatlich betriebene »Amtsfelder« (*gangyō kanden*)
902	Reformen der Ära Engi (Neuordnung des *shōen*-Grundbesitzes)
914	Throneingabe von Miyoshi Kiyoyuki über die Missstände in den Provinzen
931	Aufforderung des Hofs zur Erschließung von Brachland in allen Provinzen
935–941	Rebellion von Taira no Masakado im Osten und Fujiwara no Sumitomo im Westen des Landes
939, 945	Religiös-soziale Bewegung im Westen erreicht die Hauptstadt

950	Eingetriebene Steuermenge Hauptkriterium für die Dienstbewertung der Provinzgouverneure
974	Zeremonie zur Besänftigung der »Zorngeister« (*goryōe*) am Gion-Schrein in der Hauptstadt
976	Schweres Erdbeben erschüttert den Großraum Kyōto
984, 987, 1040	Gesetze zur Kontrolle und Neuordnung der *shōen* (Ären Eikan, Eien und Chōkyū)
988	Klage der Provinzbewohner gegen das Missregiment des Gouverneurs der Provinz Owari
1028–1031	Feldzug gegen die Rebellion des Taira no Tadatsune im Kantō-Gebiet
1045	*Shōen*-Kontrollgesetz (Ära Kantoku): alle *shōen*, die lediglich über eine Genehmigung des Provinzgouverneurs, nicht aber der Zentralregierung, verfügen, sind nach Ende seiner Dienstzeit aufzuheben
1047–1189	Weitgehend autonome Herrschaft der Ōshū-Fujiwara im Nordosten (Mutsu, Dewa) mit Hauptsitz in Hiraizumi
1051–1062	Neunjähriger Krieg im Nordosten (gegen die Abe in Mutsu)
1055, 1065	*Shōen*-Kontrollgesetze (Ären Tengi und Jiryaku): alle nach 1045 errichteten *shōen* sind aufzuheben
1069	*Shōen*-Kontrollgesetz (Ära Enkyū): Verbot aller nach 1045 errichteten *shōen* sowie solcher mit unklarem Rechtsstatus; Zwang zur Fixierung der mit Abgaben und Diensten belasteten Parzellen und zur Erstellung von Verzeichnissen aller Flächen mit den Namen der Rechteinhaber; Einrichtung einer zentralen Behörde zur Kontrolle der *shōen* (*kirokusho*)
1083–1087	Dreijähriger Krieg im Nordosten (gegen die Kiyohara in Mutsu)
1086	Mit Shirakawa-Tennō beginnt das System der sog. »Exkaiserregierung« (*insei*)
1091	Verbot der höfischen Regierung, dass die Krieger und lokalen Grundherren in den Ost-Provinzen ihre Rechtstitel an Ackerland auf Minamoto no

Yoshi'ie übertragen, um sich seiner Schutzherrschaft zu unterstellen

1092 Aufhebung aller von Minamoto no Yoshi'ie in den verschiedenen Provinzen errichteten *shōen*

Kriegermönche des Kōfuku-ji aus Nara brennen in der Nähe der Hauptstadt die Häuser von Widersachern nieder – Großbrand in der Hauptstadt

1094 Feldzug gegen den Nordosten

1095 Einrichtung einer Leibgarde des Exkaisers (*hokumen no bushi*)

1096 Großer Dengaku-Tanz führt zu einem mehrtägigen Chaos am Hof und in der Hauptstadt

1099 *Shōen*-Kontrollgesetz (Ära Kōwa): alle neu errichteten *shōen* sind aufzuheben

1111 Wiedereinrichtung der *shōen*-Kontrollbehörde (*kirokusho*)

1119 Der Exkaiser verwirft das Ansinnen, in der Provinz Kōzuke (Ostjapan) *shōen* mit einer Gesamtfläche von 5000 *chō*/ha zu errichten

1126 Fujiwara no Kiyohira, lokaler Magnat im Nordosten, errichtet den wegen seiner Pracht landesweit berühmten Tempel Chūzon-ji in seiner Residenzstadt Hiraizumi in Mutsu

1135 Feldzug von Taira no Tadamori gegen die Piraten im Westen

1156 Hōgen-Krieg; Beginn der Hegemonie der Krieger am Hof

Shōen-Kontrollgesetz (Ära Hōgen); erneute Einrichtung der *shōen*-Kontrollbehörde

1159 Heiji-Krieg; Taira no Kiyomori etabliert seine Vorherrschaft

Beginn der Exkaiserherrschaft von Go-Shirakawa

1167 Taira no Kiyomori wird Großkanzler – erstmals bekleidet ein Kriegeraristokrat das höchste Hofamt

1173 Die *shōen* der 15 großen Klöster von Nara werden konfisziert

1177 Putschversuch von Exkaiser Go-Shirakawa gegen Taira no Kiyomori

1180 Vorübergehende Verlegung der Hauptstadt nach Fukuhara (Kōbe) durch Taira no Kiyomori

Minamoto no Yoritomo errichtet seine Residenz in Kamakura und beginnt die Rebellion gegen Taira no Kiyomori

1181 Taira no Kiyomori stirbt
1184 Minamoto no Yoritomo beginnt mit dem Aufbau seines Regierungsapparats in Kamakura
1185 Seeschlacht bei Dan-no-ura, Vernichtung der Parteigänger von Taira no Kiyomori
Yoritomo setzt militärische Provinzprotektoren und Landverwalter ein (*shugo* und *jitō*)
1186 Erneute Einrichtung der *shōen*-Kontrollbehörde, die nunmehr als eine der zentralen Regierungsbehörden des Hofs in der Hauptstadt zur Dauereinrichtung wird
1189 Yoritomos Feldzug gegen die Ōshū-Fujiwara; Tod Minamoto no Yoshitsunes
1192 Yoritomo wird zum Shōgun ernannt; Aufschwung des Rinzai-Zen nach Rückkehr des Mönches Eisai aus China
1199 Yoritomos Tod
1205 Verbot der populären buddhistischen Erweckungsbewegung des *senshū nembutsu*; Shinran, Initiator einer reformbuddhistischen Laiengemeinschaft, wird nach Echigo (Nordjapan) verbannt
1221 Missglückter Putsch des Exkaisers Go-Toba gegen das Shōgunat: er und zwei weitere Exkaiser werden in entfernte Provinzen verbannt (*Jōkyū no ran*)
1223 Erlass des Shōgun zur Anlage von Feldregistern (*ōtabumi*) in allen Provinzen
1225 Taira no Masako, nach dem Tod ihres Gemahls Minamoto no Yorimoto Machthaberin im Kamakura-Shōgunat, stirbt; *shōen*-Kontrollgesetz (Ära Karoku)
1227 Gründung der Sōtō-Schule des Zen durch Dōgen nach seiner Rückkehr aus China
1232 Abfassung des ersten umfassenden Gesetzeskodex des Shōgunats *Goseibai Shikimoku*
1274 1. Invasion der Yuan-Truppen (»Mongolen-Invasion«)
1281 2. Invasion der Yuan-Truppen
1293 Stärkung der Rolle der *shōen*-Kontrollbehörde unter Fushimi-Tennō
1297 Allgemeiner Schuldenerlass durch das Shōgunat; das Shōgunat erlässt Bestimmungen über Geldverleih, Wechsel und Handel mit Pfandbriefen
1320 Aufstand des Volkes der Ezo (Emishi) in Nordost-Japan
1333 Sturz des Kamakura-Shōgunats; Go-Daigo-Tennō macht

	die *shōen*-Kontrollbehörde zu einem zentralen Regierungsorgan für die Kontrolle der Besitzverhältnisse
1334	Versuch von Go-Daigo-Tennō zur Etablierung einer unmittelbaren Kaiserherrschaft
1336	Kōmyō wird Tennō
	Beginn des Doppelkaisertums
1338	Ashikaga Taka'uji wird Shōgun
1339	Go-Daigo-Tennō stirbt
1352	Gesetz über die Auferlegung einer neuen Militärsteuer auf *shōen* durch die *shugo*
1358	Tod von Ashikaga Taka'uji
1378	Shōgun Ashikaga Yoshimitsu errichtet seine Residenz im Stadtteil Muromachi im nordöstlichen Kyōto (Kinkaku-ji, »Goldener Pavillon«)
1392	Thronfolgekompromiss zwischen Nord- und Südhof durch Vermittlung des Shōgunats – Ende des Doppelkaisertums
1393	Erlass zur Besteuerung der Geldverleiher
1441	Ermordung des Shōgun Ashikaga Yoshinori durch den *shugo-daimyō* Akamatsu Mitsusuke (*Kakitsu no ran*); auf die Forderungen der großen Einung der Landleute in den hauptstadtnahen Provinzen (*Kakitsu no do-ikki*) gibt das Shōgunat schließlich einen Schuldenerlass
1444	Allgemeiner Landpfennig (*tansen*) des Shōgunats zur Wiedererrichtung des Kaiserpalastes
1447	Kampf zwischen den Klöstern Kōfuku-ji und Tōdai-ji in Nara
1448	Das Shōgunat verbietet die Versammlungen der Landleute (*domin-shue*)
1466	Einströmen großer Mengen von Kupfermünzen aus Ming-China
1467–1477	Krieg in Zentraljapan mit den Häusern Yamana und Hosokawa als Protagonisten (*Ōnin-Bummei no ran*)
1485	Große Provinzeinung von Yamashiro (*Yamashiro no kuni-ikki*); Forderung nach Truppen-Abzug
1488	Große Ikkō-Provinzeinung von Kaga (*Kaga no Ikkō-ikki*); *shugo* Togashi Masachika wird in den Kämpfen getötet
1491	Ise Naga'uji, gen. Hōjō Sōun, beginnt Schaffung sei-

nes weite Teile von Kantō umfassenden *daimyō*-Fürstentums

1495 Ise Naga'uji errichtet seine Hauptfestung Odawara

1497 Rennyo, Oberhaupt der buddhistischen Gemeinschaft Jōdo-Shinshū, errichtet den Haupttempel Hongan-ji in Ishiyama (Ōsaka)

1501 Der Kaiserhof ersucht das Shōgunat um Finanzmittel für die Thronbesteigungszeremonie

1506 Kampf der Anhänger der buddhistischen Ikkō-Gemeinschaften gegen das *shugo*-Haus Asakura von Echizen

1521 Das Shōgunat gewährt dem Kaiserhof mit 20jähriger Verspätung die Mittel für die Thronbesteigungszeremonie – Verarmung des Kaiserhofs
Beginn des Baus von Burgstädten (Yamaguchi, Odawara)

1536 Auf Druck der Geldverleiher setzt das Shōgunat einen zuvor gegebenen Schuldenerlass wieder außer Kraft

1568 Oda Nobunaga erhebt Militärsteuer in Settsu und Izumi, außerdem hebt er alle Zollschranken auf
Einzug Nobunagas in Kyōto

1571 Oda Nobunaga brennt den Tempelberg Hieizan bei Kyōto nieder, mehrere tausend Mönche werden dabei getötet

1573 Oda Nobunaga vertreibt den Shōgun Ashikaga Yoshiaki
Ende des Muromachi-Shōgunats

Die Zeit des Umbruchs

Die Versorgung der Bevölkerung mit Ackerland bildete einen Grundpfeiler der Agrarpolitik des alten Zentralstaats. Die »Förderung des Ackerbaus« war neben der Aufrechterhaltung der rechten Ordnung die Grundlage des Herrschaftsethos der Regierenden. Hauptanbaufrucht war in allen vormodernen Epochen der Nassreis, und so drehte sich die Agrarpolitik um die Schaffung und Instandhaltung von Be- und Entwässerungsanlagen, Neuzuteilung und Umteilung von Ackerland, Ausweitung der Anbauflächen, Ausleihe von Saatgut, Unterstützung in Notzeiten und sogar Fürbitten um günstiges Wetter. Höchster Eigentümer des gesamten Landes war der Staat, personifiziert im Monarchen, dem Tennō. Die Entstehung des Feudalismus bedeutet hinsichtlich der Agrarverfassung, dass dieses Obereigentum durch neue, komplexere Formen der Verfügungsgewalt über den Boden abgelöst wurde. Dass die staatliche Kontrolle über das Land im Altertum nicht nur auf dem Papier stand, lässt sich zum Beispiel an den schachbrettartigen Planfluren erkennen, die vor mehr als einem Jahrtausend unter dem alten Zentralstaat angelegt wurden und die sich bis heute in einigen noch nicht zersiedelten Agrarlandschaften des Altsiedellandes von Kyūshū im Südwesten bis weit in den Nordosten der Hauptinsel erhalten haben – dank dem Engagement von Bürgern, die sich für die Erhaltung auch solcher Kulturdenkmäler einsetzen.

Die Planfluren erleichterten die Identifizierung jedes Streifens Ackerland durch die Behörden. Von diesen Ackerfluren sind auch einige Pläne erhalten, deren älteste aus der Mitte des 8. Jahrhunderts datieren und die somit zu den ältesten maßstäblich angelegten Karten der Welt gehören. Gegenstand der Besteuerung war der Fiskalhaushalt (*ko*), ein aus durchschnittlich 20 bis 30 Personen bestehender Familienverband. Um die Fiskalhaushalte mit dem jeweils nötigen Ackerland zu versorgen und sie damit besteuerungsfähig zu erhalten, wurden regelmäßige Landumteilungen vorgenommen. Das Ackerland blieb Gemeindebesitz bzw. Staatseigentum, nur an den Hausstätten und am Gartenland wurde den Haushalten ein dauerhaftes Besitzrecht zugestanden. 50 Fiskalhaushalte wurden zu einer Gemeinde (*gō*) zusammengefasst, von denen mehrere einen Distrikt (*gun*) bildeten.

Während die Vorsteher der beiden unteren Verwaltungseinheiten zwar von der Zentrale ernannt, aber aus der lokalen Elite rekrutiert wurden, gehörte das Amt des Gouverneurs einer Provinz (*kuni/koku*) zur Karrierelaufbahn des Hofadels. Die Dienstzeit in der Provinz währte vier Jahre. Die Gouverneure waren unmittelbar der Zentralregierung verantwortliche Leiter der Provinzbehörden. Aus den von der Provinzverwaltung erhobenen Steuermitteln wurden Aufwendungen für lokale und zentrale öffentliche Aufgaben bestritten, der größte Teil davon wurde dem hauptstädtischen »Konsumtionsfonds« einverleibt, aus dem Kaiserhaus, Hofadel, geistliche Einrichtungen und die Beamtenschaft die ihnen zustehenden Einnahmen zugewiesen bekamen. Der Staat besaß somit ökonomische Funktionen, die für das Gesamtsystem grundlegend waren: Für die Angehörigen des Herrschenden-Status war dies seine Distributionsfunktion, für den Beherrschten-Status, die unmittelbaren Produzenten, die Sorge für die Bedingungen eines stabilen Ackerbaus.

Das Eigentum an der wichtigsten Quelle allen gesellschaftlichen Reichtums, am Grund und Boden, war unter dem *ritsuryō*-Staat so rigider staatlicher Kontrolle unterworfen, dass man versucht ist, dafür den anachronistisch modern anmutenden Begriff Staatseigentum zu verwenden. Eigentumslosigkeit – oder vielleicht zutreffender: faktisch kollektiver Besitz – am Land galt nicht nur für die Produzierenden, sondern auch für die Mitglieder des Herrschenden-Status – Kaiserhaus, Hofadel, große buddhistische Klöster und Shintō-Schreine und staatliche Funktionsträger in den Provinzen. Je nach Rang und Amt standen den Mitgliedern dieser Gruppen neben genau festgelegtem Einkommen in Naturalien und Hauspersonal auch eine bestimmte Anzahl leistungspflichtiger Fiskalhaushalte und Ackerflächen zu. An diesen hatten sie jedoch genauso wenig – oder eher noch weniger als jene – Eigentumsrechte wie die Ackerbauern an ihren Umteilungsfeldern. Der Grundgedanke war hier ein ähnlicher wie bei den ackerbäuerlichen Umteilungsfeldern. Den Berechtigten sollte ein durchschnittlich zu erwartender Feldertrag als Einkommen zufließen. Solche Felder waren nicht im Kataster lokalisiert, die Berechtigten verfügten auch über keine eigenen organisatorischen Mittel, um sich ihre Einkünfte von diesen Feldern selbst zu beschaffen. Diese Aufgabe erfüllten für sie die Provinzbehörden und die zuständigen Amtsstellen in der Hauptstadt. So waren, wenn alles nach den Regeln vonstattenging, ihre Einkünfte gesichert, ohne dass sie einen Eigentumstitel auf bestimmte Flächen oder Territorien hätten geltend machen können. Auch in dieser Eigentumsverfassung der staatlichen Funktionsträger (zwischen Adel und Beamtentum / staatlichen Funktionären lässt sich keine klare Trennlinie ziehen) liegt ein grundlegender Unterschied zu den mittelalterlich-feudalen Verhältnissen. Den Prozess der Veränderung dieses Systems gilt es hier genauer zu betrachten.

Ein dauerndes Konfliktfeld bildete die Politik zur Ausweitung der Anbauflächen, um neue staatliche Einkunftsquellen zu erschließen. Die Zentralregierung versuchte, Anreize für die Erschließung neuer Flächen durch Zugeständnisse in den Besitzrechten zu schaffen. Aber die staatlichen Maßnahmen waren höchst widersprüchlich, Zugeständnisse wurden gemacht, um ein oder zwei Jahrzehnte später wieder kassiert zu werden. Weniger eine Durchbrechung des staatlichen Eigentumsanspruchs bzw. die Unfähigkeit, ihm nötigenfalls auch Nachdruck zu verleihen, lässt sich aus all dem ablesen, sondern eher der Wille, den staatlichen Anspruch immer wieder aufs neue durchzusetzen, auch unter Änderung der ursprünglichen Vorgaben des *ritsuryō*-Kodex. Dies zeigt sich zum Beispiel auch bei den Ackerflächen, die in der Mitte des 8. Jahrhunderts in den Provinzen neu erschlossen oder umgewidmet wurden, um aus ihrem Ertrag Mittel für die Errichtung und Erweiterung des Klosters Tōdai-ji in Nara zu gewinnen. Die für dieses Unternehmen neugewonnenen Flächen wurden *shō* oder *shōen* genannt (in der Forschung »frühe *shōen*«, um sie von den mittelalterlichen *shōen*-Grundherrschaften zu unterscheiden). Sie wurden in Pacht oder

Fron bearbeitet, und der Großteil des Ertrags wurde von den Provinzbehörden, die auch die Erschließung in Kooperation mit den lokalen Honoratioren organisiert hatten, an eine eigens für die Durchführung dieses Großprojekts eingerichtete Behörde in der Hauptstadt abgeführt und von dort an die Klosterobrigkeit weitergeleitet. Man kann dabei durchaus von einer Art »Staatsunternehmen« sprechen.

Die wirtschaftliche und politische Verfassung des *ritsuryō*-Systems hatte als kohärente Struktur etwa bis ins 10. Jahrhundert Bestand. Im 10. Jahrhundert vollzog sich ein tiefgehender sozialer, politischer und wirtschaftlicher Wandel. Dem hofadligen Gelehrten und Karrierepolitiker Miyoshi no Kiyoyuki verdanken wir ein Dokument dieses Umbruchs. Er hatte in einer Denkschrift dem Tennō gegenüber seine Kritik vor allem der Fiskalpolitik erläutert. Er forderte, dass die knapper werdenden Finanzmittel für die Aufstockung des Behördenpersonals und für öffentliche Einrichtungen in Landwirtschaft und Verkehr verwandt und dass die im 9. Jahrhundert zum Erliegen gekommene Umteilung des Ackerlandes wieder aufgenommen werden sollte, um eine stabile fiskalische Basis zu schaffen. Auch können wir aus diesem Dokument herauslesen, dass maßgebliche Vertreter des Hofs noch im frühen 9. Jahrhundert die *ritsuryō*-Ordnung für wiederherstellbar hielten, wenn denn nur der politische Wille vorhanden wäre.

Eine 988, gut 80 Jahre später, verfasste Klageschrift von Distriktsvorstehern der Provinz Owari (heutiges Nagoya) und Großbauern über das Missregiment ihres Gouverneurs vermittelt ein dramatisches Bild von dem sozialen und ökonomischen Wandel in den Provinzen. Umteilungsfelder werden zwar noch erwähnt, aber neue Umteilungen fanden schon längst nicht mehr statt. Das gesamte Steuerwesen ist auf eine neue Grundlage gestellt worden. Da die Register der Fiskalhaushalte obsolet geworden waren, wurde die einheitliche staatliche Kontrolle über Menschen *und* Boden durch eine rigide Kontrolle des Bodens ersetzt. Die Provinzverwaltung vergab Landareale an Mitglieder der lokalen Mittel- und Oberschicht in Steuerpacht. Diese Areale von einigen wenigen bis zu mehr als einem Dutzend Hektar wurden mit dem Namen ihrer Steuerpächter versehen, sie hießen deshalb *myō* (»Namen«) oder *fumyō* (»auf seinen Namen übernehmen«). Der Zuschnitt der Steuerpachtbezirke war weitgehend unabhängig von örtlichen betrieblichen Zusammenhängen vorgenommen worden. Entscheidende Vorbedingung für den Abschluss des Pachtvertrags war, dass der Pächter die fälligen Steuern entrichtete und für die Ableistung von auf dem Land lastenden Arbeitsdiensten sorgte; den Überschuss konnte er als Gewinn einbehalten. Blieb er die Steuern schuldig, verlor er alle Rechte an seinem Pachtbezirk. Das Steuersystem der ganzen Provinz war nunmehr auf Steuerpacht aufgebaut. Für jede Provinz galt eine fixe Steuerveranschlagung, die allein auf Grundlage der bestehenden Landregister ermittelt war, Revisionen der Veranschlagung auf Basis neuer Landaufnahmen wurden in der Regel nicht vorgenommen. Die mit Steuern in Sach- und Arbeitsleistungen belasteten Flächen wurden als »staatliche Nassreisfelder« (*kōden*) in von der Provinzbehörde verwalteten Registern (*denzu*, *ōtabumi*) verzeichnet. Die »staatlichen Nassreisfelder« waren nicht katastermäßig fixiert, da das Ziel der Registrierung nur die Sicherung eines zu erwartenden, festgelegten Durchschnittsertrags einer bestimmten Fläche, nicht aber die Erfassung des Bodens an und für sich war. Eine gewisse räumliche Fixierung gab es nur insofern, als für die einzelnen territorialen Untereinheiten einer Provinz (Distrikte, *gō*-Gemeinden, *myō*-Pachtbezirke etc.) die Flächen von »staatlichen Nassreisfeldern« als Rechnungseinheit festgelegt waren. Das bedeutet, dass auch Neulanderschließungen zwar die Produktivität der Provinz erhöhten, aber nicht unmittelbar in die Liste der »staatlichen Nassreisfelder« aufgenommen wurden. Sie bedeuteten also für die Hauptstadt eine steuerrechtliche Grauzone. Um ihre steuerrechtliche Behandlung entbrannten in der Folgezeit zahlreiche Auseinandersetzungen.

Der Ertrag, den der Provinzgouverneur über die festgelegten Steuerleistungen hinaus aus der Provinz herauswirtschaftete, bildete sein Einkommen. Der Unterschied im wirtschaftlichen Denken von *fumyō*-Steuerpächter und Provinzgouverneur lag darin, dass ersterer Interesse an einem dauerhaften oder steigenden Ertrag hatte und entsprechend auch eher zu investieren geneigt war, letzterer in den vier Jahren seiner Amtszeit möglichst viel aus seiner Provinz herauszuholen bestrebt war.

Nicht nur die Staatsfinanzen plagten den Hof im 10. Jahrhundert, es gab auch Ereignisse, die ihn in Endzeitstimmung versetzen mussten. Fast gleichzeitig brachten in der Mitte des 10. Jahrhunderts die Rebellionen von Taira no Masakado in Ostjapan und von Fujiwara no Sumitomo im Westen das Land und den Hof in Aufruhr. Beide Protagonisten verkörpern – bis auf ihr dramatisches Ende – einen Karriereweg, der für viele Mitglieder der mittleren Ränge des Hofadels typisch geworden war: Da sie in der Hauptstadt nicht mehr auf eine Karriere rechnen durften, versuchten sie ihr Glück in der Provinz.

Sumitomo bekämpfte von 931 bis 938 als militärischer Beauftragter die Piraten im Binnenmeer zwischen den drei Hauptinseln Honshū, Shikoku und Kyūshū (Seto-Inlandsee), dem wichtigsten Transportweg für den Güterverkehr aus den reichen westlichen Landesteilen und vom Festland in die Hauptstadt. Für seine Verdienste hatte er den Posten eines Geschäftsführenden Gouverneurs der Provinz Iyo auf Shikoku erhalten. Unzufrieden mit der Belohnung ließ sich Sumitomo auf einer Insel im Meer vor Iyo nieder und ging nun selbst dem Gewerbe nach, das er bislang bekämpft hatte. Schon 939 war er der mächtigste Piratenanführer der Region. Alarmiert von den Hiobsbotschaften, die zur gleichen Zeit auch aus Kantō die Hauptstadt erreichten, schickte der Hof in einer gewaltigen Anstrengung eine Land- und Seestreitmacht gegen Sumitomo und seine aus Freibeuterhändlern und Fischern bestehende Bündnisflotte aus. Durch Verrat konnte er schließlich 941 gefangen genommen werden und starb kurz darauf im Kerker.

Taira no Masakado war ein Nachkomme des Kammu-Tennō. Sein Großvater, ein kaiserlicher Prinz, hatte sich nach etlichen Dienstjahren in der Provinzverwaltung in Kantō im Osten des Landes – wie Sumitomo im Westen – entschlossen, in der Provinz sein Glück zu versuchen, und in der Folge hatten sich vor allem in der Kantō-Ebene zahlreiche Vertreter der Kammu-Linie der Taira niedergelassen. 935 war zwischen Taira no Masakado und seinem Onkel Kunika ein Streit entbrannt. Der Konflikt weitete sich auf mehrere Provinzen in Zentral- und Ost-Kantō aus und eskalierte schließlich zur politischen Rebellion. Wohl eingedenk seiner Vorfahren rief sich Masakado 939 zum neuen Tennō aus, richtete einen eigenen Hofstaat ein und ernannte für die Provinzen in Kantō ihm ergebene Gouverneure, nachdem er die von der Hauptstadt entsandten vertrieben hatte. 940 wurde er von einem Bündnis regionaler Machthaber, zu dem auch seine Gegner in der eigenen Sippe gehörten, getötet, bevor eine aus der Hauptstadt entsandte Streitmacht hatte eingreifen können.

Um beide Rebellen rankten sich bald zahlreiche Legenden und verwoben sich mit dem Kult von Zorngeistern (*onryō*), die als Rache für im Vorleben erlittenes Unrecht Krankheiten und Katastrophen über die Menschen bringen. Auch dies war eine Form, in der sich die soziale Unruhe in den Provinzen artikulierte. Religiös inspirierte überregionale soziale Bewegungen solcher Art werden zum Beispiel für 939 und für 945 in den Quellen erwähnt. Sie sind Vorreiter sozialer Bewegungen in religiöser Gestalt, die für das Mittelalter charakteristisch waren. Durch die Rebellionen von Masakado und Sumitomo kommen auch zwei weitere Phänomene in den Blick, die das herannahende Mittelalter ankündigten: zum einen das Berufskriegertum, zum anderen der Trend, dass Abkömmlinge des Hofadels, die im Provinzdienst tätig waren, sich in der Provinz niederließen. Ermöglicht wurde dies durch die gewachsene Autonomie der Provinzen, die sich nicht nur auf die Finanzverfassung beschränkte. In den Provinzen ansässige Krieger bildeten das menschliche Reservoir, aus dem der neue herrschende Stand des Kriegeradels entstand.

Provinzen und Grundherren

Die Entwicklung des mittelalterlichen herrschenden Kriegeradels aus Berufskriegern ist zugleich eine Geschichte ihrer Beziehung zu Grund und Boden. »Das Stück Land, in das ich mein Leben lege« (*isshokemmei no chi*), sind die Worte, in die sie diese Beziehung fassten. Trotz enger Berührung mit höfischer Kultur und Politik blieben die Krieger das ganze Mittelalter hindurch überwiegend landsässiger Adel.

Mit der Verbreitung des Systems der Steuerpacht wurde das Land in den Provinzen in zahlreiche Sondernutzungsparzellen verschiedener Größe und unterschiedlichen Rechtscharakters fragmentiert, wobei die hoheitlichen Kompetenzen allerdings zunächst bei der Provinzbehörde verblieben. Dies änderte sich, sobald die verschiedenen Rechteinhaber ihre eigenen Kontrollinstitutionen aufbauten und zusehends hoheitliche Funktionen des Zentralstaats übernahmen. Das Territorium der Provinzen differenzierte sich seit dem 10. Jahrhundert in zwei Hauptkategorien von Land: Provinzland und sogenannte *shōen*. Das »Provinzland« (*kōryō*) umfasst alles Land, über welches die Provinzbehörden die höchste Kontrollgewalt behielten. *Shōen* bezeichnen Areale, über die in der Hauptstadt ansässige Grundherren zunächst nur Sondereinnahmerechte geltend machen konnten, zunehmend – zumal vom späten 11. Jahrhundert an – aber auch hoheitliche Gewalt ausübten. In den *shōen*-Arealen schwand entsprechend der Einfluss der Provinzbehörden. *Shōen*-Grundherren waren Mitglieder des Kaiserhauses (der Tennō selbst konnte allerdings als Gesamtherr des Landes keine Sonderrechte ausüben; dies war erst nach seiner Abdankung möglich), Spitzen des Hofadels sowie hochrangige Klöster und Schreine; aber auch einige hauptstädtische Behörden hatten parallel zur Vererblichung vieler Posten für ihren Unterhalt *shōen*-Territorien in den hauptstadtnahen Provinzen erhalten. Diese Doppelstruktur des »*shōen*-Provinzland-Systems« (*shōen-kōryō-sei*) hatte sich im späten 11. Jahrhundert, mit Beginn der Exkaiserregierung (*insei*; verfassungsgeschichtliche Epoche mit der Kernzeit 1069/1086–1192, in welcher der Kaiser zugunsten eines favorisierten Thronfolgers abdankt, jedoch weiterhin über seinen eigenen Herrschaftsapparat, *in-no-chō* »Behörde des Exkaisers« entscheidenden Einfluss auf Politik und Staatsgeschäfte ausübt, vgl. S. 77), voll entwickelt. Auch die Institution der »staatlichen Nassreisfelder« (*kōden*) blieb in diesem System als Grundlage der staatlichen Besteuerung bestehen. Konkurrenz und Streit in den Spitzen der Gesellschaft entbrannte immer weniger um Posten in Bürokratie und Regierung, sondern um die Verfügungsgewalt über den Boden und damit auch über menschliche Arbeitskraft. Voraussetzung, um in diesem Konflikt bestehen zu können, war der Aufbau einer eigenen, bis in die Provinzen reichenden Verwaltungsorganisation und eines militärischen Zwangsapparats.

Während die Autonomie der Provinzen voranschritt,

bildeten sich zugleich neue Formen ihrer Verbindung mit der Hauptstadt. So entstand im 11. Jahrhundert das System der Pfründen-Provinzen, die für jeweils vier Jahre (wie die Amtszeit eines Gouverneurs) an höchste Hofkreise und geistliche Einrichtungen vergeben wurden. Der Pfründenherr (oft: Pfründenherrin) verfügte über das Recht, in seiner Pfründenprovinz einen Gouverneur und anderes Leitungspersonal seines Vertrauens einzusetzen, sowie über die Einkünfte eines Provinzgouverneurs. Die *shōen* bildeten eine weitere wichtige ökonomische und politische Verbindung zwischen Hauptstadt und Provinz. Der Provinzgouverneur hatte die Kontrolle über *shōen*-Territorien je nach lokalen Gegebenheiten keineswegs vollständig verloren, zumal wenn von der Zentralregierung, die selbst Partei war im Kampf um die Ressourcen, ein Befehl zur Überprüfung der Rechtmäßigkeit von *shōen* (und damit zur Suche nach Möglichkeiten der Verringerung ihrer Zahl) erging. Schon um die Wende vom 9. zum 10. Jahrhundert hatte der Zentralstaat mit Gesetzen und Verordnungen zur Neuordnung von *shōen* steuernd auf die Entwicklung eingewirkt. 1069, mit dem Beginn der Exkaiserregierung, wurde eine zentrale *shōen*-Kontrollbehörde (abgekürzt *kirokusho*) eingerichtet, um die Entwicklung der *shōen* zentral zu steuern und Streitigkeiten zwischen *shōen*-Grundherren und Provinzgouverneuren zu regeln. Nach zwei weiteren Anläufen (1111 und 1156) wurde die zentrale *shōen*-Kontrollbehörde schließlich zur dauerhaften Einrichtung. Ende des 13. Jahrhunderts hatte sie eine tragende Funktion in der höfischen Regierung, und 1333 machte sie Go-Daigo-Tennō nach dem Sturz des Kamakura-Shōgunats zu einem zentralen Organ seiner neuen Regierung.

Der Gouverneur konnte Überprüfungen der Rechtmäßigkeit von *shōen* auch in eigener Initiative vornehmen und (partielle) Steuerbefreiungen in eigener Verantwortung genehmigen, also die Errichtung von *shōen* zulassen.

Er hatte dabei die widersprechenden Interessen der verschiedenen Gruppierungen bei Hofe wie auch mächtiger Provinzleute zu berücksichtigen. Privilegienverleihungen durch den Gouverneur galten nur bis zum Ablauf seiner vierjährigen Amtszeit. Eine in diesem Zusammenhang wichtige Kompetenz des Gouverneurs bestand in der Durchführung von Landesaufnahmen in der gesamten Provinz – also auch auf *shōen*-Land – sowie der Anlage von Landregistern (Angaben über die Parzellen des Nassreislandes, Abgaben- und Dienstbelastung und Besitzverhältnisse). Nur in den relativ wenigen mit Sonderfreiheiten (Introitusverbot – *funyū*, Verbot, dass Amtsträger der Provinzbehörden das Territorium eines *shōen* ohne Genehmigung des *shōen*-Grundherren betreten – für Provinzbeamte und/oder Steuerbefreiung) ausgestatteten *shōen* – meist in der Nähe der Hauptstadt – musste er mit den von der *shōen*-Verwaltung selbst angefertigten Registeraufzeichnungen vorliebnehmen. Landregister der gesamten Provinz waren auch in den folgenden Jahrhunderten die organisatorische Grundlage für die staatliche Herrschaft. Auf das durch sie ausgewiesene »staatliche« Ackerland – im 13. Jahrhundert wurden zu den Nassreisfeldern auch die Trockenfelder in die Register aufgenommen – wurden Sondersteuern der gesamten Provinz (*ikkoku heikin no yaku*) auf Provinz- und *shōen*-Land umgelegt. Sie waren Zwecken vorbehalten, die nach wie vor unter die Hoheit des Zentralstaats fielen, so etwa der regelmäßige Umbau der Shintō-Schreine von Ise, in denen die Ahngottheit des Kaiserhauses verehrt wurde, die Thronbesteigungszeremonien des Tennō, Neubau oder Instandsetzung seines Palastes oder auch hochrangiger Provinzklöster und -schreine, vom 12. Jahrhundert an auch Bauten und Zeremonien des Shōgunats. Dagegen gerieten öffentliche Einrichtungen im Bereich des Ackerbaus und des agrarischen Wasserbaus nunmehr oft ins Hintertreffen, weil die Verteilung der entsprechenden Lasten unter die verschiedenen Institutionen und Gruppierungen, die in *shōen*-Grundherrschaften und Provinzland Erträge aus dem Ackerbau bezogen, neu geregelt werden musste. Die nachlassende Steuerleistung hatte dazu geführt, dass viele Be- und Entwässerungsanlagen in einem desolaten Zustand waren und daher die Produktivität des Ackerbaus gerade im 10. Jahrhundert gesunken war. Hier wartete eine wichtige öffentliche Aufgabe der neuen Grundherren in *shōen* und Provinzland. Die Übernahme öffentlicher Funktionen in diesem grundlegend wichtigen Bereich, der zum Kern der Legitimation staatlicher Herrschaft gehörte, verlieh der Grundherrschaft selbst öffentlichen Charakter.

Im späten 11. Jahrhundert befanden sich die *shōen*-Grundherrschaften noch auf Expansionskurs. Die Inhaber von Spitzenpositionen in *shōen* entstammten weitgehend denselben höfischen Kreisen wie die Herren der Pfründen-Provinzen. Die Pfründen-Provinzen hatten eine noch funktionierende Provinzverwaltung und das Weiterbestehen von ausreichend Provinzland (*kōryō*) zur Voraussetzung, während die *shōen*-Territorien zu dessen Lasten expandierten – wenn nicht neue Flächen hinzugewonnen wurden. Auch der Landesausbau war ein Weg, auf dem zahlreiche neue *shōen*-Grundherrschaften entstanden. Im 12. Jahrhundert bildeten sich gewaltige, über alle Provinzen verstreute *shōen*-Komplexe einzelner Institutionen und Geschlechter; sie bildeten nicht Besitz von Einzelpersonen, sondern eher eine Art Fideikommiss mit einer repräsentierenden Persönlichkeit – z. B. dem Oberhaupt des Geschlechts Fujiwara – an der Spitze. Allein die mächtigsten Linien dieses Geschlechts zählten mehr als 400 *shōen*-Grundherrschaften zu ihrer Hauswirtschaft. Die für die Versorgung des kaiserlichen Haushalts zuständige Behörde *kura-ryō* konnte auf gut zwei Dutzend Grundherrschaften, die sogar überwiegend auf Provinzland lagen, zurückgreifen. Die Ise-Schreine brachten es auf über 150 Grundherrschaften, die beiden Kamo-Schreine in der

Hauptstadt Kyōto immerhin auf etwa 50. Unter den buddhistischen Klöstern nahm der Tōdai-ji mit rund 270 Grundherrschaften, in der Mehrzahl *shōen*, aber auch Sonderherrschaften auf Provinzland, eine prominente Stellung ein.

Zwischen Provinzland und *shōen* lassen sich im späten 11. und im 12. Jahrhundert kaum noch wesentliche strukturelle Unterschiede ausmachen. Höfische Grundherrschaften wurden je nach den Umständen entweder als *shōen* oder als Sonderherrschaften im Provinzland eingerichtet. Beide Landkategorien hielten sich selbst zu Zeiten der stärksten Ausbreitung von *shōen* im 12. und 13. Jahrhundert im Landesdurchschnitt etwa die Waage. Konkurrenz und Konflikte entwickelten sich eher zwischen den einzelnen Machtgruppierungen auf den verschiedenen Ebenen der Gesellschaft denn zwischen *shōen* und Provinzland. Die Konkurrenz unter den verschiedenen Gruppierungen der alten höfischen Eliten wurde indessen vom 11. Jahrhundert an zusehends von Konkurrenz und Konflikten zwischen der alten höfischen Elite insgesamt und »Emporkömmlingen« aus der Provinz abgelöst, zumal nach der Entstehung der Kriegerregierung im Osten des Landes am Ende des 12. Jahrhunderts. Nachdem sich im 15. Jahrhundert der Kriegeradel im gesamten Land als neuer herrschender Stand durchgesetzt hatte, verschwanden auch die letzten größeren *shōen*-Komplexe, nur Rudimente überdauerten bis ins 16. Jahrhundert.

Diese konfliktreichen vertikalen Beziehungen spiegelten sich auch im institutionellen Aufbau der *shōen*-Grundherrschaften der »klassischen« Zeit im 12. und frühen 13. Jahrhundert wider. An der Spitze der grundherrschaftlichen Hierarchie stand ein höchster Grundherr, *honke* (»Haupthaus«) genannt. Er fungierte als Schutzherr, der seine politische Macht und sein Standesprestige als Mitglied der höchsten höfischen Kreise in die Waagschale warf, aber nicht in die Verwaltung der *shōen* eingriff.

Durch Anbindung an die Institution des *honke* war das *shōen*-Areal nicht mehr dem Weisungsstrang, der von den zentralen Regierungsbehörden zum Provinzgouverneur führte, zugeordnet. Die nächstniedrigere Stellung nimmt der *ryōke* (»Herrschaft ausübendes Haus«) ein, ebenfalls ein hochrangiger Hofadliger in leitender Position in der zentralen Verwaltung; vor allem bei der Etablierung eines *shōen* waren seine politische und Verwaltungserfahrung von großer Bedeutung. Mit dem nächstniedrigeren Posten, *azukari-dokoro* (»Geschäftsführende Stelle«), wurde ein hauptstädtischer Amtsträger mittlerer Rangstufe betraut, der in den meisten Fällen zudem noch eine leitende Stellung in der »Haushofmeisterei« des *honke* bekleidete. Der *ryōke* leitete die *shōen*-Geschäfte von der Hauptstadt aus, während der *azukari-dokoro* vor allem als Verbindungsmann zwischen Hauptstadt und lokaler *shōen*-Verwaltung fungierte und sich bisweilen selbst in die Provinz begab. Sein direkter Widerpart auf der lokalen Ebene war der *geshi* (»Unterverwalter« – im Sinne eines örtlichen Verantwortlichen), der leitende Amtsträger, der die örtlichen Geschäfte der *shōen*-Grundherrschaft führte und auf dem *shōen*-Territorium in einer Art Hauptmeierei (*mandokoro*) residierte. Zu seinen Aufgaben gehörten die Bodenverwaltung, die Fürsorge für das Gedeihen des Ackerbaus, v. a. für Be- und Entwässerung, die Organisierung der Abgaben und Dienste, außerdem die niedere Gerichtsbarkeit und Polizeigewalt über die Bewohner des *shōen*-Territoriums. Unter dem Kommando des *geshi*-Unterverwalters war eine Reihe meist von ihm eingesetzter subalterner lokaler Amtleute tätig. Der ganze hauptstädtische und lokale Apparat herrschte über die breite Schicht überwiegend ackerbäuerlicher Produzenten, meist *hyakushō* genannt. Diese waren ständisch freie vollberechtigte *shōen*-Bewohner, waren aber zur Leistung verschiedener Abgaben und Dienste verpflichtet im Gegenzug für stabile Besitzrechte am Großteil des von ihnen bestellten Ackerlandes.

Die Amtsbezeichnungen in den *shōen* und im Provinzland zumal des frühen Mittelalters weisen oft das gemeinsame Grundwort *shiki* (*geshi-shiki*, *ryōke-shiki* etc.) auf. Im Altertum bedeutete *shiki* »Amt«. Als Nebenbedeutung hatte sich dies zwar auch im mittelalterlichen *shiki*-Begriff erhalten, aber nun als Verbindung hoheitlicher Kompetenzen mit Einkünften aus einem Territorium. Schon im späten 11. Jahrhundert wurden *shiki*-»Ämter« gleichbedeutend mit einer vererbbaren Grundherrschaft. Im 14. Jahrhundert entstanden auch nicht-standesgebundene *shiki*, die frei ge- und verkauft werden konnten. *Shiki* sind Ausdruck einer hierarchisch gestaffelten Anrechte-Ordnung, für die der moderne Begriff von andere Ansprüche ausschließendem Eigentumsrecht nicht passt. Treffender ist wohl das Begriffspaar »Ober- und Untereigentum«.

Für die Verwaltung und die Ausweitung des *shōen*-Besitzes und sonstiger Grundherrschaften – auch für die Pfründe-Provinzen – war die Entwicklung eigener hauswirtschaftlicher Institutionen Voraussetzung. Aus den einfachen hofadligen Hausverwaltungen (*keishi*) des 8. und 9. Jahrhunderts hatten sich im 11. Jahrhundert große effiziente »Haushofmeistereien« entwickelt, die Organisationsstränge bis in die Provinzen aufgebaut hatten, um dort die Grundherrschaften des Hauses zu verwalten und auszuweiten und rivalisierende Interessen abzuwehren. Die Amtsträger der *shōen* in den Provinzen sind somit lokale Funktionäre der hofadligen Haushofmeistereien. Eine solche Stellung in einer hofadligen Hauswirtschaft zeigt Anklänge an ein feudales Gefolgschaftsverhältnis, allerdings ist der ständische Unterschied zwischen Herr und Mann unüberbrückbar, und das Element militärischer Gefolgschaft spielt nur eine untergeordnete Rolle – etwa in Gestalt von Waffendiensten der lokalen Verwalter in der hauptstädtischen Residenz des Herrn.

Shintō-Schreine und Kaiserhaus fungierten oft als Schutzherren bestimmter außeragrarischer Berufsgruppen wie Fischer, Jäger, Holzfäller, Gewerbetreibende, Händler oder Handwerker. Diese Schutzherrschaften waren ähnlich wie *shōen* organisiert. Sie bildeten wie die *shōen* das ganze Land überspannende Netzwerke, in deren oberstem Zentrum zwar mächtige Geschlechter und Institutionen angesiedelt waren, für die aber neben diesen vertikalen auch horizontale Organisationsformen konstituierend waren. Vor allem die sich aus den geistlichen *shōen*-Grundherrschaften entwickelnden, gildenähnlichen Netzwerke von *jinin*-»Gottesleuten« und *dōshu*-»Klosterscharen« machten das ganze Mittelalter hindurch von sich reden durch ihre Autonomie, ihre streitlustige Wehrhaftigkeit und ihre Geschäftstüchtigkeit.

Größe und Lagetypus von *shōen*-Grundherrschaften sind so mannigfaltig wie die Palette des Güterangebots unter den Bedingungen einer Naturalwirtschaft. Die Unterschiede lassen sich im wesentlichen auf die jeweilige hauptsächliche Abgabenart, die Region und die Vorgeschichte zurückführen. Bestanden die Abgaben vor allem aus Erzeugnissen des Meeres, dann konnten ganze Fischerdörfer oder Buchten als *shōen* erfasst sein. *Shōen* konnten auch auf ehemalige Holzungen – als Teilnutzungsrechte am Ödland – zurückgehen. In der nördlichen Kantō-Ebene waren häufig ganze *gun*-Distrikte *en bloc* in *shōen*-Grundherrschaften umgewandelt worden. Initiatoren einer solchen Transaktion waren oft lokale Machthaber, die weite Flächen eines Distrikts neu- oder rekultiviert und ihre dadurch erworbenen Rechte – durchaus legal – »mächtigen Häusern« wie den o.g. *honke* und *ryōke* in der Hauptstadt übertragen hatten, um sie in Form eines lokalen *shōen*-Amts wieder zurückzuerhalten; nicht selten umfassten sie Ackerflächen von mehr als 1000 Hektar. Vor allem in Zentraljapan kann man aber auch *shōen*-Grundherrschaften von kaum einem Dutzend Hektar finden. Während die *shōen*-Territorien im Osten und im Westen überwiegend geschlossene Einödlage aufweisen, findet man hingegen gerade in Zentraljapan *shōen*, die mit anderen Grundherrschaften im Gemenge liegen; häufig gehen sie auf ehemalige Teilimmunitäten zurück. Teilimmunitäten selbst spielen vom 12. Jahrhundert an allerdings kaum noch eine Rolle, die meisten *shōen* bilden nunmehr geschlossene, »arrondierte« Rechtekomplexe mit fest zugehörigen *hyakushō*-Bewohnern.

Grundherren und Ackerbau

Eine Schlüsselstellung in dem Konfliktfeld zwischen hauptstädtischen Grundherren und Provinzverwaltung nahm seit der Mitte des 11. Jahrhunderts die lokale Führungsschicht in den Provinzen ein, an erster Stelle die Distriktsvorsteher (*gunji*). Sie hatten kaum noch etwas mit ihren Vorläufern in der *ritsuryō*-Zeit gemein. Mittlerweile bildeten die Distrikte die einzige Verwaltungsebene unter dem Provinzgouverneur und seinem Stab. So waren die Weisungsstränge in der Provinz kürzer und effizienter geworden. Die Distriktsvorsteher rekrutierten sich aus der Schicht mächtiger lokaler Sippen, die ihre Stellung ihrer Kompetenz als Steuerpächter und Agrarier, aber auch ihren militärischen Fähigkeiten verdankten.

Viele dieser Distriktsvorsteher stammten von in der Provinz ansässig gewordenen ehemaligen Gouverneuren oder sonstigen aus der Hauptstadt entsandten Provinzbeamten ab. Ihr Amtstitel war ebenso mit dem typisch mittelalterlichen Grundwort *-shiki* versehen (*gunji-shiki*), hier im Sinne der Einheit hoheitlicher Kompetenzen mit bestimmten Einkünften aus dem *gun*-Distrikt; schon im 12. Jahrhundert war ihr Amt zu einem vererbbaren Besitz geworden. Ihre Kompetenzen umfassten Steuereintreibung, niedere Gerichtsbarkeit, Polizeigewalt und die Sorge für das Gedeihen des Ackerbaus, vor allem Instandhaltung oder Neuanlage von Bewässerungseinrichtungen. Die Distrikte waren in Steuerpachtbezirke (*myō*) aufgeteilt. Auch die Distriktsvorsteher selbst waren Steuerpächter. Sie bekleideten außerdem Ämter in der Provinzbehörde, dazu hielten sie wie die übrigen Provinzbeamten teilexemte »Sonder-*myō*« (*betsu-myō*) – Steuerpachtbezirke, auf denen sie ein stabileres Besitzrecht zu günstigeren Bedingungen etablieren konnten, als das auf den alten *fumyō* möglich war. Die Aufgaben der Distriktsvorsteher glichen im wesentlichen denen des lokalen *geshi*-Verwalters einer *shōen*-Grundherrschaft. Bedeutung und Autonomie dieser Schicht lokaler Machthaber wuchsen im Lauf des 12. Jahrhunderts rasant. Sie stellten in dieser Zeit schon als »lokale Grundherren« einen eigenen Typus von Grundherren dar im Unterschied zu den hauptstädtischen *shōen*-Grundherren wie den oben erwähnten *ryōke* und *honke*. Wenn die lokalen Grundherren auch einzelne Phasen ihres Lebens in der Hauptstadt (etwa bei Militärdienst) zubrachten, so bildete doch die Provinz, die lokale Gesellschaft das wichtigste Feld ihrer Aktivitäten.

Im Zentrum ihres Lebensbereichs lag ihre Residenz (*tachi* oder *yakata*) mit dem Hausgrund (*yashiki*) von etwa einem Hektar Fläche. Er bot Raum für die herrschaftlichen Wohngebäude, für die Unterkünfte der jüngeren Vasallen (*rotō*), die den Wachdienst in der Residenz versahen, und für das unfreie Gesinde (*shojū*). Außerdem befanden sich auf dem Hausgrund Getreidespeicher, Geräteschuppen, Stallungen und sonstige Betriebseinrichtungen sowie Gärten und Koppeln. Der Hausgrund im engeren Sinne war von einem mit einer einfachen Fachwerkmauer oder mit Palisaden bewehrten Wall und einem Wassergraben umgeben. Das über eine Brücke zugängliche Eingangstor war mit einem Aufbau versehen, der zugleich Wachturm und kleines Waffenarsenal (*yagura*) war. Der Wassergraben diente nicht nur der Verteidigung, sondern oft auch als Wasserreservoir. Bei der üblichen geringen Wassertiefe erwärmte sich das Wasser leichter, was dem Wachstum der daraus bewässerten Reispflanzen förderlich war. Von hier aus wurde auch die Bewässerung der umliegenden Nassreisfelder reguliert. Der Hausgrund bildete den Kern der lokal-grundherrlichen Eigenwirtschaft, um ihn herum waren Nassreis- und Trockenfelder angelegt, die durch die Arbeitskraft des unfreien Gesindes, bäuerlicher Fröner oder kleinbäuerlicher Tagelöhner bestellt wurden. Wegen seiner engen räumlichen und rechtlichen Bindung an die Residenz wurde das Eigenwirtschaftsland »Pfortenfelder« (*mondenbata*) genannt. Die Residenz bildete einen autonomen, unverletzlichen Friedensbezirk und unterstand der uneingeschränkten hausherrlichen Gewalt. Das Eigenwirtschaftsland, das etwa 10 Hektar umfasste, war frei von allen Leistungspflichten an die Obrigkeiten. Hausgrund und Eigenwirtschaftsland – oft zusammenfassend *yashiki* »Hausgrund« genannt – bildeten den ideellen, rechtlichen und betrieblichen Kern der lokalen Grundherrschaft, das Eigentumsrecht daran war das ganze Mittelalter hindurch faktisch unangreifbar. Wegen des spezifischen Charakters des Hausgrundes und seiner Funktion im Ackerbau wurden vom lokalen Grundherrn oft Herrschaftsrechte auf das umliegende Land geltend gemacht.

In der Nähe der Residenz waren die Hausstätten unfreier Bauern (*shojū*) gelegen, auch die Siedlung der freien Vollbauern (*hyakushō*) lag oft nicht weit entfernt. Die bäuerlichen Gehöfte waren zwar kleiner als die lokalgrundherrliche Residenz, zeigten aber einen ähnlichen Aufbau. Auf dem Hausgrund (*yashiki*) von 1/10 bis 3/10 Hektar Fläche stand das Wohngebäude des bäuerlichen Haushalts, der in der Regel nur aus einer Kernfamilie bestand und manchmal auch einige unfreie Mägde oder Knechte (*genin*) umfasste. Der kleinbäuerliche Familienbetrieb herrschte spätestens seit dem 11. Jahrhundert vor. Gutsherrschaft oder Latifundien-Betriebe haben in Japan nie eine bedeutende Rolle gespielt. Auf dem Hausgrund standen außerdem Betriebsgebäude und ein Verschlag für einen Büffel; Gartenland grenzte an, auf dem neben Ackerfrüchten für den Eigenbedarf auch solche für grundherrliche Abgaben angepflanzt wurden – z.B. Maulbeerbäume für die bäuerliche Seidenraupenzucht zur Herstellung von Steuerseide, Hanf für einfache Kleiderstoffe oder Zitrusfrüchte. Die Hausstätte war von einem Zaun oder einer Hecke eingefriedet und durch einen Torbogen zugänglich. Auch der bäuerliche Hausgrund stellte einen Friedensbezirk dar, den nicht einmal der Abgesandte des Grundherrn ohne Erlaubnis des bäuerlichen Hausherrn betreten durfte. Wie beim grundherrlichen Anwesen waren die Pfosten des Torbogens im oberen Bereich mit einem geweihten Tau aus Reisstroh verbunden, das unliebsame Geister fernhalten und den Besitzanspruch symbolisieren sollte. Um die Dorfsiedlungen (die natürlich nicht immer in der Nachbarschaft einer lokalgrundherrlichen Residenz gelegen waren) erstreckte sich die geschlossene Ackerflur aus Nassreis- und Trockenfeldern. Sie war in die bäuerlichen Arbeitsparzellen aufgegliedert, die überwiegend im Gemenge lagen. Zu einer Bauernwirtschaft gehörten durchschnittlich 1 Hektar Nassreisland oder das Doppelte an Trockenfeldern, was damals etwa einer Ackernahrung (Lebensunterhalt der bäuerlichen Familie und herrschaftliche Abgaben) entsprach, die wegen der günstigeren Naturbedingungen deutlich unter den im mittelalterlichen Nordwesteuropa üblichen 5–10 Hektar lag. Nicht nur an ihrer Hausstätte, sondern auch an einem Großteil des von ihnen bestellten Ackerlandes hatten die Bauern schon im 12. Jahrhundert meist ein stabiles Besitzrecht. Dies dürfte angesichts des besonders arbeitsintensiven Nassreisanbaus wohl auch einer latenten Arbeitskräfteknappheit geschuldet sein. In Jahrespacht bestelltes Land nahm bei der bäuerlichen Kernschicht nur einen unbedeutenden Teil ihrer Gesamtbetriebsfläche ein.

Das Ödland, das sich an die Ackerflur anschloss, wurde von den Dorfbewohnern gemeinsam für die Gewinnung von Gründünger und Nutzholz sowie als Weide für das wenige Vieh genutzt. Der Holzeinschlag war streng reguliert, damit der Wasserhaushalt des Bodens nicht beeinträchtigt wurde. Zu einer *shōen*-Grundherrschaft oder einer Untereinheit des Provinzlandes gehörten meist mehrere Dörfer mit ihren Gemarkungen. Oft waren aber die Grenzen grundherrschaftlicher Territorien unter Missachtung der Grenzen der Dorfgemarkung gezogen worden; in solchen Fällen hatten die Dorfbewohner verschiedenen Herren Leistungen zu entrichten.

Über die Ackerflur verstreut lagen auch die steuerbefreiten, von den Bauern in Jahrespacht bearbeiteten »Gehaltsfelder« (*kyūden*) und die teilbefreiten *myō*-Parzellen, die zum Besitz des lokalen Grundherrn gehörten und die von den bäuerlichen Betrieben bestellt wurden. Die lokale Grundherrschaft war gewissermaßen in konzentrischen Kreisen, die auch die abnehmende Stärke des Besitzrechts anzeigen, aufgebaut: Den Kern bildete die Residenz, die vom Eigenwirtschaftsland umgeben war, weiter entfernt lag das Gehaltsland und am weitesten die »Amts-*myō*«, von denen ein Teil der Erträge an den *shōen*-Grundherrn bzw. an die Provinzbehörde abzuliefern war. Im weiteren Umkreis lagen die freibäuerlichen Betriebe, von denen der lokale Grundherr Dienste und Abgaben für den in der Hauptstadt ansässigen *shōen*-Grundherrn oder für die Provinzbehörde einzog. Um die Verteilung der Rechte an den Erträgen entflammten immer wieder Konflikte zwischen Bauern, lokalem Grundherrn und übergeordneten Gewalten. Die polizeilichen und gerichtlichen Vollmachten des lokalen Grundherrn und seine »Fürsorge für den Ackerbau« erstreckten sich auf die gesamte Dorfgemarkung oder auf alle Dorfgemarkungen, die zu der von ihm verwalteten *shōen*-Grundherrschaft bzw. zu der Grundherrschaft auf Provinzland gehörten.

Lage und Funktion der Residenz des lokalen Grundherrn in der Agrarlandschaft sind Ausdruck seiner engen Beziehung zum Ackerbau. Vor allem das frühe Mittelalter war das Zeitalter des Landesausbaus, für den weniger eine quantitative denn eine qualitative Orientierung charakteristisch ist. Man veranschlagt, dass die Nassreisanbaufläche auf dem gesamten japanischen Archipel – ausschließlich der Ryūkyū-Inseln im Südwesten und Hokkaidōs im Nordosten – im frühen 10. Jahrhundert bei einer Gesamtbevölkerung von ca. 4 Millionen Menschen etwa 860000 Hektar umfasste. Diese Fläche war in der Mitte des 14. Jahrhunderts bei einer Bevölkerung von ca. 10 Millionen Menschen auf nur etwa 940000 Hektar angewachsen. Bis zur Mitte des 18. Jahrhunderts war dann schließlich mit rund 1600000 Hektar (Bevölkerung etwa 25 Mio.) ein großer Sprung nach vorn gelungen. Diese Zahlen belegen, dass mit derselben Fläche eine immer größere Zahl von Menschen ernährt werden konnte. Diese »Intensivierung« des Anbaus ist gerade für das frühe und hohe Mittelalter typisch. Dazu trug besonders die größere Effizienz der Be- und Entwässerungsanlagen bei. Auch die Anbaumethoden wurden ertragbringender – z.B. durch das Umsetzen der Reispflanzen, die Verbesserung von Düngung und Arbeitsgeräten und den Einsatz neuer, an die jeweiligen klimatischen Gegebenheiten besser angepasster Reissorten, die z.T. vom Festland eingeführt worden waren. Seit dem 12. Jahrhundert sind Felder mit zwei, stellenweise sogar mit drei Ernten im Jahr (abwechselnd als Nassreis- und Trockenfeld genutzt) nachzuweisen.

Krieger und Vasallen

Seit Jahrhunderten hatten sich immer wieder Hofadlige, frustriert von den geringen Aussichten, in der Hauptstadt Karriere zu machen, in den Provinzen niedergelassen, hatten »unter Stand« in die führenden Sippen der lokalen Gesellschaft eingeheiratet, waren dann, zusammen mit Gefolge aus der Provinz, auch wieder in die Hauptstadt gezogen, um dort bei Hof Dienste meist militärischer Art zu leisten. Oft hatten sie dann dort – bei Fortbestehen ihrer in der Provinz eingegangenen Ehe – in höfische Beamtenfamilien mittleren Rangs eingeheiratet; bevorzugte Heiratspartnerinnen waren Töchter der ihnen ebenbürtigen Provinzgouverneure. Kurzum, sie hatten als Wanderer zwischen den Welten in der Hauptstadt Verbindungen geknüpft, die ihnen wiederum in der Provinz nützlich waren, wie ihre Verbindungen in der Provinz umgekehrt auch für die Hofkreise von Belang waren. Sie agierten als fähige Militärs zwar im Auftrag des Hofs, aber jeder gewonnene Feldzug vergrößerte unweigerlich ihre Macht und verstärkte zugleich das Misstrauen ihrer Auftraggeber. Berühmteste Beispiele für Vertreter dieser neuen Gesellschaftsschicht waren die Geschlechter Taira (von Kammu-Tennō abstammende Linie) und Minamoto (von Seiwa-Tennō abstammende Linie). Beide Geschlechter hatten sich im Lauf der Jahrhunderte wieder in mehrere Linien und Nebenlinien aufgespalten, die sich in verschiedenen Provinzen niedergelassen hatten.

1028 hatte Taira no Tadatsune, dessen Machtbereich sich über die Provinzen Shimōsa und Kazusa in der Kantō-Ebene (heute Präf. Chiba) erstreckte, die Nachbarprovinz Awa (Süd-Spitze der Halbinsel Chiba) angegriffen und den Gouverneur getötet; außerdem hatte er in seinen eigenen Provinzen Steuermittel geraubt. 1030 wurde Minamoto no Yorinobu, Gouverneur der Kantō-Provinz Kai, vom Hof gegen Tadatsune gesandt, um ihn zur Räson zu bringen. Tadatsune unterwarf sich ihm kampflos und nannte sich von nun an Gefolgsmann von Yorinobu. Dies ist nicht nur das früheste Zeugnis der von nun an wachsenden Macht dieser Linie der Minamoto in Ostjapan, sondern auch ein Beleg für die Ausbreitung von Vasallitätsbeziehungen im japanischen Osten. 1051 wurden Yorinobus Sohn Yoriyoshi und dessen Sohn Yoshi'ie vom Hof in die Provinz Mutsu im Nordosten des Landes zur Niederschlagung der Rebellion der mächtigen lokalen Sippe der Abe entsandt, die schließlich nach neun Jahren mit Hilfe von Mitgliedern der Kiyohara-Sippe aus der Nachbarprovinz Dewa besiegt wurde. 1083 wiederum hatte Yoshi'ie, damals Gouverneur der Provinz Mutsu und Militärkommandeur, einen internen Konflikt der Kiyohara nach drei Jahren und vielen Kämpfen 1087 beigelegt. Der Hof weigerte sich jedoch, Yoshi'ies Eingreifen als staatliche Militärexpedition anzuerkennen und ihn für seine Leistungen aus dem Staatssäckel zu entschädigen. Yoshi'ie entlohnte seine im Nordosten ansässigen Truppenführer deshalb aus eigenen Mitteln. Dies machte die Runde unter den Kriegern des Nordostens und gab Yoshi'ies Prestige bei der lokalen Führungsschicht gewaltigen Auftrieb.

In der Folge überschrieben viele einflussreiche lokale Familien ihre Landbesitzrechte auf Yoshi'ie, um sich einerseits in sein Gefolge einzureihen, andererseits ihr Land seinem Schutz zu unterstellen und damit vor dem Zugriff der Provinzgouverneure zu sichern. Dagegen ging der Hof schließlich 1091 per Gesetz vor, um der wachsenden Macht Yoshi'ies in der Region entgegenzuwirken. Dies konnte aber Yoshi'ies Ansehen schon keinen Abbruch mehr tun. Auch hier zeigt sich im Ostjapan des späten 11. Jahrhunderts die wachsende Bedeutung von militärischem Gefolgschaftswesen in Kombination mit der Übertragung von Landrechten oder anderen Gerechtsamen, um sie dann als Lehen zurückzuerhalten. Die von seinen Vorfahren begründete und von Yoshi'ie ausgeweitete Einflusssphäre im Osten, vor allem in Kantō, bewog etliche seiner Nachfahren, sich im 12. Jahrhundert in Kantō niederzulassen und diese Basis weiter auszubauen. Zu den bekanntesten Sippen, die Yoshi'ies Erbe in Kantō antraten, zählen die Nitta und die Ashikaga. Um ihre Verbundenheit mit dem Land zu zeigen, hatten sie zu ihrem Geschlechternamen Minamoto den Namen der *shōen*-Grundherrschaft, in der sie ihren Hauptsitz errichtet hatten, als Sippennamen angenommen. Dieser Typus von Sippennamen war charakteristisch für den landsässigen Kriegeradel des japanischen Mittelalters. Im Nordosten selbst hatten die sogenannten Ōshū-Fujiwara, Verbündete der Kiyohara, nach dem Abzug des letzten der Minamoto-Feldherren im Jahre 1094 wieder ihre Herrschaft in den Provinzen Dewa und Mutsu konsolidieren können. Die Region erlebte eine Ära der Prosperität, die bis ins späte 12. Jahrhundert hinein währte, als ihrer weitgehenden Autonomie dann doch noch von den Nachfahren Yoshi'ies ein Ende bereitet wurde.

Bei der Organisierung der Krieger spielten die Provinzbehörden eine entscheidende Rolle. Für militärische Expeditionen wie zum Beispiel gegen Taira no Tadatsune oder gegen die rebellischen Provinzen im Nordosten wurden die Krieger aus der Schicht der oben beschriebenen lokalen Grundherren rekrutiert. Da die alten Dienstpflichtigenheere schon seit dem 9. Jahrhundert nicht mehr aufgestellt wurden, hatten die Provinzgouverneure polizeiliche und militärische Aufgaben den Angehörigen mächtiger lokaler Familien übertragen, die sich bereits mehrfach im militärischen Metier bewährt hatten. Manche der neugeschaffenen militärischen Posten wurden in bestimmten Familien erblich, wie auch Rüstungen, Waffen, sonstige Ausrüstung und vor allem Kriegskunst in den Kriegerfamilien und daneben durch Patenschaften gepflegt und weitergegeben wurden. Die Führungspositionen wurden für jedes militärische Unternehmen neu besetzt. Die Provinzgouverneure verfügten im 11. Jahrhundert über regelrechte Namenslisten, in denen die »Krieger in der Provinz« (*kokunai bushi*) verzeichnet waren. Damit war auch ein wichtiger Schritt zu ihrer personellen Abschließung und ständischen Fixierung vollzogen. Der Begriff des Kriegers als eines professionellen Militärs, meist mit dem Wort *bushi* »Meister der Kriegskunst« bezeichnet, entstand. Die Krieger wurden vom Gouverneur für ihre Dienste mit der Übertragung von *shiki*-Ämtern und von *myō*-Bezirken belohnt. Im 12. Jahrhundert war indes den Provinzgouverneuren weitgehend die Kontrolle über die »Krieger in der Provinz« entglitten. Die Krieger hatten begonnen, sich um Inhaber hoher militärisch-polizeilicher Führungsposten mit großem Prestige und persönlichem Charisma zu sammeln, die sogenannten »*bushi*-Anführer« (*buke no tōryō*). Die »Übergabe seines Namenszuges« war ein besonders in Kantō verbreitetes Ritual, mit dem ein Krieger seinen Eintritt in die Gefolgschaft eines Herrn dokumentierte. Von der Zentralregierung wurde diese Tendenz gefördert, weil sie sich davon größere Effizienz und stärkere Kontrolle über die für sie unberechenbaren Krieger versprach. Den *bushi*-Anführern und Konstablern wurde das Recht übertragen, einzelne ihrer Krieger selbst für Belohnungen vorzuschlagen, die vor allem durch Übertragung von *shiki*-»Ämtern« erfolgen sollten, und widersetzliche Krieger selbst zu bestrafen. Damit war der organisatorischen Autonomie der Krieger die Bahn bereitet, der Zentralstaat selbst hatte den Kriegern die Mittel zum Aufbau einer echten Vasallität an die Hand gegeben. Die wichtigsten Elemente eines feudalen Kriegerstandes waren so im 12. Jahrhundert zusammengekommen: Kriegshandwerk als eigene Profession, Vasallität als deren soziale Organisationsform und Lehnswesen als materielle Grundlage der Vasallität.

Zentrifugal und persönlichkeitsfreudig wie die Zeit war auch das mittelalterliche Kriegshandwerk. Bis ins 15. Jahrhundert herrschte die Kampfform in kleinen Verbänden vor. Zu Beginn der Schlacht riefen sich die Anführer der kleinen Kriegerrotten ihre »Selbstvorstellung« zu. Kern der sehr beweglichen Kampfverbände waren berittene Bogenschützen. Die Reiter trugen eine farbenfroh verzierte Rüstung, die aus durch Leder und Schnüre zusammengehaltenen Eisenlamellen bestand. Sie schützte Oberkörper und Oberschenkel, ohne die Bewegungsfreiheit stark einzuschränken. An die Unterschenkel waren eiserne Beinschienen geschnallt. Kopf und Hals wurden durch einen reich verzierten und meist visierlosen Helm geschützt. Hauptwaffen waren der hölzerne Langbogen und das leicht gekrümmte Langschwert (*tachi*), eigentlich ein Säbel, eine Weiterentwicklung der Schwerter des Emishi-Volkes auf Hokkaidō und in Nord-Honshū. Das Pferd blieb ungepanzert, um in schwierigem Gelände beweglich zu bleiben. Der Reiter wurde – auch im Kampf – von einem fünf bis zehn Mann starken Trupp von Vasallen, Knappen und Dienern begleitet, teils zu Pferde, teils zu Fuß, mit mehr oder weniger vollständiger Rüstung ausgestattet und ebenfalls mit Schwert und Bogen bewaffnet, wobei die Fußsoldaten vorzugsweise mit einer Art Hellebarde (*naginata*) und nur sehr leichter Rüstung ausgerüstet waren. Die Kampfverbände umfassten meist nur einige hundert Reiter nebst Gefolge. Erst im 15. Jahrhundert wurden diese Kleinverbände zunehmend von großen, hauptsächlich aus Fußsoldaten bestehenden Armeen abgelöst. Über die Ergebnisse einer Schlacht wurde genau und mit Nennung der Namen derer, die sich hervorgetan hatten, Register geführt: Gefallene der eigenen Partei, erbeutete Waffen, Gefangene und getötete Gegner. Prominente gefallene Gegner wurden enthauptet, ihre Häupter konserviert und dem Befehlshaber als Beweis der eigenen Tüchtigkeit vorgezeigt, um sie am Ende den Angehörigen des Gefallenen zurückzusenden. Die so dokumentierten Verdienste waren die Grundlage für die Belohnungen, die meist aus *shiki*-Ämtern bestanden. Hierbei kam es oft zu Streit, weil bei den Belohnungen nicht nur der materielle Wert, sondern auch das damit verbundene Prestige wichtig war.

Gerade im frühen Mittelalter besaßen Freiheit und Autonomie einen hohen Stellenwert in der Kriegergesellschaft. In der Chronik *Azuma-Kagami* (um 1300 entstanden) sind für die frühe Zeit des Kamakura-Shōgunats Anekdoten kolportiert, die vom Unabhängigkeitswillen der *bushi* erzählen. Danach bedeutete es unter den Kriegern förmlich eine Ehre, in den Verdacht des Verrats und der Rebellion zu geraten, weil dies als ein Beweis ihrer Unabhängigkeit galt. So wird berichtet, wie sich ein berittener Krieger weigerte, zur Begrüßung des Gesandten des Shōgun, seines Lehnsherrn, vom Pferd zu steigen und sich vor ihm zu verneigen; er begründete seine Weigerung damit, dass er es mit seiner Ehre nicht vereinbaren könne, sich vor irgendjemandem in dieser Weise zu erniedrigen. Der *bushidō*, der »Weg der Krieger« mit seiner Betonung der Loyalitätsethik gegenüber dem Herrn, ist großenteils ein postumes ideologisches Konstrukt des entstehenden japanischen Nationalstaats im 19. Jahrhundert. Er spiegelt mitnichten die Lebenswirklichkeit der *bushi* im Mittelalter wider.

Neben der, trotz aller Betonung der Freiwilligkeit, eben doch »vertikal« strukturierten Vasallität bestimmten stärker »horizontal« orientierte, eher egalitäre Formen sozialer und politischer Organisation das ganze Mittelalter hindurch das Leben der Krieger. Die zahlreichen bündischen Formen (*tō*-Bünde im 10.–12. Jahrhundert, große *ikki*-Einungen im 14. Jahrhundert etc.) muten geradezu republikanisch an mit ihren auf Gleichheit der Mitglieder basierenden Formen der Entscheidungsfindung. Auch verwandtschaftliche Organisationsformen prägten die militäraristokratische Gesellschaft. In der Sippe wird vom 13. Jahrhundert an Patrilinearität dominant, ohne dass aber

Matrilinearität oder Bilateralität in der Erbfolge gänzlich verschwänden. Die weitverbreitete, flexible Praxis der Adoption unterläuft gewissermaßen die blutsverwandtschaftlichen Abstammungsbeziehungen, so dass eindeutige Zuordnungen zu bestimmten Mustern der Erbfolge erschwert werden. Heiratsverbindungen dienten als Mittel lokaler wie »großer« zentraler Politik. Dennoch ist festzuhalten, dass keines der drei Organisationsprinzipien: Vasallität, Bündnis oder Verwandtschaft, gänzlich dominierte. Binnenbeziehungen von Kriegersippen wurden oft durch förmliche Verträge, wie sie auch in den *ikki*-Einungen üblich waren, stabilisiert. Im 15. und 16. Jahrhundert banden Einungen, die von den Vasallen als eigenständige Assoziation gleichberechtigter Mitglieder gegründet worden waren, nicht selten die lokalen Lehnsherren als »Obere« ein, da man von ihnen salomonische Urteile in Streitigkeiten erwartete. Kern der mittelalterlichen Kriegergesellschaft ist der lokalgrundherrliche Hausgrund, Hauptsitz und Haushalt des Kriegers; Herrin eines solchen können auch eine unverheiratete Tochter oder eine Witwe sein. Die Autonomie des *yashiki*-Hausgrundes wird erst mit dem entstehenden »institutionellen Flächenstaat« im 16. Jahrhundert aufgebrochen.

Kriegeradel an der Macht

In der Mitte des 12. Jahrhunderts waren die Krieger bis nahe an das Zentrum höfischer Macht vorgedrungen, weil ihre Dienste für die verschiedenen Gruppierungen bei Hof mittlerweile unverzichtbar geworden waren. Einen Durchbruch brachte das Jahr 1156, als Angehörige der Kriegergeschlechter Taira (Kammu-Linie) und Minamoto (Seiwa-Linie) in Rivalitäten innerhalb des Regentengeschlechts der Fujiwara und Thronfolgestreitigkeiten involviert wurden – offenbar nicht mehr nur als angeheuerte Krieger, sondern schon als eigene Partei. 1159 – Go-Shirakawa war gerade Exkaiser geworden – eskalierten die Spannungen innerhalb und zwischen verschiedenen Parteiungen von Hofaristokratie, Kaiserhaus und Kriegeraristokratie zu gewaltsamen Auseinandersetzungen. Die Gruppierung um den Kriegeranführer Taira no Kiyomori gewann die Oberhand. Damit begann die Dominanz seiner Sippe und Gefolgschaft bei Hof. Staatliche Ämter und Ränge, die bis dahin den Spitzen der Hofaristokratie vorbehalten waren, wurden nun von Mitgliedern der neuen Kriegeraristokratie eingenommen. Kiyomoris Versuch, den Hof mit seiner Sippe und Leuten seines Vertrauens zu durchdringen, scheiterte aber schließlich an der höfischen Opposition und an seiner unzureichenden Verankerung in den Provinzen.

An die Spitze der Gegenbewegung setzte sich Minamoto no Yoritomo, Sohn eines ermordeten Gegners von Kiyomori und Nachkomme des legendären Minamoto no Yoshi'ie. Nach der gängigen Praxis der Sippenhaft war er noch als Kind auf die Halbinsel Izu in Kantō verbannt worden. An seinem Verbannungsort folgte er dem Aufruf des Prinzen Mochihito, eines Sohns von Go-Shirakawa-Tennō, zum Widerstand gegen Kiyomoris Autokratie. Yoritomo hatte, auf dem Wirken seiner Vorfahren aufbauend, als »Anführer der Krieger« in den Ostprovinzen ganz allmählich seine Position aufbauen können. Der Aufruf des Prinzen war ihm eine willkommene Gelegenheit, die Einigung der Krieger des Ostens, vor allem zunächst der Krieger der Kantō-Region, unter seiner Führung voranzutreiben. In der Seeschlacht von Dan-no-ura in der Meerenge zwischen der Hauptinsel Honshū und dem im Südwesten gelegenen Kyūshū hatten Yoritomo und seine Gefolgsleute 1185 den entscheidenden Sieg davongetragen. Grundlage für die Macht Yoritomos waren seine geschickte Bündnispolitik und der Aufbau einer Gefolgschaft, die er sich durch Vergabe von Ämtern und Privilegien zu verpflichten verstand. Er baute das System der Gefolgschaft zur fest institutionalisierten Vasallität aus. Die Einbindung seiner Verwandtschaft gelang ihm dagegen nur partiell – ein Anzeichen der nachlassenden Bedeutung von Verwandtschaftsorganisation. Yoritomos Gemahlin selbst entstammte überdies dem Geschlecht der Taira. Dieser Krieg von 1180 bis 1185 war von seinem großen Umfang wie von der Komplexität seiner Struktur her eine Auseinandersetzung zwischen widerstrebenden gesellschaftlichen Kräften, nicht aber ein Streit zwischen verfeindeten Familien.

Trotz der gespannten Beziehungen zu Exkaiser Go-Shirakawa erreichte Yoritomo, dass ihm der Hof 1185 die Vollmacht zur Einsetzung militärischer Amtleute in allen Provinzen und Ländereien des Landes sowie zur Erhebung einer Sondersteuer für das Militär zur Verfolgung der versprengten Parteigänger Kiyomoris erteilte. Dies bildete die Grundlage für den Aufbau eines das ganze Land erfassenden Machtapparates, dessen Pfeiler die militärischen Provinzprotektoren (*shugo*) und die militärischen Landverwalter (*jitō* – eine Art Vögte) waren, die in allen Provinzlandterritorien und *shōen*-Grundherrschaften eingesetzt wurden. Alle Befehlskanäle liefen in Kamakura, einer Hafensiedlung unweit des heutigen Tōkyō, zusammen, wo Yoritomo 1184 die Errichtung seines Herrschafts- und Regierungsapparats in Angriff genommen hatte. Im Aufbau seiner Regierung in Kamakura finden sich Ähnlichkeiten mit den hofadligen Haushofmeistereien, aber er schuf auch ganz Eigenes ohne höfische Vorbilder. So war nun ein neues politisches Zentrum geschaffen, das faktisch autonom war, wenngleich auch seine Einrichtungen und Maßnahmen immer wieder durch den Hof legitimiert wurden. Der Hof versuchte, diese wachsende Gegenmacht auf diese Weise einzubinden. Die Ära der politischen Bipolarität zwischen Kamakura und Heian/ Kyōto sollte bis ins 14. Jahrhundert dauern.

Das neue Machtzentrum konzentrierte sich zunächst auf den Osten. 1189 unternahm Yoritomo einen Feldzug in den Nordosten, wohin sich sein gegen ihn opponierender Bruder Yoshitsune geflüchtet hatte. In diesem Feldzug fand Yoshitsune den Tod, außerdem wurde die autonome Herrschaft der Ōshū-Fujiwara in Hiraizumi (heute Präf. Iwate) beendet, und der Nordosten wurde Yoritomos Herrschaftsgebiet einverleibt. 1192 wurde Yoritomo – vier Monate nach dem Tod seines stärksten höfischen Widersachers Go-Shirakawa – von Go-Toba-Tennō zum Shōgun (*sei'i-tai-shōgun*, »Großer Feldherr zur Bezwingung der Ost-Barbaren«) ernannt. Damit war vorerst der Abschluss der höfisch-institutionellen Ausstattung der Kriegerregierung, des Kamakura-Shōgunats, erreicht; zugleich war dies ein erneuter Versuch des Hofs, Yoritomo zu binden. Yoritomo war auch selbst bestrebt, sich in der Hauptstadt Verbündete zu schaffen, und fand diese vor allem im Hause Kujō, einer Linie der Fujiwara. Für den Aufbau seines Regierungsapparats in Kamakura hatte er eine Reihe erfahrener und fähiger Hofbeamter gewonnen. Er benannte Yoshida Tsunefusa, einen einflussreichen Hofadligen, der bereits als vertrauter Berater von Exkaiser Go-Shirakawa tätig gewesen war, als Vermittler zwischen Shōgunat und Hof. Daraus entwickelte sich die dauernde Einrichtung eines »Botschafters des Shōgun« (Kantō-*mōshitsugi*), ein Posten, der Mitte des 13. Jahrhunderts in dem hofadligen Haus Saionji erblich wurde.

Yoritomo hatte Stück für Stück alle Mittel in die Hand bekommen, seine neuartige Herrschaft zu etablieren. Denn anders als Taira no Kiyomori, der mehr oder weniger den vorgefundenen Machtapparat des höfischen Staats »erobert« hatte, setzte Yoritomo viel stärker auf die freieren politischen Gestaltungsmöglichkeiten, welche die Vasallität ihm bot. Yoritomo beschlagnahmte und behielt mit

Billigung des Hofs alle Besitztümer der Kiyomori-Parteigänger. Außerdem hatte er neun Pfründen-Provinzen im Osten – eine davon im Westen auf Kyūshū – zugesprochen bekommen. Zudem erwarb er die Vollmacht zur Einsetzung von *shugo*-Provinzprotektoren und *jitō*-Vögten in *shōen* und Provinzland, und zwar zunächst nur im Osten und mit Einwilligung der *shōen*-Grundherren, später aber im ganzen Land und nach eigenem Gutdünken. Die *shugo*-Provinzprotektoren hatten zwar als militärische »Ergänzung« der Provinzgouverneure zunächst nur polizeiliche und militärorganisatorische Aufgaben, sie entwickelten sich aber schnell zu deren militärischen Widerparts, und die Übernahme der Kompetenzen des Gouverneurs durch die *shugo* war nur eine Frage der Zeit. Die *jitō*-Vögte waren mit von Fall zu Fall unterschiedlichen Kompetenzen ausgestattet. In erster Linie waren dies polizeiliche Aufgaben, aber auch die Einziehung von Steuern, Dienstleistungen und Abgaben im Auftrag des Shōgunats gehörte dazu. Häufig wurden lokale *shōen*-Verwalter, die sich in die Schar der Vasallen eingereiht hatten, in ihren alten Rechten und Pflichten belassen und als *jitō* des *shōen*-Territoriums, das sie bislang verwaltet hatten, eingesetzt. Zu den Verpflichtungen gegenüber ihrem hauptstädtischen *shōen*-Grundherrn waren damit nun die gegenüber dem Shōgunat hinzugekommen. Allerdings ließ sich diese Balance nicht lange aufrechterhalten – der Niedergang der *shōen*-Verfassung war bereits hier angelegt. Alle diese Vollmachten versetzten den Shōgun in die Lage, seine verdienten Vasallen mit Besitz zu belohnen, neue Vasallen hinzuzugewinnen und zudem beiden Gruppen mit eigenen Urkunden ihre bisherigen Besitzrechte zu verbriefen. Gerade letzteres berührte die Krieger, die ja zugleich lokale Ausbaugrundherren waren, existentiell. Wie oben gesehen, hatte den *shiki*-»Ämtern« schon immer eine starke Tendenz zur Vererbbarkeit innegewohnt, darin machten auch die durch Yoritomo vergebenen »Lehen« keine Ausnahme.

Das verlieh den Vasallen von Anfang an eine starke Eigenständigkeit gegenüber ihrem »Lehnsherrn«, dem Shōgun.

Nach seiner Residenz in Kamakura wurde Yoritomo zumal von seinen Gefolgsleuten »Herr von Kamakura« (*Kamakura-dono*) genannt. Dies ist ein Hinweis darauf, dass sich Yoritomos Macht und seine Autorität letztlich nicht auf das Amt des Shōgun gründeten, sondern dass dieses lediglich als ein Element unter mehreren zu sehen ist. Dieses Amt verkörperte gewissermaßen die überkommen-bürokratische Seite seiner Herrschaft, hier agierte Yoritomo als Regierender. Als *Kamakura-dono* war er jedoch »Anführer der Krieger« und Lehnsherr und verkörpert die historische Umwälzung der politischen Verfassung. Der Hof hatte Yoritomo mit einer ganzen Reihe von Hofämtern ausgestattet, die überwiegend militärischen Charakter besaßen und die dem gehobenen, nie aber höchsten Bereich der höfischen Rangfolge zuzurechnen sind. Von diesen Ämtern scheint ihm das des Shōgun das wichtigste gewesen zu sein, aber all dies waren nur zu offensichtlich immer wieder neue Versuche des Hofs, Yoritomo in das alte System einzubinden und ihn zugleich durch die Auswahl der verliehenen Posten statusmäßig in die Schranken zu weisen. Diese Ämter kann man aber durchaus als bürokratische Überreste verstehen, die Yoritomo als Steinbruch dienten, um daraus zusammen mit dem ganz anderen »Baustoff« Vasallität eine politische Herrschaft neuen Typs aufzubauen.

Beim Eintritt in die Vasallität trat zu der früher schon verbreiteten »Übergabe des Namenszugs« nunmehr noch die Audienz (*genzan*) bei Yoritomo als Zeremonie hinzu. Für die Vasallen setzte sich die Bezeichnung *gokenin* (»Mann des Hohen Hauses«) durch. Als Gunsterweis (*goon*), dem Lehen oder Benefizium in Westeuropa entsprechend, erhielt der Vasall nun eine Bestätigung der Rechte an seinen Besitzungen (*ando*). Wenn er sich Verdienste erwarb, bekam er neue Besitztümer (in der Regel in Form von *shiki*-Ämtern) verliehen. Die rechtliche und wirtschaftliche Fürsorge des Herrn von Kamakura musste der Vasall mit Diensten entgelten: Heeresfolge, Wachdienste in Kamakura oder Kyōto und andere Leistungen, die den öffentlich-staatlichen Aspekt des Verhältnisses betreffen. Der Herr von Kamakura war als Träger der öffentlichen Gewalt im Osten und zunehmend auch im Westen des Landes Sachwalter des höfischen Staats. Insofern hatte er auch dafür Sorge zu tragen, dass seine Vasallen ihren Kontrollpflichten bei der Ableistung der Dienste und Abgaben durch die ackerbäuerliche Bewohnerschaft an die Herren ihrer *shōen*-Grundherrschaft und an die übrigen höfischen und geistlichen Institutionen nachkamen. Außerdem hatten die Vasallen die Amtsführung des Herrn von Kamakura als Shōgun – bei Residenzbau und sonstigen öffentlichen Aufgaben – durch Sachleistungen aus dem eigenen Besitz zu unterstützen.

Nach Yoritomos Tod 1199 übernahmen seine Gemahlin Taira (Hōjō) no Masako, die Yoritomo zur Zeit seiner Verbannung in Izu geheiratet hatte, und ihre Sippe das Regiment. Masakos Sippe nannte sich Hōjō nach ihrem Hauptsitz in Izu. Sie entstammte der Kammu-Linie der Taira – wie auch der Rebell Masakado und Kiyomori. Mitglieder dieser Sippe hatten über Generationen als lokale ansässige Amtleute in der Provinzbehörde Dienst getan und hatten eine geachtete Position in der lokalen politischen Struktur von Süd-Kantō erworben. Neben den Leistungen seiner eigenen Vorfahren hatten Yoritomo vor allem die Beziehungen mit dieser Sippe den Aufbau seiner Macht im Kantō-Gebiet ermöglicht; mit seiner Einheirat in eine Sippe mächtiger lokaler Honoratioren war Yoritomo einem verbreiteten Karrieremuster gefolgt.

Yoritomos Söhne Yori'ie und nach ihm Sanetomo folgten ihm in der Stellung als Herr von Kamakura und – stets mit gewisser Verzögerung – als Shōgun. Ein dynastisches Prinzip hatte sich an der Spitze der Kriegeraristokratie durchgesetzt; auch dies ist als Hinweis zu werten, dass der vom Hof verliehene Shōguntitel zwar wichtig, aber für die Kriegerherrschaft auf Dauer von sekundärer Bedeutung war. Über die Nachfolge bestimmten die Spitzen der Kriegeraristokratie, in erster Linie Masako, die als Witwe Yoritomos und durch ihre Persönlichkeit unter den Vasallen höchste Autorität und Macht besaß, sowie die Sippe Hōjō, zunächst vor allem Masakos Vater Hōjō Tokimasa. Dem Hof oblag es, diese Wahl durch Ernennung zum Shōgun zu bestätigen. Yoritomos Söhne konnten kein eigenes politisches Gewicht entwickeln, zu stark war die Macht der Hōjō. Als Yori'ie sich gegen sie wandte, wurde er 1204 ermordet. Nachdem sein schwacher Nachfolger Sanetomo 1219 dem Attentat seines Neffen Kugyō, eines Sohnes Yori'ies, zum Opfer fiel und der Attentäter selbst hingerichtet worden war, waren keine Nachfahren Yoritomos in der männlichen Linie, die für die Nachfolge in Frage gekommen wären, mehr am Leben. Stattdessen wurde aus Kyōto Fujiwara no Yoritsune noch 1219 nach Kamakura gebeten und schließlich 1226 zum Shōgun ernannt. Er war ein Spross der Kujō-Linie der Fujiwara, die mit dem Shōgunat seit seiner Entstehung eng verbunden war, und hatte sich mit einer Tochter von Yori'ie vermählt. Sobald er aber eigene politische Ambitionen gegenüber den Hōjō entwickelte, wurde er 1244 nach Kyōto zurückgeschickt. Sein Sohn Yoritsugu trat noch im selben Jahr seine Nachfolge an, bis ihn 1252 dasselbe Schicksal ereilte. Schließlich wurde mit dem kaiserlichen Prinzen Munetaka 1252 eine Dynastie von Shōgunen aus dem Kaiserhaus begründet, in der bis zum Ende des Kamakura-Shōgunats im Jahr 1333 das Amt des Shōgun vererbt wurde. Aber auch diese Prinzen-Shōgune bezahlten jeden Versuch der Emanzipation von den Hōjō mit Verbannung in die Hauptstadt.

Die Beziehung der Vasallen zum Shōgun und Herrn von Kamakura hatte gänzlich ihren ursprünglichen persönlichen Charakter verloren. *Gokenin*-Vasall zu sein war nur mehr ein erblicher (wenngleich stets aufs neue durch den Shōgun zu bestätigender) Status innerhalb der Kriegeraristokratie. Die Macht der Hōjō beruhte darauf, dass sie nach und nach fast alle wichtigen Posten in der Shōgunatsregierung mit eigenen Leuten besetzt hatten. Die wichtigste Stellung war die des *shikken*. Ursprünglich bezeichnete dies den Chef der »Haushofmeisterei« des Shōgun, nunmehr aber dessen Regenten, der die Regierungsgeschäfte führte und das Gerichtswesen beaufsichtigte. Dieser Posten wurde traditionell vom Oberhaupt des Hauses Hōjō bekleidet. Die Hōjō konnten schließlich faktisch die Ernennung und Entlassung des Shōgun nach Gutdünken verfügen – wie sie übrigens auch bei der Thronfolge des Tennō nunmehr ein entscheidendes Wort mitzureden hatten. Das Oberhaupt der Sippe Hōjō hatte selbst eigene Vasallen um sich geschart; diese wurden *miuchibito* (»vertraute Leute«) genannt und bildeten zusammen mit den Hōjō und den Chefs ihrer Seitenlinien die innere Gruppe der Macht im Shōgunat. Dies vergrößerte noch die Entfremdung zu den übrigen Shōgun-Vasallen. Immer wieder gab es Rebellionen, aber die erste ernste Belastungsprobe erlebte die Hegemonie der Hōjō im Gefolge der Versuche des Yuan-Reiches, sich Japan einzuverleiben, den sog. Mongolen-Invasionen (s. S. 158f.).

Zwar wurden die Invasoren 1274 zurückgeschlagen und 1281 durch einen Taifun fast völlig vernichtet, aber sie hatten keinen Besitz zurückgelassen, mit dem die vor allem wirtschaftlich erschöpften Krieger hätten entschädigt werden können. Hinzu kam, dass immer mehr Elemente von Geldwirtschaft in die Naturalwirtschaft vordrangen, deren Träger vor allem die großen Klöster waren. Viele Krieger, deren ökonomische Basis der Landbau bildete, waren tief verschuldet. Obwohl das Shōgunat später mehrfach allgemeine Schuldenerlasse verfügte, verbesserte dies die soziale Lage vieler Shōgun-Vasallen nicht grundlegend. 1321 versuchte Go-Daigo-Tennō, sich an die Spitze aller unzufriedenen Elemente zu setzen und mit ihrer Unterstützung die Wiedererrichtung einer kaiserlichen Direktherrschaft zu erreichen. Nach dem missglückten Aufstandsversuch seines Parteigängers Kusunoki Masashige 1331 wurde er im Jahr darauf auf die Insel Oki im Japanischen Meer verbannt. 1333 schien er ans Ziel seiner Wünsche gelangt zu sein, als das Kamakura-Shōgunat und damit die Hōjō-Macht durch eine bunte oppositionelle Koalition gestürzt wurden. Go-Daigo war ihr *spiritus rector*, aber an der militärischen Spitze standen Ashikaga Taka'uji und Nitta Yoshisada. Beide entstammten dem Geschlecht Minamoto und waren wie Yoritomo Nachfahren von Yoshi'ie. Zumal die Ashikaga waren schon zu Beginn des Kamakura-Shōgunats mächtige Vasallen Yoritomos gewesen.

Zwei Jahre ließ man Go-Daigo-Tennō gewähren. Er plante, das gesamte politische und ökonomische System von Grund auf umzuwälzen. Sein Ziel war eine Restauration der Macht des Hofs mit dem Tennō an der Spitze. Go-Daigos chaotischem Reformeifer machte Ashikaga Taka'uji 1336 ein Ende. Taka'uji hatte sich in dem langen Kampf um die Macht durchgesetzt und brachte in Kyōto den ihm genehmen und machtlosen Kōmyō-Tennō auf den Thron. Dieser gehörte einer schon seit Dekaden mit der Linie Go-Daigos rivalisierenden Linie des Kaiserhauses an. Go-Daigo-Tennō musste sich mit seinen Parteigängern in das gut befestigte Gebiet Yoshino, ein im Süden von Nara gelegenes traditionelles Widerstandsnest gegen das Shōgunat, zurückziehen. Damit begann die Ära des Nord- und Südhofs; in Kyōto blieb Kōmyō-Tennō im postum sogenannten Nordhof, während Go-Daigo in Yoshino den sogenannten Südhof etablierte. Das Doppelkaisertum sollte bis zum Thronfolgekompromiss von 1392 währen und endete letztlich mit dem Obsiegen der Kōmyō-Linie (Nordhof). Die Nachfahren Go-Daigos verlieren sich wie schon viele Nebenlinien des Kaiserhauses zuvor im Dunkel der geschichtlichen Überlieferung.

1338 wurde Taka'uji zum Shōgun ernannt. Das neue Shōgunat nennt man nach der 1381 in dem gleichnamigen Ortsteil von Kyōto errichteten Shōgunresidenz »Muromachi-Shōgunat« oder nach dem Sippennamen der Shōgundynastie »Ashikaga-Shōgunat«.

Die neue Zeit des Mittelalters

Die Muromachi-Zeit ist die dynamischste Epoche der gesamten japanischen Vormoderne. Es ist die Ära größter Autonomie der verschiedenen gesellschaftlichen Gruppen und Regionen im Lande selbst. Zugleich entwickeln sich auf den verschiedenen Ebenen der Gesellschaft die Beziehungen zum Ausland in einer bisher nicht bekannten Schnelligkeit und Vielfalt. Geographische und soziale Mobilität erreichen ein Ausmaß, wie man es erst in den Umwälzungen der Meiji-Zeit im späten 19. Jahrhundert wieder finden kann.

Die Niederlage des Süd-Kaisers Go-Daigo im Jahre 1336 hatte den schleichenden Niedergang des Kaiserhauses und der Institution des Tennō beschleunigt. Der Hof war gezwungen, sich wegen aller größeren Ausgaben um Unterstützung an das Shōgunat zu wenden. Die Pauperisierung des Hofs brachte es mit sich, dass etliche, für das Gedeihen des Gemeinwesens bislang als unverzichtbar geltende Zeremonien – wie die Thronbesteigungszeremonie – nur noch selten durchgeführt werden konnten, so dass viele wichtige Einzelheiten einfach in Vergessenheit gerieten. (Das brachte die späteren »Restauratoren« der kaiserlichen Herrschaft in der Meiji-Zeit in ihrem Bestreben, deren ungebrochene Kontinuität auch in der Zeremonialkultur zu demonstrieren, in große Verlegenheit.) Große Verwüstungen im sozialen und kulturellen Leben der Hauptstadt hatten auch immer wieder aufflammende kriegerische Auseinandersetzungen von *shugo* untereinander und zwischen verschiedenen Faktionen innerhalb des Shōgunats angerichtet. 1467 begann ein elfjähriger Krieg zwischen den Häusern Yamana und Hosokawa und ihren Parteigängern (*Ōnin-Bummei no ran*). Als die Kriegshandlungen 1477 eingestellt wurden, lag Kyōto in Schutt und Asche. Was aus den Trümmern neu entstand, war eine Bürgerstadt, die für ihr Auskommen selber sorgen musste; mit der alten Hauptstadt, die über den Reichtum des ganzen Landes verfügte, hatte sie nichts mehr gemein.

Schwindende Bedeutung der Hauptstadt heißt auch, dass sie ihre materielle Grundlage in Gestalt von *shōen* und anderen Grundherrschaften des Hofs verloren hatte. So beschreibt Kujō Masamoto, der 1476 als Regent des Tennō (*kampaku*) an der Spitze des Hofadels stand, in seinem Tagebuch, wie er gezwungen war, sich von 1501 bis 1504 selbst in die *shōen*-Grundherrschaft Hineno (südlich des heutigen Ōsaka) zu begeben, um vor Ort wenigstens das letzte ihm noch verbliebene Besitztum zu sichern. Die Entwicklung der Agrarverfassung und der Agrarpolitik in den vorausgegangenen Jahrhunderten hatten den Gestaltungsspielraum und damit die Autonomie der Provinzen immer weiter ausgedehnt und die Einkommens- und Eigentumsrechte des Hofs unterhöhlt. Die Übernahme öffentlich-staatlicher Funktionen durch die Kriegeraristokratie, durch Shōgun, *shugo* und *jitō*, hatte sich schon in der Kamakura-Zeit angedeutet. 1223 hatte das Shōgunat die Abfassung von Landregistern (*ōtabumi*) in allen Provinzen verfügt – eine Kompetenz, die bislang eifersüchtig von den Provinzgouverneuren gehütet worden war. Im 1232 abgefassten ersten Gesetzeskodex des Shōgunats nahm dieses Funktionen für sich in Anspruch, die bislang dem höfischen Staat vorbehalten gewesen waren. In der Muromachi-Zeit war diese Entwicklung nun rapide vorangeschritten. Im Gleichklang ging auch die Aneignung der *shōen*-Grundherrschaften, der ökonomischen Basis des Hofs, durch die Krieger vonstatten, und zwar überwiegend sogar legal. Shōgun, *shugo* und ihre Vasallen stärkten ihre Finanzbasis durch die Aneignung eines Teils der Einnahmen aus den *shōen* der hauptstädtischen Grundherren unter Hinweis auf die steigenden Kosten ihrer Aufwendungen für öffentliche Aufgaben. Dabei kamen auch die *kōden*, die »staatlichen Nassreisfelder«, die seit dem 11. Jahrhundert die Basis der Besteuerung gebildet hatten und deren Bereich auf das gesamte ertragbringende Land ausgeweitet war, ins Spiel. Dadurch war nunmehr alles Land besteuerbar geworden.

Aber nicht nur der Hof, sondern mit ihm auch das Shōgunat verloren im Lauf des 15. Jahrhunderts ihre Macht. Denn es war insofern ein Relikt des alten Zentralismus, als dass das Shōgunat einen wichtigen Teil seiner Legitimation aus der kaiserlichen Autorität bezogen hatte. Wendepunkt war auch hier der elfjährige Ōnin-Bummei-Krieg von 1467 bis 1477, mit dem das Jahrhundert der »Streitenden Reiche« begonnen hatte. Die militärischen Provinzprotektoren, die *shugo*, hatten im Lauf des 14. und 15. Jahrhunderts zu ihren ursprünglichen militärischen Aufgaben wie das Recht zur Aushebung von Truppen auch noch die letzten Kompetenzen der zivilen Provinzgouverneure – speziell in Bezug auf das Provinzland – übernommen. Die *shugo* hatten noch darüber hinausgehende Vollmachten wie das Recht zur Neubesetzung vakant gewordener Lehen und zur Auferlegung von außerordentlichen Steuern erworben. Durch seine sehr weitgehenden Machtbefugnisse auf Provinzland wie auch in *shōen* vermochte der *shugo* eine eigene Vasallität in seiner Provinz aufzubauen. Seine Vasallen rekrutierten sich aus der Schicht der lokalen Grundherren, die oft zusammenfassend *kokujin* (»Provinzleute«) genannt wurden. Die *shugo* der Muromachi-Zeit mussten den Großteil des Jahres in Kyōto residieren. In ihrer Provinz ließen sie sich von einem mächtigen vertrauten Vasallen vertreten, dem *shugodai* (»Vertreter des *shugo*«). Die *shugo*-Provinzprotektoren hatten im frühen 15. Jahrhundert als *shugo-daimyō* ein hohes Maß an Unabhängigkeit nach außen gewonnen. Die Dynamik der Feudalisierung machte aber auch vor dieser Institution nicht halt. Als Rudiment der von einem höfischen Zentrum aus legitimierten Macht, als letztes Glied in der Legitimationskette Tennō–Shōgun–*shugo*, wurden viele von ihnen in der im späten 15. Jahrhundert beginnenden Ära der »Streitenden Reiche« von Emporkömmlingen aus der Kriegeraristokratie, oftmals sogar von ihren eigenen Vasallen – wie etwa den *shugodai*, ihren Vertretern in der Provinz – beiseitegedrängt. Dieser Verdrängungskampf ist als der »Sieg der Niederen über die Oberen« (*gekokujō*) in die Geschichtsschreibung eingegangen. Die neuen Herren, von den Historikern *sengoku-daimyō* genannt, errichteten ihre Herrschaft auf Vasallität und auf politischen Bündnissen, einen externen institutionellen Rechtsgrund ihrer Souveränität suchten und brauchten sie nicht. Wie selbständige Fürstentümer regierten diese *daimyō* von ihren Burgen aus ihre Territorien, die sich in der Regel über mehrere Provinzen erstreckten.

Die *daimyō*-Fürsten agierten nicht allein auf der politischen Bühne. Auch die buddhistischen Klöster und die buddhistischen Reformbewegungen sowie die neuartigen politisch-sozialen Organisationen der Stadtbürger und der Landgemeinden traten als eigenständige Handelnde auf den Plan. Schon in der Heian-Zeit hatten sich die buddhistischen Klöster aus der rigiden Kontrolle des *ritsuryō*-Staats lösen können; ein Weg zur Eigenständigkeit war der Erwerb von *shōen*-Grundherrschaften. Ihre Entwicklung war insofern der höfischen vergleichbar. Andererseits gelang den meisten Klöstern nach einer Phase des Niedergangs im 12. und 13. Jahrhundert ein Neubeginn, die Trennung von ihren früheren Gönnern, vom Hofadel, ersparte ihnen meist deren Schicksal. Ganz im Gegenteil erhielten geistiges Leben und Geistlichkeit, die beide wesentlich von Mönchen getragen wurden, im Mittelalter mit der zunehmenden Mobilität, der größeren Mannigfaltigkeit und dem wachsenden Reichtum der Gesellschaft eine viel breitere Wirkungsbasis. Die Klöster waren Zuflucht vieler Menschen: in der Heian-Zeit von Steuerflüchtigen, später auch von vielen, die der Enge ihrer ständischen Grenzen entfliehen wollten, denn bei aller Amtshierarchie und Einfluss des Hofadels wirkte in den Klöstern die Idee der Gleichheit aller vor Buddha als Grundprinzip für die Gestaltung des klösterlichen Lebens. Hauptversammlung der Klostermönche aller Ränge oder Entscheidungsfindung durch Mehrheitsbeschluss waren Institutionen, die das Klosterleben das ganze Mittelalter hindurch bestimmten und die – wie der Grundgedanke der Egalität (*byōdō*) – weit über den Bereich der Klöster hinaus ausstrahlten. Die Klöster verstanden es, empfindlich auf Entwicklungen in der Gesellschaft zu reagieren. So wurde schon sehr bald das Prinzip der Ehelosigkeit für viele Mönche der niederen und mittleren Ränge aufgegeben. Eine für das Mittelalter typische breite Schicht von Menschen, die Laienstand und Mönchsstand in ihrer Lebensführung zu vereinbaren suchten, entstand und brachte immer neue Impulse in das Klosterleben hinein. Unter den Mönchen gab es auch viele waffenfähige Leute, und die politische Macht der mittelalterlichen Klöster stützte sich dank ihrer – und trotz des prinzipiell auch weiterhin bestehenden buddhistischen Tötungsverbots – auf ein beträchtliches militärisches Potential. Dies kam immer wieder bei Auseinandersetzungen mit dem Hof, mit der Shōgunatsobrigkeit, mit der *shōen*-Bauernschaft, v. a. aber mit konkurrierenden Klöstern zum Tragen. Wichtiger noch als ihre Militärmacht war allerdings ihre ökonomische Basis, die vom Sachverstand ihrer Mönche weiterentwickelt wurde und die sich nicht allein auf die *shōen*-Grundherrschaften beschränkte. Ihre wirtschaftlichen Aktivitäten erstreckten sich zunehmend auch auf profitablere Branchen wie die Schutzherrschaft über die Gilden verschiedenster Gewerbetreibender und eine Art von frühem Bankwesen (Wechselgeschäfte, Pfandbeleihung, Warentermingeschäfte, Kreditwesen – gerade auch im Bereich der Ausstattung von internationalen Handelsunternehmungen, s. S. 160 – etc.). Die Repräsentanten des agrarischen Wirtschaftssektors, die Krieger und Bauern, waren vielfach hoffnungslos bei geistlichen und weltlichen Kreditgebern (v. a. Reis- und Reisweinhändlern) verschuldet. Shōgunat und *shugo* mussten sie immer wieder vor dem Ruin retten, indem sie in Form allgemeiner Schuldenerlasse despotisch-altertümliche Eingriffe in das sich entwickelnde Eigentumsrecht vornahmen. Die alten großen Klöster hatten vielfach ein weites organisatorisches Netz über viele Provinzen hin gespannt. Stützpunkte waren dabei neben den *shōen*-Besitzungen vor allem Filialtempel und -klöster. Diese hierarchische Struktur von Mutter- und Filialtempeln/-klöstern, die sich im Mittelalter – gefördert durch die Struktur der überregional gestreuten *shōen*-Besitzungen – herausgebildet hatte, bestimmte bis in die Moderne hinein die Organisation buddhistischer Klöster und beeinflusste auch die überregionale Organisationsstruktur der Shintō-Schreine.

Den traditionellen buddhistischen Lehrgemeinschaften (*shū*) war aber schon im 12. Jahrhundert eine Konkurrenz aus populären Strömungen des Reformbuddhismus entstanden. Initiatoren waren Zöglinge der großen Klöster, die der Verschüttung buddhistischer Spiritualität durch Politik und Ökonomie überdrüssig geworden waren. Sie sahen ihre Aufgabe in der Bekehrung der breiten Volksmassen, die von den großen Klöstern bisher vernachlässigt worden waren. Mönche wie Shinran, auf den sich Jōdo-Shinshū, gegenwärtig eine der größten buddhistischen Lehrgemeinden, als Gründer beruft, oder Ippen, der Gründer der ebenfalls populären Jishū, gingen unter das

Volk, zogen als Wandermönche durch die Lande und predigten Arm und Reich auf Straßen und Marktplätzen die Möglichkeit einer unmittelbaren Erlösung aller Menschen, auch der elendsten und schlechtesten, durch ein reines Buddha-gläubiges Gemüt. Sie gebrauchten dabei eine populäre Predigtsprache, die auch die weitere Entwicklung von Sprache und Rhetorik prägen sollte. Sie verbreiteten neue Formen der Andacht wie etwa ekstatischen Tanz unter Anrufung von Buddhas Namen (*odori-nembutsu*). Schon die ersten christlichen Mönche, die im 16. Jahrhundert mit der Missionierung Japans begannen, verglichen diesen Reformbuddhismus mit den Reformationsbewegungen im christlichen Abendland, die sie gerade selbst zu bekämpfen suchten. Ähnlich der Reformation in Europa verbanden sich auch die buddhistischen Reformlehren mit sozialen Bewegungen, und zwar im ländlichen wie im sich rapide entwickelnden städtischen Raum.

Das 15. und das 16. Jahrhundert bilden die Epoche der großen sozialen Bewegungen, die sich oft zu neuartigen politischen Gemeinwesen weiterentwickelten. Bünde und Einungen (*ikki*), die im 14. Jahrhundert zunächst unter den Kriegern aufgekommen waren, eröffneten nun als neue Organisationsform den bäuerlichen Schichten den Zugang in den Bereich des Öffentlich-Politischen. Die *do-ikki* oder »Landeinungen« wurden zunächst gebildet, um konkrete begrenzte Forderungen (meist ging es um Steuernachlass oder Zuschüsse zu Bewässerungsanlagen) an die Herrschaft durchzusetzen. Bald bildete sich aber eine politische Kultur eigener Art aus der Organisationspraxis der Einungen heraus. In den langen Auseinandersetzungen mit der Herrschaft hatten sich die Bauern kulturelle Errungenschaften wie den Schriftgebrauch angeeignet. Das älteste überlieferte Schriftdokument von Bauernhand ist eine Eingabe beim *shōen*-Grundherrn aus dem Jahre 1275, in der die Bauern des Ategawa no shō in der Provinz Ki'i gegen Misswirtschaft und Übergriffe des lokalen *jitō*-Verwalters protestieren. Auch die geistigen Errungenschaften der zentralen Kultur – zumal des Buddhismus – werden von der Bauernschaft aufgenommen und verarbeitet, und bald bilden religiöse Ideen, vor allem buddhistische, eine wichtige Komponente aller sozialen Bewegungen. Sie fördern die innere Einheit und zielen zugleich darauf ab, eine gemeinsame Basis mit der Konfliktpartei herzustellen. Die Vorstellung der rechtlichen Gleichheit aller Menschen wurde, wie erwähnt, zuerst im Bereich des Buddhismus als Gleichheit aller Menschen vor Buddha formuliert. Der Gedanke der Einung und die Vollversammlung (*shue*), bei der alle Mitglieder an den Abstimmungen teilnahmen und bei der das Prinzip des Mehrheitsentscheids (*tasū no gi*) galt, entwickelten eine Praxis weiter, die in den großen Klöstern schon seit langem geübtes Prozedere der Entscheidungsfindung war und die nun mit der Popularisierung des Buddhismus über sie hinauswirkte. Beide Elemente waren konstitutiv für die neue politische Kultur, die sich in den *ikki*-Einungen herausbildete und die eine große Zahl von Menschen über einzelne Gemeinden hinaus in ein gemeinsames Handeln (so die Grundbedeutung von *ikki*) einbeziehen sollte. Diese Gemeinsamkeit des Handelns wurde auch durch bestimmte Zeremonien wie gemeinsamen Eid und Trinken von heiligem Wasser, in das die Asche eines Eidbriefs gemischt war, bekräftigt. Ein öffentlicher Raum für Versammlungen gehörte zur festen Ausstattung der Einungen. Dazu diente oft der freie Platz vor einem Shintō-Schrein oder dessen Innenraum; denn Schreine waren an keine der vielfach konkurrierenden buddhistischen Lehrgemeinden gebunden. Die Einungen verließen zusehends den Bereich bloßer ökonomischer Forderungen, sie wurden politischer, und ihre Mitgliedschaft wurde heterogener. Oft beteiligten sich nun außer Bauern auch verschiedene Gewerbetreibende und lokal ansässige Krieger an den Einungen; auch ihre Zahl wuchs stetig an.

So wurde zum Beispiel im Jahre 1485 in den drei südlichen Distrikten der Provinz Yamashiro, in der auch die Hauptstadt Kyōto liegt, eine große Provinzeinung (*kuni-ikki*) gebildet, die acht Jahre lang Bestand hatte. Es gelang ihr, eine Selbstverwaltung der Region zu etablieren, gegen den Willen der lokalen Obrigkeit für den freien Verkehr von Menschen und Gütern zu sorgen sowie die Armeen rivalisierender *daimyō* von ihrem Territorium zu verweisen. Ein anderes Beispiel ist die Provinzeinung von Kaga (*Kaga no kuni-ikki*). Sie wurde 1488 mit dem Sieg über den *shugo* der Provinz gegründet und wurde von der buddhistischen Reformgemeinschaft Ikkō-shū (Shinshū) angeführt. Mit diesem Sieg etablierte sich die selbstverwaltete Provinz von Kaga, die sich ein Jahrhundert lang, oft auch mit Waffengewalt, zu halten vermochte. Vergleichbare Entwicklungen finden sich in allen Teilen des Landes.

Die neue Bewegung in Richtung größerer Autonomie zeigt sich auch in der Gründung selbstverwalteter Städte und dörflicher Gemeinden. Vor allem die große Handelsstadt Sakai im Süden von Ōsaka ist durch die Berichte der christlichen Missionare auch im Westen bekannt geworden. Die Grundideen und Organisationsformen kommunaler Selbstverwaltung entstanden aus diesen Bewegungen, und es gibt Beispiele gemeindlicher und zwischendörflicher Körperschaften, die im 15. Jahrhundert begründet wurden und die *mutatis mutandis* noch bis in die Moderne hinein bestanden haben. Die Modernisierung und Modernisierungsfähigkeit Japans setzt nicht erst mit dem Auftauchen der Europäer ein, ihre Wurzeln sind viel älter, sie reichen bis weit in das japanische Mittelalter zurück.

4 Japan und die ostasiatische Staatenwelt an der Wende vom Mittelalter zur Frühen Neuzeit

Von Josef Kreiner

Epochenüberblick

Das 16. Jahrhundert lässt sich durch zwei Entwicklungen charakterisieren: Zunächst kommt es zu einem vollständigen Zusammenbruch aller bis dahin bestehenden, wenn auch zunehmend labiler werdenden Ordnungen, d.h. des Kaiserhofes einerseits sowie des sich auf die Latifundien-Einkünfte seiner Vasallen stützenden Shōgunates der Familie Ashikaga im Stadtviertel Muromachi von Kyōto andererseits. Die Ursachen und der Verlauf dieses doppelten Autoritätsverlustes sind in den vorausgegangenen Kapiteln geschildert worden. Im Jahre 1467 entbrennt dann zwischen zwei einflussreichen Geschlechtern von Feudalfürsten ein Konflikt, der sich rasch zu einem Flächenbrand und einem Kampf aller gegen alle ausweitet: der sog. »Aufruhr der Ären Ōnin und Bummei« (*Ōnin-Bummei no ran*; 1467–77). Dieser geht fast übergangslos in die jahrzehntelang andauernden Fehden des 16. Jahrhunderts über, die von der späteren Historiographie als *Sengoku-jidai* (»Zeit der Streitenden Reiche«) bezeichnet werden in Anklang an die gleichnamige Periode der frühen chinesischen Geschichte. Aber nicht nur sehr rasch aus völliger Bedeutungslosigkeit zu großer wirtschaftlicher, politischer und militärischer Macht emporgestiegene Heerführer und Feudalfürsten (*sengoku-daimyō*), auch Bauern in weiträumig und lang andauernden Fronden, Einungen (*ikki*) und

Aufständen sowie religiös motivierte und ideologisierte »Kirchenstaaten« buddhistischer Schulen und Tempel kämpfen erbittert um die Vorherrschaft. Ein Schlagwort der damaligen Zeit beschreibt den Zustand dieser Gesellschaft als *gekokujō* (»Sieg der Niederen über die Oberen«, vgl. S. 143).

Während dieser inneren Wirren steht Japan aber auch vor entscheidenden außenpolitischen Entwicklungen: Es muss sich in die von China als Hegemonialmacht dominierte zwischenstaatliche Ordnung Ostasiens, das sog. Tributsystem, einfügen oder versuchen, China militärisch auszuschalten. Als beides nicht gelingt, wählt Japan unter der nach mehr als einhundert Jahren des Bürgerkrieges neu an die Macht gekommenen Shōgunatsregierung der Tokugawa-Familie einen dritten Weg, der später als *sakoku* (Landesabschließung) verstanden und so bezeichnet wurde, ursprünglich aber als Schaffung eines eigenen außenpolitischen Universums (Ryūkyū, Korea, die Ainu und die Niederländer als tributpflichtige »Neben- und Schutzländer«, so Philipp Franz von Siebold) interpretiert werden muss.

Als weiterer Störfaktor dieser Entwicklungen treten ab 1543 die Europäer auf, zunächst Portugiesen, dann Spanier, Engländer, Niederländer und auf ihren Schiffen auch Angehörige vieler anderer Nationen. Japan öffnet sich diesen »Südbarbaren« (*nambanjin*), ihrer katholischen Religion, ihrer Kunst und ihrem Lebensstil, bleibt jedoch angesichts ihrer militärischen Technologie und der Macht des Habsburgerreiches, »in dem die Sonne nicht untergeht«, auf der Hut. Nach zweimaligen Europa-Gesandtschaften 1582–1590 und 1613–1620 sowie einer handelspolitischen Ausdehnung über den ganzen Raum Südostasiens, die zu heftiger Konkurrenz mit den dort sich etablierenden Portugiesen und Holländern führt und die Japan am Rande auch mit den Wirren des Dreißigjährigen Krieges verknüpft, entscheidet sich das Tokugawa-Shōgunat auch in dieser Frage zum Zurückziehen auf das Machbare und Beherrschbare.

Aus diesen knappen Angaben ergibt sich, dass der zu beschreibende Zeitraum weit über das eigentliche 16. Jahrhundert hinausreicht. Die Auseinandersetzung mit China setzt nur knapp nach der Errichtung der Ming-Dynastie (1368–1644) ein, und zu ihrem Verständnis muss nicht nur die Institution des sog. Tributsystems beschrieben, sondern auch das Wirken jener »außerstaatlichen« unkontrollierbaren »Freibeuter« (*wakō*) beachtet werden, die in Perioden der Schwächung des Tributsystems aktiv sind. Mit anderen Worten, die Vorgeschichte des so entscheidend wichtigen »internationalen« 16. Jahrhunderts muss mit der Zurückschlagung der Mongolen-Invasionen (Yuan-Dynastie) Ende des 13. Jahrhunderts angesetzt werden, und die »Abschließung« Japans wird zwar 1639 mit den letzten restriktiven Gesetzen des Tokugawa-Shōgunates vollendet, aber erst zu Beginn des 19. Jahrhunderts als Folge des Japan-Werkes Engelbert Kaempfers bewusst und an der Person Philipp Franz von Siebolds bzw. dessen Ausweisung aus dem Land dann exemplifiziert.

Die in dem zu beschreibenden Zeitraum abgelaufenen intensiven europäisch-japanischen Kontakte bzw. deren gleichsam als Schock erlebter Abbruch haben das Japanbild Europas bis heute grundlegend geformt. Die Schriften Franz Xavers, die Japan-Themen des Jesuitentheaters der Gegenreformation und die Analysen Kaempfers, Siebolds und anderer Gelehrter sind nicht mehr aus unserem Denken, aber auch nicht aus dem Selbstverständnis Japans wegzudenken.

Das 16. Jahrhundert sah schließlich neben der bisher in der Darstellung dominierenden Rolle des japanischen Reiches mit Zentrum um Nara, später Kyōto, Ōsaka und den Kantō-Ostlanden (Kamakura, später Edo/Tōkyō) auch das Aufsteigen eines zweiten, anderen »japanischen« Königreiches Ryūkyū mit Hauptsitz auf der Insel Okinawa, das als Mittler im Gefüge eines weitgespannten Handelsnetzes zu großer Bedeutung aufstieg, bis es 1609 im Zuge der japanischen Reichseinigung erobert wurde und für 270 Jahre eine doppelte Abhängigkeit von China und Japan erdulden musste. Im Norden stieß Japan ab dieser Zeit auf das Volk der Ainu auf Ezo (Hokkaidō), das in mehreren kriegerischen Auseinandersetzungen zu halb-kolonialem Status herabsank, aber ebenso wie Ryūkyū längere Zeit noch de jure unabhängig blieb.

Ryūkyū auf Okinawa

um 800–1200	Lokale Häuptlinge (*aji*) in befestigten Orten (*gusuku*)
1187–1237	Legendärer erster König Shunten
1260–1299	König Eiso in der Burg von Urasoe, Okinawa
1314	Zerfall in drei Teilreiche (*Sanzan*)
1372	König Satto von Chūzan sendet Tribut an China
1425	Aufnahme von Handelsbeziehungen mit Siam, 1430 mit Java, 1463 mit Malakka
1429	Reichseinigung: 1. Shō-Dynastie in Shuri
1470	2. Shō-Dynastie (bis 1879)
1477–1526	König Shō Shin: Blütezeit des Reiches und des Überseehandels
1542/43	Portugiesen erreichen Okinawa und Tanega
um 1600	Anbau von Süßkartoffel und Zuckerrohr aus China übernommen und beides nach Japan vermittelt
1609	Shimazu Iehisa erobert Okinawa: Doppelte Abhängigkeit von China und Japan (bis 1879)
1614/15	William Adams auf Okinawa
1666–1673	Kanzler Shō Jōken: Wirtschaftsreformen, Neo-Konfuzianismus
1728–1754	Kanzler Sai On: Zweite Blütezeit des Königreiches
1816	Basil Hall landet auf Okinawa

Japan

1371	Prinz Kaneyoshi, Oberbefehlshaber des Westens (Kyūshū), erkennt Tribut-Oberhoheit Ming-Chinas an, Handelsdelegationen bis 1386
1401/02	Shōgun Ashikaga Yoshimitsu entsendet Gesandtschaft nach China, verbietet Aktivitäten der *wakō*-Piraten
1404	Shōgunat nimmt Lizenz-Handel mit China auf; 19 Gesandtschaften bis 1547
1419	Koreanische Truppen verfolgen *wakō* auf Tsushima; Öffnung von drei Vertragshäfen für japanische Händler in Korea
1467–1477	Ōnin-Bummei-Wirren: Vormachtkämpfe in Kyōto
1510	Unruhen in den drei koreanischen Vertragshäfen: Sō Yoshimori von Tsushima belagert Pusan
1523	Kämpfe zwischen Männern der Ōuchi und Hosokawa in Ningbo, China
1543	Portugiesen landen auf Tanegashima, erste Kenntnis von Feuerwaffen
1549	Franz Xaver S. J. in Kagoshima, Yamaguchi und Kyōto
1550	Portugiesen in Hirado
1560	Oda Nobunaga vernichtet Imagawa Yoshimoto
	Matsudaira (Tokugawa) Ieyasu entscheidet sich für Nobunaga
1568	Oda Nobunagas Marsch auf Kyōto, setzt Yoshiaki als 15. und letzten Ashikaga-Shōgun ein
1573	Yoshiaki beendet das Bündnis mit Nobunaga, flüchtet aus Kyōto: Faktisches Ende des Ashikaga-Shōgunates
1570–1580	Belagerung der Ishiyama Hongan-ji-Festung der Shinshū-Sekte in Ōsaka durch Nobunaga. Mit Zerstörung des Enryaku-ji-Tempels (1571), der Unterwerfung der Ikkō (Shinshū)-Anhänger in Ise und Kaga sowie der Bedrohung der Nichiren-Sekte (1579) wird der Primat der weltlichen Regierung über die Religion gesichert
1582	Nobunaga von Akechi Mitsuhide ermordet
	Hideyoshi geht aus Nachfolgestreit siegreich hervor
	Ōtomo, Ōmura und Arima entsenden Gesandtschaft an den Vatikan

1584	Spanisches Schiff in Hirado
1584	Hideyoshi zum *kampaku* ernannt
1587	Hideyoshi unterwirft Kyūshū, Verbot des Christentums
1592	1. Feldzug gegen Korea (*Bunroku no eki*)
1597	2. Feldzug gegen Korea und China (*Keichō no eki*)
1598	Hideyoshi stirbt, Nachfolgekämpfe
1600	Schlacht von Sekigahara: Tokugawa Ieyasu einigt Japan. *De Liefde* strandet in Bungo (William Adams)
1603	Ieyasu zum Shōgun ernannt
	Beginn der Tokugawa-Herrschaft mit Sitz in Edo (ab 1605)
1605	Wiederaufnahme zwischenstaatlicher Beziehungen mit Korea, erste koreanische Gesandtschaft in Japan
1609	Aufnahme von Handelsbeziehungen mit Holland (VOC), Faktorei in Hirado
1609	Feldzug der Shimazu gegen das Königreich Ryūkyū
1610	Aufnahme von Handelsbeziehungen mit Spanien (bis 1624)
1613	Aufnahme von Handelsbeziehungen mit England (East India Company) bis 1623 in Hirado
	Date Masamune entsendet Hasekura Tsunenaga nach Spanien und Rom
1614, 1615	Belagerung und Eroberung der Burg Ōsaka, Tod von Hideyori
1618	Sō von Tsushima errichtet japanische Handelsstation in Pusan
um 1620	Blüte japanischer Handelsniederlassungen in Südostasien (Siam, Luzon, Vietnam)
1630	Plan einer Eroberung der Philippinen
	Kondottiere Yamada Nagamasa in Siam vergiftet
1637–1638	Aufstand von Shimabara
1639	Ausweisung der Portugiesen
	VOC als einzige europäische Handelsvertretung auf Dejima in Nagasaki beschränkt (ab 1641)
1673	England ersucht um Wiederaufnahme des Japan-Handels
1690–1692	Engelbert Kaempfer als Arzt auf Dejima tätig
1727	Kaempfers *The History of Japan* erscheint posthum in London

1775–1776	Der Schwede Karl Peter Thunberg als Arzt und Naturforscher im Dienst der VOC auf Dejima tätig
1811	Shizuki Tadao übersetzt Kaempfers Traktat über die »Landesabschließung«
1823–1829	Philipp Franz von Siebold als Arzt und Japanforscher im Dienste der Niederlande auf Dejima

Nordlande

14. Jh.	Erste japanische Siedlungen an der Küste Süd-Hokkaidōs
1456–1457	Aufstand des Ainu-Führers Koshamain
1551	Kakizaki Suehiro schließt Frieden mit den Ainu
1590	Kakizaki Yoshihiro wird von Hideyoshi als Herr von Ezo (Hokkaidō) anerkannt
1599/1604	Die Familie Kakizaki erhält unter dem Namen Matsumae den Südteil von Hokkaidō als Lehen zugesprochen
1669	Aufstand des Shakushain in Hidaka, Hokkaidō
1711	Russen landen auf den nördlichen Kurilen
um 1716	Entwicklung des Systems von *basho*-Handelsplätzen abgeschlossen
1754	*basho*-Handelsplatz auf der Kurilen-Insel Eturup (Etorofu) errichtet
1767	Russen landen auf Eturup
1789	Ainu-Aufstand auf der Kurilen-Insel Kunashiri
1792–1799	Das Shōgunat in Edo übernimmt Hokkaidō als reichsunmittelbares Gebiet, Forschungs- und Entdeckungsreisen bis Sachalin und zum Amur (Mamiya Rinzō, Mogami Tokunai u.a.)

Das Tributsystem

Jenes Prinzip, das in historischer Zeit die Ordnung zwischen den Ländern und Reichen Ostasiens regelte, wird gemeinhin als Tributsystem (jap. *sakuhō-/sappō-taisei*) bezeichnet. Diese auf konfuzianischer Weltsicht beruhende Ideologie sah das chinesische Kaiserreich als Spitze einer hierarchisch aufgebauten Pyramide von Königreichen, die den Führungsanspruch Chinas anerkannten, wichtige Teile von dessen Kultur und Zivilisation übernahmen und wiederum an von ihnen abhängige Fürstentümer weitergaben. Im Idealfall ging der Anstoß zur Eingliederung in dieses System von der Hegemonialmacht China aus, das eine Gesandtschaft in das betreffende Land entsandte und die Anerkennung seiner Oberhoheit forderte. Wenn der Herrscher jenes Landes dieser Aufforderung folgte, wurde ihm der Titel »König« (jap. *ō*) verliehen und unter anderem der Gebrauch der chinesischen Regierungsdevisen (jap. *nengō*) auch für die interne Zeitrechnung auferlegt. Ein Thronwechsel musste China angezeigt werden, worauf eine Investiturgesandtschaft erschien und dem neuen Herrscher Titel und Insignien (Siegel, Königsmantel, Krone) verlieh. Umgekehrt entsandte das betreffende Land eine Huldigungsgesandtschaft zur Inthronisation eines neuen chinesischen Herrschers.

Wichtig ist festzuhalten, dass dieses Tributsystem keine ausschließlich bilaterale Verbindung zwischen China und einem bestimmten Land darstellte. Vielmehr wurde eine multilaterale, internationale Ordnung hergestellt, in der etwa zwei zu China in Tributbeziehung stehende Reiche als gleichberechtigt miteinander kommunizieren und auf diese Weise kriegerische Auseinandersetzungen vermieden werden konnten.

Neben dem Austausch der politisch wichtigen diplomatischen Gesandtschaften bei Thronwechseln – die sich selbstverständlich auch handelspolitisch betätigten – gab es regelmäßig Handelsdelegationen, und zwar einseitig aus dem betreffenden Reich nach China. Die chinesische Zentralregierung hatte für jedes am Tributsystem teilnehmende Land bestimmte Häfen geöffnet und sowohl die Zahl der Schiffe wie jene der Delegationsmitglieder festgelegt, die in regelmäßigen Zeitabständen nach China entsandt werden durften.

Die Ming-Dynastie (1368–1644) führte 1383 (gegenüber Japan erstmals 1404) ein System von registrierten Handelslizenzen (jap. *kangō*) ein, um den aufgrund des Tributsystems erlaubten Handel besser unter Kontrolle halten zu können. Dabei wurden vom kaiserlichen Hof Genehmigungen ausgegeben, von denen jeweils ein Original an das Archiv in Beijing, eine Kopie in den Vertragshafen und eine an das jeweilige Tribut sendende, d. h. Kauffahrteischiffe ausrüstende Land gegeben wurde. Der Kapitän des Schiffes musste bei Ankunft in China oder Kontrolle auf Hochsee diese Lizenz vorweisen, auf der das rote kaiserliche Siegel prangte und die auf der Rückseite eine genaue Auflistung der Zahl der Schiffe, Kaufleute und Waren aufweisen musste.

Für Chinesen galt dagegen das Verbot von Schifffahrt und Überseehandel (chin. *haijin*, »Meeres-Verbot«). Dieses wurde regelmäßig von den vor allem aus der Provinz Fujian stammenden Auswanderern durchbrochen, die Kolonien von Übersee-Chinesen bildeten. Nur in dem knappen Zeitraum zwischen 1405 und 1433 wurden unter dem Yongluo-Kaiser und Admiral Zheng He sieben Übersee-Expeditionen bis an die fernsten Küsten des Indischen Ozeans entsandt, um die dortigen Staaten in das Tributsystem einzugliedern.

In dem hier zu besprechenden Zeitraum hat sich dieses Tributsystem zu einer sehr genau definierten Institution entwickelt, die allerdings ebenfalls während dieser Zeitspanne von etwa vier Jahrhunderten mehrmals zusammenbrach, sei es weil die chinesische Zentralmacht an Einfluss verlor, sei es infolge innerer Kämpfe in den tributären Ländern.

In solchen Perioden des Ausfalls des Tributsystems und des durch dieses geregelten internationalen Handels traten »Freibeuter« an dessen Stelle, die die Handelsströme zunächst aufrechterhielten, dann kontrollierten und sich schließlich zu einer räuberischen Plage entwickelten, die alle Küsten des Gelben und des Ostchinesischen Meeres bis weit ins Landesinnere hinein verheerte. In allen betroffenen Regionen hat man sie als »japanische Piraten« (jap. *wakō*, korean. *waegu*, chin. *wokou*) bezeichnet. Der Name geht zurück auf ihre geschichtliche Entwicklung aus den Seeräubern der Japanischen Inlandsee am Ende des ersten Jahrtausends, aus denen sich später die Marine (*suigun*) der Taira entwickelte, die wiederum nach der verlorenen Schlacht von Dan-no-ura 1185 in alle Winde zerstreut wurde. Vor allem in dem Inselgewirr und den tiefen Buchten von Nordwest-Kyūshū (Hirado, Nagasaki, Gotō-Inseln, Tsushima) setzten sich »üble Banden« (*akutō*) von Seefahrern fest, aus denen sogar der eine oder andere spätere Feudalfürst, etwa die Matsura in Hirado, stammte. Am Übergang vom Mittelalter zur Frühen Neuzeit blieben zwar diese japanischen Basen der Freibeuter weiter wichtig, die Anführer der mächtigsten *wakō*-Gruppierungen aber waren vielfach Chinesen, und die Besatzung ihrer Schiffe rekrutierte sich in diesem Zeitraum auch aus Koreanern, zuletzt dann sogar auch aus Europäern.

Japan hatte bereits zur Zeit des noch frühhistorischen Reiches Yamatai und später vor und während der Nara-Zeit an diesem Tributsystem teilgenommen, ohne es jedoch ausdrücklich anzuerkennen bzw. von China zur Anerkennung aufgefordert zu werden (s. S. 37).

Im 13. Jahrhundert war es dann die mongolische Yuan-Dynastie Chinas unter Khubilai-Khan, die die traditionelle Form des Tributsystems verwarf und die absolute militärische Unterwerfung ihrer Randstaaten forderte. Im Falle der beiden gescheiterten Invasionen in Japan 1274 und 1281 war die strategische Notwendigkeit klar: Japan hatte seit Jahrhunderten mit dem Süden Chinas enge Verbindungen unterhalten. Dort befand sich im 13. Jahrhundert die letzte unabhängige Bastion Chinas, die südliche Song-Dynastie, mit der die Mongolen in einem langjährigen Krieg lagen und die aus dem Japanhandel Gewinn zog.

Darüber hinaus war die koreanische Halbinsel zwar mongolisch besetzt, aber in einen dauernden Aufstand und Unabhängigkeitskrieg verwickelt, für den Japan und die *wakō* Nachschubbasen darstellten. Eine politische und militärische Zusammenarbeit mit Japan war für die Yuan-Dynastie wichtig und notwendig, wurde jedoch von Japan abgelehnt.

Khubilai-Khan rüstete daraufhin eine Expeditionsflotte von 900 Schiffen und 40000 Mann aus, die von Korea über die zerstörten Inseln Tsushima und Iki am 18. November 1274 (Bun'ei 11) in der Hakatabucht an Land gingen und die japanischen Verteidiger bis an den Mizuki-Wall aus dem 7. Jahrhundert (s. S. 48) zurückdrängten. Aus nicht geklärten Gründen zogen sich die Angreifer nach einigen Tagen zurück. Als weitere mongolische Gesandte in Kamakura geköpft wurden, rüstete die Yuan-Dynastie zwei Flotten von zusammen 4400 Schiffen und 140000 Mann aus. Die aus Korea kommende Flotte landete Ende Juni 1281 (Kōan 4) wiederum in Hakata, konnte jedoch nur einen schmalen Küstenstreifen sichern, da die Japaner in den Jahren davor rund um die ganze Bucht einen mehrere Meter hohen, breiten Steinwall errichtet hatten. Als die Süd-Flotte am 16. August eintraf, zerstörte ein verheerender Taifun (*kamikaze*, »Götter-Wind«) beide Flotten.

Selbst nach den beiden erfolglosen Invasionsversuchen hat die Yuan-Dynastie noch viermal (1283, 1284, 1292 und 1299) Gesandtschaften nach Japan geschickt und Anerkennung gefordert, die jedoch nach dem ritterlichen Ethos des Kamakura-Shōgunats abgelehnt wurde. Der Handel zwischen beiden Ländern ging zwar weiter, doch hatten sich die japanischen Schiffe – die ohne offizielle Genehmigung Chinas unterwegs waren – stark bewaffnet. Als das Kamakura-Shōgunat immer schwächer wurde und den westlichen Landesteil (Kyūshū) kaum mehr unter Kontrolle halten konnte, in Korea die Koryŏ-Dynastie gegen

Ende der Mongolen-Herrschaft immer mehr verfiel und selbst in China ein Machtvakuum entstand, trat der Handel der *wakō* in den Hintergrund, und Raub und Plünderungen der Küstenregionen verbreiteten Angst und Schrecken. Besonders in der zweiten Hälfte des 14. Jahrhunderts häuften sich Plünderungen der koreanischen und chinesischen Küstenregionen in bis dahin unbekanntem Maße. Trotz der durch Piratenangriffe höchst gefährlichen Überfahrten bot der Handel mit China für Japan jedoch so viel Profit, dass einzelne große Tempel und Schreine Ende der Kamakura-Zeit mehrfach Kauffahrteifahrer ausrüsteten, um mit dem daraus erzielten Profit neue Klosteranlagen zu erbauen. Auch der Guss des Großen Buddha in Kamakura wurde auf diese Weise finanziert.

Der erste Shōgun der Muromachi-Zeit, Ashikaga Taka'uji, folgte diesem Beispiel, als er zum Gedenken für den 1339 verstorbenen Tennō Go-Daigo die große Tempelanlage des Tenryū-ji in Kyōto als Haupttempel der Rinzai Zen-Schule stiftete. Dessen erster Abt, Musō Soseki, beauftragte in Taka'ujis Namen einen Kaufmann aus Hakata mit der Abwicklung einer Handelsfahrt 1342–43, die namensgebend auch für spätere ähnliche Unternehmungen wurde: *Tenryū-ji-bune* (»Schiffe des Tenryū-Tempels«).

Zwei Königreiche in Japan

Nach dem Sturz der mongolischen Fremdherrschaft bemühte sich die Ming-Dynastie besonders nachdrücklich um die Wiederaufrichtung und Durchsetzung des Tributsystems. Damit verbunden war – notwendigerweise – ein Zurückdrängen der *wakō*-Piraterie, und dafür wiederum war eine Zusammenarbeit vor allem mit der japanischen

Zentralgewalt wichtig, zumindest entsprechend dem Weltbild des Tributsystems. Korea hatte allerdings bereits erkannt, dass die nachlassende Durchsetzungskraft des Shōgunats für eine Unterdrückung der *wakō* an der Peripherie Japans nicht mehr ausreichte, und setzte sich mehr und mehr mit lokalen Machthabern in Kyūshū in Verbindung. Die Lage wurde noch komplizierter dadurch, dass sich Ming-China zu diesem Zeitpunkt mit zwei voneinander unabhängigen politischen Gebilden – aus chinesischer Sicht gleichberechtigte Königreiche – in Japan auseinandersetzen musste, die noch dazu beide in innere Vormachtkämpfe verwickelt waren: Einerseits das vom Tennō und seinem (Süd-)Hof in Yoshino repräsentierte und von den Ashikaga-Shōgunen in Kyōto mehr oder weniger militärisch dominierte »Japan«, andererseits das seit dem 12. Jahrhundert auf der Hauptinsel Okinawa der Ryūkyū-Kette entstandene Königreich Ryūkyū oder Chūzan. Beide wurden von China zur Tributleistung aufgefordert und beide folgten dieser »Einladung«, woraus sich nach den diplomatischen Regeln des Tributsystems ergibt, dass beide den gleichen Status hatten und gleichberechtigt miteinander und mit weiteren Ländern des Tributsystems wie etwa Korea verkehren konnten und sollten.

Auf der etwa 1200 km² großen Insel Okinawa waren ab dem 10. Jahrhundert eine Anzahl kleiner lokaler Herrschaften entstanden, in deren Zentrum jeweils befestigte Orte (*gusuku*) als Sitze des Machthabers (*aji*, *anji* oder auch *anzu*) lagen. Über 100 solcher oftmals mit mächtigen Steinwällen umgürteter Burgen sind bekannt. Ende des 12. Jahrhunderts (1187) gelang es einem dieser Herrscher, die Insel unter seinem Regiment zu vereinen. Die Überlieferung sieht in diesem König Shunten einen Sohn des Helden Minamoto no Tametomo, der in den Kämpfen zwischen den Minamoto und Taira 1165 auf eine Insel Ōshima verbannt worden war, und stellt ihn so in eine Verbindung mit dem Haus der Kamakura-Shōgune. Innere Konflikte, Missernten und Wetterunbilden bewogen den Enkel Shuntens, die Herrschaft an Eiso, den Herrn von Urasoe, zu übergeben, der dann von 1260 bis 1299 als König regierte. Dieser und weitere Herrschaftswechsel zeigen deutlich eine der chinesischen Auffassung vom »Mandat des Himmels« an den Herrscher und seine Dynastie nahestehende Ideologie, grundsätzlich verschieden vom Blutcharisma der japanischen Tennō-Linie.

1314 zerfiel das Königreich in drei kleine Teilreiche, im Norden der Insel Okinawa Hokuzan (»Nord-Reich«) mit der Burg von Nakijin, in der Mitte Chūzan (»Mittleres Reich«) mit Urasoe, und im Süden Nanzan (»Süd-Reich«) mit Ōsato. Diese »Periode der Drei Reiche« (*Sanzan*) endete zeitgleich mit dem Aufstieg der Ming-Dynastie, deren erster Herrscher 1372 den Machthaber Satto des Mittleren Reiches zur Tributleistung aufforderte. Zwar folgten nur wenig später auch die beiden anderen Teilreiche, doch konnte Chūzan aus dem Prestige der chinesischen Investitur und dem daraus folgenden Handel so viel Gewinn ziehen, dass Satto und sein Nachfolger Shō Hashi bis 1429 erneut das Königreich Ryūkyū oder Chūzan unter der 1. Shō-Dynastie vereinigen konnten. Sitz des Königs war die Burg von Shuri, an deren Fuß der Handelshafen Naha lag. Dies entspricht der Anlage südostasiatischer Stadtstaaten der Zeit.

Ryūkyū, dessen sich die Ming-Dynastie für ihren Übersee-Handel bediente, erhielt im Tributsystem eine Vorzugsstellung eingeräumt. Es durfte zunächst jedes Jahr, später alle zwei Jahre Handelsdelegationen senden, für die ihm anfangs sogar chinesische Schiffe zur Verfügung gestellt wurden. Im Hafen Fuzhou, Provinz Fujian, errichtete es eine ständige Vertretung, Studenten wurden in Beijing ausgebildet, und 36 Familien aus Fujian siedelten sich im Ort Kume bei Naha an und unterstützten die Übernahme chinesischer Zivilisation. Diese Gruppe stellte auch die Verbindung zum Netzwerk der Übersee-Chinesen in

Südostasien her. In rascher Folge wurden Beziehungen mit weiteren Reichen in diesem Raume aufgenommen: 1425 bis 1570 mit Siam, 1428 bis 1440 mit Palembang, 1430 bis 1442 mit Java, 1463 bis 1511 mit Malakka, 1463 bis 1468 mit Atjeh, 1490 bis 1543 mit Patani, 1509 mit Annam, 1513 bis 1518 mit Sunda (s. Karte 7, S. 196). Zur Sicherung der Schifffahrtswege nach China und nach dem Süden wurden in rascher Folge alle Inseln der Ryūkyū-Kette dem Königreich einverleibt.

Der Handel lag völlig in der Hand des Königs, der dafür Lizenzen (*shissho*) ähnlich den *kangō*-Lizenzen der Ming-Dynastie ausstellte. Die Schiffe segelten mit dem Monsun im August nach Süden, zunächst mit einer Ladung von Pferden und Schwefel nach China, von dort dann mit Keramik, Kupfer und Eisen nach Südostasien. Auf der Rückfahrt im Frühjahr des darauffolgenden Jahres bildeten Gewürze die Ladung nach Japan, die bis zu 1500 % Gewinn abwarf. Japan, mit dem man seit 1403 in Verbindung stand, lieferte meist Waffen, vor allem Schwerter. Die Blütezeit dieses Zwischenhandels wurde unter König Shō Shin der 2. Shō-Dynastie (1470–1879) erreicht. Das Auftreten der Europäer, die bereits 1498 auf der ersten Indienfahrt des Vasco da Gama durch die Araber von den sagenhaften Reichtümern dieses Handelsstaates Kunde erhalten hatten, das neuerliche Erstarken der *wakō*-Piraterie und schließlich die Kämpfe um die japanische Reichseinigung in der zweiten Hälfte des 16. Jahrhunderts bedeuteten dann jedoch den Zusammenbruch des Handelsnetzes und das Ende des »Goldenen Zeitalters« von Ryūkyū. Die Suche nach diesem »Goldland« brachte jedoch 1542 die ersten Portugiesen nach Okinawa und 1543 dann an Bord chinesischer *wakō*-Piraten zur Insel Tanega südlich von Kyūshū, führte also zur »Entdeckung Japans« für Europa.

Muromachi-Shōgune als »Könige von Japan«

Der erste Ming-Kaiser Hungwu hatte noch vor seiner Einladung an Chūzan bereits im Jahre 1368 gleichzeitig Gesandtschaften nach Korea, Champa, Annam und Japan ausgesandt, um das Tributsystem wieder herzustellen. In diesem »anderen Japan« lagen die Verhältnisse jedoch noch sehr viel komplizierter als in dem dreigeteilten Okinawa: Die Kämpfe zwischen Nord- und Süd-Hof machten die Situation für das Ausland undurchsichtig, vor allem weil der auf seiner Legitimität beharrende Süd-Hof das Einfallstor vom Festland, Kyūshū, lange Zeit kontrollierte und dort den kaiserlichen Prinzen Kaneyoshi als *seiseishōgun* (»Feldherr zur Unterwerfung des Westens«) installiert hatte. Dieser wies die erste, ihn 1369 erreichende Mission Chinas zwar zurück. Angesichts wachsender militärischer Bedrohung durch Feldherren des Nord-Hofes bzw. des Ashikaga-Shōgunates wie Imagawa Ryōshun wurde nach einer neuerlichen Aufforderung von Seiten Chinas 1371 dann aber doch eine Gegengesandtschaft abgeschickt. Diese führte ein Schreiben an den chinesischen Kaiser mit sich, in dem sich Kaneyoshi als Untertan der Ming-Dynastie bezeichnete. Weitere fünf Handelsdelegationen folgten bis 1386, die selbst nach dem Tode Kaneyoshis seinen Namen weiter verwendeten, von China aber meist zurückgewiesen wurden. Als Geschenke wurden Waffen, besonders Schwerter, Pferde und Schwefel angeboten.

China hatte inzwischen die Schwäche des Süd-Hofes erkannt, vor allem als eine Delegation von Imagawa nach Kyōto umgeleitet worden war. Eine Gegengesandtschaft des Shōguns Ashikaga Yoshimitsu wurde jedoch von China zurückgewiesen. Yoshimitsu musste daraus erkennen, wie schwach und ungeklärt seine Stellung als Beherrscher Japans innerhalb der ostasiatischen Staatenwelt zu diesem Zeitpunkt noch war.

Sofort nach Ende des Schismas wurde daher nach mehrmaligem Ersuchen der Koryŏ-Dynastie Koreas (912–1392) Imagawa Ryōshun beauftragt, die Stützpunkte des *wakō*-»Gesindels« (*akutō*) auszuräuchern. Shōgun Yoshimitsu stellte 1401 erstmals selbst eine Gesandtschaft nach China zusammen. Diese kehrte 1402 nach Kyōto zurück mit einem Edikt des Jianwen-Kaisers, das Yoshimitsu zum »König von Japan« ernannte und die Befolgung der chinesischen Regierungsdevisen anmahnte. In seiner Antwort bezeichnete sich Yoshimitsu als »Wir, König von Japan, Euer Majestät Untertan, Minamoto no Yoshimitsu ...«, worauf der Yongluo-Kaiser ihm ein Goldsiegel als Zeichen seiner Investitur verlieh.

Damit hatte Japan einen radikalen Bruch mit seiner bisherigen, auf gleichen Rang wie China beharrenden Außenpolitik vollzogen und sich in die internationale Staatenwelt Ostasiens eingeordnet – allerdings mit der *reservatio mentalis*, dass Japan doch höher im Rang stünde als Korea und Ryūkyū. Für diese Annahme des Tributsystems wurden die Ashikaga-Shōgune von Zeitgenossen wie Nachfahren bis in die Gegenwart heftigst kritisiert. Tatsächlich sind die Gründe, die Yoshimitsu bewogen, unklar. Oft genannt werden die erwarteten großen Profite aus dem China-Handel, die erst die hohe Blüte der Kultur der Muromachi-Zeit ermöglichten, die (außen-)politische Absicherung der Kontrolle über das lange vom Süd-Hof beherrschte Kyūshū und eine ungewisse Angst vor etwaigen militärischen Maßnahmen der Ming in Erinnerung an die Mongolen-Invasionen.

Sicher ist jedenfalls, dass die zu den höchsten kulturellen Schöpfungen der japanischen Geschichte zählende Higashiyama-Kultur unter der Herrschaft der beiden Shōgune Yoshimitsu und Yoshimasa mit den kaiserlichen Villen des Kinkaku-ji (Goldener Pavillon) und Ginkaku-ji (Silberner Pavillon), der Entwicklung des Nō-Dramas durch Kan'ami und dessen Sohn Zeami, der Ausformung der *renga*-Kettengedichte und des Teeweges (*cha-no-yu*) unter

Murata Jukō mit der Ästhetik der in sich ruhenden vornehmen Pracht (*yugen*) ohne diese Spannung zwischen erzwungener Unterordnung und Selbstbewusstsein nicht verständlich wird.

Bis zum Jahre 1547, als die letzte China-Mission nach Japan zurückkehrte, wurden insgesamt 19 Gesandtschaften ausgeschickt, zunächst noch vom Shōgunat allein, später auch von großen Kultstätten, von Landesfürsten (*daimyōs*) und schließlich von Handelsstädten. Besonders die *daimyō*-Familien Hosokawa in Verbindung mit der Stadt Sakai und Ōuchi mit Hakata rivalisierten Anfang des 16. Jahrhunderts sehr heftig miteinander, bis sich am Ende Hakata durchsetzte. Als 1465 Shōgun Yoshimasa eine riesige Mission zusammenstellte, schränkte China Japan auf einen Zehn-Jahres-Turnus (vgl. Ryūkyū zunächst jährlich, später alle zwei Jahre; Vietnam und Java alle drei Jahre) mit jeweils drei Schiffen zu je 300 Mann (Besatzung, Beamte, Kaufleute) ein. Als Anlaufhafen wurde den Japanern Ningbo zugewiesen.

Die Kontakte zu Korea wurden von Seiten der Koryŏ-Dynastie aus Furcht vor den immer wieder auftauchenden *wakō* streng geregelt. Bis zu 60 japanische Händler durften sich in drei Vertragshäfen: Pusan, Naeip'o (heute: Chinhae) und Yonp'o (heute: Ulsan) frei niederlassen. Der *daimyō* von Tsushima, die Familie Sō, wurde ermächtigt, Lizenzen für Kauffahrteischiffe auszustellen, die neben den offiziellen Gesandtschaften des Shōgunates und den Missionen der Sō selbst in großer Zahl nach Korea fuhren, um dort Handel zu treiben. Als Handelswaren kamen südostasiatische Gewürze und Farbstoffe über Ryūkyū und Hakata, Arzneimittel, Edelmetalle und Schwerter aus Japan, Tigerfelle, Ginseng und später Baumwollstoffe, sehr oft aber auch kostbare buddhistische Sutren aus Korea. Obwohl der Profit erheblich niedriger lag als beim China-Handel, konnte die große Zahl von Fahrten (bis zu 67 Schiffe pro Jahr in der zweiten Hälfte des 15. Jahrhunderts!) dies wettmachen.

Erst nach heftigen Unruhen in den drei Vertragshäfen im Mai 1510 (damals lebten insgesamt mehr als 3200 Japaner anstelle der 60 zugelassenen in Korea) und nach der Einschränkung des Handels auf Pusan allein (1547), vor allem aber durch das Zurückbleiben der koreanischen Wirtschaftsentwicklung ging in der ersten Hälfte des 16. Jahrhunderts das Interesse am Korea-Handel in Japan zurück. Dazu kamen dann noch die Kontakte mit den Portugiesen und ein neuerliches Anwachsen der *wakō*-Plage (fast 500 Überfälle in Korea im Jahrzehnt zwischen 1551 und 1560).

Das »lange« 16. Jahrhundert

Ab der neunten Ming-Gesandtschaft im Jahre 1433 hatten die Ashikaga-Shōgune ihren Alleinvertretungsanspruch gegenüber China aufgeben und ihr Handelsmonopol rivalisierenden Fürstentümern und Handelsstädten überlassen müssen. Diese Tatsachen spiegeln die sich rasch verschlechternde interne politische Lage Japans wider. Der Zusammenbruch der Zentralgewalten – sowohl des Ashikaga-Shōgunats wie des zwar entmachteten, aber immer noch eine gewisse Rolle spielenden Kaiserhofes – führte zu Vormachtkämpfen aller gegen alle im ganzen Lande. Diese Zwistigkeiten setzten sich auch im Ausland fort, wo vielfach Handelsmissionen nicht anders als Piraten agierten und etwa 1523 die Handels-Emissäre der Fürstenfamilien Hosokawa und Ōuchi im Hafen von Ningbo miteinander und gegen die chinesischen Beamten handgreiflich wurden. Interessanterweise wurden von chinesischer Seite Leute von Ryūkyū als Schlichter zu Hilfe gerufen.

Die auf diesen Niedergang der Kyōto-zentrierten Mächte folgende, etwa 170 Jahre andauernde Umbruchsphase ist eine der entscheidenden Wenden im Verlaufe der japanischen Geschichte. Sie beginnt mit den wegen Kompetenzstreitigkeiten zwischen den einflussreichen Fürstenfamilien der Hosokawa und Yamana ausgebrochenen »Wirren der Ära Ōnin« (*Ōnin-no ran*, 1467–77), richtiger der Ären Ōnin (1467–69) und Bummei (1469–87). Diese Kämpfe gehen übergangslos in die fast einhundert Jahre andauernden Vormachtskämpfe der sog. »Zeit der Streitenden Reiche« (*Sengoku-jidai*) des 16. Jahrhunderts über. An deren Ende, im letzten Drittel des 16. Jahrhunderts, beginnen dann Bestrebungen zu einer neuerlichen Einigung des Reiches unter einem militärischen Führer, aus denen schließlich Anfang des 17. Jahrhunderts das Haus Tokugawa siegreich hervorging. Aber erst in den dreißiger Jahren des 17. Jahrhunderts unter der Herrschaft des dritten Tokugawa-Shōguns Iemitsu definierte Japan seine innere und äußere Politik neu, die dann bis zur Mitte des 19. Jahrhunderts Gültigkeit behielt. Ähnlich wie in der europäischen Geschichtswissenschaft oft von einem »langen« 16. Jahrhundert gesprochen wird als einer Übergangsphase vom Mittelalter (Fall Konstantinopels) zur Neuzeit (Westfälischer Friede), möchte ich daher auch für Japan diese mehr als ein Jahrhundert (Ōnin-Wirren 1467 bis zur Vollendung der sog. Abschließungs-Edikte 1639) überspannende Zeitperiode eines Übergangs vom Mittelalter zur Frühen Neuzeit als »langes« Jahrhundert bezeichnen. Dieses schließt somit auch die manchmal »christliches Jahrhundert Japans« genannte Periode von der Ankunft Franz Xavers 1549 bis zum endgültigen Verbot des Christentums und den Aufstand von Shimabara 1637 mit ein.

Wichtigstes Merkmal dieses »langen« 16. Jahrhunderts ist das Auftreten sogenannter »*daimyō*s der Streitenden Reiche« (*sengoku-daimyō*). Als solche bezeichnet man Landesfürsten, die aufgrund ihrer wirtschaftlichen und militärischen Stärke ein zusammenhängendes, oft mehrere Provinzen umfassendes Herrschaftsgebiet (*ryō*) zusammenraffen und gegen dauernde Angriffe ihrer Rivalen verteidigen konnten. Für diese Kämpfe werden größere Armeen notwendig, die zwar von Samurai zu Pferde angeführt werden, die jedoch zum Großteil von aus dem Bauernstand rekrutierten »leichtem Fußvolk« (*ashigaru*) mit Lanzen bestehen. Der eigentliche Feldherr leitet den strategischen Aufmarsch und die Schlacht von einer zentralen Kommandostelle aus. Sehr bald nach der ersten Bekanntschaft mit europäischen Arkebusen 1543 auf der Insel Tanega wurden in Japan solche Waffen – *tanega* oder *tanega-bō* (»Stock von Tanega«) genannt – nachgebaut. Japan war um 1600 weltweit führend in der Produktion von Gewehren. Diese Waffen wurden von Oda Nobunaga erstmals und in großer Zahl 1575 in der Schlacht von Narashino gegen die Kavallerie Takeda Katsuyoris eingesetzt (Quellen nennen 1000 oder sogar 3000 Musketiere). Kanonen waren – als Schiffsgeschütze – ebenfalls Ende des 16. Jahrhunderts bekannt. Hier gelang es allerdings, das europäische Monopol des Gusses zu wahren. Im ostasiatischen Raum gab es nur im portugiesischen Macau und im holländischen Batavia Geschützgießereien. Shōgun Iemitsu ließ sich jedoch 1637 von dem in holländischen Diensten stehenden Ulmer Geschützgießer Hans Wolfgang Braun in Hirado zwei Mörser gießen und in Edo vorführen, ohne diese Waffen dann aber in seine militärische Planung einzubeziehen. Im Gegenteil, auch das Gewehr wurde im Zuge der Friedenspolitik der Tokugawa wieder zugunsten des Schwertes aufgegeben. Vielfach wird auch bemerkt, dass die Samurai der Edo-Zeit selbst das Schwert gegen den Abakus (*soroban*) aufgegeben hätten.

Mit diesen militärischen Machtmitteln eroberten und verteidigten die *sengoku-daimyō* ihr Lehen, das sie im Inneren durch großangelegte Neurodungen, Flussregulierungen und beginnende Trockenlegungen wirtschaftlich ertragreich gestalteten.

Die Herkunft der Geschlechter der *sengoku-daimyō* spielte für ihren Erfolg keine Rolle mehr. Es finden sich darunter Familien, die sich auf kaiserliche Ahnen, die Minamoto des Kamakura-Shōgunats, auf Fujiwara-Regenten oder sogar auf im Altertum aus Korea (Paekche) eingewanderte Adelsgeschlechter (*Kikajin*) zurückführen. Diesen stehen Dienstleute und Vasallen (*shugo-daimyō*) des Ashikaga-Shōgunats gegenüber oder Anführer von Rebellionen gegen alteingesessene Lehensträger. Allen gemeinsam ist die Ablehnung irgendeiner Form der Oberherrschaft der Kyōto-Zentralregierung und das Bemühen, ihr eigenes Territorium auf Kosten ihrer Nachbarn zu vergrößern und im Endziel dann durch einen »Marsch auf Kyōto« sich selbst an die Spitze eines neuerlich geeinten, ganz Japan umfassenden Machtbereiches zu setzen.

Der Zusammenbruch der Zentralgewalten

Die Jahrzehnte zwischen 1467 und 1568, als Oda Nobunaga dieser Coup gelang und erstmals wiederum die Möglichkeit einer Reichseinigung denkbar wurde, sahen ein kaleidoskopartig sich veränderndes Bild verschiedener Koalitionen bzw. des Aufstiegs und Falles einzelner Familien von *sengoku-daimyō* (s. Karte 5). Sie alle aufzuzählen, wäre verwirrend, doch sollen im folgenden kurz die wichtigsten Geschlechter genannt werden, die dann vielfach auch in der weiteren Geschichte Japans von Bedeutung sind.

Im äußersten Nordosten (Tōhoku-Region) hatte ein Gefolgsmann Minamoto no Yoritomos den Namen einer *shōen*-Latifundie der Provinz Hitachi angenommen, Date. Diese Familie verlegte ihren Machtschwerpunkt kontinuierlich weiter nach Osten, zunächst nach Fukushima. Infolge ihrer Randlage kam ein Griff nach der Zentralmacht erst sehr spät in Frage, als bereits andere diesen Kampf für sich entschieden hatten. Die kluge Politik Date Masamu-

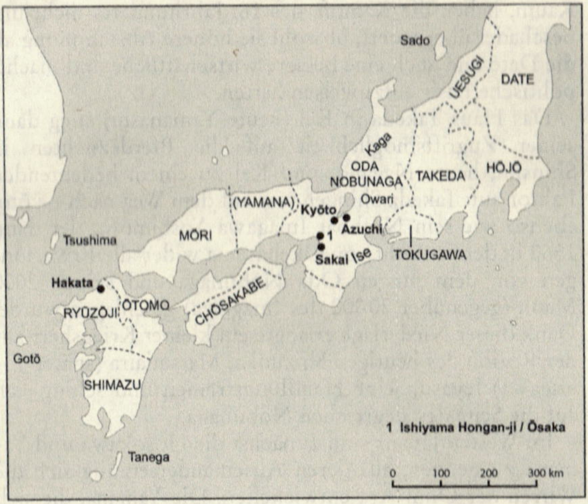

Karte 5: Die großen Fürstentümer um 1580

nes brachte der Familie unter dem Tokugawa-Shōgunat noch die Herrschaft über das heutige Miyagi mit der Hauptstadt Sendai. Ob die 1613–20 von Date als »König von Mutsu« über Mexiko nach Madrid und dem Vatikan geschickte Gesandtschaft unter Hasekura Tsunenaga und dem spanischen Franziskanerbruder Sotelo auch machtpolitische Aufträge hatte, ist unklar. Nach ihrer Rückkehr war mit dem Fall der Festung Ōsaka und dem Untergang des Geschlechtes der Toyotomi 1615 sowie dem endgültigen Verbot des Christentums ein Abrücken von dieser Unternehmung sowieso ein Akt politischer Klugheit.

Die beiden Nachbarn der Date im Süden, die Uesugi in der Region am Japanischen Meer und die Hōjō im Kantō-

Raum, haben die Kämpfe des 16. Jahrhunderts nicht unbeschadet überdauert, obwohl sie höhere Abstammung als die Date und auch eine bessere wirtschaftliche und machtpolitische Basis aufzuweisen hatten.

Das Haus Takeda in Kai (heute Yamanashi) stieg dank seiner Zugriffsmöglichkeit auf die Pferdezuchten in Shinshū, heute Nagano, und Kai zu einem bedeutenden Faktor auf: Takeda Shingen war auf dem Weg nach Kyōto, ebenso wie sein Nachbar Imagawa Yoshimoto, der dann 1560 in der Schlacht von Okehasama wider alle Erwartungen von dem jungen Oda Nobunaga und seinen 2000 Mann (gegenüber 20000 des Imagawa) geschlagen wurde. Dank dieser Niederlage erlangte ein kleiner Kriegsherr aus der Region des heutigen Shizuoka, Matsudaira (später Tokugawa) Ieyasu, seine Handlungsfreiheit und schlug sich auf die Seite des siegreichen Nobunaga.

Im Westen Japans sind zunächst die Hosokawa und Yamana zu nennen, aus deren Auseinandersetzung sich die Wirren der Ōnin-Ära entwickelten. Die Yamana, die sich auf eine Seitenlinie der Minamoto zurückführen, kontrollierten zeitweise bis zu elf Provinzen, also ein Sechstel der insgesamt 66 Provinzen des Landes. Durch erfolglose Aufstände gegen den Shōgun Yoshimitsu wurde ihre Stellung allerdings geschwächt.

Ganz Shikoku wurde unter der Herrschaft der Chōsakabe geeint, die dann aber in Gegensatz zu Hideyoshi gerieten und allen Besitz verloren. Einer ihrer Nachfolger, Hachisuka, kam von den *wakō*-Piraten und diente unter Hideyoshi als Flottenführer.

Kyūshū als wichtiges Verbindungsglied zum Ausland, zunächst nach China und Korea, später auch zu den aus dem Süden kommenden Europäern (*nambanjin,* »Süd-Barbaren«), war hart umkämpft. Drei wichtige Geschlechter von *shugo-daimyō*, die zwar schon von Yoritomo in ihre Lehen eingesetzt worden waren, aber erst infolge der militärischen Restrukturierung im Zusammenhang mit den

Mongolen-Invasionen tatsächlich aus dem Kantō-Raum in ihre Provinzen kamen, mussten sich mühsam gegen hartnäckigen Widerstand alteingesessener Lokalherren durchsetzen. Die Ōuchi in Chōshū, der heutigen Präfektur Yamaguchi, und die Shimazu in Satsuma, Ōsumi und einem Teil von Hyūga (heute Präf. Kagoshima) führten sich auf Nachkommen koreanischer Adeliger zurück, dazu kamen die Ōtomo in Bungo (heute Präf. Ōita) (s. Karte 5). Alle drei unterstützten den Nord-Hof gegen eine Koalition von starken Regionalherren in Mittel-Kyūshū (Provinz Higo). Ōtomo und Ōuchi traten in enge Verbindung mit den Europäern und den Jesuiten. Ōuchi wurde jedoch bald darauf von einem Vasallen gestürzt, der dann ebenfalls einer neuen Familie, den Mōri, weichen musste. Nord-Kyūshū war zunächst von einer Familie des »Beamtenadels« kontrolliert, die nach ihrer Stellung am Dazaifu-Amt als »Sekundar-Assistent« den Namen Shōni annahm, im 16. Jahrhundert dann jedoch von ihren Vasallen, den Ryūzōji, gestürzt wurde. In der zweiten Hälfte des 16. Jahrhunderts begannen die Shimazu vom Süden her ganz Kyūshū aufzurollen. Die Ōtomo flohen Ende 1586 ins Exil nach Ōsaka zu Hideyoshi, der daraufhin ein Ultimatum stellte, das die Shimazu angesichts ihrer eigenen Einigungspläne zurückwiesen. Im Feldzug des Jahres 1587 wurde Shimazu zwar entscheidend geschlagen, verstand es jedoch, seine Kernprovinzen als Machtbasis zu behalten. Im Korea-Feldzug wie bei der Invasion des Ryūkyū-Königreiches 1609 taten sich die Heere der Shimazu besonders hervor. Selbst ein verspätetes Übergehen zur siegreichen Partei der Tokugawa noch während der Schlacht von Sekigahara (1600) schadete den Shimazu nicht, da ihre Kampfkraft sehr hoch eingeschätzt wurde und das Shōgunat sie eher durch wirtschaftliche Maßnahmen schwächen wollte. Als dies um die Mitte des 19. Jahrhunderts zunehmend unmöglich wurde, konnte Shimazu bzw. Satsuma dann endlich doch noch nach der Macht in Tōkyō greifen.

Der Traum vom Reich: die drei Reichseiniger

Dennoch war es keine dieser großen und mächtigen Familien der *sengoku-daimyō*, die den Prozess der Reichseinigung mit Erfolg in Gang setzte, obwohl mehrere dieser militärischen Machthaber durchaus solche Pläne verfolgten und Fürsten wie Imagawa Yoshimoto oder Takeda Shingen, später aber auch Date Masamune im Norden, Mōri Terumoto im Westen und Shimazu Yoshihiro im Süden diese tatsächlich in die Tat umzusetzen begannen. Die militärische Auseinandersetzung wurde jedoch nicht unter diesen, sondern vielmehr zwischen kleineren Fürsten aus dem Gebiet der Provinz Owari (heute Aichi mit Zentrum Nagoya) und mächtigen *ikki*-Einungen ebenfalls an der Peripherie des unmittelbaren Reichszentrums in den Provinzen Kaga und Ise sowie Mönchsheeren buddhistischer Zentren am Berg Hiei bei Kyōto und des Tempels Ishiyama Hongan-ji mitten in Ōsaka ausgetragen.

Die Region Owari liegt noch verhältnismäßig nahe am Zentrum (Kyōto), doch so weit entfernt, dass die dauernden Verheerungen dieses Raumes sie nicht mehr sehr stark berührten, ebenso wie Machtansprüche aus dem Zentrum hier nicht mehr spürbar wurden. Die Landschaft am Unterlauf großer Ströme war zu dieser Zeit das Gebiet mit der höchsten landwirtschaftlichen Produktivität und konnte überdies die wichtigen Verkehrswege von Kyōto nach Osten (Tōkaidō-Straße) und an das Japanische Meer (Hokuriku-Kaidō) kontrollieren.

Ein Abkömmling der bis dahin kaum in irgendeiner Weise hervorgetretenen Familie der Oda, Nobunaga, setzte sich zunächst mit großer Rücksichtslosigkeit in seinem eigenen Hause durch und unterwarf kleinere Nachbarherrschaften. Als es ihm 1560 in einem aussichtslos erscheinenden Gefecht gelang, durch Regen und Unwetter begünstigt den Marsch des Fürsten Imagawa nach Kyōto bei Okehasama zu stoppen, schloss sich ihm der Fürst Matsudaira (Tokugawa) Ieyasu an. Eine Legende schildert den Charakter dieser beiden sowie des späteren Machthabers Toyotomi Hideyoshi so: Die drei Krieger wollten im Wald die Nachtigall schlagen hören; als der Vogel sich nicht und nicht vernehmen ließ, drohte Nobunaga, ihm den Hals umzudrehen, Hideyoshi wollte sich aufs Locken und Überreden verlassen, und Ieyasu hätte sich hingesetzt und gewartet, bis die Nachtigall sang.

Das rücksichtslose Vorgehen Nobunagas in den folgenden Jahren entsprang jedoch nicht einzig und allein seinem ungebärdigen Charakter. Europäischen Chronisten der Zeit, wie etwa seinem persönlichen Freund P. Louís Fróis S.J., schien er keineswegs barbarisch, sie sahen in ihm wohl eher ein japanisches Pendant italienischer Renaissancefürsten und nannten ihn in ihren Berichten »*Iaponius Tyrannus*«. Vor allem zwangen ihn die Zeitumstände, jeweils rasch und ohne Rücksicht zuzuschlagen, um seinen Plan von der Reichseinigung zu verwirklichen. Schon als er 1567 seine Residenz nach Gifu verlegte, begann er ein Siegel zu verwenden, das auf seine militärische Kontrolle über das Reich (*tenka*) Bezug nahm. Nobunagas Chance kam, als er 1568 gleichzeitig auf ein Hilfe-Ersuchen Yoshiakis (den er als 15. Shōgun des Ashikaga-Shōgunates einsetzen half) wie auf die Bitte des Kaisers Ōgimachi, den Kaiserpalast zu restaurieren, in Kyōto einmarschierte.

Das Bündnis mit Yoshiaki zerbrach 1573. Damit war das Shōgunat des Hauses Ashikaga de facto zu Ende. Koalitionen anderer Fürsten konnte Nobunaga in offenen Feldschlachten besiegen, die härteste, zehn Jahre (1570–80) andauernde Auseinandersetzung war jedoch jene mit den Anhängern der Shin-shū (Ikkō-Sekte), die in mehreren Provinzen die Lehensfürsten verjagt und oft jahrzehntelang unangefochten »Kirchenstaaten« eingerichtet hatten, in denen die Gleichheit aller Menschen vor dem Gesetz Buddhas und die Ablehnung jeder säkularen

Obrigkeit gepredigt wurden. Zentrum dieser eschatologischen Lehre, die das Kommen eines Erlösers und die Vergebung aller Sünden durch einfaches Wiederholen des Namens dieses Buddha: »*Namu Amida butsu*«, vertrat, war der wehrhaft ausgebaute Tempel Ishiyama Hongan-ji in Ōsaka. Nobunaga verschaffte sich zuerst Handlungsfreiheit im Rücken, indem er 1571 den als Unruhestifter seit der Heian-Zeit verrufenen Haupttempel der Tendai-Schule, den Enryaku-ji auf dem Berg Hiei nordöstlich von Kyōto, angriff und mitsamt allen Mönchen und heiligen Schriften abbrannte. Die von der Ikkō-Sekte beherrschten Regionen Kaga und Ise wurden mit Feuer und Schwert bis 1574 unterworfen. Erst dann wandte sich Nobunaga voll gegen den Ishiyama Hongan-ji, der durch gepanzerte Schiffe Nachschub aus Westjapan erhielt und bis 1580 der Belagerung standhielt.

In der Folge überließ Nobunaga die weiteren Kriegszüge sehr oft seinen engeren Gefolgsleuten, unter denen Hashiba (später Toyotomi) Hideyoshi, ein Mann von niedrigster Abkunft, über das Amt von Nobunagas Sandalenträger bis zum Oberbefehlshaber aufstieg. Hideyoshi wie auch andere Heerführer (z.B. Katō Kiyomasa als Sohn eines Dorfschmiedes aus Owari) bewiesen sehr deutlich die Wahrheit jenes Wortes, mit dem jene Zeit charakterisiert wurde: *Gekokujō* (»Sieg der Niederen über die Oberen«).

Nobunaga selbst errichtete in Azuchi am Biwa-See ein Schloss, das von japanischen wie portugiesischen Chronisten ob seiner extravaganten Architektur und seiner Kunstschätze hoch gerühmt wurde. Vor allem der Maler Kanō Eitoku, Enkel des Begründers dieser chinesische und japanische Stilelemente vereinigenden Schule der Kanō, schuf eindrucksvolle Wandgemälde und Schiebetüren sowohl auf Azuchi wie später auf den Burgen des Hideyoshi. Das Patronat über das Nō-Drama, das Nobunaga wie alle Kriegerfürsten seiner Zeit als adeliger Amateur selbst studierte und aufführte, entfremdete diese Schauspielkunst immer mehr dem gewöhnlichen Volk, bis schließlich Hideyoshi und zuletzt Tokugawa Iemitsu einige wenige professionelle Schauspielertruppen bzw. -schulen (Kanze u. a.) für den Kriegeradel (*bushi*) lizensierten. Dass Nobunaga alle buddhistischen Schulen zwang, ihre Haupttempel an den Fuß seiner Burg zu verlegen – wo sich auch ein bedeutendes Seminario, ein Ausbildungszentrum der portugiesischen Jesuiten befand –, lässt möglicherweise darauf schließen, dass er sich selbst zumindest als »gott-ähnlich« auffasste und verehren lassen wollte. Dass er an die »Weltherrschaft« dachte, lässt sich aus manchen Andeutungen schließen: Dem Jesuiten Louís Fróis gegenüber äußerte er, Korea erobern zu wollen, und ließ sich auf einem Globus die portugiesischen und spanischen Besitzungen zeigen; vor allem aber deutet der achteckige Turmaufbau des Azuchi-Schlosses, wo Nobunaga ruhte und arbeitete, auf das ostasiatische Konzept der Zahl acht sowohl als Vollendung wie als unter einem achteckigen Dach vereinte Welt hin.

1582 wandte sich Nobunaga gegen den in Westjapan zu großer Macht aufgestiegenen Mōri Terumoto. Hideyoshi befehligte die Vorhut, die die Burg Takamatsu nahe dem heutigen Okayama belagerte. Nobunaga sammelte in Kyōto weitere Truppen, um Hideyoshi zu Hilfe zu eilen, wurde jedoch von dem sich zurückgesetzt fühlenden und selbst die Herrschaft anstrebenden Feldherrn Akechi Mitsuhide im Tempel Honnō-ji umzingelt und gab sich in den Flammen selbst den Tod. Hideyoshi, der noch bevor diese Schreckensmeldung weiter bekannt wurde, mit Mōri einen Waffenstillstand vereinbart hatte, eilte in Tag- und Nachtmärschen nach Kyōto zurück und schlug bei Yamazaki auf halbem Weg zwischen Ōsaka und Kyōto die Aufständischen vernichtend. Obgleich sich Tokugawa Ieyasu zunächst gegen Hideyoshi wandte, fanden beide zu einem *modus vivendi*, der andere Fürsten zur Unterwerfung bzw. zumindest zum Stillhalten zwang. Hideyoshi, dem jegliches Blutcharisma fehlte, ließ sich von der Hofadels-Familie Konoe adoptieren und vom Tennō zum kaiserlichen Regenten *kampaku* – ein Amt, das ausschließlich in der Hofadelsfamilie Fujiwara vererbt wurde und weder vorher noch später jemals diese Machtfülle gehabt hat wie unter Hideyoshi – sowie zum Staatskanzler *daijō daijin* ernennen. Da er infolge seiner niedrigen Abstammung keine Verbindung zu der Familie der Minamoto – der das Amt erblich verliehen worden war – beanspruchen konnte, blieb der Titel Shōgun für Hideyoshi unerreichbar. Als Residenzen erbaute er die Burgen von Momoyama (südlich von Kyōto) und von Ōsaka (an der Stelle des zerstörten Ishiyama Hongan-ji).

Nach Sicherung der Kernlande ging Hideyoshi zielstrebig an die Unterwerfung der äußeren Provinzen, wobei er bewusst die Parole, Friede könne nur unter seiner Herrschaft hergestellt werden, zu seinem Vorteil einsetzte. Die in Kyūshū zur Vormacht aufgestiegenen Shimazu wurden 1587 geschlagen, aber in kluger politischer Weitsicht in ihrem ursprünglichen Besitz als Lehen bestätigt, um sie als Verbündete zu gewinnen. Im Jahr darauf zog Hideyoshi mit 150 000 Mann nach Osten, schloss die Hōjō auf ihrer Burg in Odawara ein und führte den aus dem fernsten Nordosten herbeigeeilten Date Masamune offen durch sein Feldlager – worauf sich Date ohne weiteres Zögern Hideyoshi unterwarf. Die Familie Hōjō wurde vernichtet.

Für alle von ihm direkt beherrschten Domänen hatte Hideyoshi bereits 1582 mit einer Landvermessung und der Anlage eines vereinheitlichten Katasters begonnen. 1591 wurde diese als *taikō-kenchi* (Landvermessung des *taikō* [offizieller Titel Hideyoshis nach Abtretung des *kampaku*-Amtes an seinen Adoptivsohn 1592]) bekannte Maßnahme auf das ganze Land ausgedehnt und trotz zahlreicher lokaler Aufstände durchgesetzt. Das Dorf wurde als Steuereinheit erfasst, die Bauern an ihr Land gebunden und alle Waffen eingezogen (*katanagari*, »Schwert-Jagd«) (s. S. 212). Damit war jene Durchlässigkeit der sozialen Schichten, der Hideyoshi selbst seinen unglaublichen Aufstieg verdankte, erschwert und der Grund für das rigide Vier-Stände-System der späteren Tokugawa-Herrschaft gelegt. Gleichzeitig wurden auch die »Freibeuterei« der *wakō* strikt verboten und alle Fischer und Seeleute registriert. Mit diesen Maßnahmen hatte Hideyoshi auch die Voraussetzungen geschaffen, um bei weiteren Feldzügen Aushebungen für Armee und Marine durchführen zu können.

Mit der erfolgten Reichseinigung musste jedoch notwendigerweise das Problem der Außenpolitik wiederum größeres Gewicht erhalten. Eine Neuordnung des Verhältnisses zur Außenwelt umfasste zu diesem Zeitpunkt aber noch mehr Komponenten als nur jene zwei – China und Korea –, mit denen es Ashikaga Yoshimitsu zu tun gehabt hatte.

Die Nordgrenze des Reiches vom 14. bis zum 18. Jahrhundert

Im Norden waren seit dem 14. Jahrhundert japanische Ansiedler im Südteil der Insel Ezo (heute Hokkaidō) sesshaft geworden. Gegen sie erhob sich 1456/57 ein »Aufstand« (wohl eher ein Unabhängigkeitskrieg) der dort einheimischen Ainu unter Führung des Häuptlings Koshamain. Ihm gelang es, fast alle Japaner zu vertreiben. Nur in einer einzigen befestigten Siedlung hielt sich die Familie Kakizaki (später Matsumae), die erst 1551 mit den Ainu ein Friedensabkommen schloss. 1590 erschien Matsumae Yoshihiro in Ōsaka vor Hideyoshi, erbot sich zur Heeresfolge gegen Korea und erhielt den Südteil Hokkaidōs zum

Lehen. Der Rest der Insel wurde Händlern »verpachtet«, die in *basho* genannten Handelsplätzen Ainu faktisch in Sklavenarbeit einsetzten, um *kombu*-Tang (für den Export nach China) und Fische (als Trockendünger) zu gewinnen. Diese Unterdrückung, die zusammen mit Sake und Krankheiten eine rasche Dezimierung der Ainu zur Folge hatte, führte noch im 17. Jahrhundert zu einem weiteren Versuch der Ainu, die Japaner aus dem Lande zu jagen (Aufstand des Shakushain 1669). Für Hideyoshi bot sich dagegen ein Bild, das durchaus mit dem Konzept des Tributsystems übereinstimmte: Matsumae als peripherer Außenposten übernahm die Segnungen des friedlichen Regimes von Hideyoshis Herrschaft, um sie den Ainu bei deren jährlichen Tributgesandtschaften (ainu: *uimam*) in Matsumae entsprechend weiterzuvermitteln.

Die Korea-Feldzüge

China und Korea konnten jedoch nicht so leicht in Hideyoshis Herrschaftskonzept eingeordnet werden. Dazu hätte er sich – auf der Höhe seines militärischen Ruhmes – als Vasall Chinas und mit Korea auf gleichem Rang stehend, dem Tributsystem der Ming-Dynastie unterwerfen müssen. Das kam für ihn jedoch nicht in Frage. Es ist unklar, ob er die 1582 gegenüber Fróis geäußerte Idee Nobunagas von einer Eroberung Koreas kannte. Hideyoshis Konzept scheint, den spärlichen Quellen nach zu urteilen, noch viel revolutionärer gewesen zu sein: Er scheint geplant zu haben, das Tributsystem zwar bestehen zu lassen, aber Japan an die Stelle Chinas zu setzen, und zwar in China selbst. Zu diesem Zwecke musste China erobert werden, der Tennō müsste seine Residenz in Beijing nehmen, und Hideyoshi selbst wollte als Reichskanzler von

Ningbo aus die Eroberung Indiens leiten! Gleichzeitig hatte er bereits einige Kaufleute nach Manila entsandt und mit einer Invasion der Philippinen gedroht. Der absurd erscheinende Plan sah als ersten Schritt die Eroberung Koreas als Aufmarschgebiet gegen China vor – folgerichtig in Weiterführung von Hideyoshis Strategie in Japan selbst, die große Armeen zu immer weiteren Eroberungen trieb, um seine Vasallen mit neuen Lehen und die Soldaten mit Sold zufriedenstellen zu können.

Im 9. Monat 1591 wurden 158000 Mann mobilisiert und ein vorgeschobenes Feldlager in der Burg von Nagoya (Nordwest-Kyūshū) eingerichtet. Am 23. Mai 1592 ging die Invasionsarmee in Pusan an Land und marschierte siegreich bis Seoul, das am 11. Juni fiel. Eine Armee unter Konishi Yukinaga (mit christlichem Namen Dom Augustino) eroberte kurz drauf Pyŏngyang. Der zelotische Nichiren-Buddhist Katō Kiyomasa drang ohne große Gegenwehr im Nordosten vor und überquerte sogar – um Tiger zu jagen – den Fluss Tumen an der Grenze zur Mandschurei und damit zum Reich der Ming-Dynastie. Da die aus früheren *wakō*-Einheiten gebildete japanische Flotte jedoch den koreanischen Admiral Yi Sunshin nicht zu fassen vermochte, musste der Nachschub auf dem Landwege von Pusan herangeschafft werden und war dauernden Guerilla-Überfällen ausgesetzt. Dies war wohl ein entscheidender Grund für den Fehlschlag dieses ersten Feldzuges, der nach der Regierungsdevise *Bunroku no eki* »Feldzug der Ära Bunroku« genannt wird (s. Karte 6).

Die koreanische Yi-Dynastie (1392–1910) hatte im Sinne des Tributsystems an Ming-China appelliert, das auch Truppen entsandte, die jedoch schwer geschlagen wurden. Zum gleichen Zeitpunkt erlitten die Japaner durch eine koreanische Aktion eine empfindliche Niederlage, so dass den Kommandeuren im Feld (Konishi und Shen Weijing) Verhandlungen unumgänglich erschienen. Hideyoshi verlangte unter anderem die Öffnung Chinas für den Handel

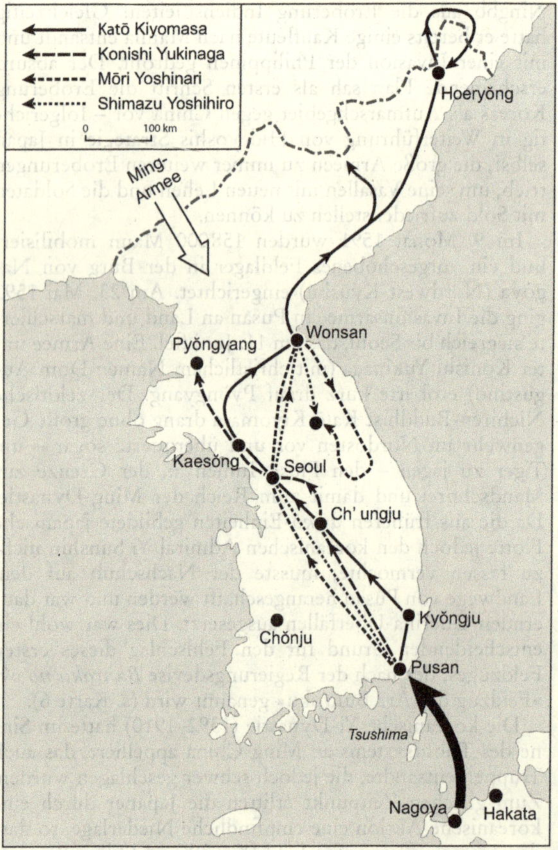

Karte 6: Der erste Korea-Feldzug Hideyoshis (16. Jh.)

(dies stellte eigentlich kein Problem dar, falls er sich zur Tributleistung bereitgefunden hätte), eine Tochter des Ming-Kaisers als Gemahlin des Tennō und die Abtretung der vier Südprovinzen Koreas an Japan (verständlich, da er ja neue Lehen an die Generäle verteilen musste). Die nördlichen Landesteile Koreas sollten an China gehen, wobei die Koreaner an den Verhandlungen nicht beteiligt waren.

Konishi und Shen Weijing entschlossen sich, um den Frieden zu retten, zu einem Täuschungsmanöver. Beijing wurde mitgeteilt, die Japaner fügten sich in das Tributsystem, Hideyoshi erfuhr, dass eine Huldigungsgesandtschaft aus China nach Ōsaka käme. Diese erschien tatsächlich, überreichte Hideyoshi ein goldenes Siegel, das ihn als »König von Japan« installierte, und einen Krönungsornat. Erst am folgenden Tag, als mit der Außenpolitik befasste Zen-Mönche das chinesische Edikt für Hideyoshi übersetzten, erfasste dieser den ganzen Umfang des Schwindels und befahl im Januar 1597, die Kämpfe umgehend wieder aufzunehmen.

Diese zweite Unternehmung, als *Keichō no eki* (»Feldzug der Ära Keichō«) bekannt, wurde von beiden Seiten mit größter Grausamkeit geführt. Den Japanern gelang erneut die Besetzung der Südprovinzen, sie wurden aber infolge fehlenden Nachschubes auf wenige Burgen zurückgeworfen. Nach jesuitischen Berichten der Zeit kam ein Drittel der ca. 140 000 Japaner auf diesem Feldzug um, die Mehrzahl durch Hunger, Krankheit und Kälte. Auf dem Rückzug nach Pusan wurden wahllos Koreaner getötet oder als Gefangene zur Zwangsarbeit nach Japan verschleppt. Unter diesen etwa 60 000 waren bedeutende Gelehrte, die die neo-konfuzianische Schule in Japan bekannt machten, und viele hervorragende Handwerker. Der Aufschwung der japanischen Keramik- und Porzellanproduktion in Arita (in Europa nach dem Ausfuhrhafen Imari benannt) und Satsuma geht auf diese Gefangenen zurück.

Auch die Lackkunst erfuhr wichtige Förderung durch Übernahme der Verzierung mit Perlmutt auf Schwarzlack aus Korea. In der Teezeremonie haben neben grober koreanischer Keramik vor allem unglasierte Steingut-Töpfe aus Südostasien, sog. *Luzongama* (»Krüge aus Luzon«), eine in der Person des Teemeisters Sen no Rikyū sich konzentrierende Revolution im ästhetischen Denken hin zu absoluter Sensibilität und Einfachheit (*wabi*, *sabi*) angestoßen. Hideyoshi, der in Ōsaka einen vergoldeten Tee-Raum mit Gerätschaften aus purem Gold sein Eigen nannte und bei mehrtägigen Tee-Gesellschaften in Kyōto tausende Gäste bewirtete, konnte diese Entwicklung seines Teemeisters nicht mitvollziehen, umso mehr als sie die Wirtschaft seiner Lehen zu korrumpieren drohte (ein Fürst hatte für einen an sich wertlosen Krug aus Südostasien die Jahreseinkünfte seiner Provinz geboten), und verurteilte Rikyū 1591 zum Selbstmord durch *seppuku* (Harakiri).

Hideyoshi starb am 18. September 1598. Sein Tod wurde so lange geheim gehalten, bis man mit China günstige Abzugsbedingungen ausgehandelt hatte, und man war froh, die Invasion Koreas beenden zu können.

Hatte Nobunaga angesichts des nahen Todes vom Leben des Menschen, das 50 Jahre nur währte, gedichtet, so sprach der 63jährige Hideyoshi auf dem Sterbebett vom »Traum im Traum auf der Höhe des Ruhmes« – Hideyoshis Träume von der Eroberung Chinas, um Japan als Zentrum einer neuen internationalen Ordnung in Ostasien zu setzen, waren unmöglich zu verwirklichen gewesen. Aber auch sein Traum von der Einsetzung seines Sohnes Hideyori bzw. seiner Familie als erbliche militärische Machthaber und Regenten (*kampaku*) in Japan stieß an die Grenzen des Möglichen. Hideyori war erst fünf Jahre alt, als Hideyoshi starb. Ein Ältestenrat von fünf Fürsten sollte das politische Gleichgewicht bewahren, bis er volljährig würde. Doch Ieyasu hatte lange genug gewartet.

Nun schlug er zu und zwang die »Westpartei« der Parteigänger der Toyotomi, sich zu deklarieren. In der entscheidenden Schlacht am 15. September 1600 auf den Feldern bei Sekigahara trat Ieyasu in einer europäischen Plattnerrüstung als Schutz gegen Gewehrkugeln der in sich noch uneinigen West-Koalition gegenüber. Der Verrat zweier großer Generäle, Kobayakawa Hideaki und Shimazu Yoshihiro, die mitten in der Schlacht zu Ieyasu überliefen, entschied die Machtprobe. Drei Jahre später wurde Ieyasu, der sich auf Abstammung von den Minamoto berief und damit Anspruch auf das Erbe von deren Shōgunat erhob, zum erblichen Shōgun ernannt und verlegte seinen Sitz von Sumpu (heute Shizuoka) nach Edo (Tōkyō). 1605 übergab er das Amt an seinen Sohn Hidetada und zog sich nach Sumpu zurück, wo er als *ōgosho* (wörtlich »großer Palast«) weiterhin die Fäden der Politik, nicht zuletzt der Außenpolitik in der Hand behielt.

Um jede Gefahr einer Toyotomi-Restauration auszuschließen, wurde aus nichtigem Anlass ein Krieg gegen Hideyori vom Zaun gebrochen. Im »Winterfeldzug« vom November 1614 wurde durch einen Friedensvertrag erreicht, dass die Gräben der unbezwingbaren Burg von Ōsaka zugeschüttet wurden, um die Friedensbereitschaft Hideyoris zu beweisen. Im April 1615 wurde im »Sommerfeldzug« dann die nun leicht zugänglich gewordene Burg erstürmt, und Hideyori kam in den Flammen um. Das Ziel der Reichseinigung war erreicht. Ieyasu starb im Jahr darauf. Die Frage der Stellung Japans innerhalb des Tributsystems erhob sich jedoch nun erneut und musste gelöst werden.

Die »Südbarbaren« – Händler und Missionare aus Lusitanien

Am 23. September des Jahres 1543, nach japanischer Zeitrechnung am 12. Tag des 8. Monats im Jahre 12 der Ära Tembun, erreichten drei portugiesische Kaufleute an Bord einer *wakō*-Junke des chinesischen Freibeuters Wang Zhi alias Wufeng die Insel Tanega, die zum Machtbereich der Shimazu gehörte. Es war dies mehr oder weniger ein Versehen, denn das Ziel dieser Abenteurer war jenes sagenumwobene Land Ryūkyū, angeblich reich an Edelmetallen, Keramik und Seide, dessen Bewohner weiß und kampfeslustig wie die Germanen sein sollten. Sehr bald stellte sich jedoch heraus, dass das Königreich Ryūkyū nur vom Zwischenhandel reich geworden und dass seine Blütezeit bereits vorbei war. Japan trat als Ziel der Handelsinteressen an seine Stelle, aber auch in ideologischer Hinsicht: 1547 traf der später heiliggesprochene Jesuit Francisco de Xavier (Franz Xaver) im portugiesisch gewordenen Malakka auf einen Japaner, *wakō* aus Satsuma, mit Namen Yajirō. Franz Xaver nahm ihn mit nach Goa und war fasziniert von den Erzählungen dieses neuen Christen über seine Heimat, vor allem von seiner Gleichsetzung des zentralen Buddha der esoterischen Shingon-Schule, Dainichi (Mahāvairocana) mit dem allmächtigen Schöpfergott der katholischen Kirche. Hinzu kamen alte europäische Vorstellungen von einem Priester Johannes im Osten, der Name der Insel Ezo, heute Hokkaidō (damals Yezo geschrieben und als Jesu verstanden), und vieles mehr. Japan erschien als jenes Land und Volk, das mehr als alle Heiden, ja mehr noch als die sich von der Kirche abwendenden protestantischen Christen Europas das Evangelium erwartete, aber auch dessen wert war und es verdiente.

1549 erreichte Franz Xaver Kagoshima im Süden Kyūshūs, wo er als aus Indien kommender Mönch einer neuen buddhistischen Lehre empfangen, aber kaum verstanden wurde. Ähnlich erging es ihm auch in Kyōto. Erst als Franz Xaver und ihm folgend die gesamte Jesuitenmission in Japan erkannten, dass sie sich an die Landesherren wenden, entsprechend »ritterlich« auftreten und sich des (Waffen-)Handels bedienen mussten, um angemessene Beachtung zu finden, begann sehr rasch Erfolg einzutreten. In Kyūshū vor allem zeigte sich Ōtomo Sōrin Yoshishige (Dom Francisco, *rey di Bungo*) schon beim ersten Treffen mit Franz Xaver sehr aufgeschlossen. Er öffnete den Hafen Funai für den Handel, wo P. Luís de Almeida 1557 das erste westliche Hospital gründete, erbat und erhielt Kanonen und Schießpulver aus Macau und ließ sich 1578 schließlich selbst taufen.

Noch entscheidender war das Interesse des kleinen Fürstentums Ōmura (heute Teil der Präf. Nagasaki), das den Hafen Yokose'ura und ab 1568/71 dann Nagasaki als Stützpunkt anbot. Als Ōmura Sumitada von den Ryūzōji bedroht wurde, setzte er alles auf die Jesuiten: 1574 ließ er sich taufen (Dom Bartolomeu) und zwang alle seine Untertanen, die diesen Schritt nicht mitmachen wollten, auszuwandern. 1580 war allerdings seine Unterordnung unter die Ryūzōji nicht mehr zu verhindern. Um jedoch den Griff auf den profitreichen portugiesischen Handel nicht zu verlieren (von dem die Jesuiten ihren Zehnt einbehielten), übertrug er Stadt und Hafen Nagasaki den Jesuiten zu Lehen, die auch umgehend mit dem Bau von Befestigungen begannen.

Ein anderer zum Christentum übergetretener Fürst, Arima Harunobu (Dom Protasio), der 1582 ebenfalls von den Ryūzōji bedroht wurde, wandte sich an die Shimazu um Unterstützung. In der Entscheidungsschlacht 1584 wurden in Japan erstmals von Indern und Schwarzafrikanern bediente Kanonen eingesetzt. In diese Machtkämpfe in Kyūshū waren mehrere christliche *daimyō* verwickelt. Durch die Gesandtschaft von vier jungen adeligen Vasallen (Itō Mancio, Chijiwa Miguel, Naka'ura Julião und Hara Martinho) der christlichen Lehensfürsten Ōtomo Sōrin, Ōmura Sumitada sowie Arima Harunobu in den Jahren 1582 bis 1590 nach Spanien (Philipp II.) und zum Vatikan (Papst Gregor XIII.), vor allem aber durch den portugiesisch-jesuitischen Handel zeigten sich internationale Verbindungen, die Hideyoshi aufmerksam machten. Das anmaßende Auftreten des Jesuiten-Superiors Gaspar Coelho trug dazu bei, diesen Verdacht zu vertiefen: Coelho scheint immer von einer Koalition der christlichen Fürsten geträumt zu haben (die nie zustande kam, weil auch sie alle rein machtpolitisch agierten), darüber hinaus aber von den Chancen einer China-Mission im Gefolge von Hideyoshis Großmachtplänen. So sagte er Hideyoshi zwei portugiesische Schiffe für den Korea-Feldzug zu, und nach Hideyoshis siegreichem Kyūshū-Feldzug erschien er zur Audienz in Hakozaki (Hakata, heute Fukuoka) in einem eigenen, bewaffneten Schiff. Hideyoshi war beeindruckt, nicht weniger von dem jesuitischen »Lehen« Nagasaki: Eine Woche nach dieser Audienz wurde das erste Verbotsedikt gegen das Christentum erlassen, Nagasaki konfisziert, ein Vogt (*bugyō*) als Vertreter der Zentralmacht dort etabliert, und alle Kirchen wurden geschleift. In einem Memorandum an seine Räte verglich Hideyoshi das Christentum mit den allen noch in schrecklicher Erinnerung stehenden fanatischen Anhängern der Ikkō-Sekte und geißelte das Prinzip des »*cuius regio, eius religio*« als Faktor, der die gerade begonnene Bindung des Bauernstandes an den Boden unterlief.

Das Missions-Verbot wurde, schon um den Handel nicht zu stören, zunächst nicht strikt durchgesetzt. Eine Verschärfung trat ein infolge der Machtverschiebungen auf der Iberischen Halbinsel: 1580 vereinigte Philipp II. die Königreiche Spanien und Portugal in Personalunion. Zwar blieb weiterhin die Trennungslinie des Vertrags von Tordesillas in Geltung und Japan wurde ausschließlich von Macau aus von portugiesischen Galeonen angelaufen. Doch wenig später ersuchte der Vizekönig von Mexiko über das spanische Manila um Handelserlaubnis. Sie wurde erteilt, um den Markt zu diversifizieren. Aber mit dem Handel kamen nun ab 1593 auch spanische Missionare der Franziskaner, Dominikaner und Augustiner, die sich an die Armen und Verfolgten wendeten, genau wie es die Ikkō-Sekte getan hatte, und die mit den Jesuiten wie mit deren fürstlichen Schutzherren in Streit gerieten. Zu allem Überfluss schilderte ein bramarbasierender Kapitän der 1596 in Tosa, Shikoku, gestrandeten Manila-Acapulco-Galeone *San Felipe* die Macht des spanischen Königs und seiner Truppen, die den Missionaren auf dem Fuß folgen würden. Diese Bedrohung wurde in Japan als sehr real empfunden und in der Folge das Verbot des Christentums verschärft: Am 5. Februar 1597 wurden die ersten 26 christlichen Märtyrer in Nagasaki am Kreuz getötet.

Ieyasu kehrte allerdings, nachdem er die Macht erobert hatte, nochmals zu einer etwas weicheren Haltung zurück, da ihm sehr viel am spanischen Handel lag, für den er sogar den Hafen Uraga an der Bucht von Tōkyō nahe seiner neuen Hauptstadt Edo öffnen wollte und zu dem er den Vize-König von Mexiko mit wenig Erfolg ermutigte. Um die Jahrhundertwende zählte der christliche Anteil an der japanischen Gesamtbevölkerung nach einer späteren Schätzung des für die Durchsetzung des Verbotsediktes zuständigen »Kommissars« Inoue Chikugo no kami Masashige etwa 50%. Dies ist sicherlich eine völlig haltlose Schätzung, moderne Arbeiten gehen von 150000 bis 300000 Getauften in Kyūshū aus, wo der Schwerpunkt der Mission lag. Dabei darf nicht übersehen werden, dass man bei Zwangstaufen der Bevölkerung eines ganzen Lehensfürstentums angesichts der geringen Zahl der europäischen und noch weniger einheimischen Priestern kaum von einem tieferen Verständnis der christlichen Lehre sprechen kann. Ein Kultureinfluss durch die Mission ist, wenn überhaupt, in den Naturwissenschaften (einschließlich der Medizin), der Technik (u. a. Bergwerkstechnik) und in der Entwicklung einer neuen Theaterform in Anlehnung an das barocke Jesuitentheater, dem Kabuki, zu erkennen. Dass aber Izumo no Okuni, die erste Kabuki-»Tänzerin«, in Kyōto mit Rosenkranz und Kreuz auftrat, war nur ein exotisierendes Ausstattungselement, und noch um 1650 geriet die Polizei in Aufregung, als man in einem buddhistischen Tempel eine ganze Wand mit katholischen Heiligenbildchen bedeckt fand, von denen keiner der buddhistischen Mönche wusste, was sie bedeuteten, obgleich sie sie aber gerne als Andenken austeilten.

Der sehr oft als christliche Rebellion bezeichnete Aufstand von Shimabara unter Führung des katholischen Samurai Amakusa Shirō 1637/38 ist ein letzter Ausläufer der *ikki*-Einungen als verzweifelte Auflehnung gegen das Kataster- und Steuersystem unter einem neuen Feudalherren, der die seit dem Mittelalter fest vor Ort verwurzelten Lokalherren vertrieben hatte.

Japanisches Silber und die Weltwirtschaft

1557 hatte China einseitig die Beziehungen zu Japan unterbrochen – zehn Jahre nach der letzten Handels- und Tributsmission aus Japan – und angesichts der Welle von Gewalt, die von den *wakō* ausging, allen Handel mit Japan untersagt. Dass der von eben diesen *wakō* neben ihrer Piraterie auch betriebene Handel weiterhin florierte, muss nicht nochmals hervorgehoben werden. Möglicherweise steckt jedoch auch ein wirtschaftspolitisches Problem hinter dem chinesischen Schritt: Charakter und Inhalt des Handels zwischen China und Japan wandelten sich um die Mitte des 16. Jahrhunderts ganz entscheidend. Bis zu diesem Zeitpunkt lieferte China in erster Linie Silber, Kupfer (in Form von Münzen), Seide und Stoffe nach Japan. Die Frage, warum Japan Jahrhunderte hindurch chinesische Kupfermünzen als Währungseinheit im eigenen Lande verwendet hat, ist angesichts der vorhandenen Ressourcen wie der Technologie in Japan schwer erklärbar. Japan hatte ja auch bereits im 8. Jahrhundert eigene Münzen geprägt. Möglicherweise fehlte eine starke Zentralmacht, so dass man – wie auch in der Gegenwart oft durchaus üblich – in eine Fremdwährung flüchtete. Japan exportierte im Gegenzug Gold aus den Gruben auf der Insel Sado und in der Tōhoku-Region. Eine Schätzung nennt für die Mitte des 13. Jahrhunderts jährlich eine Durchschnittsmenge von 168 kg Gold, die in Ningbo umgeschlagen wurde.

Knapp nach 1550 begann dieser Edelmetallfluss jedoch zu kippen: In Japan stieg die Silbergewinnung nach Entwicklung der Minen von Iwami und Ikuno sowie der Einführung neuer Gewinnungs- und Raffinierungsmethoden aus Korea und Europa drastisch an. Im Jahre 1581 zog Hideyoshi als Abgaben aus der Iwami-Mine 434 Tonnen Silber, die Gesamtproduktion dürfte daher etwa drei- bis viermal so hoch gewesen sein. Dies bewirkte einen Preisverfall von Silber in Japan, während gleichzeitig in China der Preis zu steigen begann. War in Japan Ende des 13. Jahrhunderts noch ein Preisverhältnis von Gold zu Silber wie 1:3 bis 1:4 normal, so fiel dieses bis 1588 auf 1:9,15, im Jahre 1609 dann auf 1:12,19 und schließlich 1620 auf 1:13,05. Das heißt, ein *ryō* (Währungseinheit) Gold erbrachte in China einen fünf- bis sechsmal so hohen Tauschwert in Kupfermünzen wie in Japan.

Da der offizielle Zwischenhandel zum Erliegen gekommen war, konnten sich die Portugiesen hier mit großem Gewinn einschalten. Sie hatten zwar nur ein Schiff (*nao*) zu etwa 1000 t jährlich, das zunächst mit indischen Textilien über Malakka nach Macau ging. Im folgenden Jahr lief es mit Seide und chinesischem Gold Japan an, wo in Nagasaki Silber billig eingekauft wurde, das mit Gewinn in China wiederum in Gold gewechselt wurde. Ein Zeitgenosse meldete, dass die Portugiesen Ende des 16. Jahrhunderts jährlich 22,5 t Silber im Wert von 600 000 Cruzados von Japan nach China verschifften. 1620 war der Export durch Portugiesen bis auf 56 t jährlich gestiegen, wozu noch der Anteil japanischer und chinesischer »Händler« kam. Der geschätzte Höchstanteil der Portugiesen am Silberhandel lag 1637 bei 37 %. Insgesamt wurden in den 80 Jahren zwischen 1560 und 1640 ca. 7350 t bis 9450 t Silber aus Japan nach China ausgeführt. Der für den Zusammenbruch des chinesischen Silbermarktes oft verantwortlich gemachte Anteil amerikanischen Silbers (über Manila) betrug im gleichen Zeitraum höchstens 1320 t, d. h. nur ein Sechstel des japanischen Exports. Die Folge war, dass sich der Wert des Silbers in China und Japan in etwa auf gleicher Höhe einpendelte – und damit auch auf dem Weltmarkt, da die europäische Förderung im 16. Jahrhundert stark verfiel und Europa auf amerikanische Exporte angewiesen war.

Den Portugiesen erwuchsen in diesem extrem profitreichen Handel zwei Rivalen: die Japaner selbst sowie die Holländer, weniger die Engländer. Holland hatte 1598 eine Flotte auf die Suche nach den Gewürzinseln entsandt, die um Kap Hoorn in den Pazifik lief. Ein einziges Schiff dieser Flottille ging nicht verloren: die *De Liefde* wurde am 19. April 1600 an die Küste von Bungo verschlagen. Nur 18 Mann der Besatzung hatten überlebt, unter ihnen der englische Steuermann William Adams. Die meisten von ihnen blieben in Japan. Adams gewann das Vertrauen des Shōgun Ieyasu und wurde dessen Ratgeber in nautischen Belangen und dem diplomatischen Verkehr mit den Europäern. Als Miura Anjin naturalisiert, erhielt er ebenso wie einige Holländer kleine Lehensgüter übertragen. Nicht zuletzt Adams hat die *Vereenigde* (*Nederlandse*)

Oostindische Compagnie (VOC) die 1609 gewährte Handelserlaubnis mit Stützpunkt in Hirado zu verdanken. Die englische *East India Company* folgte 1613, gab sich aber 1623 den Holländern geschlagen und zog sich zurück.

Die VOC, die den Gewürzhandel gesucht hatte, merkte sehr rasch, dass der inner-asiatische Zwischenhandel sehr viel lukrativer war, und Nagasaki, wohin die Handelsniederlassung 1641 auf die künstliche Insel Dejima verlegt worden war, entwickelte sich zu ihrem wichtigsten Kontor. Um 1660 liefen jährlich 10 bis 12 Schiffe Dejima an, aus allen Kontoren von Indien, Siam, Java und Taiwan, das entspricht einem Fünftel der gesamten VOC-Flotte in Asien. Der Wert des Silberexports betrug damals im Durchschnitt 1,5 Mio. Gulden im Jahr. Die iberische Konkurrenz wurde vom Shōgunat ob ihrer Verbindungen zur Mission eliminiert, die Spanier bereits 1624, die Portugiesen 1639. Die japanischen Handelsfahrten wurden ebenfalls nach und nach eingestellt. Die Holländer hatten auch das Glück, nach 1640 auf eine andere wichtige Handelsware umsteigen zu können. Als der Silberpreis verfiel, begann der Seidenpreis in Japan infolge des höheren Lebensstandards in der angebrochenen Friedenszeit zu steigen. Allein zwischen 1635 und 1637 stieg der holländische Seidenimport nach Japan um 300 %, wobei vor allem Tonking (Hanoi) als Ausfuhrhafen wichtig war. Die Blütezeit des VOC-Japanhandels war jedoch mit den 1660er Jahren erreicht. Die rasche Entwicklung der japanischen Wirtschaft, der Aufbau einer eigenen Seidenindustrie sowie die Nachfrage nach Edelmetallen im eigenen Lande (die zu Exportverboten führte) brachten dann harte Rückschläge. Im letzten Viertel des 17. Jahrhunderts erreichte der Gesamtumfang des VOC-Handels nur mehr 15 bis 20 % der Zeit vor 1660. Japan fragte nach Tierfellen für Satteldecken und Rochenhäuten für Schwertgriffe aus Siam und nach europäischen Luxusgütern (venezianisches Glas, spanischer Rotwein), nach arabischen Pferden, einem Kasuar, einem Elefanten), später aber auch nach wissenschaftlichen Geräten und Büchern. Europa dagegen öffnete sich für japanischen Lack, Keramik und Kimonos – der Gewinn war nun in Europa zu holen.

Zusammengefasst wird deutlich, dass Japan im 16. und 17. Jahrhundert nicht nur Teil eines eng begrenzten Handelsraumes rund um das Chinesische Meer war, sondern entscheidende Einflüsse auf die Weltwirtschaft (d.h. auf Europa) ausübte: Japanisches Kupfer war weltweit führend und trug mit dem Seidenhandel zum Reichtum der um ihre Unabhängigkeit kämpfenden Niederlande bei, während japanisches Silber den weltweiten Preisverfall dieses Edelmetalls bewirkte und dadurch entscheidend zur wirtschaftlichen Schwächung Spaniens beitrug.

Das japanische Entdeckungszeitalter

Die große soziale Unrast des 16. Jahrhunderts einerseits, die enormen Gewinne eines tatsächlich weltumspannend gewordenen Handels andererseits brachten gegen Ende dieses Zeitraumes immer mehr Japaner dazu, sich an dieser Konkurrenz selbst aktiv – über die Freibeuterei hinaus – zu beteiligen. Reiche Handelshäuser in de facto sich selbst verwaltenden »freien« Städten wie Hakata oder Sakai hatten genug Startkapital, um diesen Schritt zu wagen (s. Karte 7, S. 196).

Bereits Hideyoshi förderte und benutzte diese Handelsschifffahrt für seine politischen Zwecke. Ieyasu machte sich im Zuge der Zentralisierung der Macht auch diesen Bereich untertan. 1604 führte das Shōgunat, entsprechend den chinesischen *kangō*-Lizenzen, eigene Lizenzen für den Überseehandel ein, die sogenannten *goshuin* (»rotes Staatssiegel«)-Pässe. Diese wiesen den Besitzer als vom

Shōgunat als legaler Staatsmacht Japans autorisierten Händler aus und empfahlen ihn dem Schutz aller mit Japan in Verkehr stehenden Länder, insbesondere natürlich des Ziellandes. Zwischen 1604 und 1635 wurden 366 Schiffe mit solchen *goshuin*-Pässen ausgestattet. Soweit bekannt, sind unter den Eignern 117 japanische Kaufleute gewesen, 43 in Japan ansässige Chinesen, 38 Europäer wie etwa William Adams, 37 *daimyō* und 10 Samurai. Der Gewinn der Fahrten muss hoch gewesen sein, wenn man die Liste der Waren betrachtet: Beim Import steht Rohseide mit 60 % an der Spitze, gefolgt von Seidenstoffen (21,5 %), Baumwolle (7 %), Zucker und Arzneimitteln; Silber (88,5 %), Kupfer (7,8 %), Nahrungsmittel und Lack dominieren den Export.

Zielhäfen dieser *goshuinsen* (»rote Siegel-Schiffe«) waren alle wichtigen Handelsstädte Südostasiens, wo sich vielfach starke Kolonien von Auslandsjapanern in Nihonmachi (»Japan-Städten«) niederließen, ähnlich wie zur gleichen Zeit Portugiesen und Holländer solche befestigten Plätze in ganz Südostasien einrichteten. Selbst in spanischen Städten wie Manila bestanden Exilgemeinden japanischer Christen. Als 1600 in der Bucht von Manila die spanische *San Pedro* von einem holländischen Schiff versenkt wurde, kämpften und fielen auf Seiten der Spanier zahlreiche japanische Samurai. In Ayuthaya kommandierte der japanische Kondottiere Yamada Nagamasa (gest. 1630) die königlich siamesische Armee, in der 800 Japaner dienten. Nach einem Attentat auf Yamada in einem Thronfolgestreit ging sein Sohn mit den japanischen Söldnern nach Kambodscha über.

Aber die japanischen Aktivitäten beschränkten sich nicht auf Südostasien allein. Acapulco war ebenfalls Ziel von Fahrten, und die diplomatischen Missionen nach Spanien und Italien 1582–90 sowie 1613–20 wurden bereits erwähnt. Japaner tauchten in Rom und London auf, 1621 wurde ein Japaner von Genuesen aus der Gefangenschaft

Karte 7: Japan und Südostasien im 16. Jahrhundert

berberischer Seeräuber freigekauft, und viele Halbjapaner lebten und arbeiteten in den Niederlanden. Peter Hartzing Japonensis, Sohn eines Vaters aus Moers am Rhein und einer Mutter aus Hirado, studierte Mathematik in Duisburg, arbeitete in Leiden mit Descartes an der *Geometria* und argumentierte als Bergrat des Herzogs von Braunschweig im Harz mit Gottfried Wilhelm Leibniz über Bergbautechnik. Japan war weltoffen und machte sich daran, Ost- und Südostasien in Nachfolge des frühen Handelsnetzes des Ryūkyū-Königreiches wirtschaftlich zu dominieren.

Das abgeschlossene Japan – ein europäisches Ideal

Die endlich erreichte Reichseinigung machte den Weg frei für eine Neuordnung der internationalen Beziehungen bzw. des staatlich kontrollierten Handels, wie er durch die Lizenz-Vergabe an einzelne Händler bereits eingeleitet worden war. Es ist sicherlich nicht anzunehmen, dass vom Shōgunat ein Masterplan ausgearbeitet wurde, de facto summierten sich die einzelnen Maßnahmen jedoch zu einem Ergebnis, das als ein anderes, zweites Tributsystem in Ostasien mit Japan als Mittelpunkt bezeichnet werden kann.

Als erstes musste das Verhältnis zu Korea geordnet werden. Ieyasu konnte in dieser Frage unbelastet agieren, da er – als Rückendeckung gegen Ostjapan – keine Truppen zu den beiden Invasionen gestellt hatte und darüber hinaus gegenüber Korea quasi als dessen Rächer am Haus Toyotomi auftreten konnte. Korea wiederum brauchte den Japan-Handel, um die enormen Kriegsschäden zu überwinden: Schon 1603 sandte es eine Mission nach

Tsushima, die nach Kyōto weitergeleitet und 1605 sowohl von Ieyasu wie von Hidetada empfangen wurde. Das von Korea erwartete offizielle Schreiben Japans, das den gleichen Rang beider Länder im Rahmen des Tributsystems klar zum Ausdruck hätte bringen sollen, war allerdings vom Shōgunat nicht zu erlangen. Der *daimyō* von Tsushima als Nutznießer eines Zwischenhandels griff daher zu Täuschungen: Korea erhielt das verlangte Schreiben des Shōgunates in Form einer Fälschung, die Antwort wurde erneut »umgeschrieben« und nach Edo gesandt. Die dadurch geschaffene günstige Stimmung resultierte in einem Vertrag mit Korea, der dem Hause Sō von Tsushima erlaubte, jährlich 20 Handelsschiffe nach Pusan zu schicken. In diesem Hafen wurde eine *wakan* (korean. *waegwan*, »Japan-Haus«) genannte Vertretung eingerichtet. Auch die zweite und dritte koreanische Gesandtschaft nach Edo 1617 und 1624 wurden durch erneute Fälschungen der beiderseitigen Dokumente durch die Beamten der Fürsten von Tsushima problemlos abgewickelt. Erst später wurden vom Shōgunat Zen-Priester aus Kyōto als Kontrollinstanz für diplomatische Dokumente in Tsushima stationiert. Offizielle koreanische Missionen *Chōsen tsūshinshi* an den Hof der Shōgune wurden die ganze Edo-Zeit hindurch insgesamt zwölfmal (1607–1811) empfangen, jedoch niemals erwidert. So wurde der Eindruck erweckt, Korea sei ein von Japan abhängiges, tributsendendes und damit untergeordnetes Land.

China wurde von Ieyasu zwar kontaktiert, antwortete jedoch erst mit jahrelanger Verzögerung und nur durch einen Provinzgouverneur niedrigen Ranges. Das Shōgunat brach daher alle offiziellen Kontakte ab. Das Problem konnte jedoch auf mehrfache Weise umgangen werden: Das geschwächte Ryūkyū stellte eine Gefahr dar als möglicher Aufmarschweg der Spanier aus Manila. So wurde die Hideyoshi verweigerte Heeresfolge (Stellung von Schiffen für die Korea-Invasionen) zum Vorwand genommen, 1609 einen Krieg gegen das Königreich auszulösen und damit auch zu zeigen, dass es nicht unabhängig und gleichen Ranges, sondern ein Japan tributpflichtiges und untergeordnetes Land sei. Die Shimazu, die mit einer riesigen, kampferprobten Armee auf den Südteil Kyūshūs beschränkt worden waren, erhielten mit dem Feldzug und den Gebietsabtretungen (Amami-Inselgruppe) sowie jährlichen Steuereinnahmen (etwa 1/3 der Steuereinnahmen des Königreiches) ein Ventil. König Shō Nei wurde gefangen nach Kagoshima und Edo geführt, musste in einem Eid die Kriegsschuld auf sich nehmen und damit den Status Ryūkyūs als tributäres Königreich Japans bezeugen. Zwischen 1634 und 1850 wurden 18 Ryūkyū-Gesandtschaften in Edo empfangen. In Naha wurde eine Shimazu-Garnison eingerichtet, nach außen jedoch der Schein einer Einordnung des Königreiches in das Tributsystem Chinas aufrechterhalten, d.h. die Ryūkyū-Vertretung in Fuzhou blieb bestehen, der Handel und die Missionen liefen wie bisher, und mehr als 70000 junge Adelige aus Okinawa studierten während der folgenden 250 Jahre an der Akademie in Beijing.

Taiwan war ebenfalls ein Stützpunkt des japanischen China-Handels. 1633 gab es jedoch bewaffnete Konflikte mit holländischen Konkurrenten auf Taiwan (Zeelandia), die in beiderseitigem Interesse beigelegt wurden, um den Handel nicht zu schädigen. Wenig später geriet die Insel in die Hände letzter Parteigänger der 1644 gestürzten Ming-Dynastie, die ebenfalls am Japanhandel interessiert waren.

Ein direkter Kontakt zu China war somit überflüssig, ja politisch unerwünscht, da er ein Zur-Kenntnis-Nehmen der China-zentrierten Weltordnung bedeutet hätte. Das wollte das Shōgunat vermeiden, und das konnte auch gerechtfertigt werden durch den Hinweis, China sei von nördlichen Barbaren (Mandschu/Qing-Dynastie) erobert. Chinesischen »Privathändlern« wurde allerdings 1680 erlaubt, in Nagasaki Handel zu treiben und eine Niederlassung (*Tōjin-yashiki*) zu gründen. So wurde nach außen der Eindruck erweckt, das Verhältnis zwischen beiden Ländern habe sich umgekehrt, und nun sei es China, das (Handels-)Missionen nach Japan schicke.

Auch im Norden gab es kaum kontrollierte Kontakte mit China, das unter den Mandschu Anspruch auf Gebiete bis zum Amur und zur Insel Sachalin erhob. Über diese lief der *Santan*-Handel, der von den Ainu betrieben wurde und über den Seidengewänder und Pelze nach Matsumae und von dort weiter nach Edo und Kyōto gelangten. Als die Russen Ende des 18. Jahrhunderts in das Amurbecken und über die Kurilen nach Süden vorzudringen begannen, unterstellte das Shōgunat 1792/99 die ganze Insel Ezo (heute Hokkaidō) seiner Kontrolle und entsandte Forscher wie Mamiya Rinzō, Mogami Tokunai und andere, die bis zum Amur und zu den Südkurilen vordrangen und die japanische Reichsgrenze nördlich der Kurilen-Insel Urup bestimmten.

Iemitsu hatte ausgearbeitete Pläne, auch die Philippinen mit einer Eroberung Manilas in diesen Kreis abhängiger Länder einzureihen. Die Voraussetzungen waren durch die Unterwerfung Ryūkyūs 1609 und die japanischen Kolonien auf Taiwan gegeben. Damit wäre die gefürchtete spanische Bedrohung mit einem Schlag ausgeschaltet gewesen. Doch die großen Schwierigkeiten, die die Niederwerfung der Shimabara-Rebellion 1637/38 den Truppen des Shōgunates bereitete und die nur durch Hilfeleistung holländischer Schiffsgeschütze gelöst werden konnten, brachten Iemitsu von allen Plänen weiterer Eroberungen ab.

Eine bevorzugte Stellung innerhalb dieses Japan-zentrierten Tributsystems nahmen jedoch die Europäer ein, von denen allerdings nur die Niederländer auf ihrer Station auf Dejima im Hafen von Nagasaki die Verbindung zu Japan aufrechterhielten. Iemitsu hatte 1639 die Portugiesen des Landes verwiesen und damit eine Reihe von Gesetzen abgeschlossen, die heute als »Verordnungen zur Landesabschließung« (*sakoku-no-rei*) bezeichnet werden. Bereits 1633 hatte er die Lizenzvergabe an japanische Kauffahrer verschärft und allen Japanern, die mehr als fünf Jahre im Ausland gelebt hatten, die Heimkehr untersagt. Gleichzeitig wurden das Verbot des Christentums erneuert, katholische Geistliche verfolgt und im Zusammenhang damit fremde Schiffe streng kontrolliert. 1634/35 folgte das Verbot japanischer Handelsfahrten – entsprechend der chinesischen Politik und durchaus logisch: Wenn sich Japan als neues Zentrum sah, zu dem die umliegenden Länder Tribute sandten, konnte es nicht selbst – zumindest nicht offiziell – Handel treiben. 1636 wurden mit Europäern verheiratete japanische Frauen und ihre Kinder ausgewiesen. Nirgendwo ist in diesen Gesetzen aber die Rede davon, das Land abzuschließen. Im Gegenteil, man hatte vor den entscheidenden Schritten immer die Holländer konsultiert und sich von ihnen versichern lassen, sie könnten mit ihrer Schifffahrt den japanischen Markt ausreichend versorgen. Als 1673 England nach längerer Unterbrechung die *Return* entsandte, war man schon aus Gründen der Konkurrenz zu den Holländern durchaus bereit, sie wieder zum Handel zuzulassen. Dies scheiterte nur daran, dass die *Return* nicht den Freibrief von Ieyasu mit sich führte, und für eine zweite, weitere Fahrt fehlte wiederum das Interesse auf englischer Seite. Die französischen, dänischen und habsburgischen Ostindien-Kompanien kamen nicht weit über Indien hinaus, und die Frage, ob Japan sie zum Handel zugelassen hätte, ist müßig.

So waren es die Holländer der VOC – in der übrigens etwa ein Drittel der Angestellten anderer Nationalität waren, meistens Deutsche –, die mit den ihnen gewährten jährlichen Audienzen (*Hofrijs*) an den Hof des Shōguns in Edo die Palette der die Führungsrolle Japans anerkennenden Länder vervollständigten. Ihnen war aufgetragen worden, bei diesen Audienzen über politische Veränderungen im Westen zu berichten (*Oranda fūsetsu*, »holländische Reden und Beschreibungen«), so dass Japan zwar gefiltert, aber doch recht genau über Europa Bescheid wusste. Der den *opperhoofd*, jap. *kapitan* genannten Faktoreidirektor begleitende Arzt erhielt gleichzeitig Gelegenheit, mit japanischen Wissenschaftlern zu diskutieren.

Einer dieser Ärzte, der deutsche Engelbert Kaempfer aus Lemgo im Fürstentum Lippe-Detmold, war es dann, der in seinen in Europa vielgelesenen Schriften (*Amoenitates Exoticae*, Lemgo 1712, und *The History of Japan*, postum, London 1727) das Fundament des heutigen Japanbildes legte: Im Vergleich zu dem sich in Kriegswirren zerfleischenden Europa habe ein kluger, aufgeklärter Herrscher (»Kaiser« = Shōgun) das Land abgeschlossen und durch diese Politik eine lange Zeit inneren und äußeren Friedens eingeleitet, durch die das ganze Land gleichsam zu einer »Schule der Höflichkeit« und der Harmonie geworden sei, ein Vorbild für Europa, wie es viele Aufklärer propagierten, etwa Immanuel Kant in seinem Essay *Zum ewigen Frieden* (1795). Selbst den Japanern wurde das eigentlich Entscheidende ihrer Politik erst durch Kaempfers Schlussfolgerung bewusst, als Teile von Kaempfers Werk 1811 unter dem Titel *Sakoku-ron* (»Diskurs über die Landesabschließung«) ins Japanische übersetzt wurden. Erst von diesem Zeitpunkt an konnte sich dann aber auch eine Gegenbewegung zur »Öffnung des Landes« (*kaikoku*) formieren.

Zu dieser späten Zeit war die Leitidee eines zur stärksten Macht in der Region aufgestiegenen Japan bereits vergessen, nämlich Zentrum eines Systems zu sein, in dem sich unterwerfende Länder wie Ryūkyū, Korea, die Niederländer, die Ainu u. a. Tribut schickten und im Gegenzug teilhaben durften an der *Pax Tokugawa* und dem geordneten Zwischenhandel. Japan sah sich und die ihm zugeordneten Länder im Gegenteil von allen Seiten bedroht:

Russen im Norden (Adam Laxmann in Nemuro 1792, Nikolaj Petrowitsch Resanow in Nagasaki 1804), Engländer vor der Küste Koreas und auf Okinawa (Basil Hall 1816) und sogar in Nagasaki (*Phaeton* 1808), Amerikaner in Nagasaki (1803) usw. Nun war die »Abschließung« ein Akt der Notwehr und aus Angst geboren. Als 1824 ein Samurai der Shimazu einen eine Kuh wegtreibenden englischen Matrosen auf der Insel Takara erschoss, erließ das Shōgunat – nun Gefangener seiner eigenen Politik – 1825 das »Gesetz zur Vernichtung aller ausländischen Schiffe«, die in Japan zu landen versuchten.

Im Jahre 1823 hatte Philipp Franz von Siebold aus Würzburg als Arzt im Dienste des niederländischen Kolonialministeriums Dejima erreicht mit der Aufgabe, den darniederliegenden Handel mit Japan wieder in Gang zu bringen und als Voraussetzung dafür Japan, dessen Natur und Geschichte, Volk und Kultur sowie dessen »Neben- und Schutzländer«, d.i. Ryūkyū, Korea und Ezo (Hokkaidō) gründlich zu erforschen. Siebold kam in ein tatsächlich »verschlossenes« Japan, ihm war es jedoch aufgrund seiner Ausbildung und der Sprachkenntnisse seiner Schüler möglich, Japan für die westliche Wissenschaft endgültig zu gewinnen. Dies wog schwerer als seine enzyklopädischen wissenschaftlichen Werke, allen voran *Nippon* (1832–52).

5 Die vorindustrielle Dynamik der Frühen Neuzeit

Von Günther Distelrath

Epochenüberblick

Die Frühe Neuzeit wird in Japan gemeinhin mit jener Epoche gleichgesetzt, in der die Stadt Edo (das heutige Tōkyō) von 1603 bis 1867 als Residenz der Shōgune aus dem Hause Tokugawa eine zentrale Hauptstadtfunktion innehatte. Man spricht daher von Edo-Zeit oder Tokugawa-Zeit. Häufig werden aber auch die vorangehenden Jahrzehnte der Azuchi-Momoyama-Zeit (1568–1603) hinzugerechnet, in welcher die Bemühungen um die Einigung Japans unter einem zentralen Machthaber und eine Überwindung der mittelalterlichen Strukturen ihren Anfang nahmen. Die Darstellung im folgenden Kapitel setzt bei diesen Ursprüngen der frühneuzeitlichen Ordnung mit Beginn der sogenannten *taikō*-Landvermessungen im Jahre 1582 ein und endet mit der Grundsteuerreform des Jahres 1873 (s. S. 178), greift also jeweils einige Jahre zeitlich nach hinten und nach vorne über die Edo-Zeit hinaus, um einerseits den Formierungsprozess des frühneuzeitlichen Staatswesens sowie andererseits Japans vorindustriellen Entwicklungsgang und die Vorbedingungen für die Industrialisierung in Gänze zu erfassen.

Die Edo-Zeit hat in der Forschungsgeschichte sehr unterschiedliche Bewertungen und Charakterisierungen erfahren. In der älteren japanischen wie europäischen Forschung findet sich zumeist das Bild eines dunklen Zeitalters, in dem Isolationismus, Stagnation, Unterdrückung und übermäßige Ausbeutung der bäuerlichen Bevölkerung vorherrschten. Man betrachtete die in der zweiten Hälfte des 19. Jahrhunderts in Japan vollzogene Industrialisierung einzig und allein als das Ergebnis der konsequenten Übernahme europäischer und amerikanischer Denkweisen, Rechtssysteme und Produktionstechniken. Der eigenen japanischen Tradition vor allem der Edo-Zeit kam nach dieser Auffassung lediglich die Rolle eines Hemmschuhs zu, den man abgestreift hatte. Teilweise wurde aber auch die Kontinuität demokratie- und modernitätsfeindlicher, aus der Edo-Zeit stammender Strukturen bis hinein ins 20. Jahrhundert diagnostiziert.

In der jüngeren Forschung werden dagegen zwar einige stagnative Aspekte der Geschichte dieser Periode, welche hauptsächlich im Herrschaftssystem der Zentralregierung (Tokugawa-Shōgunat) vorzufinden sind, keineswegs geleugnet. Diese wurden jedoch, wie heute erkennbar ist, durch eine Vielzahl von dynamischen Mechanismen in Wirtschaft und Gesellschaft konterkariert und aufgewogen. Die jüngeren Forschungen zum sozialen Wandel, zur Proto-Industrialisierung und zur Ideengeschichte berechtigen uns nunmehr, von einer langanhaltenden vorindustriellen Dynamik zu sprechen. Im komplexen Spannungsverhältnis zwischen den unterschiedlichen Entwicklungstendenzen in Politik, Produktion, Handel, Gesellschaftsstruktur, im gelehrten Diskurs und den kulturellen Erscheinungsformen zeigten sich zudem erhebliche regionale Unterschiede und den einzelnen Phasen der Epoche jeweils eigentümliche Konstellationen. In dieser gedrängten Darstellung können nur die groben Umrisse des Zusammenspiels der Kräfte verdeutlicht werden.

Die umfassenden Veränderungen, die Japan zwischen dem Ende des Mittelalters (welches für Japan mit dem ausgehenden 16. Jahrhundert angesetzt wird) und dem Vorabend der industriellen Revolution erlebte, bedeuten einen markanten Unterschied zur Entwicklung auf dem benachbarten asiatischen Festland. War schon die Gesellschaftsstruktur des japanischen Mittelalters eher mit dem europäischen Feudalismus vergleichbar als mit den Verhältnissen etwa in China und Korea (s. Kap. 3), so vollzog sich in der Edo-Zeit ein weiterer, zwar langsamer aber doch dauerhafter Wandel, der das Land keineswegs unvorbereitet in das industrielle Zeitalter eintreten ließ.

Grundlegend für diese Entwicklung war die Errichtung eines neuen gesamtgesellschaftlichen Ordnungsrahmens. Die bis zum Ende des 16. Jahrhunderts andauernde Periode der Bürgerkriege und der politischen Zersplitterung wurde durch den Sieg eines der Kriegsherren, Tokugawa Ieyasu und die von ihm vollzogene Reichseinung beendet. Dies leitete eine über zweihundertfünfzig Jahre währende Zeit des Friedens ein, in der das wirtschaftliche und kulturelle Leben sich entfaltete und gegen Ende des 17. Jahrhunderts eine nie gekannte Blüte erleben sollte.

Die Formierung und Stabilisierung des frühneuzeitlichen Staatsgebildes im 17. Jahrhundert erfolgte durch den Aufbau eines dualistischen Herrschaftssystems, bestehend aus der Zentralregierung durch den Shōgun einerseits und über 250 Fürstentümern andererseits, durch die strikte Einteilung der Bevölkerung in vier Stände (Samurai, Bauern, Handwerker und Kaufleute), die strenge Einschränkung des Waffenbesitzes und die Vereinheitlichung des Steuersystems.

Mit dem Auftreten eines großen Binnenmarktes mit vielfältigen Handelsbeziehungen und dem damit verbundenen Anwachsen agrarischer Marktproduktion konstituierte sich der gesellschaftliche Hauptwiderspruch der Edo-Zeit, nämlich der zwischen einer aufstrebenden Kaufleuteschaft sowie prosperierenden Bauern auf der einen Seite und der Regierung, dem Adel und den Samurai auf der anderen Seite. Die Regierung und große Teile des herrschenden Standes arrangierten sich zwar zeitweise mit den marktwirtschaftlichen Entwicklungen, versuchten jedoch immer wieder durch rückwärtsgerichtete Reformbestrebungen das konfuzianische Konzept einer auf Reis basierenden Naturalienwirtschaft durchzusetzen.

Die mit tiefgreifenden gesellschafts- und erkenntnistheoretischen Argumenten geführten Kontroversen der Gelehrten über die wünschenswerte Wirtschafts- und Sozialordnung stellen dabei eine höchst bemerkenswerte Parallelerscheinung zu den zur gleichen Zeit in Europa geführten Diskussionen dar, obwohl nur mit Einschränkungen von einer eigenen japanischen »Aufklärung« gesprochen werden kann. Die auch regional sehr unterschiedlichen Mischformen dieser Ansätze schlugen sich, da sie zumeist als Politikberatung intendiert waren, sehr deutlich in der Formulierung der Wirtschaftspolitik nieder. Gestützt auf in Japan damals neuartige merkantilistische Konzepte konnten die großen Fürstentümer in Süd- und Westjapan eine erhebliche Stärkung ihrer Position erreichen, indem sie die aufgeblühte Marktproduktion für die fürstlichen Haushalte nutzbar machten. In den Jahren 1867/68 stürzten sie – allen voran die Fürstentümer Chōshū und Satsuma – schließlich militärisch das Tokugawa-Shōgunat, das in den Augen vieler Zeitgenossen dem Vordringen der europäischen und amerikanischen Mächte in Ostasien nicht angemessen begegnete und intern bereits seit Jahrzehnten einen schleichenden Machtverlust hatte hinnehmen müssen.

Inwieweit dieses *Meiji-ishin* genannte Ereignis von 1867/68 als »Bürgerliche Revolution« betrachtet werden kann, ist in der Forschung lange umstritten gewesen und wird S. 250ff. diskutiert. Ferner soll durch das Eingehen auf die wirtschaftlichen und sozialen Umstände der Revolutionsjahre, auf die ökonomisch und gesellschaftlich bedeutsamen Veränderungen unmittelbar nach 1868 und auf die langfristige Entwicklung der Produktionsstruktur geklärt werden, mit welchem Edo-zeitlichen Erbe die entstehende Industrienation Japan begünstigt bzw. belastet war.

1582	Beginn der *taikō*-Landvermessungen unter Toyotomi Hideyoshi
1600	Schlacht bei Sekigahara; Reichseinigung unter Tokugawa Ieyasu
1603	Tokugawa Ieyasu erhält den Titel eines Shōgun. Beginn des Tokugawa-Shōgunats
1614/15	Einnahme der Burg von Ōsaka durch Ieyasu Auslöschung der Familie Toyotomi
1622/23	Zeit der größten Christenverfolgungen
1623–1651	Vervollständigung der Institutionen des Tokugawa-Shōgunats durch den dritten Shōgun, Tokugawa Iemitsu
1635	*Sankin-kōtai*-Edikt macht die alternierende Residenz der Fürsten in Edo obligatorisch
1637/1638	Aufstand von Shimabara
1637–1639	Verordnungen, die zur sog. Landesabschließung (*sakoku*) führen
1641	Holländische Faktorei nach Dejima (vor der Küste von Nagasaki) verlegt
1656	Hayashi Razan übernimmt die Erziehung des minderjährigen Shōgun Tokugawa Ietsuna; Beginn der Dominanz konfuzianischer Lehren
1670	Einsetzung der »zehn Geldwechsler« zur Kontrolle der Währungsrelationen zwischen West- und Ostjapan
1688–1704	Genroku-Ära, erste kulturelle Blütezeit der Epoche
1695	Genroku-Münzverschlechterung
1707	Großer Ausbruch des Fuji-Vulkans
1716–1736	Kyōhō-Ära
1716–1745	Regierungszeit von Shōgun Tokugawa Yoshimune Durchführung der Kyōhō-Reformen
1720	Lockerung des Einfuhrverbots für europäische Bücher
1721	Erste umfassende Volkszählung in Japan
1723	Änderung des Steuererfassungssystems; jährliche Ernteschätzung wird durch mehrjährigen Mittelwert ersetzt
1726	*Seidan* (»Über die Politik«), Hauptwerk Ogyū Sorais; theoretische Grundlegung der »Reformpolitik« des Shōgunats

1732	Große Hungersnot durch Heuschreckenplage
1769–1788	Vormachtstellung des Tanuma Okitsugu Einführung von Handelssteuern, Silbermünzung, Erweiterung des Außenhandels in Nagasaki
1772	Großbrand in Edo
1778	Erste Kontakte mit Russland an der Nordgrenze Zurückweisung der russischen Forderungen nach Handelsbeziehungen
1783–1787	Hungersnöte durch häufige Naturkatastrophen
1788–1793	Reformen der Ära Kansei unter Matsudaira Sadanobu
1792/1799	Beginn der Erschließung Hokkaidōs, das dem Shōgunat unterstellt wird
um 1807	*Yume no shiro* (»Anstelle von Träumen«), Hauptwerk Yamagata Bantōs Kritik am Konfuzianismus und Einführung des kopernikanischen Weltbildes
1804–1829	Bunka-Bunsei-Ära; zweite kulturelle Blütezeit der Epoche
1823–1829	Philipp Franz von Siebold als Arzt in Diensten der Holländer in Japan
1827	Beginn der Wirtschafts- und Finanzreformen im Fürstentum Satsuma
1837	Aufstand unter Führung des Ōshio Heihachirō in Ōsaka
1838	Wirtschafts- und Finanzreformen im Fürstentum Chōshū
1841–1843	Tempō-Reformen der Shōgunatsregierung unter Mizuno Tadakuni
1853	Ankunft einer amerikanischen Flottille vor Uraga; Forderungen der Westmächte nach Handelsverträgen und Einflusssphären
1854	Vertrag von Kanagawa mit den USA
1858	Handelsvertrag mit den USA
1862	*Sankin-kōtai*-System gemildert; Aufenthaltsdauer der Fürsten in Edo verkürzt
1864	Höhepunkt der *kōbu-gattai*-Bewegung, einer Koalition von Shōgunat, Fürsten und Kaiserhof
1865	Ratifizierung von Verträgen mit auswärtigen Mächten durch den Kaiser
1867/68	*Meiji-ishin*: Zerschlagung des Tokugawa-Shōgunats

1871	Abschaffung der Fürstentümer, Gründung der Präfekturen
1873	Grundsteuerreform

Die Entstehung des frühneuzeitlichen Gesellschafts- und Wirtschaftsgefüges

Bevölkerung und Landwirtschaft

Nach dem Ende des Zeitalters der Bürgerkriege im 16. Jahrhundert, die weite Landstriche verwüstet und die Bevölkerung dezimiert hatten, verbesserte sich im 17. Jahrhundert mit einer wiedererstarkenden landwirtschaftlichen Produktion auch die Versorgungslage der Bevölkerung nachhaltig: Die Anbaufläche vergrößerte sich um über 30 %, während die Produktivität der Feldwirtschaft um mehr als 50 % zunahm. Sicherlich sind dies die wesentlichen Gründe für die Verdoppelung der Bevölkerung von (geschätzten) 12 Mio. im Jahre 1600 auf die 26,07 Mio. Einwohner der Volkszählung von 1721. Im 18. Jahrhundert und in der ersten Hälfte des 19. Jahrhunderts sind dagegen kaum noch Veränderungen bei der Bevölkerungszahl und der landwirtschaftlichen Anbaufläche zu beobachten. Während die Ausweitung der Ackerflächen zumindest beim Nassreisbau wegen der Vielzahl der gebirgigen Regionen aus topographischen Gründen an ihre Grenzen stieß, ist die Bevölkerungsstagnation wohl auf die globale Klimaentwicklung zurückzuführen: Ähnlich wie in Europa während der »kleinen Eiszeit« war auch die Landwirtschaft in Japans Norden von den verringerten Temperaturen betroffen, so dass hier sogar ein Bevölkerungsrückgang gegenüber einem Zuwachs im Süden zu verzeichnen war.

Bevölkerungsentwicklung, Anbaufläche und Ernten in der Frühen Neuzeit

Jahr	1600	1697 (1700)	1721	1830	1843–46
Bevölkerung (Mio.)	12	–	26,07	27,13	26,91
Anbaufläche (Mio. Hektar)	2,23	2,59	2,93	–	3,03
Ernten (Mio. *koku*)	19,73	30,63	–	39,76	–
Produktivität: Ernten/Fläche (*koku*/ha)	8,85	11,09	–	13,12	–
Agrarproduktion/ Bevölkerung (*koku*/Einwohner)	1,64	1,17	–	1,47	–

Bei einer Bewertung der Schnelligkeit des Wiederaufbaus der landwirtschaftlichen Produktion im 17. Jahrhundert ist zu bedenken, dass das Anlegen oder die Wiederinstandsetzung von Nassreisfeldern durch die Notwendigkeit des Anlegens von Bewässerungssystemen einen weit höheren Aufwand als die Errichtung einer Trockenfeldkultur bedeutet. Das Aufblühen der Landwirtschaft wurde auch dadurch stark begünstigt, dass eine Förderung der Feldwirtschaft, insbesondere der Reisproduktion, eines der wichtigsten Anliegen der neuen Zentralregierung wie auch der regionalen Fürsten darstellte. Der Reis war das mit Abstand wichtigste Steuergut – als Naturalabgabe, die in der Mengeneinheit *koku* (180 Liter) gemessen wurde; *koku* stellte ferner eine Reis-Währung dar mit schwankenden Relationen zu Gold, Silber und Kupfer. Die Reisproduktion sowie deren steuerliche Erfassung bildete somit die Grundlage der staatlichen Finanzen.

Die materielle Grundlage für Japans politische Zersplitterung im Mittelalter hatte hauptsächlich in einer starken

Partikularisierung der Steuerhoheit bestanden. Bereits die vor Tokugawa Ieyasu Ende des 16. Jahrhunderts siegreichen Feldherren, Oda Nobunaga und Toyotomi Hideyoshi, hatten versucht, eine Einigung Japans unter ihrer Führung dadurch zu untermauern, dass sie die Besteuerung der landwirtschaftlichen Produktion allein auf ihre Herrschaft zentrieren wollten. Toyotomi Hideyoshi ließ zu diesem Zweck in den 1580er und 1590er Jahren in vielen Gebieten flächendeckende Landvermessungen (*taikō kenchi*) durchführen, die an kleinräumige Vermessungen Oda Nobunagas in dessen Herrschaftsgebiet anschlossen. In diesen Katasteraufnahmen wurde versucht, die tatsächlich den Boden bearbeitenden bäuerlichen Kleinfamilien zu erfassen und deren Steuerpflicht zu beurkunden. Dadurch sollten die Steuerhoheit der lokalen Grundherren ausgeschaltet und die Finanzen der Zentralmacht gestärkt werden.

Das für das Erscheinungsbild der Gesellschaft Bedeutsame dieser steuerrechtlichen Maßnahmen liegt in dem Umstand begründet, dass die nun in einer direkten Steuerpflicht zu übergeordneten politischen Einheiten stehenden landwirtschaftlichen Kleinproduzenten im Gegenzug Besitzzertifikate bzw. dauerhafte Nutzungsrechte über den von ihnen bebauten Boden erhielten. Der bäuerliche Kleinhaushalt wurde folglich von einer Untereinheit der übergreifenden Grundherrschaften (*shōen*) des Mittelalters zu einer steuerlich und rechtlich eigenständigen Einheit transformiert. Dieser Prozess wird in der Forschung als »Autonomisierung der Bauernschaft« zu Beginn der Frühen Neuzeit bezeichnet.

Der Übergang der vorherrschenden Grundrechtsform des Mittelalters zu jener der Frühen Neuzeit muss sicherlich als ein langsamer Prozess verstanden werden. Denn einerseits tritt bereits im 16. Jahrhundert noch ohne übergeordnete rechtliche Anerkennung bäuerlicher Kleinbesitz auf, andererseits erfolgten in verschiedenen Regionen bis ins 18. Jahrhundert hinein Landvermessungen, was hohe regionale Unterschiede vermuten lässt. In einigen wenigen Gebieten auf den Inseln Shikoku und Kyūshū erhielten sich mittelalterliche Formen sogar bis zum Jahr 1873.

Das Dorf (*mura*) wurde zu der wichtigsten elementaren Verwaltungseinheit mit maßgeblichen sozialen Funktionen nach innen wie nach außen. Die Abgaben waren zumeist vom Dorf insgesamt zu erbringen, wobei jeder Haushalt anteilig beitrug. Gleiches galt für die – allerdings nur sporadischen – Frondienstleistungen, die zumeist öffentliche Bauarbeiten und ähnliches betrafen. Die Dörfer verwalteten sich intern weitestgehend selbst durch einen Dorfältesten (*shōya*), welcher wiederum den regionalen Fürsten oder den Shōgunatsbeamten verantwortlich war, jedoch auch begrenzte Vorspracherechte besaß.

Die Errichtung des *Baku-han*-Staates

Die entscheidende machtpolitische Voraussetzung für die Durchsetzung der früneuzeitlichen Staatsordnung wurde durch die Schlacht von Sekigahara im Jahre 1600 geschaffen. Fürsten und Kriegsherren aus dem Westen und dem Osten Japans hatten sich zu zwei gewaltigen Heeren verbündet und suchten die Entscheidung über die Vorherrschaft im Lande. Das Ostheer unter Tokugawa Ieyasu obsiegte dabei vollständig, vor allem weil sich die westlichen Verbündeten nicht einig waren, Verrat auftrat, und einige Fürsten während der Kämpfe zum Gegner überliefen. Nach seinem Triumph in dieser historischen Schlacht war Tokugawa Ieyasu erfolgreich darum bemüht, ein stabiles, sowohl institutionell hierarchisch abgestuftes als auch geographisch geordnetes Herrschaftssystem zu errichten. Die Fürsten (*daimyō*), die ihm feindlich gegenübergestanden hatten, versetzte er, soweit ihre vollständige Entmachtung nicht möglich schien, in von seinem Herrschaftssitz

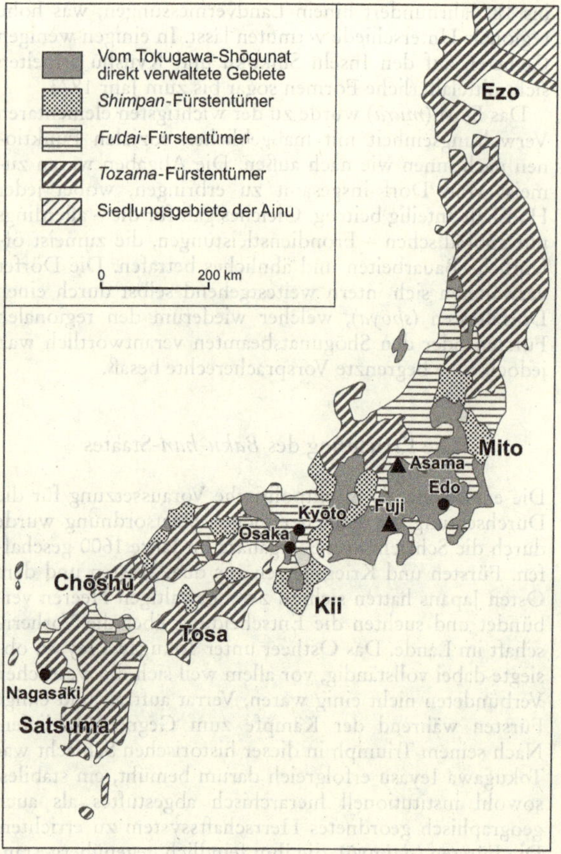

Karte 8: Die Fürstentümer der Frühen Neuzeit

Edo weit entfernte Regionen. Diese Fürsten wurden fortan *tozama daimyō*, die »außenstehenden Fürsten« genannt. Die Ieyasu verwandtschaftlich verbundenen Fürsten (*shimpan daimyō*) sowie bereits vor Sekigahara verbündete Fürsten (*fudai daimyō*) erhielten dagegen Lehen in den Kerngebieten. Das seit altersher bis in den Norden der Hauptinsel Japans siedelnde Volk der Ainu wurde von dort vertrieben und im Verlaufe der Edo-Zeit auch von den südlichen Küsten der Insel Hokkaidō (damals Ezo) verdrängt.

Ieyasu erhielt im Jahre 1603 den Titel eines Shōgun zugesprochen und begründete damit die über 250 Jahre währende Herrschaft seiner Familie, das Tokugawa-Shōgunat. Seine Residenzstadt Edo, deren weitere Umgebung, die großen Edelmetallminen des Landes sowie Nagasaki und Ōsaka stellte Tokugawa Ieyasu unter die direkte Verwaltung seiner Shōgunatsregierung. (Ōsaka hatte er im letzten Akt der kriegerischen Auseinandersetzungen 1614 und 1615 gegen Toyotomi Hideyori, den Sohn Hideyoshis, erstritten.) Wegen der dualistischen Herrschaftsteilung zwischen einer zentralen Shōgunatsregierung (*bakufu*) und über 250 Fürstentümern (*han*), die allerdings unter der Oberhoheit des Shōgun standen, hat sich in der japanischen Historiographie der Begriff *baku-han*-System eingebürgert (s. Karte 8).

Neben diesem geostrategischen Konzept waren es vor allem die gesellschaftspolitischen Maßnahmen, die die neue Ordnung stabilisierten. Die Gesellschaft wurde, einer konfuzianischen Konzeption folgend, in vier Stände eingeteilt: Samurai, Bauern, Handwerker und Kaufleute (Kaiserhaus, Hofadel und diskriminierte Randgruppen wurden darin nicht erfasst). Die für diese Regelung grundlegende Überlegung war zunächst sicherlich eher machtpolitischer als moralphilosophischer Natur. Im oben bereits angedeuteten Sinne einer Eliminierung der Subzentren der Steuerhoheit ging es hier v.a. darum, die Schicht der waffentragenden lokalen Grundherren auszuschalten. Diese konnten wählen, ob sie entweder unbewaffnete Bauern werden oder aber sich als bewaffnete Samurai ohne grundbesitzliche Verankerung in den Städten niederlassen wollten.

Der Stand der Samurai unterstand nun entweder direkt dem Shōgun oder einem Fürsten und wurde in eigens für ihn bestimmten Vierteln der Residenzstädte (*jōka-machi*) angesiedelt. Die Samurai erhielten einen nach Rängen abgestuften Monatssold, der in Reis ausgezahlt wurde. In diesen zunehmend friedlicher werdenden Zeiten wurde zudem der Waffendienst immer unwichtiger, und die ehemals wehrhaften Grundherren wandelten sich rasch zu einer städtischen Beamtenschaft, in der die Hinwendung zur Gelehrsamkeit zunehmend die Pflege des Kriegshandwerks überlagerte.

Die Shōgunatsregierung selbst bestand aus einem umfangreichen Verwaltungsapparat mit einem »Ältestenrat« (*rōjū*) an der Spitze. Außer in den recht seltenen Phasen, in denen ein starker Shōgun die Amtsgeschäfte aktiv führte, wurde die Politik der Regierung in diesem aus vier bis sechs dem Hause Tokugawa nahestehenden Fürsten gebildeten Rat festgelegt. Zunächst fungierten die Mitglieder des Rates monatlich alternierend als Regierungsführer, später ging man dazu über, für längere Zeit einen Vorsitzenden zu wählen. In einigen Phasen der Edo-Zeit wurde das Amt eines Regenten vergeben, der stellvertretend für den Shōgun die Macht in einer Hand vereinigte und bisweilen in durchaus autokratischer Weise regieren konnte.

In das neue Herrschaftssystem wurden auch die religiösen Institutionen miteinbezogen. Einerseits rief man innerhalb des zentralen Verwaltungssystems Aufsichtsorgane für Buddhismus und Shintoismus ins Leben und richtete im Sinne einer abgestuften Kontrolle strikt hierarchische Rangfolgen unter den Tempeln ein. Andererseits übertrug man die Registrierung von Geburten und Sterbefällen den buddhistischen Tempeln, welchen sich ab 1640 alle Familien landesweit zuzuordnen hatten (sog. *danka*-Parochialsystem), und vereinnahmte so durch die Delegierung hoheitlicher Funktionen auch die potentiell subversiven buddhistischen Schulen. Trotz der damit verbundenen institutionellen Stärkung des Buddhismus (die Anzahl der Tempel wuchs im Verlaufe der Edo-Zeit von etwa 13000 auf fast 470000) läuteten diese Maßnahmen seinen allmählichen Niedergang ein: Den Menschen traten die buddhistischen Einrichtungen mit ihren administrativen Funktionen zunehmend als weltliche Institutionen gegenüber, während sich die religiöse Sinnstiftung dabei verlor. Der Shintoismus dagegen überdauerte als weitverbreiteter Volksglaube in Form von Naturverehrung, Ahnenkult und Verehrung von Dorfschutzgottheiten die Epoche unbeschadeter und hatte sogar einigen Einfluss auf diverse philosophische Schulen.

Während der gesamten ersten Hälfte des 17. Jahrhunderts sah sich das Tokugawa-Shōgunat vor die Aufgabe gestellt, die neuerrichteten Strukturen gegen innere und äußere Feinde bzw. gegenläufige Tendenzen durchzusetzen. Als wichtigste äußere Bedrohung betrachtete man die nach wie vor im Südwesten weite Teile der Bevölkerung ansprechende christliche Mission. Dabei spielte für das Shōgunat, das selbst keinerlei religiöse Präferenzen hegte, die entscheidende Rolle, dass man in der christlichen Bevölkerung Japans, insbesondere den christlichen Fürsten und Samurai, Verbündete Portugals und Spaniens und damit Gegner des eigenen Herrschaftsanspruchs sah. Die sehr grausamen Christenverfolgungen der 1620er und 1630er Jahre sowie insbesondere die Niederschlagung des Shimabara-Aufstandes von 1637/38, einer Erhebung unzufriedener Bauern und einiger herrenloser Samurai in einer vorwiegend christlichen Gegend in der Nähe von Nagasaki, standen also weit mehr im Zeichen der Stabilisierung des *Baku-han*-Staates als religiöser Vorbehalte.

Eine weitere Stabilisierung nach innen erreichte das Shōgunat durch die Anordnung an die Fürsten, jedes zweite Jahr in der Shōgunatshauptstadt Edo zu residieren sowie ihre Familien ständig hier leben zu lassen. Durch dieses ab 1635 für alle Fürsten verbindliche System der alternierenden Residenz (*sankin-kōtai*) wurden die Kontrollmöglichkeiten über die regionalen Herrscher maximiert. Die Regierungszeit des dritten Tokugawa-Shōguns Iemitsu war ferner durch das Bestreben geprägt, die Verwaltungsstrukturen zu rationalisieren und die eindeutige Oberherrschaft des Shōgunats im Verhältnis zum nach wie vor in Kyōto residierenden Kaiserhof und den religiösen Institutionen zu etablieren. Ferner schuf man weitgefächerte Geheimpolizei-Organisationen, deren Aufgabe es war, bereits die kleinsten Ansätze eines Widerstandes gegen die Regierung aufzuspüren. In all diesen Maßnahmen spiegelt sich auch die große Furcht vor einem Rückfall in bürgerkriegsähnliche Zustände mit wechselnden Koalitionen der lokalen Machthaber wider.

Mitte des 17. Jahrhunderts war also – auch von den Zeitgenossen wohl so empfunden – ein neuartiges politisches System etabliert, das ungleich stabiler als seine Vorgänger war. Man hatte ein neues Muster der gesellschaftlichen Beziehungen geschaffen, dessen Hauptfunktionen auf die Bewahrung des Friedens, die institutionelle Regelung und Vermeidung von Konflikten sowie eine streng hierarchische Ordnung' mit dem Shōgun an der Spitze ausgerichtet waren. Was aber den Institutionen dieser neuen Sozialordnung höchste Autorität verlieh, war ihre Legitimation durch die konfuzianische Philosophie und Staatslehre.

Konfuzianismus und Naturalabgaben

Wir gehen heute nicht mehr davon aus, dass, wie es früher als Lehrmeinung vertreten wurde und wie es auch die Konfuzianer der späteren Edo-Zeit gern für sich selbst in Anspruch nahmen, mit Beginn der Tokugawa-Herrschaft auch die konfuzianische Staats- und Gesellschaftslehre in den Rang einer orthodoxen Grundlage der Regierungspolitik aufstieg. Die konfuzianischen Lehren fanden vor der Edo-Zeit in Japan nur geringe Beachtung, und das Studium der klassischen konfuzianischen Schriften wurde lediglich in einigen buddhistischen Klöstern betrieben. Das Lebenswerk des ersten konfuzianischen Gelehrten Japans, Fujiwara Seika, war es denn auch, dieses Studium aus dem buddhistischen Rahmen herauszulösen.

Der Begründer der Vorherrschaft der konfuzianischen Lehre als Orthodoxie des Tokugawa-Staates, Hayashi Razan, hatte zwar langjährige Kontakte zum Shōgunat, und seine Ansichten wurden dort durchaus aufgenommen. Bestimmenden Einfluss auf die Machtelite erlangte er aber erst 1656, ein Jahr vor seinem Tod, als ihm die Erziehung des minderjährigen Shōgun Ietsuna anvertraut wurde. Auch die von ihm 1630 in Edo gegründete Schule (*Shōheikō*) erreichte ihre volle Bedeutung als maßgebliche Bildungsinstitution der Shōgunatsregierung erst nach seinem Tod. Den beiden Söhnen Hayashis, die seine Schule weiterführten und 1662 seine gesammelten Werke publizierten, gelang es schließlich, die allgemeine Überzeugung zu verbreiten, Razan habe zum gleichen Zeitpunkt, als Tokugawa Ieyasu militärisch die Macht übernahm, die Autorität des Konfuzianismus in Japan errichtet. Fortan kam dem Hause Hayashi eine offizielle, fast unangreifbare Position zu.

Hayashi Razan gehörte zu einer Gruppe von Gelehrten, die das häufig als »Neo-Konfuzianismus« bezeichnete, auf den chinesischen Philosophen Zhu Xi (jap. Shushi), zurückgehende Gedankengut in das staatsrechtliche, gesellschafts- und wirtschaftspolitische Denken in Japan einführte. Das Ideengebäude des Zhu Xi verband und integrierte die klassischen konfuzianischen Schriften, welche sich hauptsächlich Problemen der Staats- und Gesellschaftsordnung widmen, mit der daoistischen Tradition, die der Beobachtung und Nutzung der Naturkräfte die größte Aufmerksamkeit schenkt. Das aus dieser Synthese erwachsene umfassende Gedankensystem, das die Medizin ebenso wie die Staatskunst, die Wirtschaft ebenso wie die Kultur auf eine gemeinsame metaphysische Grundlage stellte, lief (hier stark verkürzt dargestellt) auf eine Gleichsetzung der menschlichen Beziehungsmuster mit der kosmischen Harmonie und dem Zusammenspiel der Naturkräfte hinaus. Das moralisch richtige soziale und ökonomische Verhalten war danach ebenso wie seine Stellung im Kosmos dem Menschen angeboren.

Die japanischen Konfuzianer des 17. Jahrhunderts leiteten daraus folgende Regeln für die Wirtschafts- und Gesellschaftsordnung ab: Die Herrschaft des Adels mit dem Shōgun an der Spitze wurde ebenso wie die hierarchische Einteilung der Bevölkerung in vier Stände als eine Entsprechung der kosmischen Gesetze angesehen, also naturrechtlich begründet. Jede Abweichung und Überschreitung der Standesgrenzen, insbesondere der den Ständen je exklusiv zugemessenen ökonomischen Tätigkeiten (der Ackerbau der Bauern, der Handel der Kaufleute, die Werkzeugproduktion der Handwerker und die Verwaltungsaufgaben der Samurai), galt als Verletzung der kosmischen Harmonie. Dies wiederum rief Probleme bei der Versorgungslage und bei den Staatsfinanzen hervor. Die Tätigkeit des untersten Standes, der Handel der Kaufleute, galt als moralisch niedrigstehend und gänzlich unproduktiv. Nach Auffassung der japanischen Konfuzianer galt es als unmöglich, außerhalb der Landwirtschaft Werte zu erzeugen, und deshalb kamen als Steuereinnahmen des Staates nur Agrarabgaben, insbesondere Naturalabgaben in Reis, in Frage. Wegen deutlicher Parallelen zu den im Frankreich des 18. Jahrhunderts entwickelten ökonomischen Konzepten wird diese Lehre häufig auch als »japanischer Physiokratismus« bezeichnet.

Da jeglicher Konfuzianismus, gleich welcher Spielart, eine Wiederannäherung der Gesellschaft an die als ideal empfundenen Zustände des chinesischen Altertums anstrebt, wurden die japanischen Konfuzianer zu erbitterten Gegnern jeder nicht rein agrarischen Entwicklung. Das ging so weit, dass immer wieder die Abschaffung der Geldwirtschaft und drastische Maßnahmen gegen die im 17. Jahrhundert stetig zunehmenden Tendenzen der Urbanisierung und Marktproduktion gefordert wurden. Die konfuzianische Lehre in Japan wurde also einerseits als Legitimationswissenschaft der Machtordnung des Tokugawa-Staates geboren, entwickelte jedoch auch bald eine starke Eigendynamik als dogmatisches Wissen um die »gerechten« Grundlagen der Gesellschaft.

Als die mit weitem Abstand wichtigsten gesellschaftlichen und ökonomischen Beziehungen galten die »wechselseitigen Verpflichtungen« zwischen Adel und Bauernschaft. Indem er für Frieden und eine funktionierende Verwaltung sorgte sowie den bäuerlichen Kleinbetrieben auf der Grundlage der Landvermessungen Ackerboden von angemessener Größe bereitstellte, erfüllte der Adel (Shōgun und Fürsten) seine Fürsorgepflicht. Die Bauern erfüllten im Gegenzug ihre Versorgungsverpflichtung dadurch, dass sie durchschnittlich etwa 50 % der Reisproduktion (andere Feldfrüchte sowie die Fischerei wurden in Äquivalenten verrechnet) als Abgabe abführten.

Mindestens einmal jährlich kurz vor der Ernte erschien in jedem Dorf der Steuereintreiber, ließ ein Planquadrat der Anbaufläche ausdreschen und errechnete daraus die jährliche Steuerlast. Die Bauern hatten nach der Ernte diesen »Steuerreis« bei den meist unmittelbar bei der Residenzstadt der Fürsten gelegenen Speichern abzuliefern. Die zu erwartende, vom Shōgunat bereits zu Beginn des 17. Jahrhunderts geschätzte, in Listen erfasste und später nie mehr überprüfte »offizielle« Höhe der Reisproduktion (*omotedaka*) eines Fürstentums bezeichnete gleichzeitig den Rang eines Fürsten innerhalb des Adels (zwischen 10000 und 1,0 Mio. *koku*). Die Haushaltsverwaltungen der Fürstentümer hatten mit diesen Naturaleinnahmen sämtliche Ausgaben, auch solche, die in Geld fällig wurden, zu bestreiten.

Innerhalb der Fürstentümer konnten die Ausgaben größtenteils direkt in Reis erfolgen: Die monatlichen Soldzahlungen an die Samurai, die das Gros dieser Ausgaben bildeten, wurden zumeist bis zum Ende der Edo-Zeit in Reis ausgegeben. Für nahezu alle außerhalb der Fürstentümer getätigten Ausgaben war jedoch Geld, in Westjapan Silber, in Ostjapan Goldwährung, erforderlich. Diese externen Ausgaben bestanden in der seit dem *sankin-kōtai*-Edikt von 1635 obligatorischen Notwendigkeit der Unterhaltung von – vielfach sehr prunkvollen – Residenzen (*yashiki*) in Edo, der jährlichen Reise nach Edo oder zurück sowie in von Zeit zu Zeit vom Shōgunat geforderten Hilfsleistungen, z. B. für öffentliche Bauvorhaben oder bei Naturkatastrophen. Zum Wiederaufbau der durch den großen Ausbruch des Fuji-Vulkans im Jahre 1707 geschädigten Gebiete etwa hatten alle Fürsten anteilig beizutragen.

Um die Geldbeträge für diese sich strukturell erhöhenden externen Leistungen zu erwirtschaften, mussten die Fürstentümer einen immer größeren Teil ihrer Reiseinnahmen verkaufen. Während dies zunächst noch durch Kontrakte mit regionalen Kaufleuten geschah, ging gegen Ende des 17. Jahrhunderts die überwiegende Mehrzahl der Fürstentümer dazu über, ihren Steuerreis direkt auf dem sich entwickelnden zentralen Reismarkt in der Stadt Ōsaka zu veräußern. Man richtete dort eigene Speicherhäuser ein und versorgte sich durch Waren-Termin-Geschäfte mit den Ōsakaer Handelshäusern mit der benötigten Menge Münzgeldes. Da jedoch der Geldbedarf der Fürsten ihre Steuereinnahmen zumeist überstieg, nahmen diese Waren-Termin-Geschäfte schon bald den Charakter mittel- und langfristiger Kreditierungen an. Binnen weniger Jahrzehnte wurde die sich daraus ergebende Verschuldung dermaßen belastend, dass man über die hohe Abhängigkeit von dem – nach konfuzianischer Einordnung – untersten Stand, den Kaufleuten, klagte.

Den konfuzianischen Gelehrten war es also gelungen, ihre Lehre in die Position einer Staatsorthodoxie zu erheben, welche das Denken wie das Handeln der feudalen Obrigkeit bestimmte sowie auch jedes einzelne Mitglied der Gesellschaft in eine per Geburt (oder Adoption) strikt festgelegte »offizielle« Rollenverpflichtung einband. Das dabei an zentraler Stelle stehende Primat der Landwirtschaft sowie die Ächtung des Handels, der Marktproduktion und des städtischen Lebens geriet jedoch schon sehr bald in einen eklatanten Widerspruch zu den realen gesellschaftlichen Verhältnissen.

Handel und städtische Kultur

Im späten 17. Jahrhundert zeigte sich in der Shōgunatshauptstadt Edo, der alten Kaiserresidenz Kyōto, der aufstrebenden Handelsmetropole Ōsaka sowie in über 200 Provinzstädten bereits ein voll aufgeblühtes städtisches Leben. Die starke Urbanisierungstendenz war durch Mechanismen des Herrschaftssystems selbst hervorgerufen worden. Mit der Ansiedlung der Samurai in unmittelbarer Nähe zu den Fürstensitzen entstanden im Zentrum der Fürstentümer Residenzstädte, in welchen auch eigene Viertel für Kaufleute und Handwerker eingerichtet wurden.

Durch das *sankin-kōtai*-System des jährlich alternierenden Aufenthalts der Fürsten in Edo waren in der Shōgunatshauptstadt die größten Zuwächse zu verzeichnen. Da die Fürsten um die Burg des Shōguns zentriert eigene weitläufige Residenzen, Hofhaltungen und erhebliche Mengen an Personal unterhielten, schlossen sich zu deren Versorgung rasch weitere Stadtviertel an. Allein Edo stieg im Verlaufe des 17. Jahrhunderts zur damals größten Stadt der Welt mit 1,1 Millionen Einwohnern auf. Zum Vergleich: Beijing und London hatten im 18. und frühen 19. Jahrhundert eine Bevölkerung von 800000 bis 900000, während Paris 540000 Einwohner zählte. In Japan war die Urbanisierungstendenz vielleicht weltweit am stärksten: Zu Beginn des 18. Jahrhunderts lebten 3,8 Millionen Menschen oder 12% der Bevölkerung Japans in Städten.

Die Städte entwickelten einen großen Bedarf an Lebensmitteln und Dingen des täglichen Bedarfs, die aus der näheren oder weiteren Umgebung angeliefert werden mussten. Im Umkreis der Städte, im Falle Edos weite Teile der Kantō-Ebene umfassend, zog diese Nachfrage eine sprunghaft ansteigende landwirtschaftliche Marktproduktion nach sich. Ebenso schnell nahm die Bedeutung der Kaufleute zu, da den Bauern (nach den Regeln des japanischen Konfuzianismus) jegliche Handelstätigkeit untersagt war. Weil jedoch auch viele Güter nachgefragt wurden, die nicht aus der Nähe zu beschaffen, sondern an regional unterschiedliche Produktionsbedingungen gebunden waren, wie beispielsweise Papier, Tee, Baumwolle, Bauholz, Kerzen, Salz oder Zucker sowie weit spezialisiertere Produkte, errichteten die Kaufleute weitgefächerte Kooperationsnetze und Handelsketten. Die größten Handelshäuser besaßen bald Niederlassungen in allen Teilen Japans und marktbeherrschende Positionen bei einzelnen Warengruppen.

Die Shōgunatsregierung nahm gegenüber der Kaufleuteschaft eine ambivalente Haltung ein: Einerseits galt deren Tätigkeit, ja Handelsspannen und Gewinn überhaupt als moralisch verwerflich. Andererseits benötigte man ihre Dienste zur Versorgung der Städte wie auch der Regierung selbst. Wegen der stetigen latenten Bedrohtheit ihres Standes bildeten die Kaufleute neben einem völlig eigenen Lebensstil, der die städtische Kultur mehr und mehr prägte, auch eine eigene Moral und gildenähnliche Zusammenschlüsse aus. Da es im Gesellschaftssystem der Edo-Zeit außer auf dem Wege der Adoption unmöglich war, den Stand zu wechseln, gelang es den zahlenmäßig relativ wenigen Betrieben der in ihren Standesgrenzen fest umrissenen Kaufleuteschaft, bei stark ansteigenden Handelsvolumina, große Reichtümer anzuhäufen sowie oligopolistische Vormachtstellungen zu erwerben.

In den meisten Handelsfragen sowie in vielen Fragen der Wirtschaftspolitik besaß die Regierung gar keine andere Möglichkeit, als eng mit Kaufleuten zu kooperieren, da man nicht das nötige praktische Wissen in diesen Dingen hatte und sich auch nicht damit »beschmutzen« wollte. Als etwa im Jahre 1670 ein Mechanismus gefunden werden musste, die Relationen zwischen der in Ostjapan vorherrschenden Goldwährung und dem in Westjapan verwendeten Silber zu aktualisieren und zu kontrollieren, beauftragte man zehn große Handelshäuser aus Ōsaka mit diesem Dienst. Diese sogenannten »zehn Geldwechsler« legten fortan die Austauschbedingungen täglich neu fest. Dass dies kein selbstloser Dienst war, zeigt sich daran, dass diese zehn bald zu den mächtigsten Handelshäusern Japans aufstiegen.

Die Definition der Währung und die Münzprägung übernahm das Shōgunat jedoch – trotz einiger Vorbehalte der Konfuzianer – vor allem wegen der daraus zu erzielenden Einkünfte selbst. Die Tokugawa hatten sich, wie erwähnt, nach dem militärischen Sieg im Jahre 1600 in den Besitz aller Edelmetallminen des Landes gebracht. Im gesamten japanischen Mittelalter hatte keinerlei Münzung stattgefunden. Über 600 Jahre lang waren lediglich die Münzen des Altertums (letzte Prägung im Jahre 958), importierte Münzen aus Korea und China sowie Gold und Silber nach Gewicht als metallische Zahlungsmittel in Umlauf gewesen. Nach einem kurzlebigen Versuch gegen Ende des 16. Jahrhunderts war es im frühen 17. Jahrhundert das Tokugawa-Shōgunat, das den Geldverkehr in Japan wieder mit einem vollen Satz von kompatiblen Gold- und Kupfermünzen ausstattete. Beim Silber blieb es jedoch lange bei einer Gewichtswährung.

Der dadurch wesentlich vereinfachte Geldverkehr hat sicherlich viel zu dem nachfolgenden wirtschaftlichen Aufschwung beigetragen. Die Regierung verschaffte sich zudem, da man das Edelmetall besaß, mit der Münze über lange Zeit eine sehr solide finanzielle Grundlage. Als jedoch in der sogenannten »goldenen« Genroku-Ära (1688–1704) die Stadt Edo und insbesondere der Hof des Shōgun großen Prunk entfalteten und zudem die Erzminen erschöpft waren, nahm man Zuflucht bei der ersten einer langen Reihe von Münzverschlechterungen. Die Regierung verringerte bei der Neumünzung des Jahres 1695 den Edelmetallgehalt der Gold- und Kupfermünzen sowie der normierten Silberbarren unter Beibehaltung der Nennwerte um zwischen 20 und 32 %. Der angeordnete Zwangsumtausch war jedoch nur teilweise durchsetzbar, da die Besitzer der wertvolleren Münzen diese horteten und verbargen.

Auch die nachfolgenden Korrekturen und Versuche, die dadurch einsetzende Inflation einzudämmen, fruchteten zunächst nicht: In den Jahren 1706 bis 1710 brachte man Münzen mit dem ursprünglichen Edelmetallgehalt, aber geringeren Gewichts heraus. Auch diese fanden keine Akzeptanz in der Bevölkerung. Eine Verbesserung der Situation konnte erst erreicht werden, als der Gelehrte Arai Hakuseki in eine führende Position im Shōgunat gelangte. Arai, der in seinen staatspolitischen Konzepten eine recht unorthodoxe Interpretation der konfuzianischen Schriften vertrat, entdeckte in den Klassikern das »Prinzip der metallischen Reinheit«. Damit war eine Legitimation für eine Rückkehr zum Münzstandard von vor 1695 gefunden, und die Währungsturbulenzen konnten zwischen 1714 und 1722 durch entsprechende Maßnahmen vorerst überwunden werden. Da sich durch diese Maßnahmen an der finanziellen Situation des Shōgunats aber nichts Grundlegendes änderte, kam es im weiteren Verlauf der Edo-Zeit immer wieder zu ähnlichen Münzverschlechterungen, negativen Reaktionen des Geldmarktes und Restituierungsversuchen.

Es ist wahrscheinlich ebenfalls auf den Einfluss Arais zurückzuführen, dass im Jahre 1720 das Einfuhrverbot für europäische Bücher, das seit dem Abschließungsedikt von 1639 bestand, gelockert wurde. Die Japaner waren zu dieser Zeit hauptsächlich an westlichen Werken zu Astronomie und Anatomie interessiert, und es entwickelte sich eine, wenngleich zunächst schmale, Tradition von der holländischen Sprache kundigen Gelehrten, die vornehmlich diese Werke rezipierten oder übersetzten. Diese *Rangaku* (holländische Studien) genannte Schule etablierte im Verlauf des 18. Jahrhunderts ebenso wie die Orientierung an japanischen klassischen Schriften durch die »nationale Schule« (*Kokugaku*) eine Ergänzung zur weiterhin vorherrschenden, nach chinesischen Vorbildern betriebenen Gelehrsamkeit (*Kangaku*, »China-Studien«). Vor allem Gelehrte der *Kokugaku* wie der philologisch arbeitende Moto'ori Norinaga leiteten eine Renaissance der Shintō-Theologie ein, die eine der ideologischen Wurzeln der *Meiji-ishin* darstellt. Der allgemeine Bildungsgrad war übrigens mindestens vergleichbar mit dem zeitgenössischen Europa, wahrscheinlich sogar höher. Dies war insbesondere der Vielzahl der den buddhistischen Tempeln angegliederten Schulen (*terakoya*) zu verdanken, zu denen alle Bevölkerungsschichten sowie beide Geschlechter Zugang hatten.

Während Kunst und Literatur bis dahin in der japanischen Geschichte immer der adligen Oberschicht vorbehalten gewesen waren, entstand nun im Zuge des aufblühenden urbanen Lebens eine dezidiert bürgerliche Kultur. Da den Kaufleuten jegliche Anteilnahme am politischen Leben verwehrt blieb, war ihre Kultur von der Suche nach Genuss und Unterhaltung getragen. Ihr Ideal wurde die »vergängliche Welt« (*ukiyo*), das Reich der Mode, des Schauspiels und der erotischen Vergnügungen. Während die unmittelbare Geschäftstätigkeit durchaus von strikten moralischen Richtlinien bestimmt war, was vielfach zu der vielleicht überzogenen Vermutung einer Analogie zur »protestantischen Ethik« (Max Weber) eines Teils der Kaufleute in Europa Anlass gegeben hat, verwandte man in der Freizeit die akkumulierten Reichtümer für hemmungslose Ausschweifungen.

In den Städten entstanden weitläufige Vergnügungsviertel, allen voran das berühmte Yoshiwara in Edo, deren Gaststätten, Bäder, Bordelle und Schauspielhäuser v. a. während der Nächte von einem stetigen Treiben erfüllt waren und die auch bald andere Bevölkerungsschichten bis hin zu den Samurai (letztere allerdings inkognito) anzogen. Zur zentralen Figur dieser Viertel wurde die *Geisha*, die neben ihren direkten Liebesdiensten beispielhaft für die Kultivierung eines materialistisch-hedonistischen Lebensstils stand (Prostitution erfolgte dabei keineswegs freiwillig, sondern durch den »Verkauf« von Töchtern verarmter Familien). Zum Verständnis dieser Entwicklungen sei darauf hingewiesen, dass in Japan damals nahezu keine religiöse oder ethische Reglementierung des sexuellen Verhaltens tiefe Wurzeln im Empfinden der Menschen geschlagen hatte.

Auch die bürgerliche Literatur und Kunst kreiste vorwiegend um den Bereich von Unterhaltung und Vergnügen. Die in einer großen Zahl mit hohen Auflagen erscheinende Romanliteratur, längere Erzählungen ebenso wie eine Flut von trivialen Heftchen-Romanen, bestand zu großen Teilen aus meist reichlich schlüpfrigen Liebesgeschichten und bebilderten Führern durch die Vergnügungsviertel. Es finden sich ferner – durchaus nicht unüblich – Darstellungen der homosexuellen Liebe sowie bissige Gesellschaftssatiren. Als wichtigster Autor ist wohl Ihara Saikaku aus Ōsaka zu nennen, der sehr lebendige Sittengemälde des bürgerlichen Standes entworfen hat, dessen weibliche wie männliche erotische Helden sich aber auch dadurch auszeichnen, dass sie alle Spielarten des Liebeslebens meistern. Die Shōgunatsregierung versuchte zwar häufig, diese von der Obrigkeit als unmoralisch betrachteten Entwicklungen durch Zensur und Verbote auszumerzen, was mitunter bis zur Räumung ganzer Stadtviertel ging. Auch den drakonischsten Maßnahmen waren aber nur sehr kurzfristige Erfolge vergönnt.

Die japanische Holzschnittkunst (*ukiyo-e*), die später weltweite Beachtung finden sollte, hatte ihre Ursprünge ebenfalls in diesem Milieu, nämlich in der Form von Reklamezetteln für Vergnügungseinrichtungen und Theater. Mit dem *Kabuki*, aber auch dem Puppentheater (*Bunraku*) entwickelte sich ferner eine »einzigartige Theatertradition von großem Formenreichtum, die vom hochstilisierten Tanzdrama bis zur realistischen bürgerlichen Tragödie reichte« (J. W. Hall). Die wohl bekannteste Form der japanischen Poesie, das Kurzgedicht *Haiku* (oder *Haikai*), der verselbstständigte Oberstollen der *tanka*-Kurzgedichte mit drei Zeilen zu je 5-7-5 Silben, erfuhr seine bis heute gültige Ausprägung ebenfalls zu dieser Zeit.

Durch die beim Adel und bei den Samurai vorherrschende konfuzianische Moral war den Frauen jegliche Tätigkeit in politischen Ämtern oder im gelehrten Diskurs versagt. Die Edo-zeitlichen Quellen geben uns gleichfalls kaum Auskunft über Frauen in leitenden Positionen des Geschäftslebens oder in den regionalen Verwaltungseinheiten. Wie bereits geschildert, bestand jedoch oft ein enormer Unterschied zwischen den offiziellen Kriterien der Sozialordnung und den realen Kräfteverhältnissen und Lebensgewohnheiten. Deshalb ist ein Vergleich mit den gesellschaftlichen Verhältnissen modernen westlichen Zuschnitts, wie er auch im heutigen Japan oft unternommen wird, sicherlich nicht leicht zu ziehen. Wir haben aber wohl nicht grundsätzlich von einer stärkeren Unterdrückung oder Zurücksetzung der Edo-zeitlichen Frauen auszugehen. Auf dem Lande, v.a. unter der Bauernschaft Südwest-Japans, war das Geschlechterverhältnis entsprechend der größeren wirtschaftlichen Rolle der Frau und, soweit es sich beurteilen lässt, trotz nun eindeutig patrilinearer Erbfolge eher egalitär geprägt. Neuere Forschungen haben beispielsweise aufzeigen können, dass selbst die aktive (in einigen Fällen sogar mehrfache) Herbeiführung von Ehescheidungen durch Frauen durchaus möglich gewesen ist.

Allgemeine Systemkrise und vorindustrielles Wachstum

Hungersnöte und Finanzkrisen

In der vorwiegend agrarisch bestimmten Epoche der Edo-Zeit hatten die in Japan häufig auftretenden Naturkatastrophen unmittelbare gravierende Auswirkungen auf die Nahrungsmittelversorgung. Japan ist immer wieder von Erdbeben, zuweilen auch von Vulkanausbrüchen heimgesucht worden. Die aus Holzhäusern bestehenden Städte wurden mehrfach durch Großfeuer völlig zerstört. Die weitaus größten Schäden für die Landwirtschaft verursachten jedoch die Taifune und Regenstürme, die in den Sommer- und Herbstmonaten große Zerstörungskraft entwickeln. Der Nassreisbau ist zudem extrem anfällig für Überschwemmungskatastrophen, da vielfach nicht nur die Ernte, sondern das gesamte Bewässerungssystem vernichtet wird.

Aus zeitgenössischen regierungsamtlichen Quellen sowohl des Shōgunats als auch der Fürstentümer lässt sich recht genau erkennen, wie häufig Ernteausfälle hingenommen werden mussten. Wir können sagen, dass bei allerdings erheblichen regionalen Unterschieden eine vollständige Vernichtung der Reisernte etwa alle zehn Jahre auftrat und Missernten noch öfter zu verzeichnen waren. In den 1720er und 1730er Jahren der Kyōhō-Ära (1716–36) traten Naturkatastrophen besonders gehäuft auf. Alle Teile Japans litten verstärkt unter wetterbedingten Schäden. Nicht nur bei der Reisproduktion, über die wir wegen ihrer Erfassung in den Steuerregistern genaue Aussagen treffen können, sondern wahrscheinlich auch bei anderen Feldfrüchten, wie Hirse, Bohnen und Gemüse, die die Nahrungsgrundlage der Landbevölkerung bildeten, gab es nahezu jährlich gravierende Einbußen. Darüber hinaus wurde hauptsächlich der Südwesten Japans im Jahre 1732 von einer verheerenden Heuschreckenplage heimgesucht.

Wir besitzen keine Zahlenangaben darüber, wie viele Menschen bei den auf die Missernten folgenden Hungersnöten ums Leben kamen. Es ist jedoch zu vermuten, dass in diesen beiden Jahrzehnten mit dem Höhepunkt in den frühen 1730er Jahren weite Teile der Landbevölkerung unter großem Nahrungsmittelmangel litten und die Zahl der Opfer erheblich war. Die Shōgunatsregierung kam ihrer Fürsorgepflicht, so gut es ging, nach, setzte ihre Reisvorräte ein und richtete in den stark betroffenen Regionen Reisspeicher und Ausgabestellen ein. Die Missernten hatten natürlich auch massive Auswirkungen auf das Preisgefüge. Während durch die 1714 eingeleitete Währungsreform (Wiederherstellung des ursprünglichen Edelmetallgehalts der Münzen) wegen der Verringerung der Geldmenge zunächst eine deflatorische Tendenz sowie entsprechende Rezessionserscheinungen zu beobachten waren, bewirkten die Missernten und Hungersnöte nun eine heftige Inflation. Insbesondere der Reispreis erlebte in jener Zeit eine sprunghafte Berg-und-Tal-Fahrt.

Von den Missernten ebenso wie von der Preisentwicklung waren – als wesentlichste politische Auswirkung – auch die von Einnahmen aus der Reissteuer abhängigen Finanzen der Fürstentümer betroffen. Missernteiahre bedeuteten für diese erheblich verringerte Steueraufkommen, da nach der bislang verfolgten Methode der Steuererhebung die Höhe der Abgaben durch die Schätzung der Ernteerträge vor Ort festgelegt wurde. Ernteausfälle bedingten also sofort geringere Steuereinnahmen. Ab 1723 wurde diese Praxis in den Shōgunatsgebieten und einer rasch wachsenden Zahl von Fürstentümern dadurch ersetzt, dass man nun einen Mittelwert der Ernten der vorangegangenen Jahre zur Festlegung der Abgabenhöhe errechnete. Dies sollte den fürstlichen Haushalten kontinuierlichere Einnahmen und damit auch eine bessere Kalkulation der Budgets ermöglichen. Eine strukturelle Erhöhung des Steueraufkommens war damit freilich nicht gegeben. In schweren Missernteiahren konnte ferner auch die nach diesem neuen System errechnete Abgabenhöhe gegen den Widerstand der Bauernschaft zumeist nicht realisiert werden.

Die Änderung der Steuergesetzgebung von 1723 hatte zudem Folgen für die ländliche Sozialstruktur, die von den Regierenden sicherlich nicht intendiert waren: Da nun die Höhe der Abgaben über Jahre hinweg gleich blieb und den bäuerlichen Kleinbetrieben auch in Jahren schlechterer Ernten kein Steuernachlass gewährt wurde, gerieten weniger produktive Bauern ohne Rücklagen allmählich in die Abhängigkeit von einer erstarkenden bäuerlichen Oberschicht. Obwohl der Verkauf von Ackerland während der gesamten Edo-Zeit prinzipiell verboten war, wurden in den Dörfern individuelle Verschuldungen durch die informelle Übertragung von Bodennutzungsrechten ausgeglichen. Diese neuen, nicht de jure, aber de facto bestehenden Besitzverhältnisse auf dem Lande führten schließlich – bei allerdings erheblichen regionalen Unterschieden – zu einer Spaltung der Landbevölkerung in Grundeigner und eine Schicht von Besitzlosen, die ihren Lebensunterhalt als Pächter oder in der Lohnarbeit verdienten. Die im 17. Jahrhundert herbeigeführte, sowohl machtpolitisch gewollte als auch den konfuzianischen Vorstellungen entsprechende hohe soziale Egalität unter der Bauernschaft wurde also im 18. Jahrhundert u.a. durch die Steuergesetzgebung aufgebrochen.

Viele Fürstentümer sahen sich schließlich gezwungen, dieser Entwicklung durch die Einrichtung unterschiedlicher Steuerklassen Rechnung zu tragen, was einer obrigkeitlichen Legitimierung der neuen Besitzverhältnisse bereits recht nahe kam. Die erstarkende bäuerliche Oberschicht, deren Konsumgewohnheiten schon bald nur noch wenig mit dem Lebensstil gemein hatten, den die konfuzianische Orthodoxie dem Bauernstande vorschrieb, spielte ferner in den während der gesamten Edo-Zeit sehr häufig auftretenden Bauernaufständen (*ikki*) eine bedeutende Rolle. Die *ikki* waren meist nur von begrenzter regionaler Bedeutung, weiteten sich aber häufig aufgrund der als zu hoch empfundenen Steuern von der gemeinschaftlichen Verweigerung der Abgabenzahlung bis hin zu regionalen Bauernmärschen auf die Residenzstädte der Fürsten aus. In den insgesamt mehr als tausend Aufständen übernahmen die reichsten Bauern meist eine Führungsrolle, weil das Amt des Dorfältesten vielfach in deren Familien erblich geworden war.

Sahen sich also die Fürsten einerseits in ihren Territorien einem wachsenden Selbstbewusstsein der Bauernschaft und damit stagnierenden Steuereinahmen gegenüber, so wurde ihre Position andererseits beim Verkauf des Steuerreises und auf der Ausgabenseite sowohl durch die konjunkturell und währungspolitisch bedingten Preissprünge als auch durch die Handelsstrukturen vor allem in Ōsaka stark geschwächt. Für den Verkauf der Reissteuereinnahmen auf dem zentralen Reismarkt in Ōsaka ebenso wie beim Erwerb von Marktgütern standen als Handelspartner zumeist nur oligopolistische Kaufmannsgilden (*kabu-nakama*) zur Verfügung, die häufig gar im expliziten Auftrag der Shōgunatsregierung eine Kontrollfunktion über den Handel ausübten. Die damit für die Fürsten sehr ungünstigen Tauschbedingungen sowie die hohen externen Verpflichtungen, wie etwa die Hofhaltung in Edo, führten zu deren wachsender Verschuldung bei den großen Ōsakaer Handelshäusern.

Wir finden in den regionalen Quellen viele Beispiele für die rasch vielfach bedrohliche Ausmaße annehmende Schuldenbelastung der Fürstentümer. Genauere umfassende Zahlenangaben besitzen wir nur für das Ende der Edo-Zeit, als die Verschuldung insgesamt die Höhe von 78 Millionen *ryō* (Goldwährungseinheit) oder schätzungsweise fünf Jahreseinnahmen aus der Agrarsteuer aller Fürstentümer zusammen erreichte. Um der sich stetig verschlechternden Finanzlage zu begegnen, bot sich zunächst als wirklich praktikable Maßnahme meist nur die Kürzung der Samuraigehälter um bis zu 50 % an. Die Entwicklung des sozialökonomischen Gefüges wies also damals folgende Grundtendenzen auf: Eine sich beständig verschärfende Finanzkrise der fürstlichen Haushalte; tendenzielle Verarmung der Samurai; die stetig anwachsende Bedeutung des Kaufmannsstandes sowie eine fortschreitende soziale Differenzierung der Bauernschaft.

Ogyū Sorai

Es ist nicht verwunderlich, dass angesichts dieser gesellschaftlichen Entwicklungen auch in der gelehrten Diskussion die hergebrachten konfuzianischen Konzeptionen, die ja völlig anders geartete Beziehungen zwischen den Ständen als »natürlich« vorgegeben betrachteten, in die Defensive gerieten. Die machtvollsten Angriffe gegen diese Form des Naturrechtsgedankens kamen jedoch in Japan vorläufig nicht aus der Richtung »aufklärerischer« Bestrebungen, sondern aus Teilen der konfuzianischen Gelehrtenschaft selbst. Die dabei vorgebrachten historizistischen Argumentationen verengten den breiten konfuzianischen Diskurs in Japan zu einer autoritären Herrschaftsideologie.

Die Gruppe der *Kogaku*-Gelehrten (wörtl. »alte Schule«) erstrebte mit heftigen Attacken auf die Zhu Xische Exegese der konfuzianischen Klassiker unter Berufung auf ältere Originaltexte zunächst eine Neuorientierung in der Philosophie. Mit den politischen Schriften ihres führenden Theoretikers Ogyū Sorai erreichte sie jedoch bald auch einen weitreichenden Einfluss auf die Gestaltung der Wirtschafts- und Gesellschaftspolitik. Ogyūs philosophische Beweisführung für die Notwendigkeit einer gesellschaftspolitischen Wende war dabei zunächst folgende: Die Prinzipien der richtigen Sozialordnung seien nicht einfach natürlich vorgegeben, sondern von den »Weisen des Altertums«, auf welche sich bereits Konfuzius berufen hatte und die in der Lage waren, den »Willen des Himmels« in sich aufzunehmen, als moralischer Auftrag formuliert worden. In jedem Zeitalter komme es daher immer wieder darauf an, diesen Prinzipien in der Welt Geltung zu verschaffen. Es sei also notwendig, dass die Herrscher jeder Epoche durch entsprechende Gesetzgebung und Institutionen die moralisch richtige Sozialordnung (wieder-)errichteten und gegen andersläufige Tendenzen verteidigten.

Während diese Ersetzung des philosophischen Naturalismus durch eine historizistische Sicht einerseits dazu diente, überhaupt erst Handlungsspielraum für eine konfuzianisch intendierte Wirtschafts- und Gesellschaftspolitik zu schaffen, verstand es Ogyū andererseits in seinen eindeutig politisch ausgerichteten Werken, diesen mit konservativen Inhalten zu füllen. Er bezeichnete die aufblühende Warenwirtschaft und den Konsum breiter Bevölkerungsschichten in sehr abfälliger Weise als »Leben wie im Wirtshaus« (*ryoshuku no kyōkai*), beklagte den allgemeinen Verfall der Sitten sowie den Niedergang zu einer »Welt ohne Ordnung« (*seido naki sekai*), welche Samurai und Fürsten in die Abhängigkeit der Kaufleute treibe und ihre finanziellen Probleme verursache. Eine direkte Verbindung zwischen den finanziellen Schwierigkeiten des herrschenden Standes mit der wachsenden Kommerzialisierung ließ sich dabei durch die Behauptung herstellen, der Anstieg der Warenpreise (vor allem gegenüber dem Reispreis) werde durch den extravaganten, unstandesgemäßen Konsum der Bevölkerung hervorgerufen.

Ogyū forderte Shōgun Tokugawa Yoshimune (reg. 1716–45) dazu auf, die von ihm beschriebene Rolle eines die moralische Sozialordnung errichtenden Herrschers zu übernehmen und die entsprechenden Gesetze zu erlassen. Der Maßnahmenkatalog, den Ogyū in seinem politischen Hauptwerk *Seidan* (»Über die Politik«) vorschlug, wurde in vielen Teilen vom Shōgunat übernommen und umgesetzt. Die Maßnahmen der damit einsetzenden sogenannten Kyōhō-Reformen betrafen unter anderem eine Förderung der Landwirtschaft, staatliche Preis- und Zinskontrollen, die Verkürzung des Aufenthaltes der Fürsten in Edo auf ein halbes Jahr sowie die Stornierung aller Verbindlichkeiten von Samurai bei Kaufleuten per Dekret. Der wichtigste Aspekt der Reformen wurde aber durch folgenden zentralen Gedanken Ogyūs gebildet: Der Staat muss festlegen, was und wie viel der einzelne gemäß seiner

Standeszugehörigkeit konsumieren darf, und solche Konsumtionsregelungen mit den ihm zur Verfügung stehenden Machtmitteln durchsetzen. Ogyū erwartete, dass, wie er ja theoretisch hergeleitet hatte, mit der Wiedererrichtung der ökonomischen Standesgrenzen auch alle übrigen Probleme einer Lösung nahegebracht würden.

Mit den »Sparsamkeitsedikten«, die diesen Gedanken Ogyūs umsetzten, wurden der Bevölkerung bis ins einzelne gehende Vorschriften bezüglich der standesgemäßen Bekleidung, Ausstattung der Häuser, bei Schmuck und Festveranstaltungen bis hin zum bei Bewirtungen zu treibenden Aufwand auferlegt. (Solche Konsumrestriktionen finden sich übrigens auch im zeitgenössischen Europa.) Die Kyōhō-Reformen und insbesondere die Sparsamkeitsedikte wurden zum Vorbild für alle weiteren zentralstaatlichen »Reformen« der Edo-Zeit. Die Notwendigkeit ihrer periodischen Wiederholung ergab sich durch den Umstand, dass diese Maßnahmen einzig auf die Beseitigung von Symptomen gerichtet waren, während sich an den Ursachen der Kommerzialisierung von Waren und Dienstleistungen sowie des fortschreitenden Breitenkonsums aller Stände wenig änderte. Das gesamte Herrschaftssystem des Tokugawa-Staates war inzwischen dermaßen stark von den urbanen Entwicklungen und einem funktionierenden Handel abhängig, dass die intendierte Zementierung der Standesunterschiede nicht gelingen konnte. Im täglichen Leben schlug sich dieser Widerspruch sehr augenfällig nieder: Kaufleute trugen beispielsweise in »Reformzeiten« häufig Kleidung, die außen aus grobem Sackleinen bestand, innen jedoch mit edelster Seide gefüttert war.

Wenn nach einer Antwort auf die Frage gesucht wird, warum die gelehrte Betrachtung der gesellschaftlichen Verhältnisse so lange und nachhaltig einzig im Rahmen der konfuzianischen Lehre erfolgte und warum daraus abgeleitete Maßnahmen trotz ihrer geringen Wirkungskraft beständig wiederholt wurden, können allgemeine Überlegungen zur Struktur menschlichen Wissens durchaus hilfreich sein: Mit der konfuzianischen Lehre war damals sicherlich ein »Paradigma« (T. Kuhn) etabliert, in der Struktur späteren, auch europäischen Wissenssystemen gar nicht unähnlich, das trotz einer Vielzahl von Widersprüchen den Zeitgenossen ein gemeinsames Grundverständnis dessen verschaffte, was »unsere Welt« bildet. Orthodoxes Wissen, das eine Symbiose mit einer Herrschaftsform eingegangen ist, scheint ferner stets so lange dominant zu bleiben, bis die Widersprüche die Grundlagen des Machtgefüges zerstören.

Von Tanuma Okitsugu zu den Kansei-Reformen

Während Shōgun Tokugawa Yoshimune mit starker Hand die Regierungsgeschäfte selbst geführt hatte, nahmen seine beiden Nachfolger, Ieshige und Ieharu, wieder Abstand von einer direkten Herrscherfunktion – ein Phänomen, das oft in der japanischen Geschichte zu beobachten ist. Ihre Regierungszeit wurde daher von starken Persönlichkeiten innerhalb der Shōgunats-Administration geprägt. Hier ist insbesondere die Zeit von 1769 bis 1788 hervorzuheben, in der Tanuma Okitsugu die Politik des Shōgunats dominierte und als höchst beachtenswertes Zwischenspiel eine völlig unorthodoxe Wirtschaftspolitik auf den Weg brachte. Dies hat in der Forschung teilweise zu Einschätzungen geführt, die die dabei eingeleiteten Maßnahmen langfristig als richtungsweisend und Tanuma selbst vielleicht etwas überzogen als *»forerunner of modern Japan«* (J.W. Hall) betrachten.

Tanuma war durch geschicktes Taktieren im Ränkespiel der Macht von einer wenig bedeutenden Stellung in der direkten Vasallität des Shōgun (*hatamoto*) in den Rang eines Fürsten aufgestiegen. Nachdem er 1767 in das engere Zentrum der Shōgunatsverwaltung vorgedrungen war, nutzte er diese Position, um u. a. durch die Besetzung weiterer Führungsämter mit Familienangehörigen, aber auch durch Praktiken, die ihm später Korruptionsvorwürfe einbrachten, eine unangreifbare Vormachtstellung aufzubauen. Tanuma kümmerte sich nicht im geringsten um die Reformprogramme Ogyūscher Provenienz und um diejenigen im Shōgunat, die diese nach wie vor für ein Allheilmittel hielten. Das zeigt, dass auch in jener Zeit nackte Machtpolitik ohne umständliche Legitimationsverfahren zumindest eine Zeitlang erfolgreich sein konnte.

Unter seiner Leitung förderte das Shōgunat ganz offen den Handel und besteuerte diesen, indem es Handelslizenzen bis hin zur Lizensierung von Monopolstellungen vergab. Vor allem dies trug ihm den Hass der Konfuzianer ein, die eine Vorteilnahme des Staates aus den Handelsspannen und Profiten der Kaufleute für zutiefst unmoralisch hielten. Um mehr Geld in Umlauf zu bringen und damit die Konjunktur zu beleben, ließ Tanuma das bisher als Gewichtswährung in Form von kleinen Barren und Klumpen zirkulierende Silber münzen und schuf damit die erste Silbermünzwährung in nennenswertem Umfang. Aber auch Tanuma konnte der Versuchung, durch eine Münzverschlechterung zusätzliche Einnahmen zu erzielen, nicht widerstehen und zog sich damit, wie bereits seine Vorgänger, die ähnliches versucht hatten, den Unwillen der Bevölkerung zu. Eine weitere seiner damals unkonventionellen Maßnahmen war der Versuch, durch eine Ausweitung des Außenhandels in Nagasaki, insbesondere durch den Export getrockneter Meeresfrüchte (*tawaramono*; in China sehr beliebte Haifischflossen, Abalonen und Sardinen), Gewinne zu erwirtschaften.

Als Shōgun Ieharu starb, Japan zudem in den späten 1780er Jahren erneut durch Naturkatastrophen unter großer Hungersnot litt und Bauernaufstände ausbrachen, war für die konservative Fraktion im Shōgunat der Zeitpunkt gekommen, die seit langem gegen Tanuma gehegten Umsturzpläne zu realisieren. Tanuma starb wenig später, in Ungnade gefallen und seiner Besitztümer beraubt. Das Pendel schlug nun wiederum aus in Richtung einer eindeutig konfuzianisch bestimmten Politik.

Matsudaira Sadanobu, ein Enkel Yoshimunes und damit ein den Tokugawa sehr nahestehender Fürst, der zuvor in seinem Fürstentum Shirakawa durchaus mit einigem Erfolg die Finanzen durch eine autarke Sparpolitik und Landwirtschaftsförderung konsolidiert hatte, wurde nun in die Führung des Shōgunats berufen. Bei Amtsantritt sah sich Sadanobu einer Reihe von schwerwiegenden Problemen gegenüber, die bereits die Autorität der Zentralregierung zu unterminieren drohten: Währungsturbulenzen, die aus Tanumas Münzverschlechterung erwachsen waren; eine Krise der Staatsfinanzen; verschärfte ökonomische Schwierigkeiten der Samurai und zahlreiche Aufstände in den Städten wie auf dem Lande. Der Grund für die akuten Probleme sowie für die Unruhen waren Versorgungsengpässe und enorme Preissteigerungen (bis zu 300 %), bedingt hauptsächlich durch den Ausbruch des Asama-Vulkans (an der Grenze der heutigen Präf. Nagano und Gumma) im Sommer des Jahres 1783, als Ascheregen die Ernte vor allem in der Kantō-Ebene vernichtet hatte.

Die von Matsudaira zur Überwindung dieser Situation eingeleiteten sogenannten Kansei-Reformen (1788–93) folgten weitgehend den Rezepten des Ogyūschen Reformprogramms. Die Maßnahmen umfassten einerseits Preiskontrollen, den Einzug von Handelslizenzen bis hin zum Verbot der Handelsgenossenschaften (*kabu-nakama*), die allerdings 1790 wegen Versorgungsschwierigkeiten wieder zugelassen werden mussten, und ein Anti-Inflationsprogramm. In der Praxis bestand dieses Anti-Inflationsprogramm darin, das Preisniveau in Edo durch den Abtransport ganzer Schiffsladungen von Goldmünzen in entfernte Teile Japans zu korrigieren. Das zentrale Element der Reform waren aber andererseits erneut »Sparsamkeitsedikte«, Konsumbeschränkungen also, die von der Bevölkerung nur höchst widerwillig befolgt wurden. Allen Reformmaßnahmen waren nur sehr kurzfristige Erfolge beschieden, und Matsudaira musste bereits 1793 aufgeben und zurücktreten.

Die Wirtschaft erholte sich in den folgenden Jahren wieder, nicht wegen, sondern trotz der Kansei-Reformen, und ihre langfristig stabile Aufwärtstendenz führte schließlich in der sogenannten Bunka-Bunsei-Ära (1804–18, 1818–30) die zweite große kulturelle Blüte der Edo-Zeit herbei. Auch mit den Kansei-Reformen hatte sich aber an der schleichenden politischen Systemkrise des Tokugawa-Staates nichts geändert: Fürsten und Samurai steckten tief in der finanziellen Abhängigkeit von Kaufleuten; auf dem Lande verfielen die sozialen Basisstrukturen der Herrschaft; das Experiment Tanumas, durch eine Besteuerung des Handels dem Staat neue Einnahmequellen zu erschließen, wurde verteufelt und vom Shōgunat nie wieder in Betracht gezogen. Diese Weigerung der Regierung, den eigenen Staatsfinanzen, aber auch den Haushalten der Fürstentümer und den Einkommen der Samurai beispielsweise durch die Erhebung von Handelssteuern einen Anteil am allgemeinen wirtschaftlichen Aufschwung zu verschaffen, war die wichtigste Ursache dafür, dass sich der Gegensatz zwischen einer prosperierenden Gesellschaft und einem stagnierenden Herrschaftssystem zunehmend verschärfte und das Tokugawa-Shōgunat schließlich gegenüber den aufwärtsstrebenden regionalen Kräften ins Hintertreffen geriet.

Ländliche Prosperität, Manufakturen und Verlagssysteme

Während auf der Regierungsseite als ideologische Hauptstütze der Herrschaft des Adels und der gesellschaftlichen Vorrangstellung der Samurai eine konfuzianische Staatsorthodoxie etabliert war, die gleichwohl, wie gesehen, dieser Herrschaft langfristig eher Schaden zufügte, entwickelten sich auch unter den Kaufleuten sowie durch Gelehrte, die ihre Wissenschaft als Interessenvertretung der Bauernschaft verstanden, eigenständige Traditionen des gelehrten Diskurses. Die Tatsache, dass auch diese Traditionen in irgendeiner Form letztlich alle zunächst auf die konfuzianischen Klassiker zurückgriffen, zeigt erneut, welch paradigmatische Qualität dem Konfuzianismus in der Edo-Zeit zukam.

Unter den Kaufmannsphilosophen, die ganz im Gegensatz zu den Vorstellungen der Regierenden eine bedeutende, wenn nicht gar führende moralische Rolle ihres eigenen Standes herzuleiten suchten und deren wichtigste Vertreter der Kaitokudō, einer großen kaufmännischen Lehranstalt in Ōsaka, entsprangen, sind in einer langen Reihe wohl am stärksten Kusama Naotaka und Yamagata Bantō hervorzuheben. Kusama, ebenso wie Yamagata leitender *bantō* (Geschäftsführer) eines großen Ōsakaer Handelshauses, erarbeitete eine hinter zeitgenössischen europäischen Schriften kaum zurückstehende Geschichte und Theorie des Geldes. Dem höchst ketzerischen Hauptwerk Yamagatas, *Yume no shiro* (»Anstelle von Träumen«, um 1807), in dem die Religion sowie die herrschenden konfuzianischen Auffassungen dreist als »alles Lüge« (*mina uso*) zurückgewiesen werden, ist es schließlich zu verdanken, dass das kopernikanische Weltbild sowie eine positive Erkenntnistheorie in Japan Fuß fassten.

Viele von Shōgun und Fürsten unabhängige Gelehrte wandten sich Fragen zu, die von Interesse für die Bauernschaft waren. Ihr Eintreten für deren Belange ging mitunter so weit, dass man dem Herrschaftsanspruch von Adel und Samurai schlicht widersprach und diese als parasitäre Kostgänger der bäuerlichen Produktion bezeichnete. Neben solchen politisch oder moralphilosophisch ausgerichteten Teilen ihrer Werke, die oft in Heftform mit hohen

Auflagen unter der Bauernschaft zirkulierten, waren es die ebenfalls darin zu findenden technologischen Anleitungen, die die große wirtschaftsgeschichtliche Bedeutung dieser Gelehrten begründeten. Die Autoren der sogenannten *nōsho* (Schriften zur Landwirtschaft) bereisten vielfach weite Teile Japans, zeichneten alle regionalen Produktionsverfahren auf, die ihnen zukunftweisend erschienen, und verbreiteten diese über ihre Schriften.

Nicht allein neue Feldfrüchte und Anbaumethoden, sondern auch protoindustrielle Fertigungstechniken, die von den Bauern zusätzlich zur reinen landwirtschaftlichen Produktion eingesetzt werden konnten, wurden dadurch schnell überall in Japan bekannt. So entstand in saisonaler Nebentätigkeit zumeist im Winter, wenn wenig Feldarbeit anfiel, eine weitgefächerte Protoindustrie in den Dörfern. Man fertigte hauptsächlich Produkte, die zunächst in den Städten als Luxusgüter wie als Artikel des täglichen Bedarfs guten Absatz fanden. An den ständig zunehmenden Handelsmengen von Waren wie Papier, Seide, Baumwollgarn, Keramikwaren, Rapsöl, Kerzenwachs, Zucker und Salz bis hin zu Reisstrohmatten und Bambusschirmen (wie wir sie aus von quantitativ arbeitenden japanischen Historikern erstellten Statistiken entnehmen können) lässt sich dieses Aufblühen der vornehmlich in den Dörfern beheimateten Marktproduktion deutlich ablesen. Aus den vorliegenden Daten lässt sich ferner errechnen, dass das dadurch bewirkte vor- oder protoindustrielle Wirtschaftswachstum zumindest seit der zweiten Hälfte des 18. Jahrhunderts jährlich im Durchschnitt auf etwa 1 bis 2 % zu veranschlagen ist.

Wir wollen den Übergang von der Agrargesellschaft zu einer von protoindustriellen Methoden dominierten Wirtschaftsweise durch eine weitere Zahl verdeutlichen: 1714 bestanden noch 35,8 % des gesamten Warenumschlags in Ōsaka, der übrigens bereits damals jährlich einem Gegenwert von 1650 Tonnen Silber entsprach, aus von Fürstentümern steuerlich vereinnahmtem Reis, welcher also aus nicht-marktbezogener Produktion entstammte. Einhundert Jahre später, zwischen 1804 und 1829, überstieg der Anteil der Baumwolle (Rohbaumwolle, Baumwollgarn und Baumwollfertigprodukte) am Gesamtumsatz hier schließlich stetig den des Reises. Ab etwa diesem Zeitpunkt – viele Jahrzehnte vor der (maschinen-)industriellen Revolution in Japan – können wir also nicht mehr von einer vorwiegend agrarischen Prägung des Landes sprechen.

Ob die protoindustriellen Produktionsstätten die Form von Manufakturen oder Verlagssystemen annahmen, hing zunächst von der Art der Fertigungsverfahren selbst ab. Mit dem Begriff Manufaktur bezeichnen wir bereits fabrikähnliche Werkstätten, in denen eine gewisse Anzahl von Werktätigen, allerdings noch ohne die Verwendung selbstlaufender Maschinen, in Lohnarbeit zusammenarbeitet. Demgegenüber wird ein Verlagssystem durch das Zusammenwirken von Kleinbetrieben, meist bäuerlichen Familienbetrieben, die als eigenständige Einheiten erhalten bleiben, gebildet. Die einzelnen Fertigungsschritte werden hier beispielsweise auf die Familienbetriebe eines Dorfes verteilt. Bei Verfahren, in denen zwar eine Vielzahl von Arbeitsschritten, jedoch kaum Investitionen in größere Fertigungsanlagen notwendig waren, beispielsweise der protoindustriellen Papierproduktion, bildeten sich in Japan Verlagssysteme heraus. Waren größere Investitionen nötig, wie etwa bei der Wachsherstellung, erfolgte die Gründung von Manufakturen durch einen kapitalkräftigen Investor und die Anstellung von Lohnarbeitern.

Neben diesen rein technologischen Vorbedingungen spielte aber auch die regional unterschiedliche Entwicklung der Sozialstruktur eine wichtige Rolle. Manufakturen entstehen bevorzugt dann, wie das klassische Beispiel Englands zeigt, wenn die soziale Differenzierung in eine besitzende und eine besitzlose Klasse sehr weit fortgeschritten ist, eben weil nun einerseits ausreichend freies

Kapital und andererseits freie Lohnarbeiter zur Verfügung stehen. In Japan kam es daher in den Regionen zu einer Vorherrschaft der Manufakturen, in denen der Prozess der sozialen Aufspaltung der im 17. Jahrhundert noch weitgehend homogenen Landbevölkerung sehr weit fortgeschritten war. In Gegenden, wo dies nur ansatzweise der Fall war, etwa in den ärmeren Bergregionen, überwogen die Verlagssysteme.

Als dritten Faktor muss man beachten: Wie erwähnt war den Bauern im Ständesystem der Edo-Zeit jegliche Handelstätigkeit untersagt, diese vielmehr exklusiv den Kaufleuten vorbehalten. Mit dem Fortschreiten der protoindustriellen Fertigung und mit dem Anwachsen der Märkte kam es, da man vielfach nicht einfach mehr die eigenen landwirtschaftlichen Erzeugnisse weiterverarbeitete, zunehmend dazu, dass außer dem Absatz der Produkte auch die Belieferung der Produzenten mit Rohstoffen und Zwischenprodukten von Kaufleuten kontrolliert wurde. Die Produzenten befanden sich also im Zangengriff der Kaufleute. Da die protoindustriellen Produzenten im Haupterwerb Bauern waren und zumindest in Missernteiahren unter anderem für den Rohstoffkauf Kredite beim Handelspartner aufnehmen mussten, ergab sich daraus im Falle der Verlagssysteme häufig (wie übrigens vielfach auch in Europa) eine hohe Abhängigkeit von den Handelshäusern. Die größten Kaufleute wurden schließlich wie auch in Europa vor der Industrialisierung zu den größten Verlegern.

Um zu erklären, warum in Japan im unmittelbar vorindustriellen Zeitalter die Zahl der Verlagssysteme die der Manufakturen insgesamt bei weitem überwog, was einen bestimmenden Einfluss auf den Werdegang seiner späteren Industrialisierung haben sollte und einen erheblichen Unterschied zu den meisten europäischen Ländern darstellte, müssen wir uns folgende Punkte vor Augen führen: Erstens kam Japans Protoindustrialisierung mindestens zwei Jahrhunderte später zustande als in den fortgeschrittensten Regionen Europas, wo sich die Manufakturen auch erst allmählich entwickelten. Zweitens blieb in Japan durch die mit den Standesgrenzen verbundene Festlegung der Tauschbedingungen fast ausschließlich durch den Kaufmannsstand eine Dominanz des Handelskapitals über das Industriekapital (die Manufakturbesitzer) länger erhalten als in Teilen Europas. Die gute Versorgungslage mit protoindustriell erzeugten Waren in der zweiten Hälfte der Edo-Zeit und die internationale Wettbewerbsfähigkeit vieler japanischer Gewerbe nach der Öffnung des Landes spricht aber dafür, dass in Japan eine Produktionsstruktur entstanden war, welche dem an der Entwicklung Nordwesteuropas ausgerichteten Stufenmodell, das eine strenge Abfolge der Produktionsformen Verlagssystem, Manufaktur, Fabrik vorsieht, zumindest in einigen Branchen ebenbürtig war. Die Übernahme industrieller Verfahren durch die kleinsten Fertigungseinheiten, die in Verlagssystemen organisierten Familienbetriebe, ist heute noch in Japan an einer Wirtschaftsstruktur abzulesen, die durch eine Vielzahl von Kleinbetrieben gekennzeichnet ist, wenngleich im späten 19. und im 20. Jahrhundert weitere Bestimmungsfaktoren hinzukommen.

Der Übergang zur Moderne

Merkantilismus und Monopole

Seit Beginn des 19. Jahrhunderts entwickelten sich unterhalb der Ebene der Führungsinstanzen des Shōgunats verschiedene Mischformen zwischen der Kultur und Gedankenwelt der Samurai und der Kaufleute. In der Bunka-Bunsei-Ära (1804–1818, 1818–1830) äußerte sich dies in einer Vielzahl von Errungenschaften der Lebenskultur, die von der Küche bis zur Kleidung bis heute viele Aspekte der »traditionellen« japanischen Alltagskultur bestimmen. Aber auch im gelehrten Diskurs setzten nun wechselseitige Rezeptionen ein. Eine Reihe von Gelehrten, die sich Gedanken über die fatale Lage der Finanzen der Fürstentümer machten sowie darüber, wie diese verbessert werden könnten, waren sehr wohl mit der beißenden Kritik Yamagata Bantōs und anderer kaufmännischer Gelehrter an der bisherigen Praxis der Haushaltsführung der Fürsten vertraut. Sie versuchten sowohl durch die Nutzung der Fortschritte bei den theoretischen Überlegungen, wie sie etwa von den Kaufmannsphilosophen kamen, als auch durch die Verallgemeinerung von pragmatischen Neuerungen einiger Fürsten, den Fürstentümern insgesamt einen Weg aus der schwindelerregenden Verschuldung zu weisen.

Die Maßnahmen, die einzelne Fürstentümer in den Anfängen bis ins 17. Jahrhundert zurückreichend und im 18. Jahrhundert in zunehmendem Umfang zur Verbesserung ihrer finanziellen Lage durchaus fern der konfuzianischen Orthodoxie und zunächst ohne jegliche theoretische Rückendeckung ergriffen hatten, bezogen sich vor allem auf eigene Papiergeldwährungen sowie auf fürstliche Handelsmonopole. Der Gedanke zur Herausgabe von Papiergeld entstammte regional und im Umfang sehr beschränkten Praktiken von Tempeln und Schreinen und wurde von fürstlichen Verwaltungen zum ersten Mal in Fukui im Jahre 1661 aufgegriffen. Die insbesondere in der Genroku-Ära (1688–1704) einsetzenden Nachfolgeerscheinungen dieser Praxis bestanden zunächst einfach in dem Versuch einer Kopie der Münzverschlechterungen des Shōgunats. Die Edition von Papiergeld bei gleichzeitig verordnetem Zwangsumtausch des Hartgeldes hatte dabei meistens lediglich zum Ziel, mittels dieses Tricks sich die in der Bevölkerung angehäuften Barvermögen anzueignen. Wie bei den Münzverschlechterungen führte dies zu heftigen Inflationserscheinungen und damit zu einer eingebauten Kurzlebigkeit dieser ersten Versuche.

Das Shōgunat verbot diese Praxis im Jahre 1707 sowie zwischen 1759 und 1798 mehrfach, jedoch ohne nachhaltige Wirkung. In den Fürstentümern selbst lässt sich im Verlauf des 18. Jahrhunderts der Prozess einer sich rein pragmatisch – durch Versuch und Irrtum – vollziehenden Vertrautwerdung mit diesem neuen Währungsinstrument beobachten. Zu Beginn des 19. Jahrhunderts schlug sich das dabei angesammelte Wissen darin nieder, dass wir von einigen zumindest annähernd in Hartgeld kompatiblen Papiergeldwährungen sprechen können. Wie uns die einzige zeitgenössische Untersuchung der Zentralregierung aus dem Jahre 1868 zeigt, in der alle existierenden Währungen aufgeführt werden, nahm deren Anzahl in den letzten Jahrzehnten der Edo-Zeit sprunghaft zu: Nicht weniger als 244 Fürstentümer – also fast alle – werden hier genannt, die eigene Papiergeldwährungen unterhielten.

Ein weiteres unorthodoxes Instrument zur Verbesserung der fürstlichen Finanzen, das im Verlauf des 18. Jahrhunderts mehr und mehr eingesetzt wurde, waren die fürstlichen Handelsmonopole. Wahrscheinlich beginnend auf der zwischen Japan und Korea gelegenen Insel Tsushima, auf der ein (eigentlich vom Shōgunat verbotener) lebhafter Handel mit dem Festland betrieben wurde, versuchten einige Fürsten, zunächst v. a. im äußersten Westen Japans, durch direkt von ihnen kontrollierte Handelsgesellschaften Gewinne für die eigenen Haushalte aus Handelsspannen zu erzielen. Durch die Einräumung von Monopolrechten gelang es, die Erträge dieser – konfuzianisch betrachtet höchst illegitimen – Handelspraxis der Fürsten zu maximieren.

Mit den allerersten Anfängen bei dem Konfuzianer Dazai Shundai, der ganz im Gegensatz zu seinem Lehrer Ogyū betonte, man müsse auch »die Umstände erkennen, die mit der Wirtschaft des Altertums nicht übereinstimmen«, begannen im frühen 19. Jahrhundert einige Gelehrte damit, diese neuen Instrumente fürstlicher Politik zu analysieren und zu systematisieren. Wie erwähnt, nahmen sie dabei auch die kaufmännischen Theorien zu Hilfe. Diese Gelehrten bezeichnet man heute als die vormodernen merkantilistischen Ökonomen in Japan. Neben einem umfassenden empirischen und konzeptionellen Schaffen waren es insbesondere die Rezepte dieser Ökonomen für die Wirtschaftspolitik der Fürstentümer, die breites regionales Interesse hervorriefen.

Ihre Betrachtungen zeigten, dass die lokalen Kontrakte und Funktionen der Kaufleute, etwa bei der Rohstoffbelieferung, der Vermarktung des Outputs wie auch der Kreditierung der Verlagssysteme und Manufakturen, durchaus von den fürstlichen Verwaltungen selbst wahrgenommen werden konnten. Es wurde also empfohlen, die den Kaufleuten durch ihre Position im Ständesystem zuwachsenden Gewinne von Seiten der fürstlichen Verwaltungen selbst zu realisieren. Ferner wurden die Papiergeldwährungen in diese Konzeptionen integriert. In den Fürstentümern, in denen die merkantilistischen Rezepte angenommen und angewandt wurden, ergab sich vielfach folgende Verteilung des Nutzens aus der protoindustriellen Fertigung: Die Rohstoffbelieferung wie auch den Absatz der protoindustriellen Güter übernahmen die Verwaltungen bzw. die Handelsgesellschaften der Fürsten. Innerhalb des Fürstentums wurden alle Transaktionen in der eigenen Papiergeldwährung durchgeführt. Der Absatz der Produkte auf dem japanischen Binnenmarkt über die fürstlichen Lagerhäuser in Ōsaka erfolgte dagegen in Münzgeld. So wurden die bislang strukturell für die Fürstentümer äußerst ungünstigen Tauschbedingungen in ihr vollständiges Gegenteil verkehrt, zum Nachteil für Kaufleute und Produzenten.

Bald entwickelten sich freilich Mischformen zwischen der merkantilistischen Politik, den kaufmännisch-oligopolistischen Praktiken und dem Selbstbehauptungswillen der Produzenten. Regional höchst unterschiedlich kam es dabei einerseits zu äußerst streng kontrollierten planwirtschaftlichen Systemen (z.B. in Saga), andererseits aber auch zu einem Interessenausgleich zwischen Verwaltung, Kaufleuten und Produzenten (z.B. in Chōshū). Als Faustregel bezüglich der regional stark divergierenden Verhältnisse lässt sich angeben: Je geringer die regionale Produktivität, desto höher die planwirtschaftliche Ausrichtung. Generell lässt sich jedoch für die Fürstentümer, die merkantilistische Konzepte implementierten, konstatieren, dass – und dies in völligem Gegensatz zu den weniger innovativen Regionen – deren Verschuldung ganz erheblich reduziert werden konnte. Einige Fürstentümer wurden in den 1830er, 1840er und 1850er Jahren sogar völlig schuldenfrei und konnten ihre Energien und die Ausrichtung ihrer Politik völlig neuen Zielen zuwenden.

Meiji-ishin: Restauration oder Revolution?

Während sich also in den merkantilistisch ausgerichteten Fürstentümern, insbesondere im Süden und Westen Japans, eine – allerdings mit nonkonformen bis systemfeindlichen Instrumenten vollzogene – Stabilisierung der politisch-ökonomischen Gesamtlage und der regionalen Herrschaft ergab, hielt man im Shōgunat in Edo nach wie vor an den etablierten Vorstellungen fest. Als in den späten 1830er Jahren, beginnend mit dem Aufstand des Beamten Ōshio Heihachirō im Stadtmagistrat in Ōsaka im Jahre 1837, sozialrevolutionäre Bewegungen landesweit um sich griffen und die Standesgrenzen immer weiter aufweichten, schlug nach Jahrzehnten erneut die Stunde der extrem konservativen, konfuzianisch-orthodoxen Fraktion in der Regierung.

Die dabei ausgelöste erneute »Reformphase« folgte sowohl in ihrer Entstehung als auch in ihren Mechanismen inklusive des baldigen Scheiterns den vorangegangenen Versuchen: Als der elfte Tokugawa-Shōgun Ienari, der über die Jahrzehnte seiner Amtszeit hinweg einen wenig ideologischen Kurs eingeschlagen hatte, im Jahre 1841 starb, wurde Mizuno Tadakuni in die Führung der Administration berufen. In den von Mizuno eingeleiteten Tempō-Reformen (1841–43) versuchte man noch konsequenter als bislang, mit den (von konfuzianischer Seite so verstandenen) »Grundübeln« in Wirtschaft und Gesellschaft aufzuräumen. Mizuno ordnete neben Konsumrestriktionen, einem rigiden Vorgehen gegen den Kaufmannsstand, strenger Zensur und einer Neumünzung so brachiale Maßnahmen wie die Räumung ganzer Stadtgebiete und die Rückführung der Bevölkerung aufs Land an. Bereits nach zwei Jahren, als das Preisgefüge gänzlich aus den Fugen zu geraten drohte und Mizuno sich den Groll weiter Teile der Gesellschaft zugezogen hatte, musste er sich resigniert zurückziehen.

Die Shōgunatsregierung sah sich danach einem stetig anwachsenden Autoritätsverlust gegenüber. Als mit der Aussendung einer amerikanischen Flottille unter Commodore Matthew C. Perry 1853 im Sinn der »Politik der offenen Tür«, die man bereits in China betrieben hatte, die europäischen und amerikanischen Mächte auch von Japan eine Öffnung seiner Märkte und die Einräumung von Einflusssphären verlangten, musste das Shōgunat sein Heil bereits im Schulterschluss mit den Fürstentümern suchen. Anfang der 1860er Jahre bildeten sich schließlich Gremien, die sowohl mit Vertretern des Shōgunats und des Kaiserhofes als auch der stärksten Fürstentümer besetzt waren (*kōbu-gattai*) und durch eine Bündelung der Kräfte die sich zunehmend verschärfenden innen- und außenpolitischen Herausforderungen zu meistern versuchten. Die komplexen Entwicklungen, die dazu führten, dass nicht diese Kooperationsversuche, sondern ein revolutionärer Umsturz den weiteren Fortgang der Ereignisse bestimmen sollte, werden im nachfolgenden Beitrag ebenso erörtert wie die Frage, welche Fraktionen innerhalb der Revolutionsbewegung unterschieden werden müssen und wie sich deren Ziele schließlich realisierten.

Auf rein machtpolitisch-militärischer Ebene kam es schließlich 1867, gebietsweise bis in das Jahr 1869 hineinreichend, zu einer bewaffneten Auseinandersetzung zwischen den Truppen des Shōgunats und einiger alliierter Fürstentümer (hauptsächlich Chōshū und Satsuma), in deren Verlauf die Frage um die Kontrolle der Machtzentren (Kyōto und Edo) und damit um die Konstitution und Zusammensetzung einer neuen Regierung bereits früh entschieden wurde: Das Tokugawa-Shōgunat wurde vollständig zerschlagen, und die neue Regierung legte mit ihren ersten Entscheidungen den Grundstein für Japans Aufbruch ins moderne Zeitalter.

Die Frage, wie dieser *Meiji-ishin* genannte Umsturz historisch einzuordnen und zu bewerten ist, hat in der Geschichtswissenschaft in Japan, aber auch in der japanbezogenen historischen Forschung im Ausland lange Zeit einen überragenden Stellenwert eingenommen. Kategorisierungen der *Meiji-ishin* als »Restauration« bzw. als »Bürgerliche Revolution« bildeten dabei stets entscheidende Argumente für positive respektive negative Gesamtbewertungen der modernen Entwicklung Japans.

Zum einen war es der ambivalente Charakter der Umstände des Umsturzes selbst, der vielfältige Diskussionen hervorrief. Denn einerseits waren die entscheidenden Akteure in der Umsturzbewegung Samurai und Adlige (hauptsächlich aus den südwestlichen Fürstentümern) und nicht etwa eine revolutionäre Volksmenge. Ebenso wird in der konstituierenden Erklärung der neuen Regierung an hervorgehobener Stelle die Wiederherstellung der Oberherrschaft des Tennō proklamiert. Aus diesen Gründen hatte sich lange Zeit der Begriff »Meiji-Restauration« als Übersetzung eingebürgert.

Andererseits vollzog die neue Meiji-Regierung gesellschaftspolitische Veränderungen revolutionären Zuschnitts:

Das Ständesystem wurde abgeschafft, Niederlassungs- und Berufsfreiheit sowie die Bürgerrechte garantiert, in kürzester Zeit alle angestammten Privilegien radikaler noch beseitigt, als dies die Bürgerlichen Revolutionen in Europa vermochten. Deshalb wird heute auch der Begriff »Meiji-Revolution« verwendet. Zum anderen ist der Charakter des *Meiji-ishin* auch in wirtschafts- und sozialhistorischer Hinsicht breit diskutiert worden. Dabei stand lange die Frage im Vordergrund, ob sich in Japan eine eigenständige bürgerliche Klasse als Voraussetzung für eine bürgerliche Gesellschaft herausgebildet hatte. Je nach Beantwortung dieser Frage geht man entweder davon aus, dass sich Japan seit dem *Meiji-ishin* strukturell auf dem gleichen Entwicklungsweg befindet wie die europäischen und amerikanischen Industrienationen, oder aber man sieht Japan auf einem Sonderweg mit einer Überbetonung der Staatsbürokratie und demokratischen Defiziten.

Gleichwohl muss man darauf hinweisen, dass auch Europa betreffend die Implikationen des Begriffs der »Bürgerlichen Revolution« vielfach idealisiert worden sind und die darauf aufbauende Gesellschaftsformation, die bürgerliche Gesellschaft, nicht nur die Errungenschaften von Freiheit und Menschenrecht kennt, sondern teilweise auch rigidere Herrschaftsformen als im Feudalismus etwa im Bereich der Rekrutierung der Arbeitskräfte. Man muss sich also davor hüten, historische Prozesse in Japan allein nach dem Maßstab hochgradig idealisierter europäischer Errungenschaften zu bewerten. Wir dürfen uns bei einer Bewertung des *Meiji-ishin* aber auch bei einer Gesamtbewertung der unmittelbar vorindustriellen Epoche in Japan keinesfalls dazu hinreißen lassen, eurozentrisch oder auch die Moderne glorifizierend, qualitative Unterschiede und Sprünge in den sozialen Interaktionsmechanismen lediglich zu postulieren. Vielmehr bietet die Auseinandersetzung gerade auch mit den gesellschaftlichen und weltanschaulichen Gegebenheiten dieser Zeit Gelegenheit, Eurozentrismus und Stereotypen der Moderne zu überprüfen und zu relativieren.

Dem *Meiji-ishin* war durchaus ein restaurativer Aspekt eigen, nämlich die Wiedereinsetzung des Tennō als Souverän. Nahezu alle übrigen Maßnahmen bezeichnen jedoch revolutionäre Veränderungen, die auch von den Zeitgenossen als radikaler Bruch mit den Regelungen und Verhältnissen der Edo-Zeit empfunden wurden. In vielen Bereichen der Wirtschaftspolitik wurden hingegen auch noch für einige Jahre nach dem Umsturz Edo-zeitliche Konzepte beibehalten. Ferner wirkten sich einige der im 18. und frühen 19. Jahrhundert herangebildeten Produktionsstrukturen noch sehr langfristig auf die industrielle Entwicklung Japans aus.

Das ökonomische Erbe der Edo-Zeit

Japan hatte seit der von den Westmächten erzwungenen Öffnung seiner Häfen im Jahre 1858 mit wirtschaftlichen Problemen von einer bislang nicht gekannten Qualität zu kämpfen. Die internationale Austauschrate der damals weltweit am meisten verwendeten Währung, des mexikanischen Silberdollars, dessen Gültigkeit als Zahlungsmittel in Japan in den Handelsverträgen hatte zugesichert werden müssen, gegenüber Gold lag bei 15:1. In Japan selbst betrug die Tauschrate zwischen Silber und Gold etwa 5:1. Da westliche Handelsgesellschaften nunmehr »billiges« japanisches Gold in großen Mengen aufkaufen konnten und daraus enorme Profite erzielten, sah sich Japan einem ruinösen Abfluss seines Goldes ins Ausland gegenüber.

Zur Verringerung des Goldabflusses reduzierte das Shōgunat in den frühen 1860er Jahren den Metallanteil in den japanischen Goldmünzen, verursachte damit jedoch eine komplette Konfusion des Währungssystems, das nun neben zentralstaatlichen Münzen unterschiedlicher Nomination und Qualität auch zirkulierendes ausländisches Geld und »Falschmünzungen« einiger Fürstentümer umfasste. Mit der Öffnung der Häfen und durch die in den Handelsverträgen festgelegte Höchstgrenze für Importzölle von lediglich 5 % kamen jedoch auch einige Branchen des verarbeitenden Gewerbes, insbesondere die Textilproduktion, unter scharfen internationalen Wettbewerbsdruck. Billige, da maschinell hergestellte Woll- und Baumwollerzeugnisse hauptsächlich aus britischer Produktion erreichten bald Marktanteile in Japan von bis zu 45 %. Dieser Markterschließungseffekt war ja wie in anderen asiatischen Ländern auch das Hauptmotiv der »Politik der offenen Tür« der Westmächte gewesen. Erst für das Jahr 1899 konnte die japanische Regierung eine entscheidende Revision der »Ungleichen Verträge« erwirken.

Der Abfluss japanischen Goldes konnte erst in den 1870er Jahren eingedämmt werden, als von der Meiji-Regierung neben der Einführung des Yen bei internem Goldstandard eine Außenhandelswährung mit Silbernomination ins Leben gerufen (Doppelstandard) und die Gold-Silber-Tauschrate dem internationalen Standard angepasst wurde. Die neue Regierung versagte jedoch zunächst vollständig bei der Etablierung einer nationalen Papiergeldwährung. Dies lag wahrscheinlich in dem Umstand begründet, dass nahezu alle Führer der Revolutionsregierung zuvor in den Administrationen der siegreichen Fürstentümer tätig gewesen waren und deshalb einerseits ein merkantilistisch geprägtes Verständnis des Wirtschaftssystems und andererseits rein lokale Erfahrungen mit dem Management einer Papiergeldwährung einbrachten.

Japans erster Währungshüter nach der Revolution, Yuri Kimimasa, der zuvor die Wirtschaftsreformen im Fürstentum Fukui betreut hatte, betrachtete aufgrund seiner dortigen Erfahrungen nicht-konvertibles Papiergeld als »produktionsförderndes Papiergeld«, weil sich die Ankurbelung der Notenpresse in den kleinen abgeschotteten

Fürstentümern durchaus als Stimulus erwiesen hatte. Derartige Mechanismen funktionierten jedoch keineswegs auf nationaler Ebene in der neuen liberalen Wirtschaftsordnung und zudem unter den Bedingungen der vollständigen und schutzlosen Offenheit der japanischen Wirtschaft, die durch die vom Ausland erzwungenen Verträge erwirkt worden war. Die Herausgabe der ersten nationalen Papiergeldnote durch Yuri im Jahre 1868 geriet zu einem vollständigen Misserfolg, der die japanische Währungspolitik auf Jahrzehnte hinaus belastete. Da die neue Regierung kaum über Rücklagen verfügte, um die Konvertibilität dieser Noten in Hartgeld zu sichern, stellte sich schnell eine rasante Inflation ein.

Lerneffekte daraus erfolgten keinesfalls über Nacht, und die Übernahme des dezentralen US-amerikanischen Nationalbankensystems durch den Regierungsführer Ōkubo Toshimichi im Jahre 1872 gab Zeugnis von der nach wie vor die Köpfe beherrschenden Konzeption von Währung und Wirtschaft als regionalem Zusammenhang: Bis 1879 wurden nicht weniger als 139 lokale Nationalbanken mit je eigener Notenpresse installiert, wovon man sich offensichtlich einen positiven Effekt für die regionale Produktion erwartete. Auch die von diesen Banken herausgegebenen Noten waren nicht konvertibel und höchst inflationär. In den 1880er und 1890er Jahren mussten schließlich, initiiert durch Finanzminister Matsukata Masayoshi, ganz energische Schritte der Währungsregulierung ergriffen werden, um die schlechten Noten der frühen Jahre der Meiji-Ära durch die 1882 gegründete Zentralbank (*Nihon ginkō* oder kurz: *Nichigin;* Bank of Japan) aufzukaufen und diese Geburtsfehler einer stabilen japanischen Währung aufzuheben.

Als die neue Regierung im Jahre 1871 zur Stärkung der Zentralgewalt alle Fürstentümer abschaffte und das bis heute bestehende Präfektursystem schuf, die Fürsten also vollständig entmachtete, unterliefen ebenfalls schwerwiegende wirtschaftspolitische Fehler. Man erklärte einen Großteil der Schulden der Fürstentümer und des Shōgunats sowie auch die eigenen, in der Bürgerkriegszeit aufgenommenen Schulden für nichtig. Ferner übernahm man die Verantwortung nur für einen kleinen Teil der Papiergeldwährungen der Fürstentümer, die mit deren Abschaffung ungültig wurden. Der größte Teil der Besitzer von Papiergeldvermögen ging bei der Umstellung also leer aus.

Diese Politik schädigte insbesondere die großen Handelsgesellschaften, die, wie gesehen, während nahezu der gesamten Edo-Zeit die Gläubiger der chronisch verschuldeten Fürsten gewesen waren und in vielen Fällen auch deren Papiergeldwährungen gestützt hatten. Für die meisten der ehemals mächtigen Kaufmannshäuser bedeuteten die Maßnahmen von 1871 den Bankrott. Japans Wirtschaft hatte also nicht nur unter hohen Importen und einem konfusen Währungssystem zu leiden, sondern auch noch die größten Marktteilnehmer verloren. Nicht wenige der Probleme müssen auf die Unerfahrenheit der Wirtschaftspolitiker bzw. auf ihre Anhänglichkeit an Edo-zeitliche Konzepte zurückgeführt werden.

Auf die massiven Probleme bei der Formulierung einer angemessenen Wirtschaftspolitik in der frühen Meiji-Ära (1868–1912) ist in der Forschung erst seit jüngerer Zeit hingewiesen worden. Die ältere Forschung hat demgegenüber oft das Bild einer starken, positiven Rolle des Staates bei der Industrialisierung seit Beginn der Meiji-Ära gezeichnet. Die ersten Regierungsadministrationen ließen zwar Eisenbahnen und Telegraphenleitungen bauen, mit dem Hauptaugenmerk allerdings auf einer Verbesserung der Landesverteidigung, brachten jedoch nahezu keine ökonomisch effizient arbeitenden industriellen Einheiten hervor. Wir gehen heute davon aus, dass sich die positive Rolle des Staates bei der Industrialisierung Japans neben dem Betrieb einiger Pilotfabriken, die allein der Erarbeitung technischer Kenntnisse dienten, auf die Bereitstellung eines sicheren legalen und institutionellen Rahmens sowie auf den Ausbau der Infrastruktur beschränkte.

Diese Zurückhaltung war auch durch die zunächst chronisch leeren Kassen der Regierung bedingt, welche sich eine eigene finanzielle Basis in Form von Steuereinkünften erst schaffen musste. Der Aufbau des Steuersystems folgte dabei wiederum Edo-zeitlichen Vorbildern. Man gab den Verkauf und Erwerb von Land nun vollständig frei und führte 1873 landesweit Katasteraufnahmen durch, um die tatsächlich den Boden kultivierenden landwirtschaftlichen Produzenten zu erfassen. Diesen wurden mit ihrer Erfassung Besitzzertifikate über die vermessene Fläche erteilt. Die Praxis der Steuererfassung der Edo-Zeit stand hier zweifellos noch Pate, ja es trat hier sogar in Teilen der gleiche Mechanismus zutage, der bereits im späten 16. Jahrhundert bei den Landvermessungen Toyotomi Hideyoshis erstmals angewendet worden war.

Der Besteuerung legte man einen einheitlichen Landpreis von 408 Yen pro Hektar zugrunde. Die Besitzer hatten fortan jährlich 3 % des so festgestellten Bodenwertes als Steuer (in Geld) an die Zentralregierung sowie in einem Drittel der Präfekturen 1 % Regionalsteuer zu entrichten. Andere Steuerarten wurden zunächst gar nicht und auch später nur sehr zögerlich eingeführt. Da somit wie schon in den Jahrhunderten zuvor die Einkommensbasis der japanischen Regierung nahezu ausschließlich aus Agrarabgaben bestand, ist es sicherlich richtig, hier von einer historischen Kontinuität über den Umbruch zur Moderne hinweg zu sprechen. Andererseits muss natürlich darauf hingewiesen werden, dass zumindest in der Wirtschaftslage um das Jahr 1873, als die Grundsteuerreform auf den Weg gebracht wurde, an nennenswerte Steuereinnahmen aus anderen Sektoren kaum zu denken war.

Die Grundsteuerreform schien zunächst wegen der damit verbundenen Landreform die soziale Egalität auf dem Lande zu befördern. Da jedoch gleichzeitig die Steuerlast für den einzelnen Bauern sehr hoch angesetzt wurde (manche Berechnungen kommen zu Realienwerten von über 40 % der Ernten, was wiederum der Praxis der Edo-Zeit entspricht), setzte sich die allgemeine Tendenz zur vertikalen sozialen Differenzierung sogar noch verstärkt fort: Bei extrem schwankenden Preisen für landwirtschaftliche Produkte mussten sehr viele Kleinbauern den gerade von der Regierung zugewiesenen Besitz wieder verkaufen und bewirtschafteten oft nun als Pächter die gleichen Flächen weiter. Die Klasse von Großgrundbesitzern, die ihr Einkommen neben den Pachtzinsen auch aus der Kreditierung kleinbäuerlicher Betriebe und der dörflichen Kleinindustrie erzielten, vergrößerte sich dadurch in den 1870er und 1880er Jahren sprunghaft.

Über den politischen und sozialen Charakter dieses Großgrundbesitzes hat es ebenfalls vielfältige Diskussionen gegeben. Eine lange Zeit auch in Japan gängige Einschätzung sah den Großgrundbesitz als massives feudalistisches Relikt, das letztlich auch – entsprechend dem preußischen Junkertum und ähnlichen Strukturen in Italien – die soziale Basis für den japanischen Faschismus gebildet haben soll. Die von den Alliierten nach dem Zweiten Weltkrieg im Jahre 1946 durchgeführte Landreform erfolgte auf der Grundlage solcher Einschätzungen. Neuere Forschungen belegen demgegenüber eher, dass viele der Großgrundbesitzer im 19. Jahrhundert stark in der »Bürgerrechtsbewegung« (*Jiyū minken undō*) für eine parlamentarische Demokratie engagiert waren und dass das von den Großgrundbesitzern akkumulierte Kapital in volkswirtschaftlich für Japan höchst vorteilhafter Weise in den privaten Eisenbahnbau, die maschinelle Textilproduktion und in ländliche Bankengewerbe floss. Für die Initialzündung der Industrialisierung Japans in den 1880er Jahren spielte das Kapital der Großgrundbesitzer vielleicht sogar die entscheidende Rolle.

Bezüglich der ersten währungs- und wirtschaftspolitischen Maßnahmen nach dem Aufbruch ins moderne Zeitalter stellte das ökonomische Erbe der Edo-Zeit durchaus, wie gesehen, eine Belastung für den jungen japanischen Nationalstaat dar. Bezüglich der Produktionsstrukturen geriet dieses Erbe langfristig jedoch zum Vorteil für Japan. Die sozialen Regulierungen und die Vorherrschaft des Handelskapitals in der Edo-Zeit hatten die Freisetzung von Lohnarbeit und damit das Entstehen von Manufakturen und Fabriken in größerem Umfang verhindert und stattdessen die Weiterentwicklung der Produktionsverfahren in den kleinsten Produktionseinheiten, der Dorf- und Heimindustrie, gefördert. Die Erzeugnisse dieser, wie sich gegen Ende des 19. Jahrhunderts herausstellte, international durchaus wettbewerbsfähigen Kleinindustrie machten bis zum Ende der 1920er Jahre den Löwenanteil unter den Exporten Japans aus.

Die starke Rolle dieser in der Edo-Zeit herangebildeten kleinindustriellen Struktur begründete den unterschiedlichen Charakter der Industrialisierung Japans gegenüber weiten Teilen Europas. Die kleine Produktionseinheit ist hier stets von ungleich wichtigerer Bedeutung gewesen: Die Zulieferproduktion von Klein- und Mittelbetrieben spielte in Japan vor dem Zweiten Weltkrieg bereits eine bedeutende Rolle, während sie in Europa noch kaum stattfand, und bildete letztlich auch die Grundlage für rezente japanische Produktionskonzepte wie das der *Just in Time*-Produktion. Die gesellschaftlichen und wirtschaftlichen Entwicklungen in der über zweihundertfünfzig Jahre währenden friedlichen Epoche der Edo-Zeit schufen also durchaus wichtige Voraussetzungen für das Gelingen und die Struktur der nachfolgenden Industrialisierung Japans.

6 Von den Ungleichen Verträgen zur Großmacht – Japans Weg zum modernen Nationalstaat

Von Christian Oberländer

Epochenüberblick

Nachdem Commodore Perry 1854 die Öffnung Japans für den Austausch mit den westlichen Staaten erzwungen hatte, musste das Tokugawa-Shōgunat unter dem Druck des Auslands dem Abschluss sog. Ungleicher Verträge zustimmen, die Japan viele rechtliche und wirtschaftliche Nachteile aufbürdeten. Das Shōgunat, das bereits aufgrund innerer wirtschaftlicher und sozialer Krisen geschwächt war, verlor durch diese Entwicklung rapide an Autorität. Ende 1867, Anfang 1868 gelang es einer Gruppe von Samurai und Höflingen im Umfeld des späteren Meiji-Tennō, die Entmachtung der Tokugawa und die als Meiji-Restauration bekannt gewordene formale Wiederherstellung der Herrschaft des Tennō durchzusetzen. In den folgenden Jahrzehnten hoben sie die dezentralen Strukturen der Feudalzeit auf und schufen eine straff organisierte Zentralregierung, klärten die Grenzen des entstehenden Nationalstaates im Norden und Süden des Landes und führten Japan auf einen Modernisierungskurs, der das Land im Inneren einen und stärken sowie nach außen hin zum gleichberechtigten Partner der westlichen Mächte machen sollte. Die Fürstentümer wurden 1871 abgeschafft und durch Präfekturen ersetzt. Als die neue Regierung eine moderne Wehrpflichtigenarmee einführte, endete zugleich die Hoffnung vieler Samurai, auch nach der Abschaffung des Feudalsystems noch Privilegien als Waffentragende behalten zu können. Die resultierenden Samurai-Aufstände waren Teil einer Gegenbewegung, gegen die die Meiji-Regierung jedoch ihre Politik durchsetzte. Andere Kräfte, die von politischen Ideen aus dem Westen beeinflusst wurden, wollten eine rasche Demokratisierung erreichen. Die Regierung entschloss sich jedoch zu einem schrittweisen Vorgehen, so dass nach umfangreichen Vorbereitungen der Übergang zur konstitutionellen Monarchie mit der Verkündung der Verfassung erst 1889 erfolgte. Das erste gewählte nationale Parlament trat im Jahr darauf zusammen.

Die Modernisierungspolitik erfasste nicht nur Japans Verwaltung und sein Rechtssystem, sondern auch seine Wirtschaft und Kultur, so dass sich z.B. die japanischen Leicht- und Schwerindustrien am Ende des 19. Jahrhunderts bereits in der Phase des *take off* befanden. Die Modernisierung erwies sich trotz hoher finanzieller und sozialer Kosten insgesamt als erfolgreich und versetzte Japan in die Lage, die Ungleichen Verträge abzuschütteln, deren Revision zuerst mit Großbritannien 1894 vereinbart wurde. In den folgenden Jahrzehnten stärkten militärische Erfolge Japans außenpolitische Position zusätzlich: Japan siegte 1894/95 über China und gewann Taiwan als Kolonie, nahm 1900 in China an der multinationalen Intervention gegen den Boxer-Aufstand teil und behielt 1904/05 im Russisch-Japanischen Krieg über eine europäische Großmacht die Oberhand. Der Weg war damit frei für die 1910 vollzogene Annexion Koreas. 1911 erlangte Japan die Zollhoheit zurück und beseitigte damit die letzten Spuren der Ungleichen Verträge. Mit dem Tod von Meiji-Tennō im Jahr 1912 endete eine Ära, doch Japan konnte seinen in der Meiji-Zeit eingeleiteten Aufstieg zunächst noch fortsetzen, so z.B. als es 1914 auf der Seite der Entente gegen Deutschland in den Ersten Weltkrieg eintrat und nach dessen Ende durch den Erwerb der deutschen Besitzungen in Ostasien und im Pazifik profitieren konnte.

1853	Ankunft der »Schwarzen Schiffe« unter Commodore Perry (USA)
1858	Abschluss des Handelsvertrags mit den USA (erster Ungleicher Vertrag)
1861	Vertrag mit Preußen (1869 mit dem Norddeutschen Bund)
1868	Meiji-Restauration
1869	Abschluss des Handelsvertrags mit Österreich-Ungarn (letzter der Ungleichen Verträge)
1871	Endgültige Aufhebung der Fürstentümer, Umwandlung in Präfekturen
1871–1873	Iwakura-Gesandtschaft nach Nordamerika und Europa
1872	Landesweites Schulsystem (Gakusei)
	Wehrpflicht
1873	Grundsteuerreform
	Gründung der *Meirokusha*-Gesellschaft
	Streit um Pläne für eine Intervention in Korea
1874	Taiwan-Expedition
	Samurai-Aufstand in Saga
1874–1876	Freiheits- und Bürgerrechtsbewegung (*Jiyū minken undō*)
	Öffnung Koreas für den japanischen Handel (Vertrag von Kanghwa)
1877	Samurai-Aufstand von Satsuma
1879	Annexion des Königreichs Ryūkyū; Umwandlung in Präfektur Okinawa
1881	Ausscheiden von Ōkuma Shigenobu aus der Regierung
	Ankündigung, dass bis 1890 eine Verfassung gewährt werden soll
1882–83	Itō Hirobumi zu Verfassungsstudien in Europa
1885	Abschaffung des Dajōkan; Übergang zum Kabinettsystem; Itō erster Premierminister
1888	Reform der Kommunalverwaltung
1889	Verkündung der Meiji-Verfassung
1894	Revision der Ungleichen Verträge, beginnend mit Großbritannien
1894–95	Chinesisch-Japanischer Krieg

1895	Friedensvertrag von Shimonoseki Taiwan wird japanische Kolonie Triple-Intervention (Russland, Frankreich, Deutschland) verhindert Abtretung von Port Arthur
1900	Intervention in China aus Anlass des Boxer-Aufstandes
1902	Bündnis mit Großbritannien
1904–05	Russisch-Japanischer Krieg
1905	Friede von Portsmouth; Zugewinn von Südsachalin
1907	Entente mit Frankreich und Russland
1910	Annexion Koreas
1911	Rückgewinn der Zollhoheit; Ende der Ungleichen Verträge
1912	Tod des Meiji-Tennō
1914–1918	Teilnahme am Ersten Weltkrieg auf Seiten der Entente. Eroberung der deutschen Kolonie Tsingtau (Qingdao) im November 1914
1915	»21 Forderungen« an China
1919	Teilnahme an der Versailler Friedenskonferenz Südsee-Mandatsgebiet
1918–1922	Intervention in Sibirien

Landesöffnung und Ungleiche Verträge

Bereits seit seiner Etablierung Anfang des 17. Jahrhunderts beanspruchte das Tokugawa-Shōgunat die Kontrolle über die Außenbeziehungen Japans, die es starken Einschränkungen unterwarf, um die eigene Herrschaft vor möglichen Bedrohungen insbesondere aus dem christlichen Ausland zu schützen. Diese Politik, die nach Engelbert Kaempfer überspitzt auch als »Landesabschließung« (*sakoku*) bezeichnet wurde (s. S. 202), galt der japanischen Elite seit dem Ende des 18. Jahrhunderts nicht nur als Selbstverständlichkeit, sondern auch als Rechtfertigung für die Herrschaft des Shōgun, da er allein in der Lage war, die Beziehungen zum Ausland auf ein Minimum reduziert zu halten. Als die westlichen Mächte dann im 19. Jahrhundert ihre Präsenz in Asien immer stärker ausdehnten, wurde der Herrschaftsanspruch der Tokugawa dadurch zunehmend untergraben, und ein Jahrzehnt nach der erzwungenen Landesöffnung und dem Abschluss der Ungleichen Verträge brach das Shōgunat zusammen.

Die Landesöffnung erzwang der amerikanische Commodore Matthew Calbraith Perry, der 1853 mit einem Geschwader »Schwarzer Schiffe« in die Bucht von Edo einlief und 1854 mit einer noch größeren Zahl von Kriegsschiffen zurückkehrte. Durch den von Perry am 31. März 1854 abgeschlossenen Vertrag von Kanagawa erhielten die Amerikaner das Recht, einen Konsul nach Shimoda zu entsenden.

Der erste amerikanische Konsul war Townsend Harris, der in den folgenden Jahren die Forderung nach einem Handelsvertrag durchsetzte. Bei diesen Verhandlungen benutzte Harris den zweiten Opiumkrieg in China als Drohkulisse, um die japanischen Offiziellen zum Einlenken zu bewegen. Der angestrebte Handelsvertrag kam im Februar 1858 zustande und lehnte sich eng an die Abkommen an, die mit China am Ende des ersten Opiumkriegs geschlossen worden waren.

Japan musste nun acht sog. Vertragshäfen (u. a. Yokohama, Hakodate, Hyōgo/Kōbe, Nagasaki) für den Handel öffnen und auf seine Zollautonomie verzichten. Die Zölle auf alle Güter wurden im Vertrag festgelegt; die japanische Regierung konnte sie nicht ändern. Die Folgen wurden rasch spürbar: Beispielsweise entdeckten ausländische Kaufleute, dass in Japan Gold gegen Silber zu einem viel günstigeren Kurs gewechselt werden konnte als international üblich (s. S. 254 f.). Die günstig eingetauschten japanischen Goldmünzen verkaufte man dann in großen Mengen zum dreifachen Einkaufspreis nach China. Um der

Folgen Herr zu werden, musste die japanische Regierung den Reinheitsgrad ihrer Goldmünzen drastisch senken. Durch die festen Zollsätze war der japanischen Regierung auch die Möglichkeit genommen, die heimische Industrie vor billigen Importen zu schützen. Außerdem musste Japan den Amerikanern Exterritorialität einräumen, d.h. amerikanische Staatsbürger, die eines Verbrechens beschuldigt wurden, konnten nicht vor japanische Gerichte gestellt werden, sondern mussten durch Konsulargerichte mit ausländischen Richtern nach ausländischem Recht abgeurteilt werden.

Ähnliche, für das Shōgunat ungünstige Verträge erzielten in den folgenden Jahren auch europäische Mächte, u.a. Preußen 1861 und der Norddeutsche Bund 1869. Diese Handels- und Freundschaftsverträge wurden noch durch eine einseitige Meistbegünstigungsklausel ergänzt, die es dem ausländischen Vertragspartner erlaubte, an allen Zugeständnissen, die später dritten Parteien gewährt würden, in vollem Umfange zu partizipieren. Umgekehrt blieb Japan dieser Vorteil vorenthalten. Als daher Österreich-Ungarn 1869 als letztes europäisches Land einen Ungleichen Vertrag mit Japan schloss, unterstützten die anderen, bereits in Japan vertretenen Staaten seine Verhandlungen nach Kräften, denn jedes Privileg, das Österreich-Ungarn herausschlagen konnte, kam auch allen anderen ausländischen Mächten zugute. Die Meistbegünstigungsklausel bewirkte auch, dass sich die Abschaffung der Ungleichen Verträge äußerst kompliziert gestaltete, denn keine ausländische Macht wollte auf Privilegien für ihre Staatsbürger verzichten, solange diese anderen Mächten noch eingeräumt wurden. Es dauerte bis 1899/1911, also gut ein halbes Jahrhundert, bis es der japanischen Regierung gelang, die Ungleichen Verträge und ihre Folgen wie z.B. den Verlust der Zollhoheit abzuschütteln.

Die Ungleichen Verträge waren zutiefst demütigend für Japan, denn das Land wurde durch diese Verträge in einen halbkolonialen Status gedrängt und den westlichen Mächten politisch und wirtschaftlich untergeordnet. Die westlichen Staaten begründeten die Notwendigkeit der Verträge damit, dass ihr Vertragspartner ein unzivilisiertes Land sei und die ausländischen Staatsbürger, die dort Handel trieben, daher vor den lokalen Verhältnissen geschützt werden müssten. So könne ihnen ein Gerichtsverfahren nach japanischem Recht nicht zugemutet werden. Für die Dauer des Bestehens der Ungleichen Verträge kam es immer wieder zu Zwischenfällen, die das japanische Ehrgefühl verletzten, z.B. zu schweren Verbrechen, die durch die Konsulargerichtsbarkeit nicht oder nur leicht bestraft wurden. Die neu entstehende Presse Japans griff viele dieser Vorfälle auf, so dass die Ungleichen Verträge und ihre Folgen ein permanenter Stachel im Fleisch der Japaner blieben, der sie in ihrem Streben nach schneller Aufhebung dieser Abmachungen, die sie nur aufgrund der Drohungen der ausländischen Mächte eingegangen waren, sowie nach internationaler Gleichberechtigung ständig bestärkte.

Die Iwakura-Gesandtschaft unter Führung des Hofadligen und leitenden Meiji-Politikers Iwakura Tomomi, die von 1871 bis 1873 achtzehn Monate lang Amerika und Europa bereiste, stellte einen frühen, jedoch vergeblichen Versuch dar, eine Reform der Ungleichen Verträge zu erreichen. Alle angesprochenen Staaten lehnten unter Hinweis darauf ab, dass Japan dafür erst die Voraussetzungen, nämlich politische und rechtliche Institutionen nach europäischem Vorbild, schaffen müsse. Dennoch war die Gesandtschaft von großer Bedeutung, weil sich unter ihren zahlreichen Mitgliedern neben Iwakura Tomomi weitere führende Politiker wie Ōkubo Toshimichi, Kido Kōin und Itō Hirobumi befanden, die auf dieser Reise die Verhältnisse in den westlichen Ländern aus eigener Erfahrung kennenlernten. Sie besichtigten moderne Institutionen, von Krankenhäusern bis zu Parlamenten, und waren von der Wirtschaftskraft und dem Bildungssystem der westlichen Nationalstaaten beeindruckt. Diese Erfahrung wurde ein wichtiger Antrieb für die umfangreichen Reformen, die die Meiji-Regierung in den folgenden Jahrzehnten in Japan durchführte. Auch die 60 Auslandsstipendiaten der japanischen Regierung, die mit der Gesandtschaft reisten und dann für ihre Studien im Ausland verblieben, haben später oft an führender Stelle den japanischen Modernisierungsprozess unterstützt.

Erste internationale Schritte in Asien: Beziehungen zu China und Korea, Einverleibung von Okinawa und Hokkaidō

Japan konnte zunächst nur in Asien eine eigene außenpolitische Tätigkeit entfalten. Die führenden Männer der Meiji-Restauration und prominente Intellektuelle nahmen dabei eine ambivalente Haltung ein. Einerseits riefen sie zu einer pan-asiatischen Solidarität auf, die sich gegen den aggressiven Imperialismus des Westens richten sollte. Andererseits unternahm Japan bereits in den 1870er Jahren außenpolitische Schritte, die ein Gefühl der Überlegenheit gegenüber seinen asiatischen Nachbarn erkennen ließen. Japan gerierte sich zunehmend als Vormacht in Asien, die ihre zurückgebliebenen Nachbarn in die Moderne und damit zu einer allerdings erst später zu erwartenden Gleichberechtigung führen würde.

Nachdem die westlichen Mächte die Öffnung Japans, d.h. seinen Eintritt in die Welt moderner internationaler Beziehungen, erzwungen hatten, nahm Japan mit seinen asiatischen Nachbarn ähnliche Beziehungen auf. Japan und China stellten 1871 diplomatische Beziehungen her und beendeten damit den seit dem 17. Jahrhundert andauernden Zustand fehlender offizieller Kontakte zwischen beiden Ländern, der sich entwickelt hatte, weil China auf der Unterwerfung seiner Partner beharrt, Japan jedoch eine nachrangige Stellung abgelehnt hatte. Die jetzt aufgenommenen Beziehungen beruhten auf der Gleichberechtigung beider Partner, was vor den Augen der Welt demonstriert wurde, als sich der japanische Sondergesandte beim Austausch der Ratifizierungsurkunden 1873 in Beijing erfolgreich dagegen wehrte, den von ihm verlangten Kotau zu leisten. Dies bedeutete ein Novum für die internationale Ordnung in Asien, die bis dahin von China geprägt und hierarchisch organisiert war.

Schwieriger noch gestaltete sich die Neuordnung des Verhältnisses zu Korea. Japanische Händler verlangten bereits in den frühen 1870er Jahren von der koreanischen Regierung, dass sie das Land öffne und Handel ermögliche. Als die Koreaner dies ablehnten, nutzte 1873 der aus dem Fürstentum Satsuma stammende Saigō Takamori, Restaurationsheld und überzeugter Nationalist, die Abwesenheit der Mitglieder der Iwakura-Gesandtschaft und überredete die Statthalter-Regierung dazu, eine Invasion Koreas zu planen. Saigō und seine Regierungskollegen wollten durch diese Invasion nicht nur ihren Nationalstolz befriedigen, sondern auch der beteiligten Samurai-Truppe eine privilegierte Rolle in der zukünftigen Meiji-Gesellschaft sichern. Weder die Befürworter noch die Gegner der Invasionspläne schienen die Ironie, dass ihr Verhalten dem aggressiven Auftreten der westlichen Mächte in den 1850er Jahren sehr ähnlich war, zu erkennen. Die Mitglieder der Iwakura-Gesandtschaft, denen die Pläne der Statthalter-Regierung umgehend hinterbracht worden waren, lehnten diese jedoch aus strategischen Erwägungen rundheraus ab. Durch ihre Reise hatten sie immer mehr die Überzeugung gewonnen, dass Japan erst Reformen im Inneren durchführen müsse, bevor es in großem Stil auf außenpolitischem Gebiet aktiv werden könne. Kido und Ōkubo erschien das Invasionsvorhaben so riskant, dass sie ihre Reiseroute kurzfristig änderten, nach Tōkyō zurückkehrten und dort Saigōs Invasionspläne rasch zunichtemachten. Sie wandten sich allerdings nicht grundsätzlich gegen die Vorstellung, dass Japan einem Nachbarland seinen Willen aufzwingen würde.

Im folgenden Jahr beschloss die Meiji-Regierung unter Ōkubo Toshimichi dann doch eine kleinere Militäraktion gegen Taiwan, das zu China gehörte. Bewohner dieser Insel hatten 1872 einige von den Ryūkyū-Inseln, der heutigen Präfektur Okinawa, stammende Schiffbrüchige getötet. Die neue japanische Regierung wollte das nominell selbständige Königreich Ryūkyū in das japanische Territorium eingliedern. Sie verlangte daher Reparationen von China, das ebenfalls Hoheitsrechte über Ryūkyū beanspruchte und sich deshalb weigerte, Entschädigung zu leisten. 1874 entsandte die Meiji-Regierung eine Strafexpedition von 3000 Mann unter Saigō Tsugumichi, dem Bruder Takamoris, nach Taiwan. Militärisch erreichte sie fast gar nichts, vielmehr verloren ca. 500 Soldaten ihr Leben durch tropische Krankheiten, aber es gelang Japan, eine geringfügige Zahlung von China zu erhalten. Die Tatsache, dass diese Strafaktion erst zwei Jahre nach dem ursprünglichen Vorfall auf Taiwan erfolgte, lässt vermuten, dass sie ein Zugeständnis an jenen Flügel der Meiji-Regierung darstellte, der bereits im Vorjahr ein militärisches Vorgehen gegen Korea verlangt hatte. Ursprünglich hatte man sogar geplant, japanische Stützpunkte auf Taiwan mit der Begründung einzurichten, die nicht-chinesische Stammesbevölkerung langfristig zivilisieren zu wollen. Die japanische Führung imitierte damit das Beispiel der westlichen Mächte, die ihre Kolonialpolitik damit rechtfertigten, dass sie der Zivilisierung der Kolonisierten diene. Aus Angst vor einem Krieg mit China wurden die Stützpunktpläne zwar aufgegeben, dennoch hatte Japan erstmals erfolgreich Schlachtschiff-Diplomatie betrieben und dies mit dem Anspruch gerechtfertigt, Zivilisation in Asien zu verbreiten. Diese Diplomatie nach dem Vorbild der westlichen Mächte setzte Japan auch gegenüber Korea ein, als es der koreanischen Regierung 1876 mit militärischem Druck den Vertrag von Kanghwa aufzwang. Mit Hilfe dieses Abkommens, das drei koreanische Häfen für den Handel mit Japan öffnete und den Japanern Exterritorialität gewährte, intensivierten sich Japans Versuche, Korea aus seinen engen Beziehungen zu China zu lösen und stattdessen an Japan zu binden.

In der ersten Dekade der Entstehung eines modernen Nationalstaats bemühte sich die japanische Regierung außerdem intensiv darum, die äußeren Grenzen des Staatsgebiets festzulegen. Bereits 1855 war mit Russland eine erste Regelung bezüglich der nördlichen Grenzen getroffen worden, die eine Teilung der Kurilen vorsah, den Status Sachalins (jap. Karafuto) jedoch vorerst offenließ. 1869 gliederte die Regierung die Insel Ezō, die u. a. noch von ihren Vorbewohnern, dem stark auf Jagd- und Sammelwirtschaft ausgerichteten Volk der Ainu, bewohnt wurde, als eigene Präfektur Hokkaidō in den Staatsverband ein. In den folgenden Jahren schickte die Meiji-Regierung ehemalige Angehörige der Kriegerschicht und Strafgefangene nach Hokkaidō, um dort Ackerland urbar zu machen. Die Kolonisationsbemühungen hatten jedoch erst durch die Einwanderung zweit- und drittgeborener Söhne aus Reisbauerndörfern Zentraljapans Erfolg. 1899 versuchte man durch ein Gesetz, auch die Ainu zu Ackerbauern zu machen, was letztlich zu einer verstärkten Diskriminierung dieser Minderheit führte.

Die Südflanke des neuen Reiches erschien durch die Existenz des schwachen Königreiches Ryūkyū, das seit dem 14. Jahrhundert die Hegemonie Chinas anerkannte, seit 1609 jedoch zusätzlich quasi als Kolonie dem Fürstentum Satsuma unterstand (s. S. 199), gefährdet. Das Interesse westlicher Mächte, darunter auch des Deutschen Reiches (1876 Errichtung eines Gedenksteins Kaiser Wilhelms I.

auf der Insel Miyako), an Stützpunkten auf der Inselkette unterstrich diese Gefahr. 1872 wurde Ryūkyū daher gezwungen, auf eine eigene Außenpolitik zu verzichten, und unter die Aufsicht des Außenministeriums in Tōkyō gestellt. 1879 landete eine Polizeitruppe auf den Ryūkyū-Inseln und brachte den protestierenden letzten König Shō Tai ins Exil nach Tōkyō. Ryūkyū wurde nun zur Präfektur Okinawa, wogegen eine starke Exilpartei in Beijing opponierte. Erst nach 1895 war Japans Stellung unangefochten, die als »Eliminierung Ryūkyūs« (*Ryūkyū shobun*) bezeichnete Annexion abgeschlossen und der japanische Nationalstaat vollendet, wenn auch die Bevölkerung Okinawas wegen ihrer eigenständigen Kultur und ihres Wertesystems noch lange Zeit Diskriminierungen ausgesetzt blieb.

Zwischenfälle in Korea und der Japanisch-Chinesische Krieg

Die Einflussnahme auf Korea bildete ein Grundthema der japanischen Außenpolitik bis zur Annexion Koreas im Jahre 1910. Der Versuch, Korea aus dem Suzeränitätsverhältnis mit China herauszulösen, war eines der wichtigsten Ziele der modernen japanischen Diplomatie seit der Gründung des Außenministeriums im Jahre 1869. Maßgeblich waren vor allem militärstrategische Überlegungen: Die koreanische Halbinsel wurde mit einem auf das Herz Japans gerichteten Dolch verglichen. Japan wollte daher unbedingt verhindern, dass eine fremde Macht Kontrolle über Korea gewann. Um dies zu erreichen, konzentrierten sich die japanischen Aktionen in Übersee in den 1880er Jahren vorrangig auf die koreanische Halbinsel.

1881 schickte Japan Militärberater nach Korea, die helfen sollten, die Armee des koreanischen Königshofes zu modernisieren. Im folgenden Jahr brachten Gegner des Königs, die eine isolationistische Politik forderten, mehrere dieser Japaner um und übernahmen durch einen Staatsstreich die Macht. Japan zwang daraufhin die neue Regierung, eine Entschädigung zu zahlen und zu akzeptieren, dass japanische Truppen zum Schutz der japanischen Gesandtschaft in Seoul stationiert wurden. 1884 unternahm ein koreanischer Nationalist erneut einen Staatsstreich, für den ihm die japanische Gesandtschaft heimlich Unterstützung versprochen hatte. Der koreanische Umstürzler stand unter dem Einfluss des japanischen Aufklärers und Intellektuellen Fukuzawa Yukichi, der ihm geraten hatte, Korea nach japanischem Vorbild zu modernisieren. Während dieses Staatsstreichs wurden konservative Minister getötet, und der koreanische König fiel in die Hände der Aufständischen, aber chinesische Truppen beendeten schließlich den Umsturzversuch. Das Eingreifen der Chinesen führte zu Spannungen mit Japan. Die japanische Öffentlichkeit reagierte heftig, und es wurden sogar private Milizen aufgestellt, die Korea beim Kampf um seine »Unabhängigkeit« unterstützen sollten. Die japanische Regierung vermied jedoch eine militärische Konfrontation und erzielte einen Kompromiss mit China in Form des Li-Itō-Paktes. Dieser sah vor, dass beide Seiten ihre Truppen aus Korea abziehen und sich gegenseitig vorab informieren würden, falls sie zurückkehren sollten.

Dieser Kompromiss hielt bis zum Tonghak-Aufstand von 1894, mit dem koreanische Rebellen ihrem Unmut über die wirtschaftliche Misere und die ausländische Präsenz in Korea Luft machten. Die koreanische Regierung bat China, Truppen zu entsenden, um die öffentliche Ordnung wiederherzustellen. Dies veranlasste die japanische Regierung, ebenfalls Truppen nach Korea zu schicken und zu verlangen, dass Japan mit China gleichberechtigt über koreanische Angelegenheiten bestimmen müsse. Als China dies ablehnte, zwang Japan die koreanische Regierung,

China den Krieg zu erklären. Es kam zum Chinesisch-Japanischen Krieg von 1894/95, der zwar in seiner Größenordnung sehr viel begrenzter war als der spätere Russisch-Japanische Krieg – Japan mobilisierte nur 250 000 Mann und hatte »nur« 13 000 Gefallene zu beklagen –, aber Japan konnte vor den Augen der Welt seine bis dahin erlangte militärische Reife demonstrieren; dies insbesondere im Kontrast zum hoffnungslos rückständig erscheinenden China, denn die zahlreichen Seeschlachten endeten mit einem klaren Sieg der japanischen Seite. In Deutschland wurden dieser Krieg und Japans militärische Leistungen sogar so populär, dass sich nicht nur Dutzende von Deutschen in Glückwunschschreiben an die japanische Regierung wandten, sondern auch Beutestücke erbaten und um die Vergünstigung nachsuchten, einmal in der kaiserlich-japanischen Armee dienen zu dürfen.

Japan erreichte zwar sein unmittelbares Kriegsziel, da China im Frieden von Shimonoseki 1895 Korea als unabhängigen Staat anerkennen musste. Es gelang Japan jedoch nicht, seine militärischen Erfolge auch in die gewünschten territorialen Gewinne umzumünzen. Zwar erhielt Japan von China laut Friedensvertrag neben einer stattlichen Kriegsentschädigung die Insel Taiwan und einige ihrer Nachbarinseln sowie die Liaodong-Halbinsel und das Recht, eine Eisenbahn in der südlichen Mandschurei zu bauen. Taiwan wurde damit Japans erste Kolonie, auch wenn dorthin zunächst Truppen entsandt werden mussten, um den lokalen Widerstand zu brechen – eine Auseinandersetzung, die sich noch bis zum Ersten Weltkrieg hinziehen sollte. Doch der Gewinn des heißersehnten Stützpunkts auf dem asiatischen Kontinent, der Liaodong-Halbinsel, den Japan als unerlässlich für seine Sicherheit und als Ausgangsbasis für seine zukünftige koloniale Expansion betrachtete, blieb ihm versagt. Denn die japanische Regierung musste bald erkennen, dass die Früchte ihres Sieges gefährdet waren, wenn die anderen in

China aktiven Mächte sie nicht akzeptierten und China sich um eine ausländische Intervention zu seinen Gunsten bemühte. Denn obwohl Tōkyō peinlich darauf achtete, dass die im Friedensvertrag von Shimonoseki vorgesehenen Handelsprivilegien mittels der Meistbegünstigung den Kaufleuten aller Mächte zugutekommen sollten, ließ sich die Abtretung der Halbinsel Liaodong mit dem Hafen Port Arthur offensichtlich durch keinerlei Vorteile für die anderen Mächte kompensieren. Japan behauptete zwar, dass es die Halbinsel für die Verteidigung Koreas benötige, Russland dagegen sah darin eine Bedrohung seines eigenen Zugangs zu China durch die Mandschurei. Deshalb intervenierte der russische Vertreter in Tōkyō mit der Unterstützung seines französischen und seines deutschen Kollegen, indem er dem japanischen Außenminister Mutsu Munemitsu am 23. April 1895 erklärte, dass die vorgesehene Abtretung der Halbinsel Liaodong seine Regierung beunruhige, weil dadurch Beijing bedroht und der Friede in Asien gefährdet würde. Mit diesem als Triple-Intervention bezeichneten Eingreifen wurde Japan »geraten«, die Liaodong-Halbinsel bei China zu belassen. Da das Kabinett von Itō Hirobumi wusste, dass die russische Regierung bereit war, ihren »Rat« zur Not auch mit Gewalt durchzusetzen, und dass wenig Hoffnung auf Hilfe seitens Englands oder der USA bestand, gab es schließlich nach. Um sein Gesicht zu wahren, konnte Japan nur noch eine Erhöhung der chinesischen Kriegsentschädigung durchsetzen. Nur am Rande sei hier erwähnt, dass der deutsche Gesandte bei der Triple-Intervention einen derart harschen Ton angeschlagen hatte, dass dadurch das deutsch-japanische Verhältnis auf Jahre hinaus vergiftet wurde.

Der Krieg gegen China hatte zwar innerhalb Japans eine Welle der Begeisterung ausgelöst und selbst die Kritiker der Regierung im japanischen Parlament zum Schweigen gebracht. Aber dann war Japan rüde daran erinnert worden, dass es sich trotz eines halben Jahrhunderts nationaler Anstrengungen immer noch nicht in einer Position befand, die es ihm erlaubte, den »Rat« großer Mächte zu ignorieren oder gar zurückzuweisen. Die japanische Regierung kehrte daher in der Außenpolitik wohl oder übel zu einem Kurs der Vorsicht zurück und investierte den größten Teil der chinesischen Kriegsentschädigungen in ein umfangreiches Rüstungsprogramm, das sicherstellen sollte, dass sich in Zukunft so etwas wie die Triple-Intervention nicht wiederholen würde. 1896 wurde die Armee um sechs neue Divisionen verstärkt, was ihre Kampfstärke fast verdoppelte. 1898 wurden Kavallerie und Artillerie als getrennte Truppenteile neu organisiert. Für die Marine wurde in den Jahren 1896/97 ein großes Ausbauprogramm gestartet, durch das die japanische Flotte um vier neue Schlachtschiffe, 16 Kreuzer und 23 Zerstörer vergrößert wurde. Man unternahm jede nur erdenkliche Anstrengung, um die militärische Ausrüstung zu verbessern und die Voraussetzungen für ihre Produktion im eigenen Land zu schaffen. Diese Rüstungsprogramme trugen erheblich zur erfolgreichen Entwicklung der Schwerindustrie in Japan bei; so war es kein Zufall, dass die berühmten Yawata-Eisenwerke in Nord-Kyūshū die Stahlproduktion gerade im Jahr 1901 aufnahmen.

Auch den europäischen Mächten gab die schnelle Niederlage Chinas 1894/95 Anlass, ihre Politik im Fernen Osten zu überdenken. Sie begannen an der Zukunftsfähigkeit des Systems der Vertragshäfen zu zweifeln und andere Wege zu suchen, ihre Interessen in Fernost zu sichern. Als erstes trieben diejenigen, die China durch die Triple-Intervention nach dem Friedensvertrag von Shimonoseki vor Japan »gerettet« hatten, ihre »Schulden« ein, indem sie Einflusssphären in verschiedenen Teilen des Landes forderten, in denen sie sich exklusive Rechte für den Eisenbahnbau und für die Ausbeutung von Bodenschätzen gewähren ließen. Dies nahm in den Jahren 1896–98 die

Form einer regelrechten »Orgie der Pachtungen« an, in deren Zuge sich auch Deutschland und Russland Pachtgebiete in China verschafften. Deutschland sicherte sich die Provinz Shandong, und Russland folgte in der Mandschurei, wo es Port Arthur auf der Liaodong-Halbinsel pachtete – also genau jenes Territorium, das man gerade eben Japan vorenthalten hatte. Dieses Gebiet sollte durch eine Eisenbahnlinie – die spätere Südmandschurische Eisenbahn – mit der sog. Chinesischen Ostbahn verbunden werden, die sich zwischen Baikalsee und Wladiwostok im Bau befand. Die Reaktion der japanischen Regierung auf diese Entwicklung schätzte Sir Ernest Satow, der britische Gesandte in Japan und einer der prominentesten Japan-Kenner seiner Zeit, in einem Bericht aus dem Jahr 1898 an den englischen Premier- und Außenminister, Lord Salisbury, wie folgt ein: »The Japanese government, and especially the present Minister-President [Itō Hirobumi], are anxious to avoid any kind of foreign complication. They have the appearance of being thoroughly disheartened, and they do not seem to appreciate the value of diplomacy, except as a preliminary to the use of force« (»Die japanische Regierung, und besonders der gegenwärtige Premierminister [Itō Hirobumi] sind darauf bedacht, jede Art von internationaler Verwicklung zu vermeiden. Sie erscheinen gründlich entmutigt, und sie scheinen den Wert der Diplomatie nicht zu schätzen außer als Einleitung für den Einsatz von Gewalt«).

Gelegenheit, aus dieser von Sir Ernest Satow vermeintlich entdeckten »Entmutigung« Japans wieder herauszukommen, bot sich der japanischen Regierung schon bald. 1899 und 1900 ereignete sich nämlich in China eine Serie von gegen die Anwesenheit der Ausländer gerichteten Aufständen, die von »Boxer« genannten, nativistisch orientierten Gruppen (chin. Yihetuan) angeführt wurden. Auf dem Höhepunkt dieser Unruhen belagerten die Aufständischen zusammen mit regulären chinesischen Truppen die diplomatischen Vertretungen der Großmächte in Beijing; japanische und deutsche Diplomaten kamen sogar zu Tode. Japans internationales Ansehen stieg deutlich, als es den Großteil der Truppen für die Militäroperation entsandte, die den Vertretungen Entsatz brachte. Nach mehrmaligem Ersuchen durch die britische Regierung schickte Japan im Juli 1900 ca. 10000 Mann zur Niederschlagung des Boxer-Aufstandes, die westliche Beobachter, insbesondere die Engländer, durch ihre hervorragende Ausbildung, »ihren Mut, ihr Heldentum und ihre Selbstbeherrschung« beeindruckten.

England hatte Japans besonderes Wohlwollen schon deshalb gewonnen, weil es sich nicht an der Triple-Intervention von 1895 beteiligt hatte. Sir Ernest Satow hatte z.B. 1897 auf die Frage von Queen Victoria, ob Tōkyō nicht ein schwieriger diplomatischer Posten sei, geantwortet, die Triple-Intervention habe es ihm zum Glück sehr leicht gemacht. Weitere Gelegenheiten für eine englisch-japanische Annäherung ergaben sich, als Japan am 29. Oktober 1900 dem sog. Yangtze-Abkommen zwischen England und Deutschland beitrat, das die territoriale Integrität Chinas und das Prinzip der offenen Tür garantieren sollte. Auch beim Zustandekommen des Boxer-Protokolls vom 7. September 1901 in Beijing, mit dem der Boxer-Zwischenfall abgeschlossen wurde, arbeiteten Japan und England eng zusammen. Als »Belohnung« wurden die Japaner zur Friedenskonferenz eingeladen, womit Japan zum ersten Mal an einer internationalen Konferenz als gleichberechtigter Partner teilnahm. Gemeinsames Ziel dieser englisch-japanischen Zusammenarbeit war es, den russischen Einfluss in der Region zurückzudrängen. Denn während des Boxer-Aufstandes hatte die russische Expansion in Asien eine neue Qualität erreicht, als Russland unter dem Vorwand, die Boxer bedrohten die strategisch wichtigen Eisenbahnlinien, den größten Teil der Mandschurei militärisch besetzte. Mit dem Ausbau der neuen

Flottenstation Port Arthur und dem Bau der Transsibirischen Eisenbahn über mandschurisches Gebiet stieg die militärische Präsenz Russlands in Nordostasien gewaltig an, was Japan als eine Bedrohung für die territoriale Integrität Koreas und damit für seine eigene nationale Sicherheit empfand.

England war aufgrund seiner Schwierigkeiten in Teilen des Commonwealth wie etwa dem Burenkrieg in Südafrika auf der Suche nach einem Partner zu seiner Entlastung im Fernen Osten. Noch während die Boxer-Krise abschließend geregelt wurde, begannen Japan und England am 30. Juli 1901 informelle Verhandlungen über eine mögliche Kooperation, die bereits am 30. Januar 1902 zum Abschluss eines Vertrages führten. Beide Seiten verpflichteten sich, neutral zu bleiben, sollte einer von ihnen in einen Krieg im Fernen Osten verwickelt werden. Sollte jedoch einer der Unterzeichner von zwei oder mehr Mächten angegriffen werden, war der andere zur militärischen Hilfeleistung verpflichtet. De facto bedeutete dies, dass England eine Wiederholung der Triple-Intervention, bei der eine Kombination großer Mächte Japan unter Druck gesetzt hatte, verhindern würde und dass es sich bei einem eventuellen Angriff Japans auf Russland neutral verhalten würde. Außerdem erkannte England Japans besondere politische und wirtschaftliche Interessen in Korea an. Mit diesem Vertrag, dem ersten seiner Art zwischen einer westlichen Macht und einem asiatischen Staat, erreichte Japan die bis dahin überzeugendste Anerkennung seiner diplomatischen Ebenbürtigkeit. Für England bedeutete dieser Vertrag den endgültigen Abschied von der Politik der *splendid isolation*. Ein wichtiger Grund für diesen Schritt war die Flottenpolitik des deutschen Kaisers, die immer mehr Englands Argwohn erregte und es in dem Wunsch bestärkte, die Hauptmacht der britischen Marine auf die strategisch wichtigen Gebiete im Mittelmeer und nahe der Heimat zu konzentrieren. Durch die Zusammenarbeit mit Japan im Fernen Osten wurde England also in die Lage versetzt, beim Schiffsbau Einsparungen vorzunehmen und die angestrebte Gewichtsverlagerung durchzuführen.

Unter dem Eindruck des britisch-japanischen Bündnisses sagte Russland im April 1902 zu, seine Soldaten in drei Sechs-Monatsschritten aus der Mandschurei abzuziehen. Die zweite Stufe des russischen Rückzugs, die für den April 1903 terminiert war, wurde jedoch ohne Angabe von Gründen ausgesetzt. Japan, das durch die näher rückende Fertigstellung der strategisch hochwichtigen Transsibirischen Eisenbahn immer stärker unter Zeitdruck geriet, war nun entschlossen, offensiv einen Ausgleich mit Russland zu erzwingen. Als Basis für die Verhandlungen mit Russland diente Japan das sog. »Konzept des Austausches der Mandschurei gegen Korea«, wonach sich die russische und die japanische Regierung gegenseitig zusichern sollten, die territoriale Integrität Chinas und Koreas zu respektieren. Zusätzlich wollte Japan die russischen Eisenbahnrechte in der Mandschurei anerkennen, wenn Russland die viel weiter gehenden Interessen Japans in Korea akzeptieren würde. Da Russland jedoch diesen Interessenausgleich nicht als ausgewogen empfand, sondern mehr Rechte für sich in der Mandschurei verlangte und weniger Rechte für Japan in Korea anbot, konnte der japanische Außenminister, Komura Jutarō, dieses Angebot angesichts einer immer aggressiveren antirussischen Stimmung in Japan nicht akzeptieren. Er wiederholte die japanischen Forderungen in Form eines Ultimatums, das eindeutig die Erklärung des Kriegszustandes vorbereitete. Am 6. Februar 1904 brach Japan die diplomatischen Beziehungen mit Russland ab. Die Kriegserklärung erfolgte am 10. Februar.

Japan hatte aus Shimonoseki gelernt und sich diplomatisch und militärisch gründlich auf diesen Krieg vorbereitet. Die Regierung hatte große Erwartungen in der japanischen Bevölkerung geweckt, so dass der Krieg von einer Welle nationaler Begeisterung getragen wurde. Der Russisch-Japanische Krieg, der auf den ersten Blick wie ein lokales Ereignis am Rande Asiens erschien, war jedoch ein weltpolitisches Ereignis mit globalen Folgen, was allein schon die tägliche Berichterstattung über jede einzelne Etappe des Krieges in der internationalen Presse widerspiegelte. Nachdem die japanische Flotte in der Nacht vom 8. auf den 9. Februar 1904 – noch vor der offiziellen Kriegserklärung – den russischen Hafen Port Arthur angegriffen und wichtige Teile der russischen Fernostflotte vernichtet hatte, waren die ersten japanischen Truppen im Februar und März auf der koreanischen Halbinsel gelandet und nach Norden in die Mandschurei vorgerückt. Seit August hatte Japans Dritte Armee unter General Nogi Maresuke die Seefestung Port Arthur belagert. Nach deren Kapitulation am 1. Januar 1905 gelang es den Japanern im März 1905 in der überaus blutigen Landschlacht bei Mukden (heute Shenyang) – sie forderte etwa 90000 Gefallene und Verwundete auf beiden Seiten –, die russische Hauptstreitmacht zum Rückzug zu zwingen. In der Straße von Tsushima vernichtete die japanische Marine unter Admiral Tōgō Heihachirō am 27./28. Mai 1905 die russische Ostseeflotte (Baltische Flotte), die sie dort nach ihrer berühmten achtmonatigen Leidensreise um die halbe Welt, die Frank Thiess in seinem seinerzeit erfolgreichen Roman *Tsushima* (1936) verewigt hat, zum Kampf gestellt hatte. Und schließlich endeten die Kriegshandlungen mit der Besetzung Sachalins auf russischem Territorium – also mit einer unübersehbaren Demütigung des Zarenreichs. Der erste moderne Krieg, der mit Hilfe industriell erzeugter Waffensysteme zu Lande und zu Wasser ausgetragen worden war, endete mit dem militärischen Sieg Japans, einer nichteuropäischen Macht, was ein deutscher Kriegsbeobachter bereits als »Götterdämmerung Europas« kommentierte.

Trotz der militärischen Erfolge litt Japan an wirtschaftlicher Erschöpfung und signalisierte bereits nach der Schlacht bei Mukden seine Bereitschaft, auf die Friedensvermittlungsangebote des US-amerikanischen Präsidenten Theodore Roosevelt einzugehen. Die USA, die mit ihrem 1899 von Staatssekretär John Hay verkündeten Prinzip der »Offenen Tür« freien Handel in allen Pacht- und Protektoratsgebieten in Asien forderten, waren an der Herstellung eines Gleichgewichts zwischen Japan und Russland in Nordostasien interessiert. Zu den Friedensverhandlungen zog man sich nach Portsmouth in New Hampshire/USA zurück in der irrtümlichen Annahme, dort fern vom Kriegsgeschehen in Abgeschiedenheit verhandeln zu können. Doch auch hier verfolgte die internationale Presse jeden Verhandlungsschritt, zumal der russische Unterhändler Sergej Witte es vorzüglich verstand, die amerikanische Presse zu seinen Gunsten zu instrumentalisieren. Dennoch gelang es dem fähigen Außenminister und Harvard-Absolventen Komura, Japans Sieg gegen eine europäische Großmacht mit einem günstigen Frieden zu beenden. Denn als Ergebnis seiner Kriegsanstrengungen – Japan hatte über eine Million Soldaten mobilisiert und fast 100000 Tote zu beklagen – erreichte Japan im Friedensvertrag von Portsmouth wichtige Zugeständnisse. Russland musste zwar keine Kriegsentschädigung zahlen, trat aber die Südhälfte der Insel Sachalin, die Pachtgebiete Port Arthur und Dalian (jap. Dairen) sowie die Kontrolle über die Südmandschurische Eisenbahn (jap. Mantetsu) an Japan ab. Wichtiger noch als die Erwerbungen in der Mandschurei war es für die Japaner aber – v. a. unter strategischen Gesichtspunkten –, dass Russland nun Japans Exklusivrechte in Korea anerkennen musste, was Japan seit langem gefordert hatte.

Der Sieg Japans – einer asiatischen Macht – über eine bis dahin als unbesiegbar geltende westliche Großmacht löste weltweite Begeisterung bei den Kolonialvölkern aus.

Die nationalen Bewegungen erhielten neuen Auftrieb unter dem Schlagwort »Asien den Asiaten«. Hier seien als Beispiele nur Jawaharlal Nehru und Sun Yat-sen, der sich 1905 selbst in Japan aufhielt, genannt. Auch die islamische Welt feierte den japanischen Sieg enthusiastisch. Ägyptische, türkische und persische Dichter schrieben Oden auf Japan und seinen Tennō, islamische Mütter nannten ihre Söhne Tōgō nach dem Sieger von Tsushima, Tōgō Heihachirō. Zeitweilig gab es sogar Überlegungen, ob Japan nicht zum »Befreier des Islam« vom westlichen Imperialismus und Kolonialismus werden könnte. Auch die vom Zarenreich unterdrückten europäischen Völker, Polen und Finnen, suchten Kontakt zu Japan, während sich in den westlichen Ländern – wieder besonders stark von England ausgehend – nun die Sorge vor einem zu sehr erstarkenden Japan in Warnungen vor der »Gelben Gefahr« niederschlug.

Wiederannäherung an Russland und die Annexion Koreas

Wie sehr der unerwartet deutliche Sieg der Aufsteigernation Japan über die alte europäische Großmacht Russland das internationale Staatensystem veränderte, zeigte sich in der anschließenden Erweiterung des Bündnissystems der Großmächte. Nachdem England bereits 1904 die *Entente cordiale* mit Frankreich abgeschlossen hatte – auch mit dem Ziel, nicht durch das englisch-japanische Bündnis in einen Krieg mit Russland und dessen Verbündetem Frankreich hineingezogen zu werden –, kam es nun in schneller Folge ebenfalls zu Vereinbarungen zwischen Frankreich und Japan sowie zwischen England und Russland. Für diese Erweiterung des Bündnissystems war der

Ausgleich zwischen Russland und Japan konstitutiv, weshalb er von England und Frankreich in deren eigenem Interesse forciert wurde.

Japan war durch den Russisch-Japanischen Krieg wirtschaftlich und militärisch derart geschwächt worden, dass an größere militärische Aktionen in absehbarer Zeit kaum zu denken war. Dennoch ergriff die japanische Armeeführung 1906 die Initiative zur Ausarbeitung eines Verteidigungsplans, mit dessen Hilfe die neugewonnene Position als zumindest regionale Großmacht mit ausgedehnten Rechten auf dem asiatischen Kontinent sowie mit Bündnisverpflichtungen gegenüber Großbritannien gesichert werden sollte. Einflussreiche Kreise in Japan hielten überdies den Frieden von Portsmouth nur für einen verlängerten Waffenstillstand und befürchteten, dass Russland in absehbarer Zukunft einen Revanchekrieg vom Zaun brechen werde. Als die japanische Regierung im April 1907 den Reichsverteidigungsplan beschloss, ging sie jedenfalls von Russland als Japans wahrscheinlichstem künftigen Kriegsgegner aus. Die Größe des japanischen Heeres sollte sich deshalb nach der maximalen Truppenstärke richten, die Russland im Fernen Osten würde unterhalten können. Diese berechneten die Japaner aufgrund der Transportkapazität der Transsibirischen Eisenbahn.

Um Japans Sicherheit auch auf diplomatischem Wege zu erhöhen, strebte die japanische Regierung die Erneuerung und Erweiterung des japanisch-britischen Bündnisses von 1902 an, die am 12. August 1905, also schon vor der Unterzeichnung des russisch-japanischen Friedensvertrags, zustande kam. Ziel des neuen Vertrags sollte »die Konsolidierung und Aufrechterhaltung des allgemeinen Friedens in den Regionen Ostasiens und Indiens« sowie die Verteidigung der Rechte Großbritanniens und Japans in diesen Gebieten sein. Großbritannien erkannte überdies Japans Recht an, alle ihm erforderlich erscheinenden Maßnahmen für die »Lenkung, die Kontrolle und den Schutz in Korea« zu ergreifen, sofern dort die Gleichheit der Handelschancen für alle Staaten, also das Prinzip der Offenen Tür, gewahrt blieb.

Die japanische Öffentlichkeit aber war vom Friedensvertrag von Portsmouth tief enttäuscht. Bereits während der Friedensverhandlungen hatten Intellektuelle der Gruppe der sog. »Sieben Doktoren« ein hartes Vorgehen gegenüber Russland verlangt. Nach Bekanntwerden des Inhalts des Friedensvertrags entlud sich der Volkszorn in den sog. Hibiya-Unruhen, so dass in Tōkyō sogar das Kriegsrecht verhängt werden musste. Innenpolitisch stark unter Druck, nahm die japanische Regierung in den beginnenden Verhandlungen mit Russland über die Fragen, die im Friedensvertrag von Portsmouth offengeblieben waren, eine ausgesprochen harte Haltung ein. Japans finanzielle Notlage bot Frankreich jedoch eine willkommene Gelegenheit, seinem russischen Verbündeten zu helfen und zugleich seine eigenen Beziehungen zu Japan zu verbessern, da auch Frankreich nach dem japanischen Sieg um seine Besitzungen in Indochina fürchtete. Nachdem Japan sich wegen eines größeren Kredits an Frankreich gewandt hatte, stellte die französische Seite die Vorbedingung, dass es Japan den Kredit nur gewähren werde, wenn es zu einem Ausgleich zwischen Russland und Japan komme. Bereits einen Monat später nahmen Japan und Russland Gespräche über ein Abkommen auf.

Keine zwei Jahre nach dem Ende der Kriegshandlungen, am 30. Juli 1907, unterzeichneten Japan und Russland die erste »russisch-japanische Entente«. Der offizielle Vertragstext, der den anderen Mächten vor seiner Bekanntgabe mitgeteilt worden war, enthielt ein Lippenbekenntnis zu der seit 1899 vor allem von amerikanischer Seite verfolgten »Politik der Offenen Tür« sowie zur Erhaltung des territorialen Status quo in China. In einem gleichzeitig abgeschlossenen Geheimabkommen – über das die neuen Partner zwar nur ihre Verbündeten England bzw. Frankreich informierten, ohne dass diese gegen den Inhalt Einspruch erhoben, dessen wesentliche Inhalte aber bereits wenige Wochen später in der japanischen Presse nachzulesen waren – legten sie fest, was sie unter »Erhaltung des Status quo« verstehen wollten: Danach wurde die nördliche Mandschurei zur russischen, die südliche zur japanischen Einflusssphäre erklärt, Russland erkannte das besondere Interesse Japans an Korea an, während Japan im Gegenzug die speziellen Interessen des Russischen Reichs in der zu China gehörenden Äußeren Mongolei akzeptierte. Wirtschaftliche Verträge, die diese politische Übereinkunft umrahmten, ließen ebenfalls auf weitgehendes Einvernehmen schließen: In einem Handelsvertrag vom 28. Juli 1907 sicherten sich beide Seiten Gleichberechtigung und Meistbegünstigung zu.

Durch das Katsura-Taft-Abkommen vom 29. Juli 1905 und das französisch-japanische Abkommen vom 10. Juni 1907 hatten auch die USA und Frankreich Japans Vorherrschaft in der südlichen Mandschurei und in Korea akzeptiert. Da sich die Interessen Frankreichs, Russlands und Englands zunehmend nach Europa verlagerten, waren diese Mächte jetzt auch widerspruchslos bereit, Japan im Austausch gegen die Sicherstellung ihrer eigenen fernöstlichen Interessensphären in Korea freie Hand zu lassen. Im zweiten russisch-japanischen Vertrag vom 4. Juli 1910 bestätigte man sich die beiderseitigen »speziellen Interessensphären« und gestand sich gegenseitig das Recht zu, alle erforderlichen Maßnahmen zu deren Absicherung vorzunehmen. Nur sechs Wochen danach, am 22. August 1910, schritt Japan zur offenen Annexion Koreas, das nun bis 1945 als Kolonie bei Japan blieb und fortan eine wichtige Ausgangsbasis für die expansive Politik Japans im Fernen Osten bildete.

Eine der wichtigsten Ursachen für den Russisch-Japanischen Krieg hatte darin bestanden, dass Japan und Russland sich bezüglich ihrer Interessenabgrenzung in Korea nicht hatten einigen können. Der Sieg gegen Russland brachte Japan jedoch nicht nur territoriale Gewinne, sondern auch die Aufnahme als vollwertiges Mitglied in das Konzert der Mächte. Binnen zwei Jahren nach der Unterzeichnung des Friedensvertrags von Portsmouth – d.h. bis zum Jahr 1907 – hatte England eilig die schon bestehende Allianz mit Japan verlängert, Frankreich mit Japan einen Entente-Vertrag geschlossen und sogar der ehemalige Kriegsgegner Russland sich mit Japan auf ein Ausgleichsabkommen verständigt. Damit war Japan binnen kürzester Frist zu einer regionalen Großmacht geworden.

»21 Forderungen«, Erster Weltkrieg, Sibirien-Intervention, Versailler Konferenz

Japans Stellung im Fernen Osten gestaltete sich zwischen 1907 und 1917 umso unangefochtener, je mehr sich die Gegensätze zwischen den anderen Großmächten zuspitzten. Sie erreichte ihren Höhepunkt während des Ersten Weltkriegs, als die japanische Regierung die Verwicklung der anderen Großmächte in den Krieg und vor allem die eklatante Schwäche Russlands entschlossen zur Erweiterung ihres Machtbereichs auf dem asiatischen Kontinent ausnutzte und dabei selbst statt zum Befreier der asiatischen Völker zu einer Kolonialmacht wurde. Japan wäre durch das englisch-japanische Bündnis keineswegs verpflichtet gewesen, in den Ersten Weltkrieg einzutreten. Das Kabinett Ōkuma Shigenobu nutzte jedoch die Gelegenheit zur Revanche für Deutschlands Beteiligung an der schmachvollen Triple-Intervention von 1895. Japan konfrontierte das Deutsche Reich am 15. August 1914 mit einem Ultimatum, das verlangte, Deutschland solle seine Streitkräfte aus Ostasien zurückziehen oder entwaffnen und sein Pachtgebiet in Shandong an Japan ausliefern. Nachdem das Deutsche Reich das Ultimatum hatte verstreichen lassen, griff Japan die deutschen Gebiete in Ostasien an und besetzte nicht nur das Pachtgebiet in China, sondern auch die in deutschem Besitz befindlichen Pazifikinseln. Im November 1914 fiel Qingdao, und einige tausend deutsche und österreichisch-ungarische Soldaten gerieten in japanische Kriegsgefangenschaft.

Japan nutzte den Umstand, dass die europäischen Mächte durch den Krieg in ihrer Handlungsfreiheit eingeschränkt waren, aber auch anderweitig. Im Januar 1915 konfrontierte die japanische Regierung unter der Führung von Premierminister Ōkuma China mit »21 Forderungen«. Diese Forderungen gliederten sich in fünf Gruppen, von denen die letzte Gruppe besonders provozierend wirken musste. Darin verlangte die japanische Seite den Aufbau einer chinesisch-japanischen Polizeiorganisation in China und die Ernennung japanischer Berater für alle politischen, wirtschaftlichen und militärischen Angelegenheiten Chinas. China wäre dadurch unter eine quasi-koloniale Kontrolle durch Japan geraten. Die Forderungen lösten in China einen Proteststurm aus, der sich u.a. in einem Boykott japanischer Waren entlud. Auf internationalen Druck hin zog die japanische Regierung zwar die fünfte Gruppe der Forderungen zurück, aber die restlichen Forderungen musste China akzeptieren. Japan erhielt dadurch die Kontrolle über die Gebiete, die sich vor dem Krieg in deutscher Hand befunden hatten, Rechte für den Bau von Eisenbahnen und eine Anerkennung seiner Stellung in der südlichen Mandschurei.

1917 gelang es Japan überdies, unter erneuter Ausnutzung des Krieges in Europa seine Position in Asien weiter abzusichern. Es schloss das Ishi'i-Lansing-Abkommen mit den USA, die durch ihren Kriegseintritt Verbündete Japans geworden waren. Japan versprach, Chinas territoriale Integrität zu wahren und Amerikas Zugang zum

Chinahandel nicht zu behindern, während die USA Japans »besonderes Interesse« in China anerkannten. Durch dieses Abkommen garantierten sich die beiden Staaten gegenseitig den Bestand ihrer kolonialen Besitzungen in Asien. Die japanische Regierung war außerdem intensiv bemüht, auch die anderen westlichen Mächte, mit denen Japan größtenteils verbündet war, dazu zu bewegen, seine Stellung in China anzuerkennen. Deren Haltung war jedoch von erheblichem Misstrauen gegenüber Japan geprägt, das durch die Sibirien-Intervention von 1918 noch geschürt wurde.

Nach dem Erfolg der bolschewistischen Revolution suchte Japan nach einer Möglichkeit, in den nahe an Japan gelegenen Gebieten Russlands, die noch nicht fest in bolschewistischer Hand waren, ein nicht-kommunistisches Regime zu etablieren. Im März 1918 beschlossen England, Frankreich und die Vereinigten Staaten von Amerika, Truppen nach Sibirien zu entsenden, um den Rückzug von tschechischen Verbänden (Tschechische Legion) nach dem Separatfrieden von Brest-Litowsk zu decken. Als Präsident Wilson Japan um eine Beteiligung an der Intervention ersuchte, bot sich die Chance zu einem international sanktionierten Eingreifen. Die japanische Regierung sagte ca. 10000 Soldaten zu. Mit der Begründung, japanische Staatsbürger und deren Eigentum schützen zu müssen, schickte sie de facto Truppen im Umfang von bis zu 70000 Mann nach Sibirien. Japan unterstützte dort politisch und militärisch eine schwache, konterrevolutionäre Regierung in Wladiwostok, musste seine bis Irkutsk vorgerückten Truppen aber aufgrund wachsenden innen- und außenpolitischen Drucks 1922 ergebnislos zurückziehen, blieb jedoch noch bis 1925 auf Nord-Sachalin.

Auf der Friedenskonferenz von Versailles 1919 war Japan zwar als Siegermacht vertreten, aber es gelang ihm nur teilweise, seine Ziele durchzusetzen. Oberste Priorität für die japanische Delegation hatte das Ziel, Japans Hoheit über die ehemals deutschen Kolonien in Shandong und in der Südsee (jap. Nanyō) bestätigen zu lassen. Außerdem sollte das Prinzip der Gleichheit aller Rassen in die Gründungscharta des Völkerbundes aufgenommen werden. Dieses Anliegen beruhte vor allem auf den Erfahrungen, die Japan mit der westlichen Angst vor einer »Gelben Gefahr« und antijapanischen Gesetzen, besonders in den USA, hatte machen müssen. Während der amerikanische Präsident Woodrow Wilson und andere führende Politiker einwilligten, dass Japan die deutschen Kolonien behielt, lehnten sie das zweite japanische Anliegen bezüglich der Gleichheit aller Rassen ab. Die japanische Öffentlichkeit reagierte auf die Doppelzüngigkeit der westlichen Mächte bei ihren Forderungen nach Gleichheit und Selbstbestimmung als Grundprinzipien der Nachkriegsordnung mit Enttäuschung und Verärgerung. Dennoch festigte die Versailler Konferenz Japans Stellung als Großmacht, denn Japan wurde zusammen mit England, Frankreich und Italien viertes ständiges Mitglied des Völkerbundrates und nahm damit eine prominente Stellung in der neuen internationalen Ordnung ein.

Zusammenfassend lässt sich festhalten, dass Japans außenpolitische Entwicklung von der Landesöffnung bis zum Ersten Weltkrieg von dem Bemühen gekennzeichnet war, sich so rasch wie möglich aus der unterlegenen Stellung, in die es durch die Ungleichen Verträge gezwungen worden war, zu befreien und Gleichberechtigung mit den westlichen Mächten zu erreichen. Dieser Prozess fand seine vorläufigen Höhepunkte mit dem Eintritt in das britisch-japanische Bündnis (1902) und den Erfolgen des Russisch-Japanischen Krieges (1904/05), die Japan als Partner der damaligen »Supermacht« England und als eine militärisch potente regionale Großmacht etablierten. Nach Erreichen dieser Ziele war Japan bemüht, sich als verlässlicher internationaler Partner zu zeigen und sein außenpolitisches Vorgehen in die Kooperationsbemühungen der

Zeit einzupassen. Das hinderte Japan jedoch nicht daran, seine überlegene Stellung gegenüber seinen asiatischen Nachbarn auszuspielen, wenn die internationale Lage Gelegenheit dazu bot. So war es Japan trotz Verspätung gegenüber den westlichen Mächten gelungen – z.T. noch während es selbst damit beschäftigt war, die Zurücksetzung durch die Ungleichen Verträge abzuschütteln –, mit dem Erwerb von Taiwan (1895), der Übernahme der russischen Pachtgebiete in China (1905), der Annexion Koreas (1910) sowie der Eroberung der von den Deutschen besetzten chinesischen Provinz Shandong und des deutschen Kolonialbesitzes in der Südsee (1919) in Asien ein Kolonialreich zu begründen.

Die Meiji-Restauration und erste innenpolitische Schritte der neuen Regierung

Als sich die Regierung des Tokugawa-Shōgunates in den 50er Jahren des 19. Jahrhunderts gezwungen sah, die Öffnung des Landes und die Ungleichen Verträge mit westlichen Staaten zu akzeptieren, empfanden dies zunächst vor allem die jüngeren Samurai, etwas später auch wohlhabende und politisch interessierte Angehörige anderer Stände als nationale Demütigung. Das offensichtliche Unvermögen des Shōgunats, seine Politik der Abschließung Japans, die bis dahin zu seiner Legitimierung entscheidend beigetragen hatte, gegenüber den Ausländern aufrechtzuerhalten, bildete das auslösende Moment für die Forderung nach seinem Sturz, der sich 1867/68 in Gestalt der Meiji-Restauration (*Meiji-ishin*) vollzog. Die Initiative ging von »loyalistischen« Samurai aus den in Westjapan gelegenen Fürstentümern Satsuma (später Präf. Kagoshima), Hizen (später Präf. Saga), Chōshū (später Präf. Yamaguchi) und

Tosa (später Präf. Kōchi) aus. Deren Fürsten hatten ihr Militärwesen und ihre Verwaltung während der Tempō-Periode (1830–44) erfolgreich reformiert, und diese Fürstentümer boten daher eine günstige Ausgangsposition, um von hier aus in die nationale Politik einzugreifen. Um ihr Ziel zu erreichen, sollte der Tennō formal wieder in seine rechtmäßige Position als Oberhaupt eines zentralisierten Staates eingesetzt werden, die über Jahrhunderte von Shōgun-Dynastien usurpiert worden war. Dies sollte den Tokugawa-Gegnern Gelegenheit geben, im Namen des Tennō zu regieren. Dem Umsturz lag also weder ein Ausbruch spontaner Loyalität gegenüber dem Tennō zugrunde noch eine grundsätzliche Abneigung gegen das Shōgunat als Institution. Huldigte die Opposition zunächst der Devise »Verehrt den Tennō, verjagt die Barbaren« (*sonnō jōi*), setzte sich doch bald die Einsicht durch, dass die weitere Abschließung Japans weder vorteilhaft für das Land noch auf Dauer durchführbar war, sondern dass vielmehr die Wiedereinsetzung des Tennō mit weitreichenden innenpolitischen Reformen und wirtschaftlicher Erneuerung Japans verbunden werden müsse.

Der Sturz des Shōgunates gelang im November 1867, als der letzte Shōgun aus dem Haus der Tokugawa, Tokugawa Yoshinobu (auch Keiki), unter militärischem und moralischem Druck freiwillig und ohne Nachfolger abdankte. Zwar behielt Tokugawa Yoshinobu die Verwaltung des Landes zunächst noch in der Hand, doch im Dezember 1867 brachte dann eine Palastrevolution den Tennō in Person des jungen Mutsuhito, dessen Regierungszeit »Meiji« benannt wurde, an die Spitze der Regierung und damit der zukünftigen neuen Ordnung. Prominente Fürsten und Samurai aus den schon erwähnten sowie einigen anderen Fürstentümern waren in die Revolte eingeweiht. Überdies stand ein größeres Kontingent von Chōshū-Truppen nahe Kyōto bereit. Die Revolte erreichte ihren Höhepunkt am 3. Januar 1868. Bewaffnete Einheiten unter dem Kommando von Saigō Takamori aus Satsuma hielten die Palasttore besetzt, und eine kleine Zahl von Höflingen und Fürsten bezeugte die formelle Proklamation der Restauration. Tokugawa Yoshinobu wurde im Namen des Tennō aufgefordert, auf seine verbliebenen Ämter zu verzichten und das Land, das noch unter seiner Kontrolle stand, zu übergeben. Diese Maßnahmen, die der Rolle der Tokugawa in der japanischen Politik ein Ende setzten, waren zunächst jedoch nur das Werk einer kleinen Gruppe von Akteuren, die noch keineswegs über landesweiten Einfluss verfügte. Insofern trugen die Anfänge der Meiji-Restauration durchaus die Züge einer »Palastrevolution«. Während Tokugawa Yoshinobu das Ende seiner Herrschaft rasch akzeptierte, leisteten viele Anhänger seines Hauses erbitterten Widerstand, der in den Restaurationskrieg (*Boshin sensō*) überging. In der Schlacht bei Toba-Fushimi südlich von Kyōto im Januar 1868 wurden die Tokugawa-Truppen geschlagen, im April Edo kampflos übergeben. Der Krieg konnte im Sommer 1869 beendet werden, als die letzten Tokugawa-treuen Truppen in Hokkaidō ihre Waffen streckten. Zwischenzeitlich war der Sitz der Regierung bereits in den Palast des Shōgun nach Edo verlegt worden, das in Tōkyō (»östliche Hauptstadt«) umbenannt worden war.

Die eigentlichen Träger der Restauration entstammten überwiegend den mittleren und niedrigeren Samurai-Ständen, gehörten also der traditionellen Oberschicht an. Die Kaufleute in den urbanen Zentren hatten ebenso wie bürgerliche Gruppen, die in der späteren Meiji-Zeit eine wichtige Rolle im politischen Leben spielen sollten, kaum Anteil an den politischen Ereignissen der Anfangsphase. Selbst Hofkreise in Kyōto hatten unter Kōmei-Tennō, dem Vater von Meiji-Tennō, politischen Umwälzungen eher ablehnend gegenübergestanden, so dass nur ein kleiner Teil von ihnen die Meiji-Restauration aktiv unterstützte. Unter diesen Umständen musste die neue Regierung bei allen Reformvorhaben äußerst vorsichtig zu Werke gehen, damit die Koalition aus Mitgliedern des Adels einiger Fürstentümer und Teilen des entmachteten Hofadels nicht zerbrach. Solange sich die loyalistischen Politiker aus Satsuma, Chōshū, Tosa und Hizen nicht auf ein gemeinsames Programm geeinigt hatten und dementsprechend das ganze Land in ihrem Sinne mobilisieren konnten, ja nicht einmal über die notwendigen finanziellen Ressourcen verfügten, kennzeichneten kurzfristige Nützlichkeitserwägungen und Improvisation die ersten Schritte der neuen Regierung. Dazu trug auch die Tatsache bei, dass die Restauration nicht nur die Herrschaft des Tennō wiederhergestellt, sondern auch zahlreiche damit eng verbundene Adelstitel und Institutionen, deren Wurzeln in die Nara-Zeit (8. Jahrhundert) zurückreichten, wiederbelebt hatte. Viele Führungsposten wurden überdies aus Gründen der Repräsentation mit Mitgliedern der Familie des Tennō, Höflingen und Fürsten besetzt. An der Regierungsspitze stand das *Dajōkan*, eine Institution, die ebenfalls aus der Nara-Zeit stammte, und jene relativ jungen Samurai aus den südwestlichen Fürstentümern, die die treibende Kraft des Reformprozesses bildeten, bekleideten bald alle wichtigen Ämter. Sie wurden nach und nach zu Ministern ernannt, die sich den ihnen zugewiesenen Aufgaben durchaus gewachsen zeigten und den Kern der späteren »Meiji-Oligarchie« bildeten.

In Anbetracht ihrer anfänglichen Schwäche war die Meiji-Regierung zunächst darauf bedacht, echte oder vermeintliche Gegner zu versöhnen. Im April 1868 erließ der Tennō noch in Kyōto im Rahmen einer besonderen Zeremonie eine der wichtigsten Erklärungen der Meiji-Regierung, die »Eidescharta der fünf Artikel« (*Gokajō no goseimon*), die die zentralen politischen Ziele der folgenden Jahrzehnte formulierte. Darin wurden u.a. beratende Versammlungen, Abschaffung schädlicher Sitten und Gebräuche sowie erweiterter kultureller und wissenschaftlicher

Austausch mit den westlichen Mächten genannt. Diese Erklärung sollte in der allgemeinen Verunsicherung unmittelbar nach der Meiji-Restauration vor allem beruhigend wirken. In späteren politischen Auseinandersetzungen erlangte sie jedoch große Bedeutung, da sich sowohl die Regierung als auch die Opposition auf sie beriefen, wenn es darum ging, ihren jeweiligen politischen Forderungen Nachdruck zu verleihen. Insbesondere der erste Punkt, »öffentliche Versammlungen« einzuberufen, wurde in den 1880er Jahren als Versprechen interpretiert, ein Parlament einzuführen. In der Tat griff der Erlass über die Form der Regierung (*Seitaisho*), der die Ideen der Eidescharta noch im gleichen Monat spezifizierte, auf erstaunlich fortschrittliche politische Ideen aus Europa und Amerika – wie z. B. Gewaltenteilung, ein Zweikammersystem und ein Verbot der Ämterhäufung – zurück.

Bis zum Jahr 1870 hatte sich die Lage der neuen Regierung stabilisiert. Sechs Monate zuvor hatte sie den Restaurationskrieg gewonnen, und die Beziehungen zu den westlichen Mächten entwickelten sich gut. Sie konnte nun vorsichtig daran gehen, das ganze Land einer zentralisierten Herrschaft zu unterwerfen. Dazu gehörten vor allem die Abschaffung der Fürstentümer, die durch Präfekturen ersetzt werden sollten, sowie die Einführung einer Armee von Wehrpflichtigen, d. h. die Rekrutierung von Soldaten auch aus bürgerlichen Schichten. Im August 1871 befahl man denjenigen Fürsten, die ihr Land dem Tennō noch nicht freiwillig zurückgegeben hatten, dies zu tun. Die Regierung ersetzte daraufhin die Fürstentümer durch Präfekturen, die sie entsprechend besteuerte. Ab 1872 trat die allgemeine Wehrpflicht in Kraft. Diese Maßnahmen lösten die alte Lebenswelt der Edo-Zeit, die durch lokale Autokratien und eine ständische Gesellschaftsordnung gekennzeichnet war, endgültig auf.

Obwohl die Regierung hier zweifellos im Interesse der Nation handelte, zog sie sich unvermeidlich die Ablehnung der mehr als zwei Millionen Angehörigen des ehemaligen Kriegerstandes zu. Dass ihnen ihre traditionelle Haartracht und das Tragen von Schwertern gesetzlich verboten wurden, konnten sie nur als Provokation empfinden. Nach dem Verlust dieser traditionellen Privilegien der militärischen und bürokratischen Elite und verärgert über Maßnahmen der Regierung, die die Verwestlichung des japanischen Alltags vorantrieben, mussten die Samurai dann auch noch hinnehmen, dass ihre erblichen Unterhaltsansprüche seit 1873 besteuert und zuletzt zwangsweise in Schuldverschreibungen der Regierung umgewandelt wurden. Während ehemalige Fürsten mit bis zu 60000 Yen und mehr abgefunden wurden, erhielten niederrangige Adlige oft nur einige hundert Yen. Viele von ihnen fühlten sich von der neuen Regierung nicht nur getäuscht und entehrt, sondern sahen sich auch von Verarmung bedroht. Die Lage spitzte sich zu, als die Regierung im Sommer 1873 entschied, trotz Koreas Weigerung, diplomatische Beziehungen mit Japan aufzunehmen, nicht militärisch gegen das Nachbarland vorzugehen und die Invasionspläne zurückzustellen, die den Samurai wieder eine privilegierte Rolle ermöglichen sollten. Saigō Takamori, Anführer der Kriegsbefürworter im *Dajōkan* und populäre Verkörperung militärischer Tugenden, legte daraufhin sein Amt nieder und zog sich in seine Heimat Satsuma (Präf. Kagoshima) zurück. Dort wurde er zum Wortführer reaktionärer Samurai-Kreise, die an ihren lokalen Traditionen festhalten wollten und der neuen Zentralregierung in Tōkyō daher ablehnend gegenüberstanden. Etō Shimpei, ein weiteres wichtiges Regierungsmitglied, kehrte ebenfalls enttäuscht in seine Heimatpräfektur Saga zurück.

Der Aufstand unzufriedener Samurai, den Etō im folgenden Jahr 1874 in Saga anführte, fand nur begrenzten Widerhall und wurde schnell niedergeschlagen. Doch es kam zu einer ganzen Serie weiterer Revolten, die schließlich in der großen Satsuma-Rebellion (*Seinan sensō*) von Februar bis November 1877 gipfelten. Etwa 30000 ehemalige Samurai begannen einen Marsch, der sie unter Saigō von Kagoshima (Satsuma) nach Tōkyō führen sollte, um die Regierung zu stürzen und die alte Ordnung wiederherzustellen. Sie erreichten die Stadt Kumamoto in Zentral-Kyūshū, deren in der Burg liegende Garnison einer mehr als einmonatigen Belagerung standhalten musste. Als die Regierung jedoch Entsatz in Gestalt der neuen Wehrpflichtigenarmee schickte, die mit Gewehren ausgerüstet war, gegen die schwerttragende Samurai keine Chance hatten, mussten sich die Aufständischen in der Schlacht am Tabarusaka nördlich von Kumamoto geschlagen geben. Saigō hat im Endkampf um die Burg von Kagoshima den Tod gefunden, nach Meinung mancher Historiker gab er sich selbst den Tod durch rituelles *seppuku* (Harakiri).

Die Satsuma-Rebellion war zwar die schwerste Herausforderung, die die Meiji-Regierung bestehen musste, und der Kampf kostete die Regierung wertvolle Ressourcen und Zeit. Sie ging aber gestärkt daraus hervor, denn sie hatte die Aussichtslosigkeit bewaffneten Widerstands gegen ihre Herrschaft unter Beweis gestellt.

Der Übergang zum konstitutionellen Herrschaftssystem

Die prominenten Regierungsmitglieder Itagaki Taisuke und Gotō Shōjirō aus Tosa hatten ebenfalls aus Protest dagegen, dass Japan gegenüber Korea keinen harten Kurs verfolgte, ihre Ämter niedergelegt. Statt eines militärischen Aufstands beschlossen sie jedoch, eine politische Kampagne gegen ihre ehemaligen Kollegen in der Regierung zu beginnen, woraus sich schließlich die Freiheits- und Bürgerrechtsbewegung (*Jiyū minken undō*) entwickelte, die 1874 erstmals schriftlich die Forderung nach einer Verfassung und einem nationalen Parlament erhob. Unter Ausnutzung der Unzufriedenheit in Tosa und unter ehemaligen Samurai landesweit bauten Itagaki und Gotō die »patriotische Liga« (*Aikokusha*) auf, eine nationale Organisation liberaler Gruppen mit Sitz in Ōsaka. Während ursprünglich vor allem ehemalige Samurai die Liga unterstützten, kamen bald auch wohlhabende Teile der Landbevölkerung und Vertreter der noch kleinen, aber wachsenden urbanen Mittelschicht hinzu. Die Wortführer der Bewegung setzten sich in Reden, Zeitungsartikeln und Petitionen vehement für ihre Forderungen ein. 1880 erreichte die Bewegung ihren ersten Höhepunkt, als eine landesweit koordinierte Petitionsbewegung die Regierung unter Druck setzte, in der Parlamentsfrage Ernst zu machen.

Nach dem Rückzug der Kriegsbefürworter aus der Regierung im Jahr 1873 waren Kido Kōin und Ōkubo Toshimichi die prominentesten im Kabinett verbliebenen Politiker. Doch auch Kido schied 1874 aus der politischen Führung aus, weil er mit der Strafexpedition gegen Einwohner Taiwans nicht einverstanden war, die Ōkubo durchgesetzt hatte, um militärische Ambitionen unzufriedener Samurai zu befriedigen. In den folgenden Jahren bemühte sich Ōkubo, den Regierungsapparat und insbesondere das Innenministerium, welches er persönlich leitete, dadurch zu stärken, dass er die fiskalische und administrative Zentralisierung, die die Präfekturen enger an die Hauptstadt band, vorantrieb und auch die wirtschaftliche Modernisierung ankurbelte. Seine politischen Grundsätze hatten sich zwar schon in der Zeit vor der Meiji-Restauration in seiner Heimat Satsuma herausgebildet, aber viele der Ziele, die er als Mitglied der Meiji-Regierung für das ganze Land verfolgte, hatte er erst unter dem Eindruck seiner persönlichen Begegnung mit dem westlichen Ausland, das er in den Jahren 1871 bis 1873 als Mitglied der Iwakura-Gesandtschaft bereist hatte, entwickelt.

Sowohl Ōkubo als auch Kido hatten sich nach ihrer Rückkehr von dieser Gesandtschaft übereinstimmend für die Einführung einer Verfassung und eines Parlaments ausgesprochen. Da sie sich bereits einige Jahre vor dem Höhepunkt der Bürgerrechtsbewegung in diesem Sinne geäußert hatten, kann man davon ausgehen, dass die Meiji-Regierung bis zu einem gewissen Grade bereits aus eigener Einsicht zu der Schlussfolgerung gelangt war, dass Japan eine Verfassung nach westlichem Vorbild haben sollte. Dies zeigte sich auch anlässlich der Konferenz von Ōsaka (1875), die der Versöhnung Ōkubos mit seinen ehemaligen Kollegen Saigō, Kido und Itagaki dienen sollte. Als Ergebnis erging im Frühjahr 1875 ein Edikt, in dem der Meiji-Tennō erklärte, dass er sich an den Fünf-Artikel-Eid von 1868 halten und »schrittweise« eine konstitutionelle Staatsform einführen werde. Damit knüpfte die Regierung zugleich an bereits früher unternommene erste Schritte wie den Erlass über die Regierungsform von 1868 und die Einberufung einer »beratenden Versammlung« (*kōgisho*) im gleichen Jahr an, in der u.a. prominente Fürsten vertreten gewesen waren. Doch blieb das Edikt von 1875 zunächst folgenlos. Kido starb, und Itagaki verließ erneut die Regierung aus Protest gegen die Verschleppung der Verfassungsfrage. Im Mai 1878, ein Jahr nach Beendigung der Satsuma-Rebellion, wurde Ōkubo das Opfer eines tödlichen Anschlags von sechs ehemaligen Samurai. Just als er unter dem Vorwurf der »Tyrannei« ermordet wurde, bereitete Ōkubo ein Gesetz vor, das gewählte Volksvertretungen auf der Ebene der Präfekturen vorsah. Diese Regionalparlamente entwickelten sich schnell zu wichtigen Foren für die Bürgerrechtsbewegung, die dort ihre nationalen Forderungen vortragen konnte.

Nachdem die »patriotische Liga« die Ausweitung der politischen Rechte nachdrücklich angemahnt hatte, befragte der Meiji-Tennō auf Vorschlag des einflussreichen Höflings Iwakura Tomomi die führenden Politiker 1880 zu ihrer Haltung zur Verfassung. Fast alle sprachen sich für die Beibehaltung der Politik von 1875 aus, d.h. für einen schrittweisen Übergang zur konstitutionellen Regierungsform. Insbesondere Itō Hirobumi und Armeeminister Yamagata Aritomo erkannten zwar an, dass die Einführung von Verfassung und Parlament in absehbarer Zukunft unvermeidbar sei, rieten jedoch, dass sich die Regierung mit der Einführung Zeit lassen solle. Es war dann Finanzminister Ōkuma Shigenobu vorbehalten, die Verfassungsfrage 1881 wieder auf die Tagesordnung zu setzen. Er schockierte im März 1881 seine Kollegen mit dem Vorschlag, innerhalb von nur zwei Jahren ein nationales Parlament zu wählen und die Macht an den Führer der stärksten Partei zu übergeben. Iwakura und andere Regierungsmitglieder betrachteten diesen Vorschlag als zu weitgehend, ja schädlich für ihre Politik, mit der sie einen vorsichtigen Kurs der Vermittlung zwischen den Forderungen der Bürgerrechtsbewegung und der Befürwortung autoritärer Strukturen durch die konservativeren Kreise zu steuern suchten. Auch in einem weiteren Punkt ging Finanzminister Ōkuma auf Konfrontationskurs zu seinen Kollegen. Er widersetzte sich dem geplanten Verkauf von Einrichtungen, die der Entwicklungsbehörde für Hokkaidō gehörten, zu einem unvertretbar günstigen Preis an ein privates Unternehmen. Als Ōkumas Haltung zur Verfassungsfrage sowie zu dem geplanten Verkauf an die Öffentlichkeit gelangte, wurde er schlagartig zum Volkshelden. Die Bürgerrechtsbewegung intensivierte daraufhin ihrerseits die Sammlung von Unterschriften und organisierte Demonstrationen in Tōkyō und anderen Städten für ihre Forderungen. Iwakura reagierte im Juli 1881 mit einem wegweisenden Memorandum, das den angelsächsischen Parlamentarismus kritisierte und Preußen als das Vorbild hinstellte, dem Japan in Parlaments- und Verfassungsfragen folgen sollte. Schließlich gelang es Itō, die Krise beizulegen: Ōkuma wurde entlassen, und die Verkäufe der Einrichtungen auf Hokkaidō unterblieben. Am 12. Oktober 1881 gab der Tennō bekannt, dass bis 1890 ein Parlament zusammentreten werde, und befahl Itō, die dafür notwendigen Vorbereitungen zu treffen. Im Frühjahr 1882 brach Itō mit einer kleinen Gruppe von Beratern nach Europa auf, um vor Ort Staats- und Verfassungstheorien zu studieren. Er verbrachte zwar einige Zeit in England und Belgien, aber seine wichtigsten Ratgeber waren der Berliner Verfassungsrechtler Rudolf von Gneist sowie der Wiener Staatsrechtslehrer Lorenz von Stein.

Itō und seine Begleiter lernten in Europa zwar wertvolle theoretische Grundlagen für eine staatszentrierte politische Ordnung kennen, für die sie sich bereits entschieden hatten, doch wurde die Meiji-Verfassung keineswegs bereits in Mitteleuropa verfasst. Als Itō im August 1883 nach Japan zurückkehrte, erwarteten ihn die anstrengendsten Jahre seiner Karriere. 1884 strukturierte er den Adel neu, der sich künftig neben Hofadligen und ehemaligen Fürsten auch aus Männern, die wegen ihrer Verdienste erst kürzlich in den Adelsstand erhoben worden waren, zusammensetzen sollte. Der neue Adel, künftig gegliedert in fünf Ränge, bewirkte so eine symbolische Integration der alten und neuen Elite; aus diesem Kreis sollten die Mitglieder des Oberhauses des geplanten Parlaments ernannt werden. 1885 wurde Itō Japans erster Premierminister, als das *Dajōkan* abgeschafft und ein Regierungskabinett nach westlichem Vorbild eingeführt wurde. In diesem Zusammenhang ordneten Itō und seine Berater die Beamtenschaft neu und legten damit die Grundlage für die Entstehung einer modernen Bürokratie, deren Mitglieder allein nach den Kriterien von Befähigung und Bildungsgang rekrutiert werden sollten. Gleichzeitig trieb Yamagata als Innenminister im ersten Kabinett Itō die Reform der Kommunalverwaltung voran, die in der nach deutschem

Vorbild gestalteten neuen Kommunalverfassung von 1888 gipfelte. Obwohl sich das Innenministerium auch weiterhin großen Einfluss auf die lokalen Angelegenheiten vorbehielt, stärkte dieses Gesetz nachdrücklich die lokale Autonomie und entlastete die Bürokratie. Es bildete für die folgenden sechzig Jahre die Grundlage für die japanische Lokalverwaltung.

Alle diese Maßnahmen hatten jedoch nur vorbereitenden Charakter im Hinblick auf die Hauptaufgabe, nämlich die Ausarbeitung der Verfassung. Um sich ganz darauf konzentrieren zu können, übergab Itō 1887 das Amt des Premierministers an Kuroda Kiyotaka. An der Ausarbeitung der Verfassung arbeitete Itō im geheimen, holte jedoch häufig den Rat von Hermann Roesler ein, einem deutschen Rechtsprofessor an der Kaiserlichen Universität zu Tōkyō. Im Laufe des Jahres 1888 wurde die endgültige Fassung von einem unter dem Vorsitz von Itō als Beratergremium des Tennō etablierten Geheimen Staatsrat (*Sūmitsu-in*), der sich aus Regierungsmitgliedern und anderen hohen Würdenträgern zusammensetzte, beraten und ratifiziert. Als der Meiji-Tennō am 11. Februar 1889 die Reichsverfassung (*Teikoku kempō*), die sog. Meiji-Verfassung, proklamierte, war dies einer der Höhepunkte seiner Amtszeit. Das Datum, das für die Proklamation gewählt worden war, nahm Bezug auf den Jahrestag der Thronbesteigung seines mythischen Urahnen, Jimmu Tennō, im Jahr 660 v. Chr.

Diese Verfassung, die Japan in eine konstitutionelle Monarchie verwandelte, lehnte sich stark an ausländische Vorbilder, insbesondere an die Verfassung Preußens an. Danach übte der Tennō, den die Verfassung als »heiliges und unverletzliches Staatsoberhaupt« bezeichnete, die gesetzgebende Gewalt zwar offiziell mit Zustimmung des Parlaments aus. Das Parlament, das sich gemäß dem Zweikammersystem aus dem Oberhaus (*Kizoku-in*) aus erblichen und ernannten Mitgliedern und dem gewählten Unterhaus (*Shūgi-in*) zusammensetzte, konnte jedoch trotz des Rechts der Gesetzesinitiative und des Budgetrechts keine effektive Kontrolle über die Exekutive ausüben, zumal die Minister nur dem Tennō und nicht der Legislative verantwortlich waren. Selbst bei Ablehnung des von der Regierung eingebrachten Budgets konnte diese ihre Tätigkeit unter Anwendung des Vorjahresbudgets fortsetzen. Auch das strenge Zensuswahlrecht, das nur Männern, die mindestens 25 Jahre alt waren und wenigstens 15 Yen direkte Steuern zahlten, das Wahlrecht zugestand, schränkte anfangs die Funktion des parlamentarischen Systems ein. Bei den ersten Wahlen 1890 gab es nur knapp ein halbe Million Wahlberechtigte (1,1 % der Gesamtbevölkerung), während die schrittweise Senkung des Zensus es 1912 etwa 1,5 Millionen Japanern (ca. 3 %) erlaubte, an den Wahlen teilzunehmen. Einen relativen Machtzuwachs erfuhr das Parlament erst im Herbst 1918 mit der Bildung der Parteienregierung unter Hara Takashi, dem Mehrheitsführer im Unterhaus.

Entstehung und Entwicklung der politischen Parteien

Gegenüber der allmächtigen Oligarchie der frühen Restaurationszeit hatten die konstitutionalistischen Gruppierungen, die sich in den 1870er Jahren in Diskussionszirkeln intensiv mit westlichen Verfassungstheorien befasst hatten und diese auch in Japan angewandt sehen wollten, einen schweren Stand. Nach der Erklärung des Tennō vom 12. Oktober 1881, wonach es bis 1890 ein Parlament geben werde, begannen sie mit der Gründung liberaler politischer Parteien, um ihre konstitutionellen Überzeugungen zu propagieren. So reorganisierten Itagaki und seine Anhänger unmittelbar nach der Bekanntgabe der Erklärung von 1881 die »Patriotische Liga« in Gestalt der »Liberalen Partei« (*Jiyūtō*), die für Freiheit, Bürgerrechte und individuelles Streben nach Glück eintrat und vor allem von ländlichen Gutsbesitzern unterstützt wurde. Im März 1882 gründete Ōkuma Shigenobu die »Konstitutionelle Fortschrittspartei« (*Rikken Kaishintō*), die ebenfalls ein konstitutionelles und demokratisches Regierungssystem forderte, aber weniger doktrinär eingestellt war als die »Liberale Partei« und sich eher auf die neu entstehenden Finanz- und Industriekreise stützte. Da beide Parteien aus ihrer Opposition gegen die aus der Meiji-Restauration hervorgegangene politische Führungsclique keinen Hehl machten, riefen politische Freunde Itōs 1882 ebenfalls kurzfristig die »Konstitutionelle Reichspartei« (*Rikken Teiseitō*) ins Leben, die einen Konstitutionalismus im Sinne der Regierung propagierte und liberalen Ideen entgegentrat, sich allerdings bereits 1883 wieder auflöste. Die liberalen Parteien warben zusammen mit anderen politischen Gruppen intensiv um die Unterstützung der Öffentlichkeit, doch sah sich die Liberale Partei bereits 1884 ebenfalls gezwungen, ihre Tätigkeit einzustellen, während die Konstitutionelle Fortschrittspartei eine vorsichtigere Haltung einnahm, nachdem Ōkuma vom Posten des Vorsitzenden zurückgetreten war.

Die kurzfristige Existenz der ersten Parteien hatte nicht zuletzt folgenden Grund: Finanzminister Matsukata Masayoshi hatte in den frühen 1880er Jahren eine Deflationspolitik eingeleitet, die die Landwirtschaft in eine Krise stürzte, welche durch Missernten und Hungersnöte in Nordostjapan noch zusätzlich verschärft wurde. Es war zu Bauernaufständen und anderen Gewaltausbrüchen gekommen. Radikale Mitglieder der liberalen Bewegung, frustriert vom langen Warten auf die Verfassung, auf deren Entstehung sie keinen Einfluss hatten, waren in einige dieser Vorfälle verwickelt. Beispielsweise machten einige Aktivisten den Kaba-Berg in der Präfektur Ibaraki zu ihrem Stützpunkt, von dem aus sie auf Raubzüge gingen und mit Flugblättern agitierten. Die Liberale Partei löste sich zeitweilig auf, damit sie nicht für die Handlungen einiger weniger Mitglieder verantwortlich gemacht werden konnte. Die Regierung ging ihrerseits härter gegen ihre liberalen Gegner vor, indem sie z.B. die öffentliche Versammlungsfreiheit einschränkte und die Presse schärfer zensierte. Die liberalen Parteien erholten sich erst wieder, als Gotō Shōjirō 1887 eine Kampagne gegen die seiner Meinung nach hilflosen Versuche der Regierung, die Ungleichen Verträge zu revidieren, einleitete. Es gelang der Regierung jetzt nicht mehr, das Wiedererstarken der Parteien zu verhindern, als sie ihnen mit dem »Erlass zur Wahrung des öffentlichen Friedens« (*Hōan jōrei*) 1887 drakonische Strafen androhte und die Polizei ermächtigte, führende Politiker aus dem Zentrum von Tōkyō auszuweisen. Zeitweise machten die Behörden von dieser Bestimmung rigorosen Gebrauch und zwangen mehr als 500 Oppositionspolitiker zum Verlassen der Hauptstadt. Dies hatte zur Folge, dass sich das politische Klima in Tōkyō zwar abkühlte, in den Präfekturen jedoch umso mehr erhitzte.

Die ersten Wahlen zum neuen Parlament wurden am 1. Juli 1890 abgehalten. Die Progressiven bildeten eine Partei, während die Liberalen in drei Fraktionen antraten, die sich aber nach der Wahl wieder zusammenschließen wollten. Die Wahlen waren von der Regierung, die die Stimmabgabe nicht störte, effizient vorbereitet worden. Als Sieger aus den Wahlen gingen die Liberalen und die Progressiven hervor, die etwa 160 von 300 Sitzen im Unterhaus gewinnen konnten. Da das aus erblichen und ernannten Mitgliedern bestehende Oberhaus jedoch die gleichen Rechte wie das gewählte Unterhaus hatte, war die Stellung der Unterhaus-Mehrheit erheblich geschwächt. Überdies sah die Verfassung keine von den Parteien zu bildende Regierung vor, d.h. nicht die siegreichen Parteien, sondern der Tennō wählte die Minister aus, die nur ihm und nicht der Legislative verantwortlich waren und die eine »überparteiliche« Regierung bilden sollten. Somit bestanden die Kabinette auch weiterhin im wesentlichen aus Mitgliedern jener Oligarchie, die das Land seit der Meiji-Restauration beherrscht hatte.

Das erste Jahrzehnt unter einer konstitutionellen Regierung war erfüllt von Kämpfen zwischen häufig wechselnden Kabinetten einerseits, die sich aus Politikern der alten Garde zusammensetzten, und den liberal-fortschrittlichen Mehrheiten im Unterhaus andererseits. Keine der beiden Seiten verfügte über genügend Macht, die andere ganz auszuschalten, aber jede konnte die Aktivitäten der anderen ernsthaft stören. Zwar gelang es gelegentlich, strittige Fragen durch Kompromisse beizulegen, und hin und wieder war auch Bestechung im Spiel, um bestimmte Ergebnisse zu erreichen. Aber selbst unter Anwendung von Gewalt bei Inkaufnahme von mehr als hundert Toten und Verletzten gelang es der Regierung nicht, in den Wahlen von 1892 eine aus ihrer Sicht verlässliche Mehrheit zu erreichen; stattdessen musste sie sich auch im Oberhaus immer häufiger mit scharfer Kritik unabhängiger rechter Mitglieder auseinandersetzen. Anlass zu intensiven Streitigkeiten boten die alljährliche Verabschiedung des Haushalts, vor allem aber außenpolitische Themen. Erst der Entschluss zum Krieg gegen China 1895, den beide Seiten mittrugen, brachte eine vorübergehende Entspannung zwischen Regierung und Unterhaus. Als Itō 1898 nach seiner dritten Amtsperiode als Premierminister zurücktrat, überredete er daher die anderen Oligarchen, den Führern der liberalen bzw. der progressiven Partei im Unterhaus, Itagaki und Ōkuma, die Bildung des folgenden Kabinetts zu übertragen. Wie erwartet, zerfiel dieses erste Parteienkabinett schon nach kurzer Zeit, da sich die Liberalen und die Progressiven nicht dauerhaft über eine Aufteilung der Posten verständigen konnten.

Eine Wende trat erst ein, als Vertreter der herrschenden Oligarchie unter der Führung Itōs, der 1900 seine vierte und letzte Amtszeit als Premierminister antrat, mit Erfolg versuchten, sich selbst an die Spitze der Parteienbewegung zu stellen. Sie gingen ein Bündnis mit den Liberalen ein, mit denen sie eine neue Partei, die »Gesellschaft der Freunde konstitutioneller Regierung« (*Rikken Seiyūkai*), gründeten. Damit war eine der beiden großen Vorkriegsparteien Japans entstanden und zugleich der Erkenntnis zum Durchbruch verholfen worden, dass sich die nicht parlamentarisch gebildete Regierung langfristig nur mit Unterstützung einer der beiden großen Parlamentsparteien an der Macht werde halten können, also die ursprünglich angestrebte »Überparteilichkeit« aufgegeben werden musste. Dieses Manöver Itōs verlieh der Innenpolitik eine gewisse Stabilität. Die Annäherung von Regierung und Opposition hatte allerdings einerseits eine »Bürokratisierung der Parteien« zur Folge, was in der Forschung meist als Verrat an den ohnehin nur oberflächlich rezipierten liberalen Ideen oder als ultimative List der erzkonservativen Itō und Yamagata interpretiert worden ist. Wahrscheinlich kam beides zusammen. Andererseits ist die Entwicklung in den Jahrzehnten nach 1890 auch als allmähliche »Politisierung des Staatsapparates« bezeichnet worden, die durch die Interaktion zwischen Regierung und den liberal-fortschrittlichen Kräften in den Parteien herbeigeführt worden sei und langfristig zu einem gewissen Ausgleich zwischen Regierung und Parlament geführt habe.

Eine dominierende Persönlichkeit in der japanischen Politik der späten Meiji-Zeit und zugleich Itōs Rivale war Yamagata Aritomo. Yamagata hatte vom Beginn der Meiji-Zeit an enge Verbindungen zum Militär unterhalten, während Itō als Führungsfigur der zivilen Bürokratie seinen Aufstieg gemacht hatte. Yamagata erkannte jedoch erst später als Itō, dass eine konstitutionelle Regierungsform nicht funktionieren konnte, wenn die politischen Parteien nicht die Möglichkeit erhielten, an der Exekutive teilzuhaben, erfolgreiche Politik also ein Einverständnis mit der dominierenden Gruppierung im Unterhaus voraussetzte. Um die Jahrhundertwende fielen Itō und Yamagata die notwendigen Zugeständnisse an die Parteipolitiker möglicherweise auch deshalb leichter, weil sie selbst zu alt geworden waren, um den Belastungen der täglichen Regierungsgeschäfte gewachsen zu sein. Aus dem offiziellen Ruhestand übten sie nun als ältere Staatsmänner (*genrō*) durch ein System von Protegés Einfluss aus. Im ersten Jahrzehnt des 20. Jahrhunderts wechselten sich daher Kabinette unter der Führung von Saionji Kimmochi, einem Höfling, der von Itō unterstützt wurde, mit denen des Generals Katsura Tarō aus Chōshū ab, der ein Günstling Yamagatas war.

Die Entfaltung der politischen Parteien wurde von Anfang an durch Fraktionalismus, Opportunismus und Gewaltanwendung seitens der Regierung behindert. Überdies wurde das parlamentarische Leben in der Saionji-Katsura-Periode (1906–12) von zahlreichen Korruptionsfällen überschattet. Dennoch war das Parlament am Ende der Meiji-Zeit ein akzeptiertes und wirkungsvolles Element der nationalen Politik geworden, dessen Parteien nicht länger als bloße Ansammlung Unzufriedener galten. Und auch die Anpassungen des Wahlrechts hatten durch eine relative Vergrößerung der Wählerschaft zu einer stärkeren Akzeptanz des parlamentarischen Systems geführt.

Dennoch verblieben zwei mächtige Interessengruppen im Zentrum des politischen Geschehens, nachdem Männer vom Hof (Iwakura, Sanjō Sanetomi) und aus den Fürstentümern Tosa (Itagaki, Gotō) und Hizen (Ōkuma, Etō) aus dem inneren Kreis der Meiji-Regierung ausgeschieden waren: Politiker aus den Fürstentümern Satsuma (Kuroda, Matsukata) einerseits und Chōshū (Itō, Yamagata) andererseits. Regierungsposten mussten immer mit Rücksicht auf einen Interessenausgleich zwischen diesen beiden Gruppen besetzt werden, die beide über eine starke Machtbasis verfügten. Aber auch Persönlichkeiten wie Itagaki und Ōkuma, und selbst Saigō, waren keineswegs einflusslos, nachdem sie die Regierung verlassen hatten, da sie über eine beträchtliche regionale Hausmacht verfügten. Itō und Yamagata hatten während ihrer politischen Karriere engsten Kontakt zu ihrer Heimat Chōshū gehalten, während Itagaki und Gotō die regionalistischen und liberalen Gruppierungen in Tosa repräsentierten. Dieser Regionalismus beruhte auf einer landesweit zu beobachtenden loyalen Bindung an die Heimatregion. Gerade die Bürgerrechtsbewegung bezog ihre Kraft zu einem erheblichen Teil aus diesem Regionalismus, so dass viele der gewählten Unterhausmitglieder in erster Linie Repräsentanten ihrer lokalen Klientel waren.

Bei der Teilhabe an der politischen Macht spielte jedoch nicht nur eine geographische, sondern auch eine soziale Komponente eine Rolle. Etwas vereinfacht gesagt, waren es im wesentlichen drei große Gruppen, die sich mit der Forderung nach echter Mitbestimmung in der japanischen Politik an die Meiji-Regierung wandten: die *shizoku* genannten ehemaligen Samurai, die ländlichen Grundbesitzer und Unternehmer sowie die neuen Geschäftsleute und Angehörige von Spezialberufen in den Städten. Die *shizoku* waren in allen politischen Lagern vertreten, von den Ultrakonservativen bis zu den militanten Radikalen; die ländlichen Grundbesitzer und Unternehmer unterstützten im allgemeinen die Liberale Partei; und die städtische Mittelschicht sah sich durch die Progressiven vertreten. Mindestens zwei dieser Gruppen, die *shizoku* sowie die ländlichen Grundbesitzer und Unternehmer, knüpften an Führungsrollen an, die sie als lokale Eliten in ihren Fürstentümern bzw. auf den Dörfern bereits in der Edo-Zeit übernommen hatten. Insofern wurzelten die politischen Entwicklungen der Meiji-Zeit auch in dem wachsenden Pluralismus, der sich bereits in der ausgehenden Edo-Zeit abgezeichnet hatte.

Die Verfassung und die *Kokutai*-Ideologie

Der besondere Charakter der Meiji-Verfassung ist jedoch nur vor dem Hintergrund der tiefgreifenden Auseinandersetzungen um die Zukunft des Landes zu verstehen, die die ersten Jahrzehnte der Meiji-Ära prägten. Damals standen sich zwei diametral entgegengesetzte Geistesströmungen gegenüber: einerseits eine überbordende Begeisterung für alles Westliche und andererseits der Versuch, die Identität des neugeschaffenen Nationalstaats durch den Rückgriff auf eigene Traditionen zu begründen. Die durchaus nicht nur gefühlte, sondern höchst real in den Ungleichen Verträgen dokumentierte Unterlegenheit gegenüber den westlichen Mächten machte eine Übernahme moderner Techniken aus dem Ausland unausweichlich. Viele der mit den offiziellen Gesandtschaften (1860 USA, 1862 und 1863 Europa, 1872–73 Nordamerika und Europa etc.), im Auftrag einzelner Lehnsfürstentümer (1864 Chōshū, 1865 Satsuma) oder im Zusammenhang mit der Teilnahme an Weltausstellungen (1867 Paris, 1873 Wien – erstmals als geeinter Nationalstaat) nach Europa und Amerika gereisten führenden Persönlichkeiten brachten neben westlichem Gedankengut auch westlichen Lebensstil nach Japan. Manche von ihnen überlegten sogar, ob nicht die Übernahme des Christentums oder die Aufgabe der japanischen Sprache und Schrift für die Sicherung der Zukunft Japans erforderlich seien. Die Zeit bis in die 1880er Jahre, die von dieser Strömung geprägt wurde, wird allgemein als Periode der »Zivilisation und Aufklärung« (*Bummei kaika*) bezeichnet. Ideologisch wurde sie insbesondere von Schriften des Fukuzawa Yukichi bestimmt, der schon 1860 in den USA gewesen war und 1866 sein Werk »Verhältnisse im Westen« (*Seiyō jijō*) vorlegte. Als noch einflussreicher erwies sich seine in den 1870er Jahren erschienene Schrift »Aufforderung zum Studium« (*Gakumon no susume*), in der er für den Erwerb praktischen Wissens und eine von Chancengleichheit geprägte Gesellschaft warb. Fukuzawa sowie der spätere Erziehungsminister Mori Arinori begründeten mit etwa 30 Gleichgesinnten die »Gesellschaft des sechsten Jahres der Meiji-Zeit [= 1873]« (*Meirokusha*), in deren Zeitschrift sie für die Übernahme westlichen Gedankengutes warben. Konkrete Gelegenheit zur Einübung des westlichen Lebensstils bot den Angehörigen der Oberschicht der Meiji-Zeit der von dem englischen Architekten Josiah Conder 1883 erbaute Ballsaal im »Haus der röhrenden Hirsche« (*Rokumeikan*), denn dort konnten sie in Frack und Krinoline Walzer tanzen und französische *cuisine*, vor allem Fleischspeisen und Champagner, goutieren.

Konnte sich die oftmals weit über das Ziel hinausschießende Begeisterung für alles Westliche auf die Eidescharta von 1868 berufen, so versuchte die fast gleichzeitig einsetzende Gegenreaktion auf tieferliegende, bis in den Mythos der Frühzeit reichende Wurzeln zurückzugreifen, um die Bewahrung der nationalen Staatsform (*Kokutai*) zu beschwören. Sie bedienten sich dazu vor allem der Schriften der Shintō-Gelehrten der Nationalen Schule (*Kokugaku*) der späten Edo-Zeit, insbesondere der Werke des Moto'ori Norinaga, der die im Mythos von *Kojiki* und *Nihon Shoki* begründete Stellung des Tennō formuliert hatte. Schon 1869 wurde ein Regierungsamt für Angelegenheiten des Shintō-Kults (*Shingi-kan*) eingerichtet und 1871 eine Registrierung aller Shintō-Schreine des Landes angeordnet, die zugleich von allem buddhistischen Beiwerk befreit werden sollten, das bis dahin oft im Vordergrund der religiösen Riten gestanden hatte. Diese Maßnahme wurde als »Trennung von Gottheiten und Buddhas« (*shimbutsu bunri*) bezeichnet und führte in weiten Teilen des Landes zu Zerstörungen an Tempelanlagen, Laisierung von Klöstern bzw. von Mönchen und Nonnen und zu einem Ausverkauf buddhistischer Kunst ins Ausland. Aber auch innerhalb des Shintō- bzw. Volksglaubens kam es zu tiefgreifenden Veränderungen. So wurde beispielsweise die Verehrung der Gottheit Amaterasu als oberste Gottheit des Ise-Kultes und Ahnherrin des Kaiserhauses unter staatlichem Druck auf Kosten älterer regionaler Kulte durchgesetzt. Im letzten Stadium dieser Entwicklung, als in der Verfassung von 1889 die Religionsfreiheit verankert wurde bzw. verankert werden musste, wurden die Shintō-Schreine einer Behörde des Innenministeriums unterstellt und die als Staatsshintō bezeichnete Ideologie oder »Zivilreligion« jeglichen religiösen Inhalts beraubt. Dies führte noch Anfang des 20. Jahrhunderts zu Protestbewegungen gläubiger Shintōisten. Doch die staatlich verordnete *Kokutai*-Ideologie bildete nun die Grundlage aller Bestrebungen zur Wahrung der nationalen Identität, die für Bürokratie wie für Politik als verbindlich galt und durch das Erziehungswesen, die Presse und die Streitkräfte gezielt propagiert wurde. Besonders die Schaffung eines nationalen Pflichtschulwesens seit 1872 bot vielfältige Möglichkeiten zur gezielten Indoktrination im Sinne der *Kokutai*-Ideologie. Der Erziehungserlass von 1890, den alle Schulkinder im ganzen Land lesen, ja später auswendig lernen mussten, präzisierte auch die ethischen Grundsätze der Erziehung ganz im Sinne der *Kokutai*-Ideologie, wenn er Untertanentreue und Elterngehorsam im Geiste der konfuzianischen Lehre, Verehrung des Tennō, nationale Gesinnung oder den Vorrang von Gemeinwohl vor dem Wohl des Individuums propagierte.

Die *Kokutai*-Ideologie hatte in der Meiji-Zeit eine klar konservative Ausrichtung, unterschied sich jedoch eindeutig von jenem extremen Nationalismus, mit dem sie nach 1930 in Verbindung gebracht wurde. Die im Rahmen dieser Ideologie propagierten Werte konnten sowohl für die Erreichung einer durchaus positiven nationalen Solidarität eingesetzt als auch für negative chauvinistische Zwecke instrumentalisiert werden. Ähnliches traf im übrigen keineswegs nur für Japan zu, denn ein ausgeprägter Nationalismus erfasste gerade in den Jahrzehnten des ausgehenden 19. und frühen 20. Jahrhunderts die Gesellschaften weltweit. Japan war für nationalistisches Gedankengut besonders aufnahmebereit. Zum einen wurde es in den internationalen Wettbewerb zwischen den Großmächten verwickelt, wobei es sich zunächst unter den Opfern, später unter den Akteuren befand. Zum anderen unternahm es nach der langen relativen Isolation der Edo-Zeit einen ebenso riskanten wie tiefgreifenden Versuch, die eigene Gesellschaft zu reformieren und sich damit aus seiner im Niedergang begriffenen ostasiatischen Umgebung zu lösen, ohne jedoch von den westlichen Mächten wirklich akzeptiert zu werden. Unter diesen Umständen erschien Nationalismus als ein naheliegendes Mittel, das Vorgehen der Regierung zu rechtfertigen. Dieser Entwicklung hatten religiöse Kräfte wie z.B. der Buddhismus, dessen Rolle in der Gesellschaft der Meiji-Zeit massiv geschwächt wurde, keine universalistischen Vorstellungen entgegenzusetzen.

Die Meiji-Verfassung von 1889 legte zudem fest, dass alle Souveränität beim Tennō lag, den sie zugleich für »heilig und unverletzlich« erklärte. Die Vorstellung vom Staat als einer hierarchisch gegliederten Familie, deren ältere Mitglieder durch Beratung und Übereinkunft Entscheidungen fällen, hatte ihre Wurzeln zwar in der Gesellschaft der Edo-Zeit, doch nach 1868 fand sie ebenso wie der Nationalismus ihre Rechtfertigung in der Person und dem Amt des Tennō. Diese Verfassung blieb bis zum Ende des Zweiten Weltkriegs in Kraft. Sie erlebte in dieser Zeit zwar verschiedene Neuinterpretationen, ihre grundsätzlichen Vorgaben beruhten jedoch bis zu ihrer Abschaffung auf jener Vorstellung von *Kokutai*, wie sie sich um die Mitte der Meiji-Zeit herausgebildet hatte. Dies bezog sich auch auf die Prinzipien, nach denen ihre Bestimmungen in der Praxis angewandt werden sollten.

So gewährte die Verfassung zwar individuelle Rechte, aber diese waren in letzter Konsequenz nicht unveräußerlich und unverletzlich, sondern ein Geschenk des Tennō. Die Bürger befanden sich also in allen Auseinandersetzungen mit dem Staat von vornherein in einer ungünstigen Position. Andererseits folgte die Rolle des Tennō als Quelle der Souveränität bestimmten japanischen Traditionen, und sie passte auch gut zu einem Familienverständnis, das eine hierarchische Struktur vorsah. Ein gewisses Maß an autoritären Strukturen mag man auch ganz bewusst beibehalten haben, um das konstitutionelle Regierungssystem in den ersten Jahren seines Bestehens zu sichern. Auch andere Monarchen behielten sich beim Übergang zu konstitutionellen Regierungsformen einen Teil der Souveränität vor. Im Falle Japans war die Regelung der Souveränitätsfrage jedenfalls kein echtes Hindernis für eine auf mehr Partizipation zielende Weiterentwicklung der Regierungsform durch Parlament und Parteien.

Das größte Problem, das die neue Verfassung aufwarf, war jedoch weniger das der Verortung der Souveränität als vielmehr das der Verortung der Macht. Der Tennō nahm zwar die höchste Position im Staat ein, doch handelte es sich nur um eine formale Stellung. Im Artikel 15 der Verfassung hieß es dazu unzweideutig: »Die jeweiligen Minister des Staates sollen dem Tennō mit ihrem Rat zur Seite stehen und dafür die Verantwortung tragen. Alle Gesetze, Befehle und Erlasse des Tennō, welcher Art sie auch sein mögen, die die Staatsangelegenheiten betreffen, benötigen die Gegenzeichnung durch einen Minister des Staates.«

Der Souverän konnte also keine eigenen Aktionen unternehmen. Andere Artikel delegierten die Rechtsprechung des Tennō an ein System von Gerichten, das per Gesetz zu schaffen war, seine legislative Macht an das Parlament, seine exekutive Macht an das Kabinett und das Kommando über die Streitkräfte an die entsprechenden Minister und Generalstäbe.

Die monarchische Grundstruktur der Meiji-Verfassung sah keine Gewaltenteilung vor, sie schuf aber ein System von Machtgleichgewichten. Die Gefahr dieses Systems bestand vor allem darin, dass es zu einer gegenseitigen Blockade führen konnte, denn die verschiedenen Machtzentren – das Kabinett, die beiden Häuser des Parlaments, die Streitkräfte etc. – waren zu etwa gleichen Teilen an der Macht beteiligt. Diese breite Streuung von Verantwortung war beispielsweise die Ursache für das harte Ringen zwischen den Oligarchen-Kabinetten und der oppositionellen Mehrheit im Unterhaus in den 1890er Jahren. Dieser Konflikt führte zu Itōs Entscheidung, durch die »Gründung der Gesellschaft der Freunde konstitutioneller Regierung« einen schrittweisen Übergang von bürokratischen Kabinetten zu Parteienkabinetten einzuleiten. Die durch die Verfassung geförderte gegenseitige Blockade von Machtzentren erklärte auch die große Bedeutung von in der Verfassung gar nicht vorgesehenen Gremien wie dem Kreis der Älteren Staatsmänner (*genrō*), aus dem auch die ersten Premierminister stammten, oder der Kaiserlichen Konferenz (*gozen kaigi*). Obwohl außerhalb des Verfassungssystems stehend, bildeten sie ein unverzichtbares koordinierendes Element, dem sich auch andere Gruppen fügten, wenn Entscheidungen von größerer Tragweite zu fällen waren.

Die *genrō*, die mit einer Ausnahme (Saionji) alle aus den ehemaligen Fürstentümern Satsuma und Chōshū stammten, waren eine lebende Verkörperung des Konsensprinzips. Auch die Beziehungen zwischen Bürokratie und Parteien mussten auf diesem Prinzip aufbauen, wenn die Minimalanforderungen an eine kohärente und vorausschauende Regierungsarbeit erfüllt werden sollten. Dies galt noch mehr für die Beziehungen zwischen den Streitkräften und den anderen Institutionen des Staates. Denn während sich die Bürokratie langfristig gezwungen sah, enge Beziehungen zu den Parteien aufzubauen, um handlungsfähig zu bleiben, enthielt die Verfassung hinsichtlich der Streitkräfte keine Aussage, die eine zivile Kontrolle begründet hätte. Yamagata Aritomo hatte um die Jahrhundertwende sogar Bestimmungen erwirkt, wonach nur aktive Offiziere die Ämter des Armee- bzw. des Marineministers bekleiden durften, womit er ausdrücklich die Kampfkraft der Nation vor Eingriffen der politischen Parteien schützen wollte. Für die fernere Zukunft sollte es sich jedoch als gravierend erweisen, dass sich Heer und Marine als von der Legislative völlig unabhängige Gewalten mit direktem Zugang zum Tennō neben der politischen Exekutive als eine Art Nebenexekutive der militärischen Führungsspitze etablieren konnten.

Die tatsächlichen Bestimmungen der Verfassung, die ihr zugrundeliegenden Prinzipien und die Praxis der ersten zwanzig Jahre nach ihrem Inkrafttreten bewirkten, dass der Tennō im wesentlichen die Rolle eines Symbols spielte. Er war das Staatsoberhaupt, aber die verschiedenen Teilhaber an der Macht herrschten in seinem Namen. Seine Anwesenheit erinnerte sie an ihre Verantwortung, ihre Differenzen zu überwinden und eine einheitliche Politik durchzuführen. Trotz seiner eingeschränkten politischen Möglichkeiten war die Bedeutung des Tennō als moralische und ideologische Instanz kaum zu überschätzen, wenn es darum ging, dass das Institutionensystem als Ganzes möglichst reibungslos funktionierte. Insbesondere jedoch erwies sich der Thron in einer Weise, wie dies keine andere Institution vermocht hätte, als Fokus für das Zusammengehörigkeitsgefühl des japanischen Volkes als Nation. Er erinnerte das japanische Volk daran, dass es seit »grauer Vorzeit« als Nation existiert hatte, und schien zu garantieren, dass die Nation auch in Zukunft fortbestehen werde. Dies war der Kern des *Kokutai*-Gedankens, der zu viel Mystifizierung und Nationalismus eingeladen hat. Andererseits gab dieses konservative Element Millionen von Japanern Sicherheit und Orientierung in Zeiten raschen Wandels und großer Belastungen bis hin zur Niederlage im Zweiten Weltkrieg.

Die Gesellschaft der Meiji-Zeit

Trotz aller Widerstände gegen liberale politische Forderungen handelte die Meiji-Regierung doch rasch und entschlossen, um Konzepte sozialer und rechtlicher Gleichstellung umzusetzen. Unterschiede zwischen Arm und Reich konnten zwar nicht aufgehoben werden, denn die Wahrung von Eigentumsrechten gehörte zu den Kernelementen des neuen Nationalstaates und der Machtverteilung zwischen der Bürokratie und den anderen Gruppen der Elite. Die überkommenen erblichen Standesunterschiede wurden jedoch abgeschafft, die Stellung der Frau ein wenig verbessert, und Gesetze galten nun für alle Bürger gleichermaßen, besonders nach ihrer Kodifizierung, die in den 1890er Jahren nach europäischen Vorbildern erfolgte. Da sich Karrierepfade für talentierte Bürger ohne Ansehen der sozialen Herkunft öffneten, konnten fähige junge Menschen wichtige Positionen in Bildungswesen, Presse, Geschäftswelt und Industrie, im öffentlichen Dienst und in den Streitkräften einnehmen.

Zu Beginn der Meiji-Zeit gingen die politischen Initiativen vorwiegend von der Gruppe der ehemaligen Samurai aus. Viele von ihnen bekleideten Regierungsposten oder bildeten den Kern der entstehenden Mittelschicht aus Industriellen, Großgrundbesitzern, technischen Spezialisten, Politikern und Lehrern. Obwohl diese Eliten auch unter sich über viele Einzelfragen der Politik zerstritten waren, erwiesen sie sich doch als kompakt genug, um die Modernisierungspläne der Meiji-Regierung durchzusetzen. Am unteren Ende der sozialen Skala war es Bauern, Handwerkern und ungelernten Arbeitern seit etwa 1870 gestattet, ihren Beruf und ihren Wohnort frei zu wählen bzw. zu wechseln, und sie machten in großer Zahl von diesen Freiheiten Gebrauch.

Öffentliche Transportmittel, Medien und Erziehungseinrichtungen bildeten wichtige Elemente der neuen Gesellschaft. Der Massentransport erfolgte durch Eisenbahnen und Schiffsverkehr. Unter den gedruckten Medien waren schon frühzeitig zahlreiche westliche Publikationen verfügbar, die importiert oder übersetzt worden waren, während japanischsprachige Zeitungen spätestens ab 1890 in ganz Japan aufgelegt wurden. Die Zeitung *Yomiuri* erreichte bereits 1884 eine Auflage von mehr als fünf Millionen. Im Bereich der Bildung wurde bereits 1872 die Schaffung eines einheitlichen Schulsystems für alle Kinder Japans angekündigt. Doch bei der Umsetzung dieser Pläne gab es zunächst Schwierigkeiten, bis es Mori Arinori in den 1880er Jahren gelang, ein praktikables Modell zu entwerfen. Mori verfolgte dabei eine Zentralisierungsstrategie, mit der bis 1910 das Ziel erreicht wurde, fast allen Jungen und Mädchen zwischen sechs und zwölf Jahren den Besuch der Grundschule zu garantieren. Dieser Erfolg, der zwar erst vier Jahrzehnte nach der Meiji-Restauration eintrat, war ohne Beispiel in Asien und ließ Japan mit den fortgeschrittensten Gesellschaften Europas gleichziehen.

Mori und seine Nachfolger im Erziehungsministerium richteten außerdem Höhere Schulen in Gestalt der fünfjährigen Mittel- und der darauf aufbauenden dreijährigen Oberschule ein, in die die Schüler nach abgeschlossener Grundschulbildung aufsteigen konnten. Berufs- und Fachschulen bildeten eine wichtige Ergänzung dieses Bildungssystems, an dessen Spitze seit 1886 bis zum Ersten Weltkrieg sukzessive fünf Kaiserliche Universitäten traten: Tōkyō, Kyōto, Kyūshū (in Fukuoka), Tōhoku (in Sendai) und Hokkaidō (in Sapporo). Bildung über das Grundschulniveau hinaus war keine Pflicht, und sie wies auch einen höheren Grad der Spezialisierung auf, denn sie richtete sich an einen deutlich kleineren Personenkreis. Beispielsweise gab es im Jahre 1910 ca. 6,3 Millionen Grundschüler, aber nur ca. 220 000 Mittelschüler, ca. 70 000 Studierende an Berufs- und allgemeinen Fachschulen und nur 7200 Studierende an Universitäten.

Die relativ geringe Zahl derer, die nach Abschluss der Grundschulbildung auf die Mittelschule wechselten, war von der Regierung nicht beabsichtigt, sondern eher eine Folge des niedrigen Pro-Kopf-Einkommens der Bevölkerung, denn die Zahlen stiegen infolge des wirtschaftlichen Aufschwungs in den folgenden Jahrzehnten rasch an. Der Zugang zu den Universitäten wurde dagegen streng reglementiert, d.h. nur wenige erfüllten die Anforderungen, so dass ein Studium an einer Kaiserlichen Universität eine Spitzenleistung darstellte. Auch hier spielte die allgemeine wirtschaftliche Lage eine Rolle, da die japanische Gesellschaft es sich noch nicht leisten konnte, allen Schülern, die dies wünschten, einen vollen Bildungsgang bis zum Universitätsabschluss zu ermöglichen. Neben den staatlichen Bildungseinrichtungen existierten jedoch zahlreiche private Schulen und Hochschulen, die für ihre Finanzierung allerdings auf Stiftungen und Studiengebühren angewiesen waren. Die beiden berühmtesten privaten Hochschulen, die zwar vom Staat erst wesentlich später als Universitäten anerkannt wurden, befanden sich in Tōkyō: die bereits 1858 von dem Aufklärer Fukuzawa Yukichi begründete Keiō-Universität und die 1882 von Ōkuma Shigenobu ins Leben gerufene Waseda-Universität. Keiō und Waseda nehmen bis heute die Spitzenpositionen unter den privaten Universitäten Japans ein – ein deutlicher Beweis, dass die Reform des japanischen Bildungswesens der Meiji-Zeit von langfristigem Erfolg gekrönt war, auch wenn der japanische Staat zunächst die Ausgaben für öffentliche Hochschulen und Universitäten eng begrenzte, was auch Ausdruck der in der Meiji-Periode verbreiteten Tendenz zur Elitenförderung war.

Die Transformation der japanischen Gesellschaft war das Ergebnis staatlicher und privater Initiativen, erfolgreicher Reformen und gescheiterter Experimente. Der Staat gab im wesentlichen die Leitlinien für den Modernisierungsprozess vor, doch die Eliten außerhalb der Bürokratie leisteten ebenfalls einen entscheidenden Beitrag. Eine ähnliche Mischung aus staatlicher und privater Initiative erwies sich auch bei der Modernisierung der Wirtschaft als Schlüssel zum Erfolg.

Die Anfänge gezielter Industrialisierung

Zu den wichtigsten Voraussetzungen für den Aufstieg Japans zur asiatischen Großmacht gehörten die wirtschaftspolitischen Maßnahmen der Meiji-Regierung. Sie entwickelte die Experimente mit westlicher Technologie, die bereits das Tokugawa-Shōgunat unternommen hatte, zu einem umfassenden Programm wirtschaftlicher Modernisierung. Dabei gab sie die anfängliche Beschränkung des Technologie-Imports auf die zur Verteidigung des Landes wichtigen Bereiche Schiffsbau und Kanonengießen zugunsten einer breiten Industrialisierung auf, da sie Industrie und modernes Wirtschaften als unvermeidliche Wege zu nationaler Sicherheit und Selbstbehauptung erkannte. Japan kam dabei zugute, dass die Samurai-Schicht aufgrund ihrer in der Edo-Zeit erworbenen Erfahrungen in der Leitung und Organisation von Verwaltungsstrukturen wichtige Voraussetzungen für die Umsetzung der neuen Wirtschaftspolitik mitbrachte. Außerdem konnte man an zahlreiche Entwicklungen, die sich in der Edo-Zeit bereits abgezeichnet hatten, anknüpfen, wie z. B. das Wachstum der Städte, die Entstehung von Manufakturen und den regen Handelsverkehr auf dem Land. Schon das Wirtschaftsleben der Edo-Zeit hatte ein Kreditwesen und Geschäftsbeziehungen zwischen entfernten Partnern gekannt, die einander nie persönlich getroffen hatten. Überdies war die japanische Bevölkerung bereits damals zu einem erheblichen Teil alphabetisiert und verfügte über große handwerkliche Fähigkeiten.

Es gab aber auch einige Faktoren, die die wirtschaftliche Modernisierung ganz unmittelbar als lebenswichtig erscheinen ließen. Denn die Handelsbilanz war anfangs negativ, und eine große Menge von Gold und Silber floss ins Ausland ab, weil viele Güter importiert wurden. Da Japan aufgrund der Ungleichen Verträge keine Schutzzölle einführen durfte, war der Aufbau eigener Industrien, die eine breite Palette von Produkten für den Export herstellten, die einzige Lösung zur Korrektur der Handelsbilanz. Wichtige Exportprodukte bis zur Jahrhundertwende waren Rohseide, Tee, Kupfer und Steinkohle. Da das Außenhandelsvolumen rasch expandierte und sich zwischen 1877 und 1902 mehr als verzehnfachte, musste außerdem das heimische Handwerk durch moderne Produktionsmethoden vor der Zerstörung durch billigere, maschinell hergestellte Produkte aus dem Westen geschützt werden. Vor allem aber musste der Regierung daran liegen, das wirtschaftliche Überleben der Samurai durch die Förderung neuer Industrien zu ermöglichen. Sie hatte zwar entschieden, die Unterhaltszahlungen an die Samurai einzustellen, um den Staatshaushalt zu entlasten. Sie wollte jedoch gerade diese Schicht, der der Großteil der Regierungsmitglieder angehörte und der mit gutem Grund eine Schlüsselrolle für die Zukunft Japans zugedacht war, keineswegs in den Ruin treiben, sondern ihren Angehörigen im Gegenteil den Wechsel in die selbstverantwortliche Berufstätigkeit erleichtern. Sie unterstützte daher Existenzgründer, die sich in der Seidenraupenzucht, der Textilproduktion oder anderen Wirtschaftszweigen engagieren wollten, mit Krediten und Land.

Zugleich sah sich die Meiji-Regierung gezwungen, sowohl bei der Modernisierung der Wirtschaft und der Einführung neuer Industrien als auch bei der Verbreitung neuer Technologien in alten Gewerbezweigen selbst Schrittmacherdienste zu leisten. Denn die erforderlichen Technologien stammten aus dem Ausland, und nur die Regierung konnte es sich leisten, die stattlichen Gehälter der ausländischen Experten (*o-yatoi-gaikokujin*), die als Berater angestellt wurden, zu bezahlen. Gleichzeitig entsandte sie Japaner (*ryūgakusei*) zu technischen Studien ins Ausland, um die teuren Berater so rasch wie möglich durch einheimische Kräfte ersetzen zu können. Neben den Problemen des Wissensimports führte jedoch auch der Mangel an heimischem Kapital dazu, dass die Übernahme neuer Technologien anfangs überwiegend von der Bürokratie geplant und finanziert werden musste. Die großen Handelshäuser, die das Ende des Tokugawa-Shōgunats überlebt hatten, waren anfangs kaum bereit, Kapital für riskante Großprojekte wie den Eisenbahnbau bereitzustellen. Geschäftsleute auf dem Land erwiesen sich zwar als risikobereiter, verfügten aber über weniger Kapital. Von der Verwaltung geführte Modellbetriebe, zu denen z.B. eine Werft in Hyōgo (1871), eine Seidenspinnerei in Tomioka (1872) und die Miike-Kohlenmine in Kyūshū (seit 1873) gehörten, spielten daher eine wichtige Rolle beim Technologietransfer. Die meisten Pionierbetriebe wurden während der Matsukata-Deflation der 1880er Jahre (s. S. 256 und 327) in private Hände verkauft.

Hokkaidō, das bis zur Meiji-Zeit abgesehen von seiner Südspitze kaum von den Japanern erschlossen worden war, bildete geradezu ein Paradebeispiel für die Initiativen der Regierung. Sie förderte den Zuzug von Siedlern, und insbesondere Samurai erhielten finanzielle Anreize, um sich als Siedler-Soldaten (*tondenhei*) mit ihren Familien auf der Insel niederzulassen. Gleichzeitig leitete die Regierung die Erschließung der dortigen mineralischen Ressourcen ein, besonders der Kohle, und begründete eine Holz- und Fischereiindustrie. Sie versuchte, den Anbau von Trockengetreide zu fördern und die großen Weideflächen zur Herstellung von Milchprodukten nach westlichem Vorbild zu nutzen. Die eingewanderten Bauern vermochten aber den Reisanbau so weit nach Norden auszudehnen, dass Hokkaidō zum größten Reisproduzenten

Japans wurde. Für die Durchführung dieser Wirtschaftspolitik sowie für die Routineverwaltung der Insel war eine besondere Behörde, das Hokkaidō-Entwicklungsamt (*Kaitakushi*) unter der Leitung des einflussreichen Ministers Kuroda Kiyotaka, zuständig. Als der Erschließungsauftrag nach zehn Jahren (1881) erlosch, waren nicht nur Straßen und Häfen, sondern auch die Stadt Sapporo als Zentrum der Kommunalverwaltung entstanden. Auch hatte sich eine ansehnliche Zahl von Einwanderern auf der Insel niedergelassen, so dass Bevölkerung und Wirtschaft von da an aus eigener Kraft zu wachsen begannen. Als die Regierung 1886 begann, Land für Neuerschließung kostenlos bereitzustellen, steigerte sich der Zuzug von jährlich ca. 10000 neuen Siedlern auf etwa 50000.

Obwohl die Regierung die Modernisierung des Landes recht umsichtig plante und großzügig finanzierte, stellten sich konkrete Ergebnisse, die die Gesamtsituation des Landes verbesserten, nur langsam ein. Im Bereich der Kommunikation war der elektrische Telegraf eine erste weitverbreitete Neuerung. Bis 1885 ließ die Regierung ein fast flächendeckendes Telegrafennetz einrichten, das es z.B. Zeitungen ermöglichte, aus allen Landesteilen aktuell zu berichten. Im gleichen Jahr gründete das Unternehmen Mitsubishi mit staatlicher Unterstützung die *Japan Mailship Company* (*Nihon Yūsen Kaisha*, NYK). Mitsubishi verfügte bereits über langjährige Erfahrung im Transportgeschäft, und NYK sollte bald eine der größten Reedereien der Welt werden, auch wenn die Gesamttonnage japanischer Handelsschiffe erst nach der Jahrhundertwende schneller wuchs.

Die ersten Eisenbahnen Japans musste ebenfalls die Regierung planen, da es an privatem Kapital und technischem Know-how fehlte. 1872 eröffnete der Tennō eine knapp 30 Kilometer lange Strecke zwischen Tōkyō (Shimbashi) und Yokohama, die mit einem Kredit aus Großbritannien und von britischen Ingenieuren gebaut worden war. Zehn Jahre später umfasste das japanische Streckennetz gerade einmal 278 Kilometer, aber 1880 war immerhin die erste Strecke ohne ausländische Hilfe gebaut worden. Bereits 1881 hatte die Regierung ein privates Unternehmen, die Japanische Eisenbahn-Gesellschaft (*Nihon Tetsudō Kaisha*), gefördert, um sich von der Last der Eisenbahnentwicklung zu befreien. Die erste Linie dieser Gesellschaft, die von Ingenieuren der Regierung errichtet und mit einem staatlichen Kredit finanziert wurde, nahm ihren Betrieb 1884 auf. Danach entstanden mehrere private Eisenbahngesellschaften, ja der private Eisenbahnbau erlebte einen Boom, so dass sich von den bis zur Jahrhundertwende verlegten ca. 6000 Streckenkilometern ca. 70% in privater Hand befanden. 1891 war es bereits möglich, vom Nordende der Hauptinsel Honshū bis nach Kōbe zu reisen, doch ein landesweites Schienennetz wurde erst in den ersten Jahrzehnten des 20. Jahrhunderts vollendet.

Der Bergbau befand sich ebenfalls in privater und staatlicher Hand, doch erwiesen sich die privaten Unternehmen oft als klein und unproduktiv. Die Regierung hatte zwar eine ganze Reihe von Bergwerken vom Tokugawa-Shōgunat übernommen, die sich jedoch zur Zeit der Restauration teilweise in sehr schlechtem Zustand befanden. Auch hier halfen ausländische Experten, die Situation zu verbessern. Während die Förderung von Gold und Silber keinen nennenswerten Anteil am Weltmarkt erreichte, nahm die japanische Kupferproduktion bis zur Jahrhundertwende immerhin Platz vier in der Welt ein. Eine der wichtigsten Fördereinrichtungen war die Ashio-Mine (Präf. Tochigi) unweit von Nikkō. Zur Zeit der Meiji-Restauration hatte sie mehr oder weniger stillgelegen, bis sie an den Unternehmer Furukawa Ichibei verkauft worden war, der nun moderne Maschinen und Pumpen einführte und die Mine später sogar elektrifizierte. So gelang es ihm, die Produktion von 53 Tonnen im Jahr 1877 auf ca. 60000 Tonnen im Jahr 1901 zu steigern. Die intensive Ausbeutung der Kupfervorkommen verursachte jedoch auch eine massive Umweltverschmutzung, die selbst die Nachbarpräfekturen betraf. Es entstand zwar eine Protestbewegung, die unter Führung des aus der Region stammenden Unterhaus-Abgeordneten Tanaka Shōzō den Umweltskandal landesweit bekannt machte und mit einem Appell an den Tennō 1901 einen Höhepunkt erreichte, aber die Regierung stellte unter Anwendung von Gewalt sicher, dass der Kupferabbau fortgesetzt werden konnte. Furukawa, der seine Karriere in der Tokugawa-Zeit als Geldwechsler begonnen hatte und später in den Seideexport eingestiegen war, verlegte sein Betätigungsfeld später in die Elektroindustrie und gründete mit Siemens zusammen eines der ersten internationalen Unternehmen Japans, Fuji Denki.

Kohleförderung gab es u.a. in Nord-Kyūshū und in Hokkaidō. Die japanische Kohle war zwar von niedriger Qualität, eignete sich aber für die Schifffahrt, die Eisenbahnen und die industrielle Produktion. Dass sie in ausreichender Menge vorhanden war, veranlasste die Regierung nach der Jahrhundertwende, auch die Eisen- und Stahlerzeugung in diesen Gebieten anzusiedeln, z.B. in Muroran auf Hokkaidō und das Stahlwerk in Yawata auf Nord-Kyūshū, das Eisenerz vom chinesischen Festland verarbeitete. Diese Industrie entwickelte sich aber erst allmählich zu einem wichtigen Pfeiler der neuen Wirtschaft, während die Textilherstellung die eigentliche Erfolgsgeschichte der Wirtschaftspolitik der Meiji-Zeit darstellte. Ein schneller Wandel trat beispielsweise in der Seidenherstellung ein, die unter privater wie staatlicher Leitung in den 1880er Jahren vom Handspulen zum maschinellen Spulen überging. Die traditionelle Seidenraupenzucht war gut etabliert, und ihre Produkte waren billiger als ausländischer Seidenfaden, aber ebenso einfach wie dieser in einer modernen Spinnerei zu verarbeiten. Schwer tat sich Japan anfangs mit der Baumwollverarbeitung: Japanischer Baumwollfaden war teuer und für maschinelle Spinnerei ungeeignet, so dass Importe aus Indien und Amerika organisiert werden mussten. Überdies war der Einsatz von Maschinen in der japanischen Baumwollspinnerei bis dahin nicht gebräuchlich. 1878 nahm die Regierung einen Kredit auf, um Baumwollmaschinen in England zu kaufen, die größtenteils an japanische Unternehmer zu günstigen Bedingungen weiterverkauft wurden. Um die Modernisierung durch den gezielten Import von entsprechenden Ausrüstungen zu beschleunigen, richtete die Regierung zwei staatliche Modellbetriebe ein und führte Informationsveranstaltungen für Baumwollspinner durch. Danach stieg die Zahl der in Japan benutzten einschlägigen Maschinen von 77000 im Jahr 1887 auf 970000 im Jahr 1891; fast parallel dazu wuchs die Baumwollproduktion zwischen 1889 und 1899 um mehr als das Zehnfache.

Zur wirtschaftlichen Modernisierung der Meiji-Zeit gehörten neben dem Import bestimmter Geräte und Techniken auch die Reform des Geldwesens und der Aufbau eines modernen Bankensektors. Die Meiji-Regierung führte 1871 den Yen als einheitliche nationale Währung ein, die sich zur Zeit der Meiji-Restauration in einem chaotischen Zustand befunden hatte, weil Papiergeld und Münzen sowohl der Fürstentümer als auch des Shōgunates aus ganz verschiedenen Zeiten zirkulierten (s. S. 255). Die neue Regierung prägte einheitliche Münzen, um jene der Edo-Zeit zu ersetzen, und seit 1885 durfte nur noch die drei Jahre zuvor gegründete Bank von Japan Papiergeld ausgeben, das ältere Banknoten allmählich ersetzte.

Das zweite Ziel der Geldreform, die volle Konvertierbarkeit von Papiergeld in Gold und Silber, war sehr viel schwieriger zu erreichen. Der Haushalt der Regierung war defizitär, und Edelmetalle flossen zur Bezahlung von Importen ins Ausland ab. Beides führte zu einer hohen Inflation und einem starken Wertverlust des Papiergeldes der Regierung. Die Situation verschlimmerte sich noch, als die Regierung in den 1870er Jahren bewaffnete Aufstände niederschlagen musste. 1880 leitete Finanzminister Matsukata daher die bereits erwähnte strikte Spar- und Deflationspolitik ein, mit der er der Wirtschaft einen großen Teil des Papiergeldes wieder entzog, das die Regierung in den Jahren zuvor gedruckt hatte. Daraufhin stieg der Wert der im Umlauf verbliebenen Banknoten in ihrem Verhältnis zu Gold und Silber. 1886 konnte erstmals der Umtausch von Yen-Scheinen gegen Silber-Yen zugelassen werden. 1897 gelang nicht zuletzt mit Hilfe der chinesischen Reparationszahlungen der Übergang zum Goldstandard, wie ihn die damalige Wirtschaftswissenschaft von einem modernen Staatswesen forderte.

Steuerreformen gehörten ebenfalls zu den vordringlichen Herausforderungen der frühen Meiji-Zeit, denn die verschiedenen Abgaben an die Tokugawa und die Fürstentümer mussten durch ein einheitliches Steuersystem ersetzt werden. Gleichzeitig wurde das Verbot des Landkaufs bzw. -verkaufs aufgehoben. Die Regierung ließ alles besteuerbare Land neu vermessen und ordnete jeder Parzelle einen Wert zu, der auf ihrem geschätzten Ertrag beruhte. Die Grundsteuer wurde nun auf diesen fiktiven Wert erhoben und musste vom Besitzer der Parzelle und nicht von dem, der sie bearbeitete, entrichtet werden. Diese jährliche Grundsteuer wurde 1873 zunächst auf 3 % des geschätzten Wertes, 1877 dann – nicht zuletzt mit Rücksicht auf die verbreiteten Unruhen – auf 2,5 % herabgesetzt. Während dieses System anfangs etwa gleich hohe Steuereinnahmen erbrachte wie seine Vorläufer aus der Edo-Zeit, traf die Inflation der 1870er Jahre die Staatskasse hart, weil der reale Wert der Steuereinnahmen, die auf einem festen Schätzwert beruhten, sank. Umgekehrt profitierten die Bauern davon, die auf diese Weise geringere Steuern zu entrichten hatten. Die Grundsteuer machte in den 1870er und 1880er Jahren zeitweilig 80 % der Steuereinnahmen aus; auch wenn ihr Anteil bis 1905 auf 32 % sank, blieb sie doch bis ins 20. Jahrhundert hinein die wichtigste Einnahmequelle des Staates. Mit ihr finanzierte die Regierung den größten Teil der frühen Modernisierungsmaßnahmen.

Die Begründung eines modernen Bankwesens hing eng mit der Währungsreform zusammen und stieß auf ähnliche Schwierigkeiten. 1872 wurden Vorschriften zur Errichtung von Staatsbanken erlassen. Dies geschah auf Empfehlung von Itō Hirobumi, der bei seinem Besuch in den USA 1870 das dortige System staatlicher Banken kennengelernt hatte. Die japanischen Banken sollten zwar unter staatlicher Kontrolle stehen, ihr Kapital sollte jedoch aus privater Hand kommen, und sie erhielten das Recht, Schuldverschreibungen auszugeben. Dieses System, das offenbar nur in der Theorie funktionierte, geriet in den politischen und wirtschaftlichen Wirren der 1870er Jahre unter erheblichen Druck. Eine Reform der Vorschriften, die es den Banken erlaubte, ihre Schuldverschreibungen gegen solche der Regierung einzutauschen, rettete die Banken jedoch. Zu ihren Gunsten wirkte sich auch der Beschluss der Regierung aus, die Unterhaltszahlungen an ehemalige Fürsten und Samurai in verzinsliche Schuldverschreibungen umzuwandeln, denn dieser Schritt erhöhte die Geldmenge in privater Hand, die dann in die Banken eingezahlt wurde. Beide Maßnahmen, die 1876 erfolgten, führten zu einer schnellen Entwicklung der staatlichen Banken. Nachdem Shibusawa Ei'ichi 1873 die erste Bank gegründet hatte, stieg deren Zahl allein bis 1879 auf 152 an.

Privatbanken, die nicht so streng reguliert waren wie die staatlichen Geldinstitute, dafür aber auch keine eigenen Schuldverschreibungen ausgeben konnten, gewannen ebenfalls schnell an Bedeutung, nachdem das Unternehmen Mitsui 1876 das erste private Bankhaus gegründet hatte. 1890 existierten bereits einige hundert private Banken, was die Regierung bewog, Bestimmungen zu erlassen, die eine vertrauenswürdige Unternehmensführung sicherstellen sollten. Als die Regierung 1893 beschloss, die auslaufenden Lizenzen der staatlichen Banken nicht mehr zu verlängern, wurden die meisten von ihnen bis 1899 in private Institute umgewandelt oder aufgelöst.

Japans Industrialisierung gab vielen, später legendär gewordenen Unternehmerpersönlichkeiten die Chance, führende Stellungen in der neuen Wirtschaft zu besetzen. Neben dem bereits erwähnten Furukawa Ichibei gehörten beispielsweise auch Iwasaki Yatarō und Shibusawa Ei'ichi zur neuen Unternehmerelite. Iwasaki, ein ehemaliger Samurai aus Tosa, gründete das Unternehmen Mitsubishi, das sich zu einer der weltgrößten Firmengruppen entwickelte. Shibusawa war der Sohn eines Bauern, der sich u.a. im Bankwesen engagierte und neue Instrumente des modernen Wirtschaftslebens wie z.B. die Aktiengesellschaft in Japan einführte. Sowohl Iwasaki als auch Shibusawa verbanden die neuen Formen des Geschäftslebens mit »traditionellen« Werten, die sie aus dem Ehrenkodex der Samurai oder aus konfuzianischen Vorstellungen herleiteten. Ihr Aufstieg trug wesentlich dazu bei, das gesellschaftliche Ansehen der Wirtschaftselite zu heben, zumal sie durch ihre Erfolge demonstrierten, dass ihr unternehmerisches Engagement auch dem Staat nützte.

In der Landwirtschaft blieben die bearbeiteten Parzellen zunächst klein, und die Mechanisierung machte nur geringe Fortschritte, obwohl die Regierung in den Präfekturen Förderstellen für die Landwirtschaft einrichtete, die für einfache und billige Methoden, um die Produktion zu steigern, werben sollten. Anbauflächen wurden erweitert, besserer Dünger eingesetzt und höherwertiges Saatgut verwendet. Unternehmerische Landwirte weiteten den Anbau auch auf andere Produkte neben dem Reis aus, und Vermögende unter ihnen versuchten sich in neuen Geschäftsfeldern wie dem Bank- und Versicherungswesen. Hier zeigte sich einmal mehr die Bedeutung sowohl der Dorfeliten aus Großgrundbesitzern und ländlichen Kaufleuten als auch intakter dörflicher Sozialstrukturen als

Träger und Vermittler von Innovation und Fortschritt. Schließlich waren der technologische Wandel und die Produktivitätssteigerung in der Landwirtschaft so erfolgreich, dass die japanische Landbevölkerung keineswegs unbedingt darauf angewiesen war, als Arbeitskräfte in die Industrie abzuwandern.

Insgesamt lassen sich folgende grundlegende Beobachtungen zur Modernisierungspolitik der Meiji-Regierung im Bereich der Wirtschaft festhalten: Zum einen kam die industrielle Modernisierung nur sehr langsam in Gang, so dass bis zur Jahrhundertwende lediglich die ersten Voraussetzungen für eine umfassende Industrialisierung geschaffen werden konnten. Zweitens spielte die Regierung durch Planung, Finanzierung und Einrichtung von Modellbetrieben eine Schlüsselrolle in der Modernisierung Japans. Dadurch entstanden enge Beziehungen zwischen der Bürokratie und den neuen Unternehmen, ohne dass jedoch der Staat eine dauerhafte Rolle als Eigentümer übernahm, denn Fabriken, Minen und öffentliche Einrichtungen wurden schließlich alle in private Hände überführt. Allerdings belegen jüngere Forschungsarbeiten, dass die Politik der Regierung oftmals auch wirtschaftlichen Interessen im Wege stand und dass sie erst durch Einflussnahme dazu bewegt werden konnte, eine exportförderliche Haltung einzunehmen. Drittens waren die neuen Industrien, ganz gleich, ob in staatlichem oder privatem Besitz, für viele Jahre auf Zuschüsse angewiesen, die letztlich aus dem landwirtschaftlichen Sektor der Wirtschaft finanziert wurden. Die Produktivität der Landwirtschaft war hoch genug, um die Bevölkerung mit Nahrungsmitteln zu versorgen und gleichzeitig einen großen Teil der Kosten für die neuen Industrien zu tragen. Obwohl die Bevölkerung von ca. 30 Mio. im Jahr 1868 auf ca. 50 Mio. am Ende der Meiji-Zeit (1912) wuchs, stieg ihr Lebensstandard sogar an.

Mit den immensen Anstrengungen, die Japan mit der raschen Modernisierung nicht nur seiner Verwaltung und seines Rechtssystems, sondern auch seiner Wirtschaft und Kultur unternahm, sollte nach außen nicht zuletzt der Beweis erbracht werden, dass das Land Anspruch darauf hatte, mit den westlichen Mächten gleichgestellt zu werden. Nach langen und frustrierenden Verhandlungen konnte schließlich auch die Revision der Ungleichen Verträge durch den Abschluss eines neuen Vertrages mit Großbritannien im Jahr 1894 eingeleitet werden. Dieser neue, auf der Basis der Gleichberechtigung geschlossene Vertrag sollte 1899 in Kraft treten. Ebenso starke Veränderungen bewirkten die erfolgreichen Modernisierungsmaßnahmen der japanischen Zentralregierung im Inneren, als die Auflösung der alten ständischen Gliederung und der Aufbau eines scharfen Wettbewerbssystems in Bildung, Verwaltung und Wirtschaft zu einer stärkeren Mobilität in der Bevölkerung führten. Sichtbarer Ausdruck dieser durchaus beabsichtigten Entwicklung war die Verordnung, die 1875 allen Japanern verpflichtend vorschrieb, einen Familiennamen anzunehmen, was bis dahin ein dem Schwert- und Hofadel vorbehaltenes Privileg war. Diese »Samuraisierung« aller Japaner trug neben der Staatsideologie des *Kokutai* erheblich dazu bei, dass sich das Land trotz der vielen, teils auch schmerzlichen Veränderungen zu einem Nationalstaat mit einem sich als homogen empfindenden Staatsvolk entwickeln konnte.

Das politische System der Meiji-Zeit bildete in Zukunft den institutionellen Rahmen für so unterschiedliche Entwicklungen wie die Taisho-Demokratie der 1920er Jahre und Japans Militarismus der 1930er Jahre. Auf internationalem Parkett setzte Japan zunächst sein Bündnis mit England fort, später jedoch geriet das Land in scharfe Gegensätze zu den angelsächsischen Mächten bis hin zum Krieg. Nicht zuletzt wegen des breiten Spektrums an Folgen im 20. Jahrhundert wird die Meiji-Restauration auch anlässlich ihres 150. Jubiläums im Jahre 2018 immer noch kontrovers diskutiert.

7 Das Entstehen einer modernen städtischen Gesellschaft und Kultur, 1900/1905–1932

Von Regine Mathias

Epochenüberblick

Den Tod des Meiji-Tennō im Jahre 1912 und den Selbstmord seines engen Vertrauten, des Generals Nogi Maresuke, des Siegers im Kampf gegen Russland von 1905, der ihm in den Tod nachfolgte, erlebten viele Menschen in Japan als Ende einer Epoche. Wird die Meiji-Ära (1868–1912) als eine Periode des Aufbruchs und der Reformen in nahezu allen Lebensbereichen betrachtet, so steht die nun folgende Taishō-Ära (1912–26) zum einen für die Konsolidierung der aus den Reformen der Meiji-Ära erwachsenen Institutionen und Strukturen, zum anderen für einen immer breitere Schichten der Gesellschaft ergreifenden Wandel durch Industrialisierung, wachsende Urbanisierung, Demokratisierungsbestrebungen und eine zunehmende internationale Verflechtung Japans. Dabei stellt das Jahr 1918 eine Zäsur dar, nach der sich, nicht zuletzt aufgrund einer politischen Liberalisierung und vermehrter internationaler Einflüsse, all diese Tendenzen deutlich verstärken und zu einer Beschleunigung des sozialen und kulturellen Wandels in den 1920er Jahren beitragen.

Erste Anzeichen dieser Entwicklungen werden bereits um die Jahrhundertwende sichtbar und verdichten sich nach 1905. Der Chinesisch-Japanische Krieg 1894/95 und der Russisch-Japanische Krieg 1904/05 treiben nicht nur die Industrialisierung voran, sondern haben auch durch Wehrdienst und Arbeitskräftebedarf der neuen Industrien eine Mobilisierung der Bevölkerung zur Folge. Anstelle der Herkunft bestimmt immer häufiger der Bildungsgang den sozialen Status, und heterogene Interessengruppen versuchen auf sehr unterschiedliche Weise auf der politischen Ebene ihre Interessen zu artikulieren und durchzusetzen. Das gewählte Parlament und die Parteien gewinnen gegenüber den die alte Ordnung vertretenden Institutionen besonders nach 1913 immer mehr an Gewicht. 1918 wird mit der Etablierung des ersten diesen Namen zu Recht tragenden Parteienkabinetts die Ablösung der Oligarchie auch nach außen hin deutlich sichtbar.

Die damit einhergehende vorsichtige politische Liberalisierung nimmt die durch Konjunkturaufschwung in den Jahren des Ersten Weltkrieges und hohe Mobilität entstandene Dynamik auf der politischen Ebene auf und fördert so eine allgemeine Aufbruchsstimmung, in deren Rahmen sich das für die nachfolgenden Jahrzehnte typische sozioökonomische System herausbildet und konsolidiert.

Die erste große Stufe der Industrialisierung ist um 1920 abgeschlossen. Der Wirtschaftsaufschwung während der Jahre des Ersten Weltkriegs hat eine rasche Zunahme der Zahl der Arbeiter, aber auch der in den Angestelltenberufen Tätigen, zu denen nun auch immer mehr Frauen gehören, zur Folge. Damit beginnt in dieser Zeit die Herausbildung des sog. neuen Mittelstandes.

Parallel zu dieser Entwicklung vollzieht sich ein deutlicher Urbanisierungsschub: 1918 leben bereits mehr als sechs Millionen Menschen – ca. 11% der Gesamtbevölkerung – in Großstädten. Der soziale und wirtschaftliche Wandel wird deshalb vor allem in diesen rasch wachsenden Städten sichtbar, denn durch Industrialisierung, Verstädterung und Ausbreitung einer universalen Elementarbildung sind dort in den 1920er Jahren erstmals wichtige Voraussetzungen für die Entwicklung einer modernen Lebensweise gegeben. Die Entwicklung der Massenmedien begünstigt auch die Ausbreitung einer modernen Massenkultur.

Nicht zuletzt aus diesem Umstand werden die Städte zu Vorreitern einer in wesentlichen Zügen an westlichen Vorbildern orientierten Modernisierung. Deshalb sind unsere Vorstellungen von dem Entstehen eines modernen Lebensstils in Japan häufig von Bildern geprägt, wie sie die in den 1920er Jahren aufblühende Werbung verbreitete, die sich ganz dem »Modernismus« verschrieben hatte und fast ausschließlich westliche Elemente als Werbeträger einsetzte. Dies vermittelt den Eindruck einer plötzlichen, »flächendeckenden« Verwestlichung in dieser Zeit. Dieser Eindruck entspricht allerdings nicht der Realität, denn die neue Kultur und Lebensweise, die sich in den Städten herausbildet, ist vielmehr eine spezifische Mischung aus japanischen und anderen Elementen, die die japanischen Vorstellungen von Moderne entscheidend prägen sollten.

Dem wirtschaftlichen Aufschwung folgt mit den 1920er Jahren ein Jahrzehnt der wirtschaftlichen Krisen, gepaart mit politischen Auseinandersetzungen. Die von den etablierten Parteien und politischen Gremien nicht zu lösenden sozialen Spannungen und Probleme geben den verschiedenen Oppositionsgruppen zunächst Auftrieb, ehe eine verschärfte Gesetzgebung gegen subversive Gedanken 1925 eine neuerliche Phase der Verfolgung und Unterdrückung einleitet. Linke und rechte Gruppierungen gehen in Opposition zu der als zu liberal und international angesehenen Regierung und entfalten ihre Aktivitäten vor allem in den ländlichen Regionen. Parallel dazu regt sich auch in Militärkreisen Kritik. Mit der Ermordung des Premierministers Inukai Tsuyoshi wird 1932 der Übergang zu einer wieder stärker autoritär geprägten Zeit eingeleitet.

1901	Gründung der Sozialistisch-demokratischen Partei (*Shakai Minshutō*) durch Katayama Sen, Kōtoku Shūsui und Abe Iso'o
1902	Abschluss des Japanisch-Britischen Militärbündnisses
1905	Unruhen im Hibiya-Park im Zentrum von Tōkyō, bei denen über 30000 Menschen trotz Polizeiverbots gegen den Friedensschluss von Portsmouth nach Beendigung des Russisch-Japanischen Krieges demonstrierten
1905/06	Errichtung des Protektorats Korea, Itō Hirobumi wird erster Generalgouverneur
1906	Gründung der Sozialistischen Partei Japans (*Nihon Shakaitō*)
1907	Streik im Kupferbergwerk Ashio
1909	Ermordung von Itō Hirobumi
1910	Annexion Koreas
	Sog. Hochverratsaffäre: Kōtoku Shūsui und andere linksgerichtete Intellektuelle werden verhaftet, 1911 zum Tode verurteilt und hingerichtet
1911	Fabrikgesetz erlassen (1916 in Kraft getreten); Verbot der Arbeit von Kindern unter zwölf Jahren und der Nachtarbeit von Frauen
	Hiratsuka Raichō und andere gründen die *Seitōsha*
1912	Tod des Meiji-Tennō; sein Sohn Yoshihito besteigt den Thron; Beginn der Ära Taishō (1912–26)
	Erste Bewegung zur Wahrung der Verfassung
	Gründung des Arbeitnehmerverbandes (Gewerkschaft) Yūaikai (Bruderschaft) durch Suzuki Bunji u.a.
1914	Eintritt Japans in den Ersten Weltkrieg; Kriegserklärung an Deutschland
	Einnahme von Kiautschou (Qingdao) und Besetzung der deutschen Südsee-Kolonien
1915	»Einundzwanzig Forderungen« an China
1916–1918	Konjunkturaufschwung
	Die Zeitschrift *Chūō Kōron* (1899 gegründet) gewinnt in den Jahren des Ersten Weltkrieges an Leserschaft und entwickelt sich zum führenden und meinungsbildenden Organ der Taishō-Demokratie
1918–1922	Sibirische Intervention (gegen die Bolschewisten)
1918	Reisunruhen; Hara Takashi (Kei) bildet das erste Parteienkabinett; eine neue Hochschulverordnung wird erlassen

1919 Beginn einer Bewegung für ein allgemeines Wahlrecht
Der Industrielle Ōhara Magosaburō (1880–1943) gründet ein Forschungsinstitut für Soziale Probleme; die Stadt Ōsaka richtet eine Abteilung für Soziales ein, gefolgt von Tōkyō (1920) und vielen anderen Großstädten; Streik von rund 16 000 Arbeitern der Kawasaki-Werft in Kōbe; erstmals wird der Acht-Stunden-Tag durchgesetzt; Erscheinungsbeginn der Zeitschrift *Kaizō*, die in den 1920er Jahren in links-liberalen Kreisen meinungsbildend wird

1920 Der 1. Mai wird erstmals als Kampftag der Arbeiter begangen; 22 000 Arbeitnehmer der Yawata Eisen- und Stahlwerke treten in den Ausstand; ein Neun-Stunden-Tag und drei Schichten werden erzwungen
Japan wird Mitglied im Völkerbund

1920–1922 Nachkriegsrezession

1921 Großer Streik der Werftarbeiter in Kōbe (40 000 Teilnehmer)

1921/22 Flottenkonferenz von Washington; Unterzeichnung eines Vier-Mächte- und eines Neun-Mächte-Abkommens

1922 Gründung einer Kommunistischen Partei
Japan muss die zu Beginn des Ersten Weltkrieges besetzte Shandong-Halbinsel (ehem. Deutsches Schutzgebiet) in China räumen

1924 Zweite Bewegung zur Wahrung der Verfassung
Einwanderungsgesetz der USA verbietet Japanern die Einwanderung

1925 *Chian iji-hō* (»Gesetz zur Wahrung der öffentlichen Ordnung«) wird erlassen
Allgemeines Wahlrecht für Männer

1926 Tod des Taishō-Tennō; sein Sohn Hirohito, seit 1922 bereits Regent, besteigt den Thron; Beginn der Shōwa-Ära

1927 Finanz- und Bankenkrise
Japan entsendet Truppen nach Shandong, China

1928 Erste allgemeine Wahlen; Verbot »proletarischer« Parteien; Verschärfung des *Chian iji-hō* (»Gesetz zur Wahrung der öffentlichen Ordnung«): Todesstrafe wird Höchststrafe.
Gründung der Geheimpolizei (*Tokubetsu kōtō keisatsu*, abgek. *Tokkō*); die Staatspolizei (*Kempeitai*) erhält eine Abteilung für (gefährliche) »Gedanken«
Japan unterzeichnet in Paris den Briand-Kellogg-Pakt

1929	Weltwirtschaftskrise
	Auflösungen von Arbeiterverbänden
1930	Über 40 000 Arbeitslose
	Unterzeichnung des Londoner Flottenabkommens
1931	Premierminister Hamaguchi Osachi (1870–1931) wird ermordet
	»Mandschurischer Zwischenfall« und nachfolgend Besetzung der Mandschurei
1932	Nach der Ermordung von Inoue Junnosuke und Dan Takuma durch politische Fanatiker wird der Premierminister Inukai Tsuyoshi (1855–1932) durch junge Offiziere ermordet
	Ende der Parteienregierungen
	Landung japanischer Truppen in Shanghai
	Proklamation des neuen Staates Mandschukuo
1933	Austritt Japans aus dem Völkerbund

Der schwierige Weg zur Parteienregierung, 1905–1918

1905 waren in vieler Hinsicht die Weichen für die zukünftige Entwicklung gestellt. Die aus den Reformen der Meiji-Ära hervorgegangenen Institutionen und Systeme hatten sich konsolidiert. Nach den Siegen in zwei Kriegen (1894/95 und 1904/05) und mit Abschluss der Allianz mit Großbritannien (1902) hatte Japan außenpolitisch seinen Anspruch als gleichberechtigte Großmacht neben den westlichen Mächten angemeldet.

Gleichzeitig erlangten in den ersten beiden Jahrzehnten des 20. Jahrhunderts das Parlament und die in ihm vertretenen großen Parteien zunehmend Macht, während die traditionelle Elite allmählich an Bedeutung verlor. An die Stelle der die Entscheidungsprozesse dominierenden Einzelpersönlichkeiten der alten Oligarchie traten immer häufiger Interessengruppen, zu denen, neben den Parteien, Bürokraten, Industrielle, Militärs und Großgrundbesitzer gehörten, denen Intellektuelle, Pachtbauern und Industriearbeiter und deren Organisationen, nämlich sozialistische Zirkel, Gewerkschaften und Arbeiter- und Bauernparteien gegenüberstanden.

Die ersten Parteigründungen waren, nach einigen Anläufen in den 1870er Jahren, bereits Anfang der 1880er Jahre erfolgt (s. S. 303 f.). In der Folge kam es zur Herausbildung eines Grundmusters der Parteipolitik mit der Dominanz zweier konservativer Parteien. Nach der Jahrhundertwende waren es die *Rikken Seiyūkai* (Freunde der konstitutionellen Regierung, gegr. 1900) und eine unter wechselnden Namen firmierende, 1916 in der *Kenseikai* (Konstitutionelle Vereinigung) aufgehende und ab 1927 unter dem Namen *Rikken Minseitō* (Konstitutionell Demokratische Partei) agierende Parteigruppierung. *Seiyūkai* und *Kenseikai* bzw. *Minseitō* waren die wichtigsten Kräfte in der Parteipolitik der Zeit vor dem Zweiten Weltkrieg. Diese beiden Parteien unterschieden sich weniger in ihrer politisch konservativen Ausrichtung als vielmehr in ihrer Bindung an verschiedene Interessengruppen. Die *Seiyūkai* wurde von Mitsui, die *Minseitō* von Mitsubishi unterstützt.

Die Position der Parteien war durch die von der 1889 erlassenen sog. Meiji-Verfassung vorgegebenen Strukturen allerdings stark eingeschränkt. Dem von den Parteien dominierten Unterhaus standen im Oberhaus, im Beratungsgremium des Kaisers (*sūmitsu-in*) und der Gruppe der »elder statesmen« (*genrō*) starke traditionelle Machtbastionen gegenüber. In der sog. »Politik der Kompromisse« begannen die Parteien seit Anfang des 20. Jahrhunderts, den ihnen verbleibenden Spielraum vermehrt für eine Beeinflussung der Regierungspolitik zu nutzen.

Ihr Ziel war es, Kontrolle über das Kabinett und den Posten des Premierministers zu gewinnen. Durch eine Verbreiterung der Parteibasis gelang es, auf lokaler und präfekturaler Ebene Fuß zu fassen. Insbesondere die Posten der vom Innenminister zu ernennenden Präfektur-Gouverneure erwiesen sich als Schlüsselpositionen für die Stärkung der Parteienmacht. 1910 waren bereits 90% aller Präfektur-Gouverneure mit einer der beiden großen Parteien affiliiert.

Die *Seiyūkai* unter ihrem Führer Hara Takashi (Kei) war besonders erfolgreich auf diesem Kurs. Hara gelang es nicht nur, in seinen drei Amtszeiten als Innenminister ein Netzwerk von fähigen *Seiyūkai*-Präfektur-Gouverneuren aufzubauen. Seine Partei stellte zwischen 1914 und 1918 auch eine wachsende Zahl von Ministern in den verschiedenen Kabinetten, weshalb man in dieser Zeit von einer »verdeckten Parteienregierung« sprechen kann.

In ihrem Bemühen um politischen Einfluss profitierten die Parteien von Zwischenfällen (Korruption, Machtmissbrauch von Mitgliedern der Regierung), die zu einer zunehmenden Diskreditierung der traditionellen Eliten in Militär und Politik führten. Unter dem Eindruck einer wachsenden Unzufriedenheit der Menschen mit den Lebensumständen in den Städten und einer abnehmenden Bereitschaft, die nicht verfassungsgemäßen Machenschaften zu dulden, etablierte sich der Protest auf der Straße als Mittel politischer Einflussnahme auch für diejenigen, denen das restriktive Zensus-Wahlrecht noch keine Repräsentation im Unterhaus bot.

Obwohl nach der Etablierung des Wahlsystems im Jahre 1889 die Zahl der Wahlberechtigten durch die Senkung der Steuergrenze mehrfach zugenommen hatte, lag deren Anteil vor der Einführung des allgemeinen Wahlrechts für Männer 1925 immer unter einem Viertel der männlichen erwachsenen Bevölkerung. Die Parteien selbst hatten bis 1911 mehrfach Anträge auf Einführung eines allgemeinen Wahlrechts im Parlament eingebracht, danach verlegten sie ihre Priorität jedoch eher auf die Durchdringung der verschiedenen politischen und administrativen Institutionen. Erst 1918 begann sich erneut eine Bewegung zur Erlangung des allgemeinen Wahlrechts zu formieren.

Neben den konservativen Parteien bildeten sich um die Jahrhundertwende erste sozialistische Gruppierungen heraus. 1898 schloss sich eine »Gesellschaft zum Studium des Sozialismus« (*Shakai-shugi kenkyū-kai*) zusammen, 1901 wurde die erste Sozialistisch-demokratische Partei (*Shakai Minshutō*) gegründet, die allerdings schon nach zwei Tagen wieder verboten wurde. 1906 erfolgte die Gründung der ersten Sozialistischen Partei Japans (*Nihon Shakaitō*), die immerhin ein Jahr überlebte. Insgesamt aber litten die linken Gruppierungen unter der massiven Verfolgung, mit der der Staat sozialistisches Gedankengut zu unterdrücken suchte. Mit der Hinrichtung des bekannten Sozialisten Kōtoku Shūsui und elf weiterer Angeklagter im sog. Hochverratsprozess 1911 brach für sie eine in der zeitgenössischen Presse als »Winterzeit« bezeichnete mehrjährige Phase extremer Unterdrückung an, in der ihre Aktivitäten fast völlig zum Erliegen kamen.

Die Unterdrückung oppositioneller Strömungen hatte den Kampf um die Öffnung der politischen Macht für Gruppierungen außerhalb der traditionellen Eliten von Anfang an begleitet. 1900 wurde mit dem »Gesetz über öffentliche Ordnung und Polizei« (*Chian keisatsu-hō*) das Meinungs- und Versammlungsrecht eingeschränkt. Es machte politische Aktivitäten meldepflichtig und gab dem Innenministerium das Recht, politische Organisationen aufzulösen bzw. zu verbieten. Das in diesem Gesetz auch ausgesprochene Verbot politischer Aktivitäten von Frauen sowie ein Bann der aufkommenden Arbeiterbewegung behinderten bis weit in die Taishō-Ära hinein die Artikulation politischer Forderungen dieser Gruppierungen. Insgesamt erwies sich dieses Gesetz als scharfe Waffe im Kampf gegen oppositionelle Gruppen und Organisationen.

Neben diesen Anfängen einer organisierten Opposition kam es in dieser Zeit auch immer wieder zu spontanen

Aufständen und Unruhen. Ein deutlicher Hinweis auf das wachsende Protestpotential in den Städten und die Bereitschaft der Bevölkerung, sich durch Demonstrationen politisch Gehör zu verschaffen, waren die Unruhen, die sich gegen die im Friedensvertrag von Portsmouth festgeschriebenen, für Japan ungünstigen Bedingungen nach dem Ende des Russisch-Japanischen Krieges im Jahre 1905 richteten. Diese Proteste, die sich insbesondere in Tōkyō zu mehrtägigen Unruhen ausweiteten, werden zum einen als Beweis für den latenten Nationalismus der Massen angesehen, zum anderen aber auch als Vorläufer späterer Entwicklungen gewertet, in denen ein wachsender Teil der Bevölkerung um Partizipation am politischen Geschehen kämpfte.

Zur größten Protestwelle kam es 1918 bei den sog. Reisunruhen (*kome sōdō*). Nicht zuletzt aufgrund der beherrschenden Rolle, die die Städte nun bereits einnahmen, führten die im Sommer 1918 durch Spekulation und Hortung von Reis hervorgerufenen Preissteigerungen bei diesem Hauptnahrungsmittel zu Unruhen, die sich rasch über das ganze Land ausbreiteten und sich in besonders heftigen und z. T. überaus gewalttätigen Protesten in den Großstädten und industriellen Zentren entluden. Die Menschen forderten eine Senkung der überhöhten Reispreise sowie eine Anhebung der Löhne. Arbeiter schlossen sich an und bestreikten ihre Fabriken. Insgesamt sollen sich ca. zwei Millionen Menschen an den Unruhen beteiligt haben, die rund zwei Monate nach ihrem Ausbruch von der Polizei mit großer Härte niedergeschlagen wurden.

Die Reisunruhen führten zum Sturz der Regierung und bewirkten, dass die Politik in den folgenden Jahren die Lösung der durch Industrialisierung und Urbanisierung hervorgerufenen sozialen Probleme stärker ins Visier nahm. Nach Aussagen vieler in den 1920er Jahren aktiver Mitglieder in oppositionellen Parteien und in der Gewerkschaftsbewegung hatte die Erfahrung gemeinschaftlichen Protesthandelns langfristig eine verstärkte Politisierung größerer Teile der Bevölkerung zur Folge.

»Taishō-Demokratie«: Politischer Aufbruch und sozio-ökonomischer Wandel, 1918–1932

Nachdem die Reisunruhen im September 1918 zum Rücktritt des Kabinetts unter (General) Terauchi Masatake (1852–1919) geführt hatten, wurde der Vorsitzende der *Seiyūkai*, Hara Takashi, sein Nachfolger. Er berief in sein Kabinett überwiegend Mitglieder der *Seiyūkai*, wodurch erstmals eine Partei de facto die Regierung stellte. Die Ablösung der seit der Meiji-Ära das politische Geschehen maßgeblich mitbestimmenden Oligarchie wurde somit nach außen hin sichtbar. Während den herrschenden Eliten Veränderungen auf der politischen Ebene in den beiden ersten Dekaden des 20. Jahrhunderts nur sehr allmählich abgerungen werden konnten, führten die von eben diesen Eliten initiierten Reformen zu einem raschen Wandel auf der sozio-ökonomischen Ebene.

Im ganzen Land herrschte Aufbruchsstimmung. Japan war trotz seines Eintritts in den Ersten Weltkrieg auf Seiten der Entente und der entsprechenden Kriegserklärung an Deutschland, mit Ausnahme des (nach kurzer Zeit für Japan erfolgreich beendeten) Kampfes um die deutsche Kolonie Kiautschou (Tsingtau), der Besetzung der deutschen Südsee-Kolonien und der Entsendung einiger Marineeinheiten in das Mittelmeer, nur indirekt mit dem Krieg befasst gewesen. Das Engagement der Großmächte auf dem europäischen Kriegsschauplatz hatte aber ein Vakuum im asiatischen Raum geschaffen, das Japan nun mit seiner Wirtschaftskraft ausfüllte. Die Lieferungen an die asiatischen Länder hatten in Japan zu einem kräftigen Wirtschaftsaufschwung geführt, der den seit 1905 spürbaren sozio-ökonomischen Wandel beschleunigte.

In den aus dem Gründungsboom der *Take-off*-Phase nach 1887 hervorgegangenen neuen Unternehmen, insbesondere im Textilbereich, und der im Zuge der beiden Kriege 1894/95 und 1904/05 ausgebauten Schwerindustrie waren Hunderttausende von neuen Arbeitsplätzen entstanden. Sie wurden vor allem mit (z.T. auch saisonalen) Arbeitskräften aus dem ländlichen Raum besetzt. Deren Abwanderung und die wachsende Bedeutung der nichtlandwirtschaftlichen Sektoren sind nach 1905 auch statistisch fassbar.

So sank die Zahl der in der Landwirtschaft Tätigen von rund 16,7 Mio. im Jahre 1905 auf ca. 14,3 Mio. im Jahre 1920. Diesem Rückgang um rund 2,3 Mio. Beschäftigte im primären Sektor stand im gleichen Zeitraum ein Zuwachs der Erwerbstätigen in Industrie und Dienstleistungsgewerbe um rund 4,3 Mio. auf insgesamt 12 Mio. Beschäftigte gegenüber.

Das verdeutlicht auch, dass der sekundäre und der tertiäre Sektor nicht nur Abwanderer aus dem ländlichen Raum aufnahmen, sondern auch die Bevölkerungszuwächse absorbierten.

Der kriegsbedingte Konjunkturaufschwung zwischen 1916 und 1918, der die Nachfrage nach Arbeitskräften in Bergbau und Industrie sprunghaft anwachsen ließ, führte zur Beschleunigung dieser Entwicklung. Gleichzeitig entstanden in den städtischen Ballungszentren durch die Konsolidierung der öffentlichen und privaten Verwaltungen, den Ausbau des Verkehrs- und Kommunikationsnetzes sowie der Dienstleistungen im engeren Sinne (Banken, Handel und Versicherungen) neue Berufe und Arbeitsplätze im Angestelltenbereich.

Zur Deckung des Arbeitskräftebedarfs wurde im ganzen Land, auch in abgelegenen Gebieten, eine intensive

Anwerbung betrieben. So waren z.B. 1919 allein für den Kohlebergbau rund 60000 Werber unterwegs. Die Folge war eine verstärkte Mobilisierung weiter Teile der Bevölkerung, und selbst abgelegene Dörfer konnten sich dem Sog der industriellen Entwicklung nicht mehr entziehen.

Das Ringen um die Macht

Die wirtschaftliche Dynamik und die sozialen Veränderungen fanden 1918 nun auch eine Entsprechung auf der politischen Ebene mit der Etablierung der Parteienkabinette, der Einleitung einer vorsichtigen innenpolitischen Liberalisierung und dem verstärkten internationalen Engagement Japans.

Die vordringlichste Aufgabe der Regierungen war innenpolitisch die Integration der auseinanderstrebenden Interessen, was sich allerdings als schwierig erwies. Die politischen und sozialen Spannungen entluden sich deshalb auch mehrfach in Terroranschlägen und Unruhen. Insgesamt gelangen den Parteienregierungen nur wenige Neuerungen. Einzige, allerdings bedeutende Ausnahme war die Abschaffung des Zensuswahlrechts und die Einführung des allgemeinen Wahlrechts für Männer, das 1925 vom Parlament verabschiedet wurde. 1928 fanden die ersten allgemeinen Wahlen statt.

Die beiden konservativen Parteien hatten in dieser Zeit zwar politische Verantwortung übernommen, doch geschah dies ohne Änderung des institutionellen Rahmens. Auch wurde die legale Macht der alten Oligarchie kaum berührt, da die Gruppe der *genrō*, das Ministerium des kaiserlichen Haushalts (*Kunai-chō*), das Beratungsgremium des Kaisers und das Oberhaus bestehen blieben und, ebenso wie das Militär, weiterhin Macht ausübten. Aus diesen Gründen sollte man, trotz zweifellos vorhandener liberaler Tendenzen, den Grad des politischen Wandels in der Phase der Parteienkabinette nicht überschätzen.

Die Aufbruchsstimmung nach dem Ende des Ersten Weltkrieges gab auch den oppositionellen Gruppierungen und Bewegungen Auftrieb. Die Linke sah sich darüber hinaus durch die russische Oktoberrevolution und ihre weltweiten Auswirkungen gestärkt. 1922 wurde die Kommunistische Partei Japans (*Nihon Kyōsantō*) gegründet. Auch die Sozialisten versuchten in immer neuen Parteigründungen die staatliche Repression zu unterlaufen, scheiterten allerdings auch oft an ihrer eigenen inneren Zerrissenheit. Andere linksgerichtete Parteien erlitten ein ähnliches Schicksal, viele wurden schon am Tag der Gründung mit Polizeigewalt wieder aufgelöst. Anders als in der vorangegangenen »Winterzeit« ließen sich die Aktivitäten in den 1920er und 1930er Jahren aber nicht völlig unterdrücken. Insgesamt stellten die linken Oppositionsparteien allerdings für die Regierung nie eine wirkliche Bedrohung dar, da es ihnen kaum gelang, die ländlichen Wählerschichten für sich zu mobilisieren. Durch die Gründung immer neuer Parteien einerseits und die Arbeit aus dem Untergrund andererseits blieb die Linke aber zumindest als Stachel im Fleisch der Konservativen präsent.

Auch die klassischen sozialen Bewegungen, wie die Arbeiter-, Sozialisten-, Bauern- und Frauenbewegung, gewannen in der Aufbruchsstimmung nach dem Ersten Weltkrieg wieder an Momentum und konnten ihre Basis zum Teil erweitern.

Die Arbeiterbewegung, aus der heraus bereits 1896 erste Versuche zur Gründung von Gewerkschaftsorganisationen unternommen worden waren, war, wie andere linke Gruppierungen, während der »Winterzeit« in den Untergrund gegangen. Lediglich die gemäßigte Gewerkschaft der *Yūaikai* unter ihrem Führer Suzuki Bunji vertrat in dieser Zeit die Interessen der Industriearbeiterschaft. Das mit dem Wirtschaftsboom der Kriegsjahre verbundene rasche Wachstum der Arbeiterschaft und deren wirtschaftlich unsichere Lage führten, gestützt durch den Aufbruch der sozialistischen Bewegung nach 1918, zu einer zunehmenden Radikalisierung der Arbeiterbewegung, die sich in zahlreichen Arbeitskämpfen und Streiks während der 1920er Jahre niederschlug. Die wiederbelebten bzw. sich neu formierenden Gewerkschaften waren jedoch zersplittert und untereinander zerstritten und vermochten es nicht, ihren Organisationen die rechtliche Anerkennung zu verschaffen. Mit der zunehmenden politischen Verfolgung linker Funktionäre in den späten 1920er Jahren ging ihr Einfluss auf die Arbeiterschaft weiter zurück.

Die japanische Frauenbewegung, die ihre Anfänge bis in die 1880er Jahre zurückverfolgen kann, war durch das Verbot der politischen Aktivität von Frauen von 1900 praktisch nur noch im Rahmen der Wohlfahrtspflege tätig. Aber die Gründung der *Seitōsha* (wörtl. »Blaustrumpf-Gesellschaft«) 1911 durch die bekannte Publizistin Hiratsuka Raichō markiert den Beginn einer intellektuellen Protestbewegung, in deren Rahmen die Diskussion um ein neues Selbstverständnis der Frau geführt wurde. Mit der Gründung der *Shin Fujin Kyōkai* (wörtl. »Vereinigung der Neuen Frauen«) durch Hiratsuka Raichō und die Politikerin Ichikawa Fusae im Jahr 1920 erhielten politische Themen ein stärkeres Gewicht, bis hin zur letztlich nicht erfüllten Forderung des Wahlrechts für Frauen. Erfolg hatte die Bewegung 1922 mit ihrer Forderung nach einer Novellierung des Polizeigesetzes, durch die die politische Betätigung von Frauen wieder zugelassen wurde.

Die in den 1920er Jahren in der Frauenbewegung geführte Debatte griff ein breites Spektrum von Themen auf und orientierte sich auch an der internationalen Diskussion. Diese Bewegung wurde allerdings fast ausschließlich von Frauen aus der (städtischen) Mittelschicht getragen, proletarische Frauengruppen, die zwar existierten, blieben zahlenmäßig und auch in ihren Aktivitäten eher unbedeutend.

Die Aufbruchsstimmung nach 1918 führte auch zur Formierung neuer Interessenvertretungen. So gründeten 1919 die Angestellten ihre erste eigene Gewerkschaft, die SMU (*sarariimens union*). 1922 entstand aus der Befreiungsbewegung für die diskriminierte Minderheit der *Burakumin* die *Suihei-sha* (wörtl. »Gesellschaft der Gleichmacher«) als eine nationale Dachorganisation. Eher kulturorientiert war die 1926 gegründete Bewegung für Volkskunst (*mingei undō*), in der das Unbehagen an Verwestlichung und Modernisierung erstmals auch für den ästhetischen Bereich thematisiert wurde.

Insgesamt nahm die Zahl solcher Bewegungen, aber auch die Breite der von ihnen abgedeckten Themen in der Zeit nach 1918 rasch zu, ein Indiz für die zunehmende Pluralität der Interessen. Auch die Resonanz in der Bevölkerung war positiver und größer als vor dem Ersten Weltkrieg, ohne dass man aber schon von Massenbewegungen sprechen kann. Nach wie vor hatten die aus den Bewegungen heraus gegründeten Parteien, Gewerkschaften und Vereinigungen gegen massive staatliche Unterdrückung zu kämpfen und waren deshalb meist nur kurzlebig.

Das Polizeigesetz aus dem Jahr 1900 blieb mit Änderungen und Novellierungen (1922, 1926) bis 1945 in Kraft. Es wurde 1925 ergänzt durch das »Gesetz zur Wahrung der Öffentlichen Ordnung« (*Chian iji hō*), das als »begleitende Maßnahme« zur Einführung des allgemeinen Wahlrechts für Männer geschaffen wurde und sich gegen die politischen Aktivitäten von Bauern- und Arbeiterbewegungen sowie gegen andere liberale und linke Gruppierungen richtete. 1928 noch einmal verschärft, bot es in den folgenden Jahren bis 1945 eine Handhabe gegen alle Gruppierungen, die die seitens der Regierung propagierte Ideologie eines »Nationalwesens« (*Kokutai*) Japans (s. S. 310) nicht anerkannten bzw. »gefährliche Gedanken« verbreiteten.

Die Übernahme der Regierung durch Hara Takashi und die *Seiyūkai* im Jahre 1918 hatte die rund vierzehnjährige Phase der Parteienkabinette eingeleitet, in der, mit einer kurzen Unterbrechung von 1922 bis 1924, die beiden großen konservativen Parteien *Seiyūkai* und *Kenseikai* (ab 1927 *Minseitō*) bis 1932 die Regierung stellten. Diese Phase endete am 15. Mai 1932 abrupt mit der Ermordung des Premierministers Inukai Tsuyoshi, eines führenden Mitglieds der *Seiyūkai*.

Die vorsichtige Erweiterung der Spielräume für politische Partizipation führte dazu, dass die Periode von 1918 bis 1927/28 auch als »Taishō-Demokratie« (*Taishō demokurashii*) bezeichnet wird. Weitere Charakteristika, die mit diesem Begriff assoziiert werden, sind eine verstärkte Einbindung Japans in die internationale Politik sowie, auf kultureller Ebene, eine sich besonders in den rasch wachsenden Großstädten manifestierende Öffnung für moderne, an westlichen Vorbildern orientierte Denk- und Lebensweisen. Die von Aufbruchsstimmung geprägte relativ liberale Phase der »Taishō-Demokratie« fand ihr Ende, als die wirtschaftlichen Krisen der späten 1920er Jahre (Finanz- und Bankenkrise 1927, Weltwirtschaftskrise 1929) zu Massenentlassungen und Arbeitslosigkeit führten, in deren Gefolge Zweifel an den modernen Errungenschaften von Kapitalismus, Parlamentarismus und Demokratie laut wurden. Die soziale Unsicherheit und die Verarmung weiter Teile insbesondere der ländlichen Bevölkerung schufen einen Nährboden für ultra-nationalistische Ideologien und Bewegungen, deren Aktivitäten auch durch das verschärfte Vorgehen der Regierung gegen linke Gruppierungen ermuntert wurden.

Japan in der internationalen Politik

Japan agierte seit der Jahrhundertwende zunehmend internationaler. Durch das Bündnis mit Großbritannien hatte Japan 1902 erste Anerkennung durch ein westliches Land erfahren, und der Sieg im Russisch-Japanischen Krieg förderte dies ebenfalls. Der asiatische Kontinent, vor allem Korea und die Mandschurei, waren zunächst durch die politischen Bestrebungen Russlands mehr und mehr in das Blickfeld der japanischen Außen- und Sicherheitspolitik gerückt, mit zunehmender Industrialisierung wurden aber auch die wirtschaftlichen Möglichkeiten, die der Besitz oder die Einflussnahme auf diese Gebiete mit sich brachte, deutlich. Die 1905/06 eingeleitete, 1910 dann vollzogene Annexion Koreas war nur ein weiterer Schritt auf dem Weg zur imperialen Macht. Während für die westlichen Großmächte mit dem Ende des Ersten Weltkrieges und dem Friedensvertrag von Versailles die Periode des offenen Imperialismus ein Ende fand und man auf eine Zementierung des Status quo drängte, sah Japan sich erst in der Anfangsphase seiner Expansion. Die Einbindung Japans in verschiedene internationale Verträge diente so u.a. auch dem Ziel der Eindämmung der japanischen Expansionsbestrebungen, weshalb Japan diese internationalen Verträge zunehmend als Einschränkung bei der Verfolgung seiner eigenen Interessen empfand.

Nach dem Ersten Weltkrieg nahm Japan an der Friedenskonferenz von Versailles teil, wurde Mitglied mit Sitz im Rat des Völkerbundes, trat der *International Labor Organization* (ILO) bei und nahm darüber hinaus als anerkannte Großmacht im Pazifik an zwei Konferenzen zur Rüstungsbeschränkung teil (Washington, 1921; London, 1930). 1928 unterschrieb Japan in Paris auch den Briand-Kellog-Pakt, in dem Krieg als Lösung zwischenstaatlicher Konflikte geächtet wurde.

Die Geringschätzung, ja, zum Teil Missachtung, die Japan aber schon mit seinen Vorschlägen auf der Friedenskonferenz von Versailles im Jahre 1919 erfahren hatte, führte zur Verstimmung zwischen Japan und den westlichen Mächten. Das Ergebnis der Washingtoner Flottenkonferenz 1921/22, das die Flottenkapazitäten der USA, Großbritanniens und Japans im Pazifik in einem Verhältnis von 5:5:3 festlegte, wurde von Japan als Brüskierung empfunden. Das 1924 seitens der USA nach heftigen antijapanischen Protesten ausgesprochene Einwanderungsverbot für Japaner verschärfte die Situation noch.

Während die westlichen Großmächte versuchten, Japans »imperialistische« Bestrebungen einzudämmen, setzte Japan den Ausbau seiner Position in China, besonders in der Mandschurei, fort. Die japanische Außenpolitik der 1920er Jahre wird unter Hinweis auf die beiden diese Phase prägenden Politiker als »Shidehara-Tanaka-Politik« bezeichnet. Während Shidehara Kijūrō eine konziliante, durch vertragliche Bindungen gesicherte Außen(wirtschafts)politik verfolgte, mit der die Rohstoffeinfuhr für die Industrie und die Nahrungsmitteleinfuhr für die Bevölkerung gesichert werden sollte, setzte Tanaka Gi'ichi auf eine aggressivere China-Politik, mit der er dort allerdings entsprechende anti-japanische Stimmungen und Handlungen provozierte.

Durch den wachsenden Nationalismus in China, wo nach 1925 Chiang Kai-shek große Teile des Landes eroberte, sah Japan seine Interessen in Nord-China und der Mandschurei bedroht. Nachdem politische Maßnahmen zu keiner Lösung geführt hatten, provozierte das japanische Heer 1931 den sog. Mandschurischen Zwischenfall (s. S. 389ff.), der in der Folge zur Besetzung der Mandschurei, Japans Austritt aus dem Völkerbund, der Errichtung eines Marionettenstaates Mandschukuo und zu einer deutlichen Militarisierung der gesamten Innen- und Außenpolitik führte.

Der Prozess der Urbanisierung: Das Beispiel Tōkyō

Neben und mit der Industrialisierung war es v. a. der Prozess der Urbanisierung der japanischen Gesellschaft, in dessen Verlauf entscheidende Weichen für die Modernisierung des Landes gestellt wurden. Dabei erfasst der Begriff Urbanisierung nicht nur den demographischen Wandel, der die Bevölkerung der Städte rasch anwachsen ließ, also nicht nur das quantitative Wachstum, sondern auch den qualitativen Wandel in Charakter, Image und der symbolischen Funktion der Städte in Japan.

Zwar war Japan bis weit ins 20. Jahrhundert hinein ein Land mit überwiegend agrarischer Bevölkerung, doch gab es auch eine bedeutende städtische Tradition. So existierten in der Edo-Zeit mehr als 200 Burgstädte, gleichsam Verwaltungszentren, in denen die Lehensfürsten residierten. Die bedeutendste Stadt war Edo, die Residenzstadt des Shōgun und mit über einer Million Einwohner bereits im 18. Jahrhundert eine der größten Städte der damaligen Welt (s. S. 224). Ihr historischer Gegenpol war die Kaiserstadt Kyōto, die eine traditionelle, an den Hof gebundene Urbanität verkörperte. Zum urbanen Erbe gehörten aber auch Handelszentren wie Ōsaka und Hafenstädte wie Nagasaki. All diesen Städten war gemeinsam, dass sie nicht autonom, sondern politisch, wirtschaftlich und kulturell in das Feudalsystem eingebunden waren. Damit unterlagen sie auch der dieses System tragenden Ideologie des Neokonfuzianismus, in deren Rahmen Städte grundsätzlich als Hort des Übels betrachtet wurden, da sie die agrarische Basis des politischen Systems durch Handel, Konsum und Geldwirtschaft aushöhlten und die angestrebte statische Gesellschaftsordnung gefährdeten.

Mit dem politischen Wandel nach der Meiji-Restauration fielen zwar viele Restriktionen weg, unter denen die

Städte gelitten hatten, aber an ihrer Stellung und Funktion änderte sich zunächst wenig. Sie blieben Verwaltungs- oder Handelszentren, in denen nun eben eine neue nationalstaatliche Regierung bzw. deren Vertreter agierten, deren Weltbild nach wie vor stark von konfuzianischen Gedankengängen geprägt war. Die Hauptstadt Tōkyō wurde zwar von der neuen Regierung als ein Schaufenster der Moderne genutzt, um sowohl dem Ausland als auch der eigenen Bevölkerung neue Errungenschaften westlicher Technik, Kultur und Lebensart vorzuführen, doch spielte die Stadt selbst dabei keine aktive Rolle.

Erst in der Taishō-Ära bildete sich auf der Grundlage der politischen, sozialen und wirtschaftlichen Veränderungen in den Großstädten allmählich eine eigene städtische Kultur und Lebensweise heraus, die diesen Städten nun eine Vorbildfunktion in der Modernisierung des Landes zuwies. Die Großstädte wurden zur Verkörperung eines modernen Lebenskonzepts und übernahmen in vielen Bereichen eine Vorreiterrolle. Insbesondere Tōkyō wurde zum Motor dieser Entwicklung.

Bevölkerungswachstum, Migration und die Auswirkungen

Das rasche Wachstum der Bevölkerung Japans, die zwischen 1888 und 1918 um rund 16 Millionen auf insgesamt 56 Millionen Menschen zugenommen hatte, und die schwierige wirtschaftliche Situation in den ländlichen Regionen führten seit den späten 1880er Jahren zu einer immer stärker werdenden Abwanderung in die Städte, wo sich viele Menschen neue Arbeits- und Existenzmöglichkeiten erhofften. Dieser Prozess wurde zunächst durch die wachsende Mobilität nach den Kriegen von 1894/95 und 1904/05, dann aber v.a. auch durch den Wirtschaftsaufschwung während des Ersten Weltkrieges und die immer intensiver werdende Anwerbung von Arbeitskräften aus den ländlichen Regionen für Fabriken in den städtischen Zentren beschleunigt.

Die Folge war ein überproportionales Wachstum der sechs Großstädte Tōkyō, Yokohama, Nagoya, Ōsaka, Kyōto und Kōbe, deren Bevölkerung in kurzer Zeit zum Teil um das Vier- und Fünffache anschwoll und deren Anteil an der Gesamtbevölkerung sich im Zeitraum von 1888 bis 1918 von 6 % auf 11 % fast verdoppelte. Noch stärker von Bevölkerungswachstum und Zuwanderung betroffen waren die mittleren Städte mit 10000 bis 50000 Einwohnern, deren Anteil an der Wohnbevölkerung zwischen 1888 und 1918 von 5,5 % auf 15,4 % anstieg. Tōkyō erreichte im Jahr 1920 eine Einwohnerzahl von 2 Millionen.

Der Prozess der Urbanisierung erfasste somit nicht nur einige wenige Zentren, sondern vollzog sich, wenn auch nicht gleichzeitig und in gleicher Intensität, im gesamten Land. Auch wenn 1918 noch immer zwei Drittel der Bevölkerung in ländlichen Gebieten lebten, spielten die Städte eine führende Rolle in dem raschen Wandel, der sich in allen Lebensbereichen vollzog, und dienten, je nach Sichtweise, als Schaufenster oder Zerrbild der Moderne. Als Folge der unkontrollierten Zuwanderung so vieler Menschen bildeten sich in den Großstädten Elendsviertel mit all ihren sozialen und hygienischen Problemen heraus, die insbesondere in den 1920er Jahren die soziale Frage in den Mittelpunkt der städtischen Politik rückten. Die Großstädte übernahmen so auch im Hinblick auf die negativen Folgen der Industrialisierung und Modernisierung und deren Bekämpfung eine Vorreiterfunktion. Von daher kommt der Rolle, die die Städte in diesem Zeitraum in der politischen, sozialen, wirtschaftlichen und kulturellen Entwicklung des gesamten Landes spielen, weitaus mehr Bedeutung zu, als es die rein quantitativen Daten vermuten lassen.

Der Wandel des Stadtbildes

Die zunehmende Bedeutung der Großstädte spiegelt sich auch im architektonischen Wandel. Während Ōsaka sich zur größten Industriestadt Japans entwickelte, in der um 1914 über 2000 Fabriken mit ihren rauchenden Schornsteinen das Stadtbild beherrschten, diente Tōkyō als politische Metropole und Zentrum der Repräsentation. Erste Entwürfe für eine Modernisierung von Tōkyō, in denen u.a. Berliner Architekten mit dem Plan für den Neubau eines Regierungsviertels beauftragt wurden, stammen bereits aus den 1880er Jahren. Diese Pläne wurden allerdings letztlich nur in Ansätzen realisiert. Erst im zweiten und dritten Jahrzehnt des 20. Jahrhunderts entstanden jene Gebäude, die dem modernen Tōkyō sein hauptstädtisches Gepräge gaben: Warenhäuser, das Kaiserliche Theater, der Hauptbahnhof, das Imperial Hotel (geplant von Frank Lloyd Wright) und das Marunouchi-Gebäude als Herz des Banken- und Wirtschaftszentrums, das Parlamentsgebäude u. a. m.

Nach außen hin wurden diese Veränderungen in Tōkyō besonders nach dem großen Erdbeben von 1923 sichtbar, als die geänderte Rolle der Stadt sich auch im architektonischen Wandel niederschlug. Mit dem Erdbeben von 1923 ging das alte Edo unwiderruflich unter.

Im Zuge des Wiederaufbaus wurde im Zentrum der Stadt das Ginza-Viertel als Einkaufs-und Flaniermeile neu aufgebaut. Aber auch in anderen Stadtteilen entstanden urbane Zentren mit modernen Bahnhöfen, Firmen- und Bankgebäuden, Warenhäusern und Vergnügungsvierteln, in denen Kinos, Cafés und Tanzhallen Kunden anlockten. Auch im Wohnungsbau ging man nach dem Erdbeben neue Wege. An mehreren Stellen wurden in der Stadt erstmals mehrstöckige moderne Appartementhäuser aus Stahlbeton gebaut, die exemplarisch für einen neuen Bau- und Wohnstil standen.

Gleichzeitig schob sich die Stadt immer mehr in ihr Umland hinaus. Im Norden und Süden entstanden neue Industrieviertel, in denen sich die Industriearbeiter ansiedelten, im Westen wurden für die neue Mittelschicht moderne Vorstädte angelegt, die sich z.T. am Vorbild der englischen Gartenstädte orientierten.

All diese Örtlichkeiten repräsentierten das moderne Tōkyō und bildeten wichtige Bezugspunkte für die Entwicklung eines modernen Lebensstils. Doch sie waren nicht typisch für die gesamte Stadt. Noch im Jahre 1923 merkte ein ausländischer Beobachter, der amerikanische Historiker Charles A. Beard, an, dass Tōkyō, anders als Ōsaka, in der Hauptsache eine Ansammlung von Dörfern sei, mit einem städtischen Zentrum. Damit bezog er sich auf die Tausende von kleinen Geschäften und Handwerksbetrieben, die vor dem Erdbeben den meisten Stadtvierteln ihr Gesicht gaben. Dieser »dörfliche Charakter« bestand auch nach dem Wiederaufbau in vielen Stadtteilen durchaus noch fort und prägte die Lebensumstände der Mehrheit der Einwohner von Tōkyō.

Die rasche Ausdehnung der Stadt machte auch den Ausbau der Infrastruktur, die Versorgung mit Wasser und Energie, aber auch die verkehrsmäßige Anbindung der Vororte zu einem vordringlichen Problem. Bereits 1872 war zwar die erste Eisenbahnlinie Japans zwischen Yokohama und dem Bahnhof Shimbashi in Tōkyō eröffnet worden, aber erst in den 1880er Jahren erfolgte der allmähliche Ausbau des Schienennetzes. Die hauptsächlichen Verkehrsmittel um die Jahrhundertwende waren noch die Rikscha (eine vermutlich japanische Erfindung, die ab 1870 im Straßenleben auftauchte) und die Pferdebahn. Um 1900 gab es in Tōkyō rund 4600 Rikschas und ca. 300 Pferdebahnen. In den folgenden Jahren wurden diese allerdings immer mehr durch Eisenbahn und Straßenbahn verdrängt. 1904 wurde eine der wichtigsten Ost-West-Bahnachsen, die Chūō-Linie, in Betrieb genommen, 1915 folgte die für den Stadtverkehr bis heute zentrale Yama(no)te-Linie, die 1925 zum Ring geschlossen wurde. Zwischen 1911 und 1914 entstand das Straßenbahnnetz, 1927 wurde die erste U-Bahnlinie zwischen Ueno und Asakusa eröffnet. Während für den Ausbau des innerstädtischen Verkehrsnetzes die Stadtregierung verantwortlich zeichnete, lagen die Verbindungen zu den neuentstehenden Vororten v. a. in den Händen von privaten Eisenbahngesellschaften, die nicht nur für den Transport der täglichen Arbeitspendler sorgten, sondern bald auch als Investoren am Auf- und Ausbau der Vorstädte beteiligt waren.

Der gesellschaftliche Wandel: Arbeiter(innen), Angestellte und neue Frauenberufe und die wachsende Bedeutung der Städte

Die beiden Kriege 1894/95 und 1904/05 hatten ebenso wie eine stärkere Verlagerung der Industrie vom ländlichen in den städtischen Raum u. a. zu einer stärkeren Mobilität der Bevölkerung beigetragen, die sich nicht zuletzt auch durch den kriegsbedingten Wirtschaftsaufschwung ab 1916 noch erhöhte. Der Zustrom in die Städte führte nach dem Russisch-Japanischen Krieg zu einem Wandel in der Sozialstruktur und damit auch im Charakter der Städte. Träger der städtischen Kultur und Lebensweise waren zwar nach wie vor die selbständigen Handwerker und Händler, deren Werkstätten und Läden den Städten auch architektonisch ihr Gepräge gaben. Doch gewannen durch die Zuwanderung andere Gruppen in der städtischen Bevölkerung zunehmend an Bedeutung: Der Großteil der Zuwanderer waren ungelernte Arbeitskräfte, die als Fabrikarbeiter, Tagelöhner, Rikscha-Fahrer oder in anderen schlecht bezahlten Tätigkeiten Arbeit fanden und die städtische Unterschicht und mit ihr die Zahl der Elendsviertel rasch anwachsen ließen.

Die Städte und industriellen Zentren zogen nicht nur die ländlichen Unterschichten an, sondern boten auch den im traditionellen Familiensystem nicht erbberechtigten jüngeren Söhnen wohlhabender Familien die Chance zu einer eigenständigen Existenz unabhängig von der Stammfamilie, und damit auch zur Gründung einer eigenen Familie. Zuwanderer mit einer besseren Bildung oder solche, die sich in Tōkyō eine bessere Bildung aneignen konnten, fanden Aufnahme in den neuen Angestelltenberufen und bildeten den Kern der rasch wachsenden neuen Mittelschicht, die bald den alten Mittelstand als Träger einer städtischen Kultur und Lebensweise ablösen sollte. Mit der Verbesserung der Einkommens- und Lebenssituation der Industriearbeiterschaft durch den Konjunkturaufschwung während des Ersten Weltkrieges und die allgemeine Wirtschaftsexpansion näherten sich zumindest die Beschäftigten in den modernen Großbetrieben ebenfalls der Lebensweise der neuen Mittelschicht an.

Auch für Frauen eröffneten sich durch den wirtschaftlichen Aufschwung in den Städten neue Möglichkeiten der außerhäuslichen Erwerbstätigkeit. Neben ihre verschiedenen Tätigkeiten im Rahmen der traditionellen Familienarbeit war bereits im Laufe der frühen Industrialisierung die Arbeit im neuentstehenden modernen Sektor der Industrie getreten. Insbesondere in der für den Export und damit für die Gesamtwirtschaft bedeutenden Textilindustrie stellten Frauen und Mädchen den überwiegenden Teil der Arbeitskräfte und gaben damit auch der Struktur der Arbeiterschaft eine entscheidende Prägung. Allerdings handelte es sich dabei großenteils, wenn auch nicht ausschließlich, um zeitlich befristete Arbeitsverhältnisse. Dafür wurden vor allem Mädchen und junge Frauen aus ländlichen Gegenden angeworben, die eine im voraus an ihre Eltern oder Familien gezahlte Lohnsumme abarbeiteten und nach Ablauf der Vertragszeit (idealiter) wieder in ihre Dörfer zurückkehren und heiraten sollten.

In den rasch expandierenden Städten bildete sich in den ersten beiden Dekaden des 20. Jahrhunderts nun über diese un- und angelernten Tätigkeiten in den Fabriken hinaus ein breites Spektrum moderner Berufe für Frauen in den Verwaltungsabteilungen von Firmen und Behörden, im Handel und dem gesamten Dienstleistungsgewerbe heraus. Telefonistin, Bürogehilfin, Schreibkraft, Verkäuferin und Beamtin, Friseurin, Schaffnerin, Kellnerin, Lehrerin, Krankenschwester, Kindergärtnerin und Hebamme, Ärztin, Journalistin, Schauspielerin und Fotomodell waren solche typischen Frauenberufe. Diese Frauen wurden im Unterschied zu den Arbeiterinnen als »berufstätige Frauen« (*shokugyō fujin*) bezeichnet. Sie kamen vorwiegend aus dem städtischen Mittelstand und hatten in der Regel eine höhere Bildung als die Arbeiterinnen in den Fabriken. In ihren Arbeits- und Lebensumständen waren sie flexibler als die Fabrikarbeiterinnen, doch galt auch für viele von ihnen, dass die Erwerbstätigkeit nur einen Übergang zwischen Schulabschluss und Heirat darstellte und selten Grundlage wirtschaftlicher Unabhängigkeit und einer eigenständigen Lebensführung war. Dennoch galten diese berufstätigen Frauen im öffentlichen Diskurs als ein Symbol für eine moderne, typisch städtische Lebensweise.

Voraussetzung für diese Entwicklung war die Verbreitung einer über die Elementarschule hinausgehenden Bildung bei Jungen und Mädchen. Seit der Verkündung der allgemeinen Schulpflicht 1886 war der Anteil der Jungen und Mädchen, die die vierjährige, seit 1907/08 sechsjährige Pflichtschule besuchten, zunächst allmählich, nach der Jahrhundertwende dann aber rasch angestiegen, von 61 % eines Jahrgangs im Jahre 1895 auf 95 % im Jahre 1905 und 98 % 1910. Parallel zu dieser Entwicklung erfolgten die Ausweitung der beruflichen Bildung sowie der Ausbau des sekundären und tertiären Bildungssystems. Berufsschulen,

Lehrer(innen)-Seminare, Mittel- und Oberschulen (für Knaben), Frauenoberschulen und die aufgrund des 1918 verabschiedeten neuen Hochschulgesetzes auch deutlich zunehmende Zahl von Fachhochschulen und Universitäten boten ein breites Spektrum an Qualifizierungsmöglichkeiten, das von Jugendlichen beider Geschlechter zunehmend genutzt wurde. Damit standen auf dem Arbeitsmarkt in wachsendem Maße besser qualifizierte Arbeitskräfte zur Verfügung, die den Anforderungen der neuentstehenden Angestelltenberufe entsprachen.

Die vermehrte berufliche Tätigkeit der Frauen war allerdings keineswegs nur eine Folge höherer Bildung, sondern auch der aus Inflation und Wirtschaftskrisen resultierenden Notwendigkeit, durch zusätzliche Einkommen die Existenzgrundlage auch der Familie in der Mittelschicht zu sichern.

Sozialer Wandel und politische Reaktion: Stadtpolitik in den 1920er Jahren

Auf die überhitzte Kriegskonjunktur folgte in den 1920er Jahren eine Phase der Konsolidierung, die von wirtschaftlicher Rezession und als Folge davon von zunehmender Arbeitslosigkeit geprägt war. In den großen Städten wie Tōkyō und Ōsaka sahen sich die Verantwortlichen zunehmend mit den Folgen des beschleunigten sozio-ökonomischen Wandels konfrontiert. Nach 1918 mehrten sich die Anzeichen, dass dieser Wandel in der Sozialstruktur auch von offizieller Seite wahrgenommen wurde und die Stadtregierungen darauf mit einer Reihe von Maßnahmen reagierten, aus denen eine veränderte Wahrnehmung der sozialen Frage in den Städten erkennbar wurde.

Insbesondere die durch unkontrollierten Zuzug wachsenden Elendsviertel, die sich ausweitende Armut und das zunehmende Protestpotential in den städtischen Unterschichten führten zu einer verstärkten Diskussion der sozialen Frage und zu einer Reihe von Maßnahmen, um diese Probleme zu lösen. Die Stadt Ōsaka richtete als erste 1919 eine Abteilung für Soziales in der Stadtverwaltung ein, Tōkyō und andere Städte folgten diesem Beispiel. Diese Abteilungen wurden in den folgenden Jahren zu Zentren einer auf die städtische Gesellschaft gerichteten Sozialforschung, indem sie umfangreiche Untersuchungen zu einem breiten Themenspektrum initiierten und durchführen ließen. Dazu gehörten z.B. Untersuchungen zur Situation in den Elendsvierteln und die Entwicklung von Programmen zur Beseitigung der Elendsviertel, die allerdings erst in den späten 1920er und frühen 1930er Jahren umgesetzt wurden.

Die Aufmerksamkeit der kommunalen Sozialpolitiker richtete sich aber auch auf die neue Mittelschicht, wie zahlreiche Erhebungen zur Situation von männlichen und weiblichen Angestellten und Beamten in allen großen Städten aus den 1920er Jahren zeigen, in denen immer wieder die Notwendigkeit der Unterstützung dieser als stabilisierendes Element betrachteten Bevölkerungsgruppe in einer auch für sie wirtschaftlich schwierigen Zeit betont wird.

Die städtische Sozialpolitik spiegelt so den Wandel in der Sozialstruktur wider und macht deutlich, dass diese Veränderungen in den 1920er Jahren auch politisch wahrgenommen wurden und die Verwaltungen bemüht waren, die verschiedenen Gruppen in ihrem Streben nach Integration in das neue städtische Lebensumfeld zu unterstützen.

Zäsur bzw. Katalysator: Das Erdbeben von 1923

Das unwiderrufliche Ende des alten Edo und die uneingeschränkte Entfaltung des modernen Tōkyō wird allgemein nach 1923 angesetzt, d.h. nach dem starken Erdbeben, das den Kantō-Raum am 1. September 1923 kurz vor 12 Uhr mittags traf und insbesondere in Tōkyō und Yokohama große Verwüstungen anrichtete.

Das Beben kostete rund hunderttausend Menschen das Leben. Von seinen Folgen, vor allem den vielen Bränden, die sich rasch ausbreiteten, waren fast drei Viertel aller Haushalte in Tōkyō betroffen, 44% des Stadtgebietes wurden in Schutt und Asche gelegt. Da viele Menschen die Stadt verließen, sank die Einwohnerzahl kurzzeitig von 2,5 auf 1,5 Millionen Menschen. Auch die großen Firmen, Zeitungsverlage etc. verlegten ihre Büros vorübergehend nach Ōsaka. Als sie später wieder nach Tōkyō zurückkehrten, zogen sie Firmen, die bis dahin in Ōsaka ansässig gewesen waren, nach. Tōkyō, vor dem Erdbeben das politische Zentrum des Landes, übernahm nun auch im Bereich der Wirtschaft eine führende Rolle. Der Grad der Konzentration zentraler Funktionen auf Tōkyō nahm nach dem Erdbeben deutlich zu.

Der Wiederaufbau der Stadt, der sich bis in die 1930er Jahre hinzog, bot den Planern die Gelegenheit, das in den hektischen Jahren unkontrollierten Wachstums Versäumte zumindest zum Teil nachzuholen. Tōkyō erhielt neue Brücken, breitere Straßen als zentrale Achsen, ein neues und sehr viel dichteres Straßen- und Eisenbahnschienennetz bis in die Vororte hinein, neue Wasserleitungen, weitgehend unterirdisch verlegte Stromleitungen und mehr Parkanlagen. Gleichzeitig wurde es möglich, Pläne, die bereits in den davorliegenden Jahren entwickelt worden waren, z. B. die Sanierung der Elendsviertel, die Schaffung moderner Wohnungen und der Ausbau der Vorstädte, in größerem Umfang zu realisieren. Auch wenn nicht alle Pläne in die Tat umgesetzt werden konnten, erfüllte die nach dem Erdbeben geschaffene Infrastruktur ihre Funktion bis Anfang der 1960er Jahre.

Das wiedererstandene Tōkyō hatte ein neues Gesicht. Zentrale Orte des modernen Tōkyō, die Einkaufs- und

Geschäftsviertel, Bahnknotenpunkte und Vergnügungsviertel wurden größer und prächtiger als vorher wiederaufgebaut. Die großen Warenhäuser, Schaufenster des modernen Lebens, glichen nun auch im Einrichtungsstil ihren westlichen Vorbildern, wenngleich es daneben immer noch traditionell anmutende Stadtviertel gab.

Im Wohnbereich waren die Veränderungen weniger gravierend. Im Rahmen verschiedener Bauprojekte wurden zwar vielbeachtete neue Wohnformen verwirklicht, etwa durch den Bau von mehrstöckigen Appartementhäusern in Stahlbetonbauweise, sie fielen aber quantitativ kaum ins Gewicht. Die große Masse der Bevölkerung zog aus den als Notbehelf gebauten Baracken wieder in rasch errichtete, ein- oder zweistöckige Holz-Miethäuser oder Einfamilienhäuser, die sich kaum von ihren Vorgängermodellen unterschieden. Der dörfliche Charakter von Tōkyō blieb somit auch in dieser Zeit in vielen Wohngebieten erhalten.

Allerdings ergab sich eine deutliche Verlagerung der Wohngebiete infolge des Erdbebens. Der Exodus der Bewohner aus den im Stadtzentrum gelegenen Wohnvierteln in die Vororte, der bereits in der Zeit des Konjunkturaufschwungs zwischen 1916 und 1918 begonnen hatte, wurde durch das Erdbeben beschleunigt, da viele Menschen in die von den Feuern verschont gebliebenen äußeren Stadtviertel flüchteten und nicht wieder in die Innenstadt zurückkehrten. 1925 lebten erstmals mehr Menschen in den Vororten als im Zentrum der Stadt, und die in wachsender Zahl täglich aus den Vororten ins Zentrum zur Arbeit oder zum Studium fahrenden Pendler wurden zum Symbol für diese neue städtische Lebensweise. 1932 wurden die Vororte in das eigentliche Stadtgebiet eingegliedert, wodurch die Bevölkerung von Tōkyō auf über fünf Millionen Menschen anstieg.

Die Dynamik des um 1930 weitgehend abgeschlossenen Wiederaufbaus wirkte sich verstärkend auf die Herausbildung einer modernen städtischen Kultur und Gesellschaft aus. Obwohl Tōkyō zweifellos das Zentrum dieses Modernisierungsschubs darstellte, vollzogen sich ähnliche Entwicklungen, was den Wandel in Infrastruktur, Sozialstruktur, Kommunikationsformen, Konsummöglichkeiten und Konsumverhalten angeht, auch in den anderen Großstädten. Diese erreichten zwar nicht die Größe und funktionale Konzentration von Tōkyō, verzeichneten aber, wie z.B. Ōsaka und Kōbe, als industrielle Zentren noch sehr viel höhere Zuwanderungsraten und damit auch ein rascheres Wachstum, weshalb sie oft noch stärker mit den aus der Ungleichmäßigkeit der Entwicklung resultierenden Spannungen und Problemen konfrontiert waren.

Die in den großen Metropolen entwickelte, auf Industrialisierung und Kapitalismus beruhende urbane Kultur und Lebensweise strahlte zweifellos auch in die kleineren Städte aus. Die Möglichkeiten zur Umsetzung der durch die Großstädte gegebenen Vorbilder waren allerdings meist beschränkt. So wurde je nach Ort und sozialer Schichtung die moderne Lebensweise unterschiedlich rezipiert. Auch wenn deshalb die städtische Gesellschaft und die in ihr entwickelten Lebensweisen für die meisten Menschen in Japan eher Modell als Realität waren, lieferten sie doch die Orientierungsmuster, die für die weitere Entwicklung entscheidende Weichen stellten.

Die Veränderung der Lebensweise

In den 1920er Jahren waren in Japan erstmals wichtige Voraussetzungen für die Veränderung der Lebensweise in breiteren Schichten der städtischen Bevölkerung gegeben. Eine Voraussetzung dafür war die Integration der Zuwanderer in die städtische Bevölkerung. Erst gegen Ende des zweiten Jahrzehnts des 20. Jahrhunderts hatten sich die

Rahmenbedingungen für Familien in den Städten entscheidend verbessert, wie z.B. der Rückgang der im ersten Jahrzehnt noch extrem hohen Säuglingssterblichkeit in Tōkyō von 18,8 Promille auf 8,0 Promille widerspiegelt. Gleichzeitig hatte sich auch die persönliche und wirtschaftliche Situation der Zuwanderer so weit konsolidiert, dass sie sesshaft werden und Familien gründen konnten. Dies lässt sich anhand der Veränderungen in den Haushaltsbudgets nachweisen, die zeigen, dass sich in den Jahren nach dem Konjunkturaufschwung während des Ersten Weltkrieges und den Reisunruhen von 1918 die Lebensverhältnisse nicht nur des neuen Mittelstandes, sondern auch eines Teils der Arbeiterschaft deutlich verbessert und stabilisiert hatten. Mit dem Anstieg der Einkommen insgesamt verbreiterte sich aber zugleich die Kluft zwischen den verschiedenen Gruppen. Die unterschiedliche Ausgabenstruktur der Haushalte lässt erkennen, wie sich in den 1920er Jahren je nach Beruf des Haushaltsvorstands, Einkommen und Familiengröße bestimmte Konsummuster herausbildeten, die eine Anpassung an das städtische Lebensumfeld und zugleich eine Differenzierung der Lebensweise zwischen Unterschicht, Industriearbeitern und neuem Mittelstand widerspiegeln.

Dabei kam dem neuen Mittelstand eine Vorreiterrolle zu. Diese Familien erreichten früher als die Industriearbeiter oder die Unterschicht ein Einkommensniveau, das es ihnen erlaubte, jenseits des Existenzminimums Ressourcen für Bildung, Freizeit, Wohnen, Kleidung und ein *»social life«* einzusetzen und somit eine für diese Schicht spezifische Lebensweise zu formen. Doch auch die anderen Gruppen entwickelten damals spezifische Alltagsstrukturen, die trotz der Bedrohung durch die Wirtschaftskrisen in den 1920er und frühen 1930er Jahren während der gesamten Zeit vor dem Zweiten Weltkrieg aufrechterhalten wurden und den Rahmen für die Bewältigung des alltäglichen Lebens in der Stadt bildeten.

Wandel in Haushalten, Familien und in der familiären Rollenteilung

Rechtliche und ideologische Grundlage der Familie war das traditionelle Familiensystem, das auch *ie*(Haus)-System genannt wurde, in dessen Mittelpunkt eine Familienlinie (*ie*) stand, die neben den lebenden Generationen auch die verstorbenen Ahnen und die noch ungeborenen künftigen Generationen umfasste. In den strikt hierarchisch geordneten Beziehungen waren, konfuzianischen Vorstellungen entsprechend, Frauen den Männern und jüngere den älteren Familienmitgliedern untergeordnet. Der Haushalts- bzw. Familienvorstand verwaltete das Familienvermögen und hatte weitreichende Rechte über die anderen Familienmitglieder. Oberstes Ziel war die Fortsetzung der Familienlinie, wobei in der Regel der älteste Sohn den Status des Familienvorstands und das Familienvermögen erbte, dabei aber zur Fürsorge für die Eltern und die jüngeren Geschwister verpflichtet war.

Dieses paternalistische Familiensystem, das an die Familienform der Oberschicht der Feudalzeit anknüpfte, war mit Verabschiedung des japanischen Bürgerlichen Gesetzbuches (jBGB) 1898 als allgemein gültige Familienform festgeschrieben worden. Politisch diente es der Untermauerung der genealogischen Ideologie des Tennō-Staates.

Trotz der starken rechtlichen und ideologischen Absicherung konnte sich diese Form der erweiterten Familie, in der idealiter drei Generationen und vielfach auch jüngere Geschwister des Haushaltsvorstands zusammenlebten, in den unteren Schichten der Bevölkerung aber nur teilweise und auch nur allmählich durchsetzen. Hier blieben bis ins 20. Jahrhundert hinein andere, informellere Formen von Ehe, Familie und Haushalt bestehen. Auch die mit Industrialisierung und Urbanisierung einhergehende Mobilität und wirtschaftliche Unabhängigkeit einzelner

Familienmitglieder trug schon bald zur Aushöhlung des offiziellen Familiensystems bei.

Die erste Volkszählung von 1920 zeigt, dass bereits damals im Landesdurchschnitt mehr als die Hälfte aller Familien, in den großen Städten sogar knapp zwei Drittel, Kernfamilien waren, die lediglich aus Eltern und Kindern bestanden. De facto lebte die städtische Bevölkerung in den 1920er und 1930er Jahren also bereits überwiegend in Kernfamilien. Die durchschnittliche Personenzahl pro Haushalt war am größten in Familien, deren Oberhaupt in der Landwirtschaft oder im Handel tätig war, und am kleinsten in Familien des neuen Mittelstandes und der Industriearbeiter. Insgesamt gesehen war in den letzteren Gruppen also die moderne Kleinfamilie dominierend, wenngleich rechtlich die Abhängigkeit von der Stammfamilie bestehen blieb und auch die mit dem Begriff »Familie« verbundenen Vorstellungen und Verhaltensweisen weiterhin von diesem traditionellen Leitbild beeinflusst wurden.

Anders als bei den Händlern und Handwerkern, bei denen Wohn- und Arbeitsstätte nicht räumlich getrennt waren und Familienmitglieder häufig im Betrieb mitarbeiteten, bestand bei den Arbeitern und Angestellten, sofern sie nicht in Wohnheimen der Arbeitgeber lebten, eine klare Trennung zwischen Wohnung und Arbeitsplatz. Besonders die Angestellten, die aus finanziellen Gründen mehr und mehr in die Vororte der Großstädte zogen, nahmen oft weite Anfahrtswege in ihre im Zentrum gelegenen Büros in Kauf. Die räumliche Trennung grenzte die unterschiedlichen Bereiche Arbeit und familiäres Leben deutlich voneinander ab und ermöglichte die Entwicklung einer Privatsphäre, in deren Zentrum Heim und Familie standen. Zugleich konnte Erwerbstätigkeit in dieser Konstellation, sieht man von der Möglichkeit der Heimarbeit ab, für alle Familienmitglieder immer nur außerhäusliche Berufstätigkeit bedeuten – ein Faktor, der für die weiblichen Familienmitglieder des neuen Mittelstandes zunächst eine erhebliche Barriere darstellte.

Die Politik propagierte seit den 1890er Jahren das konfuzianisch beeinflusste, aber zugleich in seiner dem Erhalt des Nationalstaats dienenden Funktion durchaus moderne Frauen-Ideal der »guten Ehefrau und weisen Mutter« (*ryōsai kenbo*). Dieses staatlich verbreitete Leitbild verwies die Frauen in die Grenzen von Haushalt und Familie. Doch diese beiden Bereiche wurden nicht als reine Privatangelegenheit betrachtet, sondern als Teil der staatsbürgerlichen Funktion der Frauen, die durch die Unterstützung ihrer Ehemänner und die – »richtige« – Erziehung ihrer Kinder einen Beitrag zur Modernisierung des Landes leisteten, propagiert. Insofern trugen die Bemühungen des Staates einerseits zur Stärkung der Familie bei, setzten der sich in ihrem Rahmen entwickelnden Privatsphäre zugleich jedoch auch Grenzen.

Diese Entwicklungen gaben den Rahmen vor, in dem sich Familienstruktur und Rollenteilung in den städtischen Arbeiter- und Angestelltenhaushalten der 1920er und 1930er Jahre herausbildeten, wobei dieser Prozess, je nach den schichtenspezifischen Bedingungen, sehr unterschiedlich verlief.

In der Unterschicht, zu der hier auch die Arbeiterhaushalte zu rechnen sind, sank mit der 1919/20 beginnenden Besserung der Einkommenssituation der Anteil der erwerbstätigen Ehefrauen von ca. 70 % um 1915 auf 25 % in der zweiten Hälfte der 1920er Jahre. Offenbar schränkten zumindest die verheirateten Frauen ihren Aktionsradius stärker auf Haushalt und Kindererziehung ein und näherten sich damit dem – allerdings mit Blick auf den Mittelstand – staatlich propagierten Rollenideal an.

Im Mittelstand vollzog sich – auf den ersten Blick – eine eher umgekehrte Entwicklung. Nachdem es für Frauen in dieser Schicht zunächst nicht üblich war, außer Haus zu arbeiten, bildete sich mit den neuentstehenden Berufen im industriellen und im Dienstleistungssektor ein Arbeitsmarkt heraus, der auch diesen Frauen eine Berufstätigkeit ermöglichte. Insbesondere der Konjunkturaufschwung während des Ersten Weltkrieges mit seinen Preissteigerungen, die im Mittelstand wegen der monatlich bzw. jährlich gezahlten Gehälter noch weniger aufgefangen werden konnten als bei den Arbeitern, zwang viele Frauen zur Aufnahme einer Arbeit, so dass man von einem »Berufstätigkeits-Fieber« unter den Frauen sprach. Die darin enthaltene negative Konnotation beherrschte damals weithin die öffentliche Diskussion um das Vordringen der Frauen auf dem Arbeitsmarkt, doch änderte das wenig an der zunehmenden Normalität von bestimmten Frauenberufen in den 1920er und 1930er Jahren. Allerdings blieb der Anteil der verheirateten Frauen an den weiblichen Angestellten und Beamtinnen immer sehr gering, obwohl es in der Zeit vor dem Zweiten Weltkrieg keine standardisierten Altersgrenzen für Frauen (oder Männer) gab und einzelne Beispiele zeigen, dass Frauen auch während ihrer Ehe, und selbst nachdem sie mehrere Kinder geboren hatten, noch weiterarbeiteten.

Die meisten Frauen der Mittelschicht sahen die Zeit der Berufstätigkeit aber als eine Übergangsphase zwischen Schulabschluss und Familiengründung an und arbeiteten nur bis zur Hochzeit oder Geburt des ersten Kindes, mit dem Ziel, zum Familieneinkommen beizutragen oder für Heirat und Aussteuer zu sparen. Das Streben nach wirtschaftlicher Unabhängigkeit bzw. nach Verwirklichung eigener Wünsche wurde hingegen kaum als Motiv für die Berufstätigkeit genannt und wäre in der Regel auch an den Schranken des Familiensystems gescheitert, das Frauen als Töchter, Ehefrauen und Mütter der Macht des jeweiligen Haushaltsvorstands unterstellte.

So bildete sich in den 1920er Jahren in der neuen Mittelschicht und z.T. auch in der Industriearbeiterschaft die städtische Kleinfamilie mit der für sie typischen Rollenteilung und den für die Familienmitglieder ebenfalls typischen Lebenszyklus-Mustern heraus. Selbst dort, wo (städtische Zuwanderer-)Haushalte rechtlich (d.h. laut Familienregister) noch zur (z.B. ländlichen) Großfamilie gehörten, konnten sie angesichts der räumlichen Distanz und aufgrund ihrer wirtschaftlichen Selbständigkeit relativ unabhängig agieren. Familientraditionen, deren Verinnerlichung und genaue Befolgung zur wichtigsten, von den Schwiegermüttern strikt überwachten Aufgabe der einheiratenden Bräute gehörten, verloren an Bedeutung. Stattdessen musste die städtische Kleinfamilie eigene Verhaltensweisen und Strategien entwickeln, um sich in ihrem Umfeld zu behaupten und einen angemessenen Lebensstandard zu erreichen. Dabei konnte sie sich an Vorbildern und Standards orientieren, die zum einen durch Reformkonzepte, zum anderen durch die Porträtierung westlicher, zumeist amerikanischer Lebensweise in verschiedenen Medien geliefert wurden.

Modernisierung des Alltags

Nach 1918 entstanden in den Städten in Reaktion auf die Probleme, die aus Armut, der Bildung von Elendsvierteln und mangelnder Hygiene erwuchsen, verschiedene Initiativen zur Verbesserung der Wohn- und Lebensbedingungen. Staatliche und private Organisationen sowie auch Individuen arbeiteten an Reformkonzepten für einzelne Bereiche wie Ernährung, Kleidung, Wohnen etc. Das prominenteste Beispiel dafür war die 1920 in Tōkyō gegründete sog. »Lebensreform-Liga« (*Seikatsu kaizen dōmei*), eine halbstaatliche Organisation, die von mehreren Ministerien getragen wurde.

Das Ziel all dieser Reformbestrebungen, die man unter dem Begriff »Lebensreformbewegung« subsumieren könnte, war die Aufklärung der Bevölkerung und die Verbreitung von Kenntnissen über die wissenschaftlichen Grundlagen einer modernen, rationalen Kriterien entsprechenden Lebensführung, die den einzelnen Familien zu besserer Gesundheit, einem höheren Lebensstandard und mehr Lebensqualität verhelfen sollte. Dazu wurden Ratschläge und Anregungen in Zeitschriften, Büchern und Broschüren sowie in Vorträgen und Radiosendungen veröffentlicht und Messen und Ausstellungen, z.B. im Bereich des modernen Wohnens, veranstaltet. Die Palette der Unterstützung reichte von Schnittmustern für westliche Kleidung bis zu Erläuterungen über die neuesten Errungenschaften der Haushaltstechnik. Ziel war ein neues Mittelschichts-Konsumdenken und -verhalten, das sich in Bezug auf das Heim an westlichen Vorbildern, speziell an der amerikanischen Mittelstandsfamilie und ihrer Lebensweise orientierte, aber auch Einstellungen des traditionellen Bürgertums, wie Fleiß und Sparsamkeit, übernahm und diese mit der von den Reformern propagierten rationalen Planung des Alltagslebens verband. Wegen der großen Kluft zwischen der amerikanischen Mittelstandsfamilie und ihrem japanischen Pendant blieben allerdings trotz gewisser Adaptionen an die japanische Situation viele der von der Lebensreformbewegung entwickelten Vorstellungen weit von den realen Möglichkeiten der von ihr angesprochenen Mittelschicht-Familie entfernt.

Aber auch wenn die Anregungen nicht oder nur in sehr geringem Umfang in die Wirklichkeit umgesetzt wurden, lieferte man damit wichtige Orientierungsmuster. So nahmen Lehrbücher für Hauswirtschaftslehre in Bezug auf Kleidung, Ernährung, Wohnen, Hygiene und Gesundheitsvorsorge viele Impulse aus der Lebensreformbewegung auf und formten, da sie über Jahrzehnte hin in immer neuen Auflagen erschienen, den Standard, an dem sich die moderne Lebensweise im Haushaltsalltag bis weit in die Nachkriegszeit hinein orientierte.

Modernes Leben: Kleidung – Essen – Wohnen

Der Entstehungsprozess gewisser neuer Formen lässt sich am Beispiel der Kleidung gut nachvollziehen. Die Lebensreformbewegung propagierte als Orientierungsmuster zweckmäßige, leicht herzustellende und im Tragen einfache Kleidung für Männer und Frauen im Alltag, die die Beweglichkeit nicht einengte, die Benutzung moderner Verkehrsmittel erlaubte und die Arbeit in westlich möblierten Büros erleichterte. Da westliche Kleidung diesen Anforderungen optimal entsprach, sollten sich Männer zur Gänze, Frauen zumindest im Alltagsleben auf diese umstellen. Auch bei offiziellen oder festlichen Anlässen sollten Männer sich westlich kleiden, insbesondere Frack, Gehrock oder Cut wurden als angemessen beschrieben. Frauen hingegen sollten im Rahmen solcher Anlässe den traditionellen Kimono beibehalten.

Die so propagierte Kleiderordnung umfasste also drei verschiedene Elemente: einmal den traditionellen Kimono, zum anderen jene typischen Kleidungsstücke der Meijizeitlichen Oberschicht, die nun in den Katalog der korrekten Bürgerkleidung übernommen wurden – ein schon damals etwas antiquierter Modernismus –, schließlich das eigentlich moderne Element, nämlich die funktionelle Alltagskleidung. Hier wurde also bewusst nach bestimmten Kriterien eine Auswahl getroffen und als Standard propagiert.

Unter der männlichen Bevölkerung setzte sich diese Kleiderordnung relativ rasch durch. Der Anzug, einst prestigeträchtiges Symbol der Elite in den modernen Büroberufen, wurde zur üblichen Dienstkleidung aller Angestellten, Beamten und anderen im Angestelltenbereich tätigen Arbeitskräfte, für deren untere Lohngruppen sich auch der Begriff der »kleinen Leute in westlicher Kleidung« einbürgerte. Um 1918 war die Kleidung der Männer im städtischen Straßenbild schon überwiegend westlich. Allerdings wurde der Anzug nach der Rückkehr von der Arbeitsstelle zu Hause dann meist abgelegt und gegen japanische Kleidung getauscht. Dies geschah nicht nur zur Schonung der relativ teuren Dienstkleidung, sondern auch, weil japanische Kleidung für die Lebensweise auf *tatami*-Matten innerhalb des Hauses bequemer war.

Bei den Frauen, die sich ja überwiegend im Haus aufhielten, dauerte der Prozess der Umstellung erheblich länger. Auch bei ihnen spielte die Entstehung neuer Frauenberufe und die damit verbundene Einführung westlicher Berufskleidung, wie z.B. die Uniformen der Busschaffnerinnen, die seit 1924 in Tōkyō Dienst taten, eine wichtige Rolle. Dennoch waren um 1925 westlich gekleidete Frauen selbst in Tōkyō noch eine kleine Minderheit; in der 1926 geprägten Figur des auf der Ginza flanierenden *moga* (Abkürzung für *modān garu*, aus d. Engl. *modern girl*), einer jungen, nach neuester westlicher Mode gekleideten Frau mit Bubikopf, avancierten sie aber zum Symbol für die Verwestlichung der städtischen Lebensweise.

Veränderungen gab es auch in anderen Bereichen des Alltags. Bei der Ernährung sahen die Reformkonzepte die Einbeziehung von verschiedenen Getreidesorten, Süßkartoffeln und Kartoffeln, aber auch die Hühnerzucht und den verstärkten Anbau von Obst und Gemüse vor. Die Gründung von Bäckereien, Fleischfabriken und Molkereien zog ein entsprechendes Angebot an neuen Produkten nach sich, die sich zunächst v.a. über die Gastronomie ausbreiteten. In den 1920er Jahren fanden westliche Gerichte, oft in einer sehr stark an den japanischen Geschmack und die finanziellen Möglichkeiten der Kunden angepassten Version, dann aber zunehmend auch Eingang in die private Küche, wobei die Rezepte über die zahlreichen Frauenzeitschriften weitergegeben wurden.

Im Wohnbereich hatten die Reformer z.T. sehr weitgehende Vorstellungen, die westliche und japanische Elemente in unterschiedlicher Gewichtung miteinander kombinierten. Die Variationen reichten vom Einbau eines westlichen Zimmers in ein ansonsten rein japanisch gehaltenes Haus über Hausformen im japanisch-westlichen Mischstil bis hin zu rein im westlichen Stil und mit westlichem Mobiliar ausgestatteten Häusern. Diese Häuser und das entsprechende Mobiliar von der Wohnzimmergarnitur über die Einbauküche bis zu Eisschrank, Waschmaschine und Ölofen wurden in Ausstellungen einem breiten Publikum nahegebracht. Diese Einrichtungsgegenstände waren aber so teuer, dass sich nur die Oberschicht und die obere Mittelschicht diese Wohnform leisten konnte. Das gilt auch für die meisten Wohnungen in den nach dem Erdbeben in größerer Zahl gebauten modernen Appartementhäusern in Stahlbetonweise, die sich ebenfalls an westlichen Wohnformen orientierten.

Im Einklang mit den Reformkonzepten ging der Trend bei der Raumaufteilung zumindest bei den größeren Häusern in Richtung einer stärkeren Berücksichtigung der Familie und ihrer privaten Bedürfnisse. Dies beeinflusste zweifellos die architektonische Konzeption des Wohnbereichs insgesamt und ist ein weiterer Hinweis auf die wachsende Bedeutung der Privatsphäre der Familie. Allerdings blieben die Möglichkeiten der Umsetzung beschränkt. Die überwiegende Zahl der Einwohner von Tōkyō und anderer Großstädte lebte in den 1920er und 1930er Jahren in aus Holz gebauten traditionellen, höchstens zweigeschossigen Ein- oder Mehrfamilienhäusern, in denen als Errungenschaften der Moderne meist lediglich Elektrizität und Gas Einzug hielten. Obwohl die Elektrifizierung der privaten Haushalte in Tōkyō bereits 1887 begonnen hatte und Gas seit 1892 zunächst für die Beleuchtung, später vermehrt neben Holz und Holzkohle in Küche und Haushalt genutzt wurde, setzten sich diese Errungenschaften de facto erst im zweiten und dritten Jahrzehnt des 20. Jahrhunderts auf breiter Basis durch.

Die Wasserversorgung erfolgte hingegen bis in die

1930er Jahre noch überwiegend aus von einzelnen Familien oder gemeinschaftlich genutzten Brunnen, da die zur Einleitung des Wassers in die Wohnungen notwendigen Pumpanlagen zunächst noch sehr teuer waren. Mit der Verfügbarkeit von elektrischem Strom in privaten Wohnungen bestand prinzipiell aber die Möglichkeit, elektrische Geräte zu nutzen, wie Ventilator, Bügeleisen und Nähmaschine, in geringerem Maße auch Herd, Toaster, Kaffeekocher etc. Die weitverbreitete Werbung für diese Gegenstände darf allerdings nicht darüber hinwegtäuschen, dass sich die wenigsten Familien diese Haushaltsgeräte leisten konnten. Aber die Allgegenwart der Werbung und einzelne Beispiele derartig ausgestatteter Haushalte in verschiedenen Frauenzeitschriften beeinflussten zweifellos die Vorstellung von einem modernen städtischen Lebensstil und formten langfristig entsprechende Wünsche und Bedürfnisse.

Für die große Mehrheit der Bewohner der großen Städte blieb die umfassende Verwestlichung ihres häuslichen Umfelds allerdings ein Wunschtraum. Der Wandel ihrer Lebensgewohnheiten machte sich an sehr viel unspektakuläreren Gegenständen fest. In der Unterschicht besaßen die meisten Familien in den 1920er Jahren eigene (nicht mehr wie früher oft geliehene) Schlafmatten, einen niedrigen Esstisch, Geschirrborde und ein Holzkohleöfchen. Die Wohnungen, bisher oft nur ein Raum für ganze Familien, umfassten nun neben ein bis zwei kleinen Zimmern meist auch Küche und Toilette. Damit wurde die einzelne Familie unabhängiger von Gemeinschaftseinrichtungen und konnte sich leichter als Einheit begreifen, ein weiterer Faktor, der half, die Institution der Kernfamilie in diesen Bevölkerungsschichten zu stärken.

Auch in der Mittelschicht setzten sich westliche Errungenschaften bzw. ihre japanischen Adaptionen nur insoweit durch, als sie den unmittelbaren Bedürfnissen und finanziellen Möglichkeiten Rechnung trugen. Koch- und

Essgeschirr für neuartige Nahrungsmittel, Gasherd oder Spüle (wenngleich oft noch ohne fließendes Wasser), ein Kleiderschrank für die Anzüge des Mannes und ein bis zwei Stühle auf der kleinen Veranda gehörten zu den Neuerungen, die sich in den späten 1920er und 1930er Jahren in vielen Haushalten fanden. Das Statussymbol eines dem rein japanischen Haus hinzugefügten westlichen Zimmers, das allein dem formellen Empfang von Gästen diente, konnten sich hingegen schon sehr viel weniger Familien leisten.

Ein Utensil, das sich in den 1920er Jahren weitgehend durchsetzte, war ein niedriger Esstisch (*chabu-dai*). Die Mahlzeiten wurden von den Familienmitgliedern nun nicht mehr an einzelnen, je nach Status der Person unterschiedlich hohen Tabletttischchen eingenommen, sondern gemeinsam an diesem niedrigen Tisch, wodurch das Zusammengehörigkeitsgefühl der Familie wohl nicht nur symbolisch gestärkt wurde. Dieser Tisch, in das warme Licht einer von der Zimmerdecke hängenden elektrischen Lampe getaucht, wurde in der Werbung zum Symbol für das moderne Heim der städtischen Mittelstandsfamilie.

Der allmähliche Wandel der Lebensgewohnheiten in den privaten Haushalten, der sich, trotz aller schichtenspezifischen Unterschiede an ähnlichen, bürgerlich mittelständischen Leitbildern von Familie und Heim orientierte, war langfristig gesehen einer der wichtigsten Faktoren für den allgemeinen sozialen Wandel und die Herausbildung einer städtischen Lebensweise bzw. eines modernen Lebensstils, der mit zeitlichen Verzögerungen auch in die Provinz ausstrahlte.

Für viele Zeitgenossen (und auch für gegenwärtige Beobachter) aber manifestierte sich diese moderne städtische Kultur in den 1920er und frühen 1930er Jahren sehr viel augenfälliger in dem breiten Angebot an modernen Freizeitvergnügen wie Kino, Tanzhallen, Theater, Konzertsäle, Cafés, Soda-Fountains und Restaurants sowie in den

Konsumtempeln der großen Warenhäuser. Orte, an denen sich solche Konsum- und Vergnügungsstätten konzentrierten, wie das Ginza-Stadtviertel im Zentrum von Tōkyō, wurden zum Symbol für Modernität schlechthin.

Diese Form der Modernität war eng verknüpft mit dem Aufkommen einer neuartigen Konsum- und Freizeitkultur, die auf die Lebenssituation der abhängig Beschäftigten zugeschnitten war und die Möglichkeiten einer auf den einzelnen abgestellten, zeitlich eng begrenzten Zerstreuung bot, die abends und am freien Sonntag individuell genutzt werden konnten. Dieses Angebot wurde v.a. von den jüngeren und/oder noch ledigen Angestellten, Arbeitern und Studenten wahrgenommen, während verheiratete Männer und Frauen mit Familie oft weder die Zeit noch die finanziellen Möglichkeiten dazu hatten, von gelegentlichen Kinobesuchen vielleicht einmal abgesehen.

Einen wichtigen Zugang zu dieser Modernität boten auch die großen Warenhäuser, allen voran das berühmte Mitsukoshi, in denen die Traumwelt einer westlich bürgerlichen Kultur, die sich bestenfalls die Oberschicht leisten konnte, auch denjenigen vorgeführt wurde, die nicht direkt an deren Errungenschaften teilhaben konnten. Der hohe kulturelle Wert, den man dieser »Vorführung« zumaß, äußert sich auch in dem um 1915 geprägten Slogan der vermögenden Mittelschicht: »Heute ins Kaiserliche Theater, morgen zu Mitsukoshi.« Gleichzeitig dienten, wie neuere Untersuchungen zeigen, diese Warenhäuser ebenso wie die Ende der 1920er Jahre entstehenden, stärker auf die Massenbedürfnisse zugeschnittenen Kaufhäuser in den (modernen) Bahnhöfen auch der Verbreitung eines neuen städtischen Lebensstils, indem sie durch die Darbietung ihrer Waren den Menschen Vorbilder dafür lieferten, welche Kleidung für welche Gelegenheit angemessen war oder wie man welche Räume möblieren sollte. Durch eine intensive Nutzung der Möglichkeiten der Werbung kreierten sie Moden und trugen auch damit zur

Herausbildung eines Lebensstils bei. Mit der seit Mitte der 1920er Jahre vorangetriebenen Errichtung von Filialen außerhalb der Metropolen wurde dieser Einfluss auf das ganze Land ausgedehnt.

Eine ähnliche Rolle, was die Entwicklung und Verbreitung von Vorbildern und Orientierungsmustern für einen neuen städtisch geprägten Lebensstil angeht, spielten die Massenmedien, die in der Taishō-Ära, mit steigendem Bildungsniveau und wachsender Kaufkraft der Bevölkerung, einen großen Aufschwung nahmen. Über das 1911 gegründete Kaiserliche Theater und importierte ausländische Filme wurden die Menschen mit neuen Denk- und Verhaltensweisen konfrontiert. Auch die nach der Gründung der ersten japanischen Filmgesellschaft 1912 in Japan entstehenden Filme spielten häufig in einem westlich gestalteten Umfeld, und die japanischen Filmstars erlernten in den Anfängen eigens die dafür notwendigen Bewegungs- und Verhaltensweisen und vermittelten sie dann ihrem Publikum. Schallplatte, Film und der 1925, nur wenig zeitversetzt zu seiner Einführung in westlichen Ländern, beginnende Rundfunk dienten nicht nur der Unterhaltung, sondern waren in der Folge auch wichtige Multiplikatoren einer von den Städten ausgehenden beginnenden Massenkultur.

Die weiteste Verbreitung und damit wohl auch den größten Einfluss besaßen allerdings die Printmedien. Neben den schon seit der frühen Meiji-Ära bestehenden großen Tageszeitungen tauchten allein zwischen 1914 und 1923 rund 400 neue Zeitschriften auf, darunter 136 für Kunst und Literatur, 55 für die soziale und Arbeiter-Frage, 28 für Kinder und Schüler, 22 für Wirtschaft und Industrie sowie 20 für Frauen und Haushalt. 1927 erreichten die Jahresauflagen der wichtigen Zeitschriften insgesamt rund 40 Millionen Exemplare (bei einer Gesamteinwohnerzahl von rd. 65 Mio. Menschen). Die Auflage der Tageszeitung *Nichi Nichi Shimbun* stieg zwischen 1918 und

1926 von 350 000 auf über 800 000 Exemplare, die Zeitung *Ōsaka Mainichi* erreichte um 1926 bereits 1,2 Mio. Das Lesen einer Tageszeitung wurde von Angestellten und Arbeitern gleichermaßen unter den wichtigen Freizeitbeschäftigungen angeführt, und Zehntausende von Haushalten in Tōkyō hielten in den 1920er Jahren bereits mehr als eine Zeitung.

Die verschiedenen Massenmedien trugen zur Verbreitung und Homogenisierung bestimmter Denk- und Verhaltensweisen bei und formten damit die Vorstellung der Menschen von einem neuen, städtischen Lebensstil. Gleichzeitig waren sie auch Träger der sich herausbildenden Massenkultur, in der sich das Lebensgefühl der städtischen Gesellschaft widerspiegelte.

Schluss

Das Entstehen einer modernen städtischen Gesellschaft und Kultur ist eng mit der Epochenbezeichnung Taishō-Ära verbunden, die sich im engeren Sinne zunächst auf den Zeitraum der Regierung des Taishō-Tennō von 1912 bis 1926 bezieht. Japanische Historiker schufen nach dem Zweiten Weltkrieg mit Blick auf die Ansätze zur Demokratisierung den Begriff der »Taishō-Demokratie« und verstanden darunter v. a. die Entwicklung in den Jahren zwischen 1918 und 1927/28. Heute aber wird dieser Begriff oft in einem sehr viel weiteren Verständnis mit den ersten drei Jahrzehnten des 20. Jahrhunderts assoziiert, die eine Phase der politischen Liberalisierung, der Konsolidierung moderner Wirtschaftsstrukturen, des sozialen Wandels und des verstärkten internationalen Engagements Japans darstellen. Diese Phase unterscheidet sich deutlich von der vorhergehenden autoritär geprägten Meiji-Ära und der nachfolgenden, von Militarismus und Ultranationalismus überschatteten frühen Shōwa-Ära (s. Kap. 8).

Die Aktionen rechtsgerichteter Kräfte im Jahre 1932, die zum gewaltsamen Ende der Parteienkabinette führten, waren getragen von einer Ideologie, die sich explizit gegen die liberalen, kapitalistischen und internationalen Strömungen der vorangehenden Epoche wandte und wieder verstärkt die »agrarischen Wurzeln« der japanischen Gesellschaft in den Mittelpunkt rücken wollte. Auch wenn sich diese radikale Ideologie zunächst nicht durchsetzte und nur einzelne Elemente in die Politik Eingang fanden, so repräsentiert sie doch die neuen Schwerpunkte im öffentlichen Diskurs, in dem sich der Tenor bei Themen wie Stadt, Modernität, gesellschaftlicher Wandel oder Internationalität grundlegend änderte. Gleichzeitig wirkten sich die politischen und ideologischen Veränderungen über die in den Schulen und unter Nutzung der Massenmedien vermittelten Werte und Verhaltensweisen, über neue oder wiederbelebte soziale Organisationen, über die zunehmende Militarisierung des Alltags und eine immer rigidere Politik der Unterdrückung Andersdenkender auch auf das Leben der Menschen aus. Die in den 1920er Jahren aufgeblühte Vielfalt und Heterogenität des sozialen und kulturellen Lebens in den Großstädten fiel einer immer stärker forcierten »patriotischen« Ausrichtung zum Opfer.

In vielen historischen Abhandlungen wird deshalb – sicherlich zu Recht – der Bruch in der Entwicklung zwischen den 1920er und den 1930er Jahren betont. Allerdings gilt dies nicht für die meisten der geschilderten Tendenzen des sozio-ökonomischen Wandels. Bevölkerungswachstum und Zuwanderung bescherten den Städten auch in den 1930er Jahren hohe Zuwachsraten, wobei die Großstädte überproportional davon profitierten. 1940 lebten rund 30 % der japanischen Bevölkerung in Großstädten mit über 100 000 Einwohnern. Auch das wirtschaftliche Wachstum und die industrielle Entwicklung setzten sich, nach dem Einbruch infolge der Weltwirtschaftskrise, ab 1932 wieder fort und beschleunigten sich, nicht zuletzt infolge der Rüstungsanstrengungen, in der zweiten Hälfte der 1930er Jahre. Gleichzeitig traten die Unterschiede zwischen Stadt und Land, was Wirtschaftskraft und Lebensstandard angeht, immer deutlicher hervor, und die darin begründeten sozialen Probleme förderten gerade in den ländlichen Regionen das Vordringen der rechtsgerichteten Ideologien.

In den Städten hingegen setzten sich die in der Taishō-Zeit eingeleiteten sozio-ökonomischen Entwicklungen fort, insbesondere was den Wandel in der Erwerbsstruktur, die Haushalts- und Familienstruktur, die Ausweitung der Bildung und den langsam wachsenden neuen Mittelstand angeht. Zwar litt auch die städtische Bevölkerung unter den Folgen der Weltwirtschaftskrise, die sich in Einkommenssenkungen und Arbeitslosigkeit äußerten. Aber es gelang den Arbeiter- und Angestellten-Familien offenbar, wie u. a. die nahezu unveränderte Ausgabenstruktur ihrer Haushalte zeigt, ihre in den 1920er Jahren etablierte Lebensweise fortzusetzen – trotz stagnierender Einkommen und ohne am wiedereinsetzenden Wirtschaftsaufschwung direkt zu partizipieren.

Das urbane Erbe der Taishō-Ära wurde in diesen Alltagsstrukturen bewahrt und konnte so zur Grundlage der Entwicklung in der Nachkriegszeit werden, in deren Verlauf dann die städtische Mittelschicht und ihre Lebensweise(n) richtungsweisend für alle Gruppen in der Bevölkerung wurden.

8 Japan im Krieg, 1931–1945

Von Axel Klein

Epochenüberblick

Ein Teil der japanischen Geschichtswissenschaft bezeichnet, nicht unwidersprochen, die in diesem Kapitel zu betrachtenden Ereignisse als »fünfzehnjährigen Krieg«, der mit militärischen Aktivitäten auf dem chinesischen Festland und dem Ziel einer Besetzung jener Region, die 1932 zum pseudo-eigenständigen Staat Mandschukuo erklärt wurde, begann. Der internationalen Isolierung, die 1933 im Austritt aus dem Völkerbund einen ersten Höhepunkt fand, folgte 1937 der Japanisch-Chinesische Krieg und 1941 der Angriff auf Pearl Harbor, mit dem der Zweite Weltkrieg erst weltumspannend wurde. Diese Aggressionen, die in maßloser Überschätzung der eigenen militärischen und wirtschaftlichen Fähigkeiten begangen wurden, zeitigten bis Mitte 1942 zunächst eine rasche Folge militärischer Siege. Das imperialistische Konzept der *Daitōa-kyōei-ken* (Großostasiatischen Wohlstandssphäre) schien Wirklichkeit zu werden. Doch erwiesen sich zum einen das von Chiang Kai-sheks *Kuomintang*-Regime und Mao Zedongs Kommunisten verteidigte China als zu großer Bissen für die japanischen Truppen, zum anderen die USA und ihre Alliierten mit ihrer überlegenen Industrie, ihren Rohstoffen und militärischen Kapazitäten als zu starker Gegner.

Mit der Niederlage in der Seeschlacht bei Midway im Juni 1942 begannen mehr als drei Jahre andauernde, verlustreiche Rückzugskämpfe Japans, in deren Verlauf fast alle eroberten Gebiete aufgegeben werden mussten. Der

Kampf um die Philippinen sah dabei erstmals den Einsatz von *kamikaze*-Piloten, die sich später in der Schlacht um Okinawa in noch größerer Zahl auf die US-amerikanischen Truppen stürzten. Im August 1945 endeten die japanischen Bestrebungen um mehr Wirtschaftsraum mit der bedingungslosen Kapitulation, deren unmittelbare Vorgeschichte durch den Abwurf der beiden Atombomben auf die Städte Hiroshima und Nagasaki dominiert wurde.

Motiviert war der japanische Expansionismus zum einen durch die wirtschaftliche Abhängigkeit des Landes von den Rohstoffen Chinas und Koreas. Westlicher Einfluss sollte hier zurückgedrängt und die »Unabhängigkeit« der Region gesichert werden. Zum zweiten waren es militärstrategische Überlegungen, in deren Tradition Korea und China seit langem als Regionen betrachtet wurden, deren Kontrolle zur Sicherung der japanischen Hauptinseln von nöten war. Zum dritten forcierte ein wachsender Nationalismus, der zum Teil aus Elementen des Agrozentrismus, aber auch des Panasianismus und Nipponismus bestand und die Befreiung Asiens vom weißen Kolonialherren propagierte, eine Radikalisierung. Vor deren Hintergrund unternahm die Armee innenpolitische Umsturzversuche und militärische Aktionen im Ausland, letztere ohne Deckung durch Entscheidungen und Vorgaben der eigenen Regierung. Das japanische Militär manövrierte sich in China jedoch in einen Konflikt, der nicht zu gewinnen war. Verführt durch die Blitzsiege des deutschen Verbündeten, die damit einhergehende Schwächung der Kolonien westlicher Mächte in Südostasien, und durch den wachsenden Einfluss der Expansionisten v.a. innerhalb der Militärführung rückten japanische Truppen vor und provozierten damit in letzter Konsequenz den Kriegseintritt der Vereinigten Staaten.

Ideologisch wurde Japan in dieser Zeit durch die Verpflichtung des Volkes auf Herrschaft und Souveränität des Tennō getragen, der von den herrschenden Eliten zur Supra-Religion gemachte Shintō diente als spirituelle Grundlage und weltlicher Kontroll- und Verwaltungsapparat. Westliche Einflüsse wurden konsequent von oben durch vermeintlich urjapanische Strukturen und Ideale ersetzt, das Prinzip des Staates als Familie und das Konzept des »Nationalwesens« (*Kokutai*), das die Einzigartigkeit und Überlegenheit des japanischen Volkes hervorhob, propagiert. Wie in Nazi-Deutschland diente mit zunehmender Kriegsdauer auch in Japan ein »Glaubensfanatismus an den Sieg einer totalitären Ideologie« (Jacobsen) als Kompensation für die wachsenden Defizite bei materieller und menschlicher Kraft.

Innenpolitisch trug diese Entwicklung erheblich zum endgültigen Scheitern des Demokratieversuches bei, der in der Taishō-Ära (1912–26) unternommen worden war (s. Kap. 7). Diese Staatsform hatte sich vor allem aufgrund des Fehlens einflussreicher Verfechter nicht durchsetzen können, war an sozialen und kulturellen Werten und einer anti-demokratischen, auf den Tennō als göttlichen Herrscher konzentrierten Erziehung gescheitert. Die wirtschaftliche Depression erwies sich dabei ebenso als demokratiefeindlich wie die Elitegruppen Bürokratie, Hofadel, Wirtschaft und das Militär. Nach Ausschaltung aller Parteien und Gewerkschaften existierte ab 1940 nur noch eine neu nach dem Muster der NSDAP organisierte *Taisei yokusan-kai* (Vereinigung zur Unterstützung der Kaiserherrschaft), die nun vor allem als Propagandainstrument der Regierung fungieren sollte.

Während Italien in der Zeit von 1922 bis 1944 zweifellos als faschistisch und Deutschland von 1933 bis 1945 als nationalsozialistisch bezeichnet werden kann, hat die Rückbesinnung auf vermeintlich urjapanische Traditionen und die Ablehnung aller fremden Einflüsse dem japanischen Herrschaftssystem jener Zeit zum einen die Bezeichnung »restaurativ-antiwestlich« (Martin) eingebracht, zum anderen den Begriff »Ultra-Japanismus« (Morris) entstehen lassen. Alle drei Achsenmächte teilten eine die völkische Überlegenheit und Einzigartigkeit betonende Ideologie, die Ablehnung liberaler Werte, das Feindbild Kommunismus und den Kriegs- und Expansionswillen. Anders als im Falle der europäischen Verbündeten fehlte in Japan jedoch ein ›allmächtiger‹ Führer. Die Bemühungen der Regierenden, den Unterschied ihrer Herrschaft gegenüber der in Deutschland und in Italien herauszustellen, verdeutlicht, wie der von der Meiji-Verfassung vorgegebene Pluralismus den massiven Versuchen einer machtkonzentrierenden »Reform« standhielt. Keine der genannten Elitegruppen, die den Kampf um die Führung des Landes auch vor dem Hintergrund immer weiter greifender Kriegsereignisse untereinander ausfochten, konnte Japans Geschicke während des Betrachtungszeitraums jemals alleine bestimmen. Das Fehlen einer omnipotenten Führung wurde kompensiert durch Verweis auf den Tennō, der als über den Entscheidungsträgern stehender göttlicher Monarch aber keinesfalls die Rolle eines regierenden und entscheidenden Staatsoberhauptes oder gar eines Diktators ausfüllte.

1931	Mandschurei-Krise
1932	Errichtung des Staates Mandschukuo
1933	Austritt aus dem Völkerbund
1936	26. Februar: Februar-Zwischenfall (Putschversuch) Abschluss des Antikominternpaktes
1937	7. Juli: Krieg mit China beginnt nach Zusammenstoß an der Marco-Polo-Brücke in der Nähe Beijings
1940	Dreimächtepakt
1941	7. Dezember: Angriff auf Pearl Harbor
1942	Erste Niederlagen Japans bei Midway und auf Guadalcanal
1945	22. Juni: Fall Okinawas
1945	6. und 9. August: Abwurf der Atombomben auf Hiroshima und Nagasaki Kriegserklärung durch die UdSSR

1945 15. August: Kapitulation Japans, Annahme der Potsdamer Deklaration
1945 2. September: Unterzeichnung der Kapitulationserklärung an Bord der *USS Missouri*

Die Mandschurei-Krise

In den seit 1905 gepachteten südlichen Regionen der Mandschurei hatte Japan die sogenannte Kwantung-Armee (*Kantō gun*) etabliert. Dieser Teil der kaiserlichen Armee, der zum Schutze japanischer Interessen auf dem chinesischen Festland gedacht war, unterstand nicht ziviler Kontrolle, sondern war direkt dem Kaiser verantwortlich. Vor dem Hintergrund zunehmender anti-japanischer Aktivitäten und wachsenden chinesischen Nationalismus agierten ihre Befehlshaber immer häufiger ohne Zustimmung aus Tōkyō, eine Verselbständigung, die 1931 eine neue Qualität erreichte.

Am 18. September jenes Jahres schlug die Kwantung-Armee einen aggressiven Expansionskurs ein, der weder von der politischen noch von der militärischen Führung in Tōkyō befohlen worden war. Die kommandierenden Offiziere in der Mandschurei hatten bei ihrem eigenmächtigen Vorgehen jedoch auf die Zustimmung und Unterstützung durch die japanische Öffentlichkeit, große Teile der Presse, zahlreiche führende Militärs in Tōkyō und durch die großen Finanz- und Industriekonglomerate (*zaibatsu*) des Kaiserreiches gesetzt. Die politischen Parteien waren innerlich zerstritten, die Kabinettsmitglieder lieferten sich heftige Auseinandersetzungen nach Bekanntwerden der militärischen Aktion. Aufhalten konnte die Regierung unter Premierminister Wakatsuki Reijirō die Entwicklungen jedoch nicht, so dass sie im Dezember 1931 geschlossen zurücktrat.

Wie auch Korea galt die Mandschurei für Japan als essentiell für die Versorgung mit Rohstoffen und als zukünftiger Absatzmarkt eigener Produkte. Dieser Teil des Festlands stellte in den Augen der Expansionisten den aufgrund des hohen Bevölkerungsdrucks in Japan dringend benötigten zusätzlichen Wirtschaftsraum dar. Tatsächlich bedeutete die Region für viele Japaner die Möglichkeit, auf dem Festland Arbeit finden und eine neue Existenz aufbauen zu können. 1930 lebten mehr als 200 000 von ihnen hier, die meisten davon als Arbeiter und Angestellte im Dienste der von Japan kontrollierten Südmandschurischen Eisenbahn (*Mantetsu*). Die Zahl der Chinesen, die in die Mandschurei kamen, war jedoch wesentlich höher. In den 1920er Jahren zählte man jährlich zwischen 300 000 und 500 000 solcher Arbeitsmigranten, die wenig Lohn erhielten und deshalb eine beträchtliche Konkurrenz für die japanischen Aussiedler waren.

Obwohl die Weltwirtschaftskrise eine wesentlich größere Gefahr für die japanischen Bemühungen auf dem Festland darstellte, rief der Bau einer Eisenbahnstrecke parallel zu der Südmandschurischen durch chinesische Unternehmen größere Sorgen hervor. Anti-japanische Aktivitäten des Regimes der Nationalen Volkspartei (*Kuomintang*) verstärkten die Krisenstimmung, die die Führung der Kwantung-Armee nun mehr als zuvor antrieb, die völlige Kontrolle über die Region erlangen zu wollen. Man bemühte sich, die Situation gegenüber der Regierung in Tōkyō und der zentralen Militärführung so zu dramatisieren, dass von dort der Segen für ein militärisches Vorgehen erteilt werden würde, doch erwies sich der Widerstand der politischen Parteien als zu groß. Die japanische Führung verfolgte besonders mit Blick auf die Beziehungen zu den beiden Großmächten USA und Großbritannien eine Politik der Erhaltung des Status quo, die ganz im Sinne der Verträge von Versailles und Washington stand. 1922 hatte man sich im Rahmen des Londoner

Flottenabkommens das Recht nehmen lassen, die eigene Kriegsmarine in gleichem Umfang auszubauen wie die anglo-amerikanischen Staaten, ein Zugeständnis, das zu erheblichen Protesten in Japan geführt hatte. Allerdings hatten diese Vereinbarungen auch die internationale Isolation Japans beendet, ohne die eigenen Interessen in der Mandschurei und der Mongolei zu gefährden.

Die desaströse Lage vor allem der Bauern sowie der Klein- und Mittelbetriebe in den Jahren 1930 und 1931 rief erbitterte Proteste gegen die Regierung hervor. Große Teile der Bevölkerung sahen die Entscheidungen der Parteien in erster Linie als Interessenpolitik zugunsten der *zaibatsu*, von denen die Parteipolitiker im wesentlichen finanziert wurden. Politische Korruptionsskandale verstärkten die Ablehnung gegenüber den Parteien. Das ohnehin wenig ausgeprägte Vertrauen der Öffentlichkeit in die Fähigkeit der Parteipolitiker, die Probleme des Landes zu lösen, schwand vollends. Unter der Regierung Inukai Tsuyoshi allerdings wurde 1931 die Ausfuhr von Gold verboten. Der Kurs des Yen fiel daraufhin stark ab und erlaubte günstige Warenexporte. Die Schwer- und Chemieindustrie entwickelten sich nun vorteilhaft. Die Maßnahmen von Finanzminister Takahashi Korekiyo (1854–1936) unterstützten die wirtschaftliche Erholung zusätzlich. Vor allem aufgrund einer die Rüstungsindustrie stimulierenden Defizitfinanzierung stellte sich nun eine wirtschaftliche Erholung ein, die Japan noch vor den USA und Großbritannien aus der Depression führte.

Trotzdem breiteten sich die Unzufriedenheit mit dem politischen System und das Verlangen nach tiefgreifenden Veränderungen aus. Es kam zur Bildung einer »Erneuerungsbewegung«, an der sowohl militärische als auch radikale zivile Gruppen beteiligt waren. Ihr Ziel war es, die Kontrolle des Landes aus den Händen der Parteien zu nehmen und Japans Position in der Welt zu stärken, wobei über die Art des Vorgehens verschiedene Vorstellungen existierten. Ein großer Teil der »Reformisten« wollte in Anlehnung an die Meiji-Restauration nun eine »Shōwa-Restauration« herbeiführen, die eine Militärdiktatur und die massive Expansion auf dem chinesischen Festland zum Ziel hatte. Als Grundlage dieser Bewegungen diente zum einen der sogenannte Agrozentrismus, der als Reaktion auf eine einseitig erfolgte Industrialisierung und Verstädterung auf Kosten der Landbevölkerung bereits nach dem Ersten Weltkrieg entstanden war. Die gegen jede Form des Kapitalismus gerichtete Ideologie zielte auf eine Wiederherstellung der dörflichen Selbstverwaltung, eine Stärkung der Landwirtschaft als Grundlage des Kaiserreiches und eine Eindämmung und Beseitigung von nicht-japanischem Gedankengut.

Eine weitere Ideologie für einen Teil der Reformisten stellten die von Kita Ikki veröffentlichten Ideen für einen Staatssozialismus dar. Kita kritisierte 1923 in seiner Abhandlung *Nihon kaizō hōan taikō* (Umriss eines Plans zur Reorganisation Japans) die Demokratie als Mittel zur Erhaltung der traditionellen Ordnung. Eine solche Regierungsform lasse die Frage nach der Qualifikation und Fähigkeit der Führer des Landes außer Acht. Als unabdingbaren Schritt für eine Erneuerung des Landes verstand er die Aussetzung der Verfassung durch den Kaiser für drei Jahre. Der Tennō sollte das Parlament auflösen und das ganze Land unter Kriegsrecht stellen. Das direkt vom Volk zu wählende »Parlament für nationale Reorganisation« könne dann Maßnahmen diskutieren und umsetzen, grundsätzliche, vom Kaiser verkündete Entscheidungen blieben davon aber unberührt. Verstaatlichung von Schlüsselindustrien, Landreform, die Konfiszierung großer Privatvermögen auf der einen und der Aufbau eines starken Militärs auf der anderen Seite sollten schließlich zum Ziel dieser Bestrebungen führen: Erneuerung des Landes, Sicherung von Wirtschaftsraum, der zur Ernährung von 240 bis 250 Millionen Japanern, die Kita zu Beginn des 2. Jahrtausends erwartete, ausreichen sollte, und Befreiung der Völker Chinas und Indiens von ihren westlichen Kolonialherren.

Die Radikalisierung innerhalb der Armee wurde vor allem durch Offiziere unterer und mittlerer Ränge getragen, von denen viele aus dem durch Industrialisierung und Wirtschaftskrise besonders betroffenen Kleinbauerntum stammten. Einige dieser Offiziere gründeten 1929 die *Sakura-kai* (Kirschblüten-Gesellschaft), die im März 1931 einen geplanten Staatsstreich aufgrund erheblichen Widerstands einiger führender Militärs nicht in die Tat umsetzen konnte. Die gleiche Gruppe versuchte im Oktober alle Kabinettsmitglieder zu ermorden, das Polizeipräsidium zu besetzen, das Kriegsministerium und den Generalstab zu isolieren und anschließend eine Militärregierung einzusetzen. Doch auch hier wurden die Pläne vorher bekannt, die potentiellen Täter aber nur leicht und allein von militärischer Seite bestraft.

Die Kaiserliche Armee in der Mandschurei

In diese innenpolitisch instabile Phase fielen die militärischen Aktivitäten der Kwantung-Armee in der Mandschurei. Dort hatte man für den Herbst des Jahres 1931 ein eigenständiges Vorgehen geplant, von dem auch zahlreiche Militärs in Tōkyō Kenntnis hatten. An jenem 18. September zündete ein japanischer Offizier eine Sprengladung an den Gleisen der Südmandschurischen Eisenbahn, die einen in Mukden eintreffenden Zug zum Entgleisen, die Bevölkerung in Aufruhr bringen und einen Vorwand für ein militärisches Vorgehen geben sollte. Die Fahrt des Zuges wurde zwar durch die Sprengung nicht erheblich beeinträchtigt, doch erfolgte der geplante Militärschlag trotzdem. Mukden wurde rasch von den Truppen der Kwantung-Armee eingenommen, die nun mit dem Ziel einer Besetzung des gesamten chinesischen Nordens vorrückten.

Der Zeitpunkt für diese Militäraktion erwies sich als äußerst günstig. Zhang Xueliang, einer der zahlreichen chinesischen Kriegsherren, der mit seinen Truppen die Mandschurei kontrolliert hatte, befand sich in Beijing und entschied sich zunächst gegen militärischen Widerstand. Die *Kuomintang* stand im Kampf mit ihren kommunistischen Gegnern und musste auf Maßnahmen des Völkerbunds hoffen. Die USA waren ebenfalls mit internen Problemen befasst und konnten sich erst 1932 zur sogenannten »Stimson-Doktrin« entschließen, in der Japan die offizielle Anerkennung der in der Mandschurei geschaffenen Tatsachen verweigert wurde. Großbritannien versuchte durch eine Politik des *appeasement* Japans Funktion als Gegenpol zur UdSSR aufrechtzuerhalten, die wiederum mit einer Verstärkung der eigenen Truppen in Sibirien und der Küstenregion reagierte.

Die japanische Regierung hielt offiziell zunächst an ihrer Außenpolitik fest und missbilligte die expansionistischen Bestrebungen der eigenen Truppen. Aufgrund der euphorischen Haltung der Öffentlichkeit, der Billigung durch die Militärführung in Tōkyō und einer fehlenden zivilen Kontrollmöglichkeit der Armee waren der Regierung jedoch weitgehend die Hände gebunden. Der Widerspruch zwischen der Haltung der Regierung einerseits und dem eigenständigen Handeln der kaiserlichen Armee andererseits trug mit dazu bei, die Reaktion der westlichen Großmächte trotz chinesischer Hilfsappelle zu verzögern und in ihrer Ausgestaltung letztlich wirkungslos werden zu lassen.

Während Zhang Xueliang nun zu einer Guerillataktik im Kampf gegen die japanischen Truppen überging, festigten diese bis zum März 1932 ihre Kontrolle über das Gebiet in Chinas Norden so weit, dass sie es als eigenen Staat »Mandschukuo« (*Manshū-koku*) deklarieren konnten.

P'u-i, der aus der Mandschurei stammende letzte Kaiser der Qing-Dynastie Chinas, wurde im gleichen Monat als Kopf einer Marionettenregierung von den Führern der Kwantung-Armee eingesetzt. Diese Führung propagierte nun ihre Absicht, ohne das Übel des in Japan herrschenden Kapitalismus ein »Paradies der gerechten Herrschaft« zu schaffen, in dem »fünf Völker harmonisch zusammenleben« sollten.

Die Reaktion des Völkerbundes bestand lediglich in der Entsendung der sogenannten *Lytton Commission*. Sie sollte entscheiden, ob es sich bei Mandschukuo tatsächlich um einen unabhängigen Staat handle. Das deutsche Mitglied Heinrich Schnee hatte vom Auswärtigen Amt die Weisung erhalten, sich innerhalb der Kommission zurückzuhalten und neutral aufzutreten, um die Beziehungen zu Japan nicht zu beeinträchtigen. Das Buch, das Schnee nach seiner Rückkehr nach Deutschland über die Tätigkeit der Kommission verfasste, verdeutlicht jedoch, dass ihm diese Zurückhaltung nicht leichtfiel. Letztlich schloss sich Deutschland 41 anderen Staaten des Völkerbundes an, die im Februar 1933 das japanische Vorgehen in der Mandschurei verurteilten und die dort eingesetzte Regierung als Marionette bezeichneten. Am 27. März 1933 trat Japan, das die Region im September 1932 offiziell als unabhängig anerkannt hatte, aus dem Völkerbund aus. Mit diesem Schritt, dem 1934 der Rücktritt vom Washingtoner und 1936 vom Londoner Abkommen folgte, sprengte Japan, und nicht Hitler-Deutschland, das Versailler System kollektiver Ordnung (Martin).

Die Niederlage der politischen Parteien

Die konservativen Parteien, die seit 1918 ununterbrochen den Premierminister gestellt hatten, sahen sich zur Zeit der Mandschurei-Krise u.a. aufgrund ihrer vorsichtigen außenpolitischen Haltung heftiger Angriffe des Militärs ausgesetzt. Diese Kritik und die bittere Wirtschaftskrise verstärkten auch in weiten Teilen der Öffentlichkeit die Überzeugung, dass es den Parteipolitikern an Fachwissen und der richtigen patriotischen Haltung fehle, um die zahlreichen wirtschaftlichen, sozialen und politischen Probleme, die sich zu einer großen nationalen Krise verdichtet hatten, zu lösen.

Nationalistische Gruppierungen und radikale Teile des Militärs wollten die missliche Lage ihres Landes und die Not vieler Menschen durch einen Sturz der Führungselite (Parteienregierung, *genrō*, der *zaibatsu* und ihrer Unterstützer) beheben und ein Militärregime etablieren. Die Regierung Hamaguchi Osachi sah sich 1930 und 1931 politischem Terror und Attentaten ausgesetzt, denen auch der Premierminister selber zum Opfer fiel. Bei einem Umsturzversuch am 15. Mai 1932 wurde Premierminister Inukai Tsuyoshi von einer Gruppe von Marinekadetten in seiner Residenz ermordet. Die zunehmende Ablehnung der Parteien durch die Bevölkerung und die Machtverschiebungen unter den Elitegruppen verhinderten von da an, dass das Amt des Premierministers noch einmal mit einem Parteipolitiker besetzt wurde.

Die folgende Regierung unter Admiral Saitō Makoto, die als überparteiliche »nationale Einheitsregierung« antrat, überließ der Ministerialbürokratie erhebliche Befugnisse bei der Festlegung und Durchführung nationaler Aufgaben, wodurch die Stellung der Parteien zusätzlich geschwächt wurde. Dies machte sich v. a. bei der Vergabe von Agrarsubventionen bemerkbar, die bis dato über die parlamentarischen Wahlkreisvertreter an Bauern verteilt und damit gleichzeitig als Wahlwerbung benutzt worden waren, nun aber direkt an Fischer und Landwirte ausgezahlt wurden.

Auch die Korruptionsanfälligkeit der Politiker hatte zum Niedergang der Taishō-Demokratie beigetragen.

Über lange Zeit waren immer wieder Fälle bekanntgeworden, in denen Wählerwerbung mit Geldern betrieben worden war, die den Abgeordneten im Gegenzug für ihre Klientelpolitik von der Industrie zuflossen. Die nun von Seiten des Innenministeriums in Gang gesetzten Maßnahmen zur Säuberung der Wahlkämpfe verfolgten so v. a. den Zweck, dem Ruf der Parteien Schaden zuzufügen und den Einfluss der Bürokratie zu stärken.

Die beiden großen Parteien *Minseitō* und *Seiyukai* blieben Organisationen, deren Einfluss nicht auf der Unterstützung größerer Teile der Bevölkerung, sondern auf der Verbindung zu lokalen Eliten und v. a. den *zaibatsu*, insbesondere Mitsubishi und Mitsui, basierte. Um innenpolitisch nicht weiter an den Rand gedrängt zu werden, unternahmen beide Parteien 1933/34 den Versuch, sich zusammenzuschließen, ein Unterfangen, das auch von Wirtschaftsführern unterstützt wurde, die Interesse daran hatten, den Einfluss des Militärs zu reduzieren. Ein im Januar 1934 bekanntwerdender Korruptionsfall (*Teijin-jiken*) trug jedoch zum einen dazu bei, die Parteien weiter zu diskreditieren, zum anderen entschieden sich nun zahlreiche Finanzführer, ihre Parteienfinanzierung zu beenden. Der Hoffnung beraubt, die Zeit der Parteienkabinette wiederbeleben zu können, versuchten die Parteien sich nun in der Patronage kleinerer Betriebe gegen die Konkurrenz der großen Konzerne.

Das machttaktische und opportunistische Verhalten der Parteien wurde bei den Angriffen auf einen der führenden liberalen Denker jener Zeit deutlich. Minobe Tatsukichi, Professor für Verfassungsrecht an der Kaiserlichen Universität Tōkyō und lange Zeit Mitglied des Oberhauses, musste sich 1935 wegen der von ihm entwickelten »Organtheorie« (*Tennō kikan setsu*) verantworten, der zufolge dem Tennō in der Meiji-Verfassung keine uneingeschränkte Souveränität zugestanden wurde. Diese Theorie, die nicht neu und in den Jahren zuvor Gegenstand zahlreicher

Veröffentlichungen Minobes gewesen war, stellte in den Augen seiner nationalistischen Gegner nun aber eine Gefahr für das Staatsgebilde dar. Die Vertreter der Parteien, bei denen ein Interesse an einer Verteidigung der Ansichten Minobes hätte vermutet werden können, schwiegen jedoch bei dessen Rechtfertigungsversuchen im Parlament oder stellten sich auf die Seite seiner Gegner.

Die Zensurbehörde des Innenministeriums hatte im gleichen Jahr einen Katalog erstellt, in dem Publikationen zu zahlreichen Themen verboten wurden. Vor allem die Kriterien »Schmähung der Würde des Kaiserhauses« und »Verbreitung kommunistischer Ideen« wurden angewandt, um eine große Zahl von Veröffentlichungen pazifistischen Inhalts, die den Krieg oder bestimmte militärische Aktionen kritisierten, oder später auch nur politische Maßnahmen bzw. deren Durchführung negativ bewerteten, zu unterdrücken oder zu verbieten. § 19 des Pressegesetzes, der die »Störung der öffentlichen Ruhe und Ordnung« untersagte, stellte ein ähnlich dehnbares Unterdrückungs- und Kontrollinstrument zur Bekämpfung aller Ideologien und Ideen dar, die dem Tennō-System entgegenstanden. Der Paragraph war so formuliert, dass er der Behörde alle Möglichkeiten bot, ihren Einfluss auszudehnen und schließlich fast nach Belieben über Inhalt und Gegenstand ihrer Zensur zu befinden. Dies traf unter anderem zahlreiche Publikationen liberalen oder westlich orientierten Inhalts sowie kommunistische und sozialistische Schriften.

Die Kommunistische Partei Japans war bereits Anfang der 1930er Jahre durch staatlichen Druck ausgeschaltet worden, Massenfestnahmen 1936 und 1937 hatten weiteren marxistischen und sozialistischen Aktivisten das gleiche Schicksal beschieden. Ein Teil der Linksparteien schloss sich 1932 zur *Shakai taishū-tō* (Sozial(istisch)e Massenpartei) zusammen, ein Versuch, in der schwierigen politischen Situation jener Zeit mit gemäßigten Positionen zu überleben. Andere große Teile des linken Parteienspektrums verbündeten sich mit rechten Gruppierungen, mit denen sie den Wunsch nach Abschaffung des Kapitalismus, nach einer Landreform und dem Sturz der regierenden Gruppierungen gemeinsam hatten.

Dass der Einfluss der Parteien bis 1936 nicht völlig verlorenging, war zum einen das Verdienst einer Reihe von Hofadligen, die die antimilitaristischen Kräfte innerhalb der Parteien zu stärken suchten, zum anderen dem Umstand zu verdanken, dass die Meiji-Verfassung ausdrücklich das parlamentarische System verlangte. Dies hinderte auch über 1936 hinaus besonders die radikale Rechte und das Militär daran, dieses Element der vom Meiji-Tennō erlassenen und damit unantastbaren Verfassung direkt zu attackieren.

Die Konfrontation zwischen den beiden wichtigsten Akteuren auf der politischen Bühne, dem Militär und der Bürokratie, nahm unterdessen zu. 1934 begann die Regierung mit der Bildung sogenannter Überministerien, die die Planung und Umsetzung der Politik koordinieren sollten. Die damit einhergehende Zentralisierung von Kompetenzen über die Grenzen der bis dato existierenden Ministerien hinweg stieß auf heftigen Widerstand der betroffenen Bürokraten, öffnete sie doch dem Militär Wege, an ihnen vorbei aktiv zu werden. Für die militärischen Führer war diese Verbindung zu einer revisionistisch eingestellten Überbürokratie von großer Bedeutung, um Parteien und Ministerien die politische Entscheidungsfindung aus den Händen zu nehmen. Auf diese Weise konnten u. a. die massiven Anstrengungen zum Ausbau der Rüstungsindustrie und damit die Vorbereitungen für einen möglichen Krieg besser vorangetrieben werden. Diese erschienen vor allem deshalb nötig, da Japan 1934 die von den USA begonnene und seit 1922 von allen großen, mit China Handel treibenden Mächten respektierte »Politik der offenen Tür« aufgab, um von einer kooperativen und kompromissbereiten Außenpolitik zu einer Strategie der

Stärke überzugehen, die die Beziehungen zu Großbritannien, den USA, China und der UdSSR zunehmend belastete.

Ähnlich wie im Falle anderer machttragender Gruppen und Institutionen des modernen Japans traten aber auch innerhalb des Militärs Differenzen und Konflikte auf. So konkurrierten Heer und Marine nicht nur bezüglich der Aufteilung des Wehretats miteinander, sondern rangen auch heftig um die militärische Vorgehensweise und den politischen Einfluss, der für die Umsetzung der eigenen Pläne vonnöten war. Während die Marine ein zahlenmäßig wesentlich kleinerer, gleichzeitig aber besser ausgebildeter Teil des japanischen Militärs war, der vergleichsweise wenige auf eine soziale Revolution drängende Extremisten in seinen Reihen wusste, verlief im Heer hingegen genau hier eine wichtige Konfliktlinie.

Zudem spitzte sich Mitte der 1930er Jahre die Auseinandersetzung zwischen der sogenannten *Kōdō-ha* (Gruppe des kaiserlichen Wegs) und der *Tōsei-ha* (Gruppe der Kontrolle) zu. Während erstere eine fast mystische Verehrung des Tennō mit »direkten Aktionen« zur Veränderung Japans verband, galt ihr Widersacher als moderatere Gruppierung innerhalb des Militärs. Ausdruck dieser Konfrontation war der durch einen der *Kōdō-ha* angehörenden Offizier verübte Mord an General Nagata Tetsuzan, der der *Tōsei-ha* zugerechnet wurde. Dieses Attentat löste in der Armee eine schwere Krise aus, die schließlich in dem Februarvorfall von 1936 (*Ni ni roku-jiken*) gipfelte. Am Morgen des 26. Februars töteten etwa 1500 Soldaten unter Führung junger Offiziere u.a. den ehemaligen Premierminister Saitō, Finanzminister Takahashi Korekiyo, General Watanabe Jōtarō (einen Führer der *Tōsei-ha*), und, weil sie ihn mit Premierminister Okada Keisuke verwechselten, dessen Schwager. Drei Tage lang hielten die Rebellen einen Teil Tōkyōs besetzt, bis sie durch ein Machtwort des Tennō zur Aufgabe bewegt wurden. Anders als bei den bis dahin aufgedeckten Umsturzplänen wurden die führenden Offiziere nun rasch verurteilt, hingerichtet, und die gemäßigte Linie der Militärführung obsiegte. Kita Ikki, dessen Überzeugungen die ideologische Grundlage für die Attentäter waren, wurde ebenfalls verhaftet und 1937 hingerichtet.

Trotz dieser inneren Konflikte hatte das Militär bis 1935/36 seinen Einfluss im innenpolitischen Kräftefeld gestärkt und versuchte, das Land durch intensive Propaganda über die äußere, das Kaiserreich bedrohende Krise sowohl für ihre finanziellen als auch politischen Forderungen einzunehmen. 1936 stellte die Armeeführung zahlreiche Forderungen für die Bildung des neuen Kabinetts. Attacken der aus dem Militär stammenden Minister gegen die politischen Parteien wurden heftiger. Anfang 1937 forderte Premierminister Hayashi Senjūrō von den Mitgliedern seiner Regierung, ihre Parteizugehörigkeit aufzugeben, und belebte damit das Konzept des überparteilichen Kabinetts der Meiji-Ära wieder. Der heftige Widerstand der Parteien führte jedoch zur Auflösung des Unterhauses, und das Ergebnis der im April 1937 folgenden Wahlen – den letzten freien Wahlen im Japan der Vorkriegszeit – zeigte, dass ein Großteil der Wähler sich gegen die Forderungen des Militärs aussprach und doch zu den Parteien stand. Der Kriegsbeginn in China im Sommer 1937 ließ jedoch auch die letzten Hoffnungen auf eine Wiederbelebung der Parteien oder sogar der parlamentarischen Demokratie enden. Die außenpolitische Lage ließ den Druck zu innerer Einheit übermächtig werden, den Forderungen des Militärs galt absolute Priorität, und Politiker beschränkten sich mit wenigen Ausnahmen darauf, den Gesetzentwürfen der Regierungen zuzustimmen und sich in parteiinternen Faktionskämpfen aufzureiben.

Der Krieg mit China

Zwischen 1932 und 1935 basierten die Beziehungen zwischen China, dessen *Kuomintang*-Regime sich gegen die kommunistischen Revolutionäre zur Wehr setzen musste, und den japanischen Besatzern in der Mandschurei auf einer unausgesprochenen Akzeptanz des Status quo, ohne dass China Mandschukuo offiziell anerkannt hätte. In der zweiten Hälfte des Jahres 1935 begannen Teile der Kwantung-Armee jedoch mit Vorstößen nach Nordchina, wo verschiedene, allerdings wenig erfolgreiche Versuche unternommen wurden, weitere japantreue Regierungen einzusetzen. Dies führte dazu, dass sich Ende des Jahres 1936 Chiang Kai-shek und seine kommunistischen Widersacher auf eine gemeinsame Linie gegenüber den vorrückenden japanischen Truppen einigten. Am 7. Juli 1937 löste schließlich eine militärische Auseinandersetzung an der *Lugou-qiao* (jap. *Rokō-kyō*; im Westen als Marco-Polo-Brücke bekannt) in der Nähe von Beijing eine Kettenreaktion aus, die zu einem umfassenden Krieg führte.

Bezüglich der Auslöser dieser Kampfhandlungen gibt es eine Reihe von Hypothesen, doch ist bis heute unklar, ob es sich um einen unabsichtlich ausgelösten Vorfall handelte oder aber ein Krieg provoziert werden sollte. Auf japanischer Seite glaubte man zunächst, den Konflikt durch Verhandlungen beilegen zu können, so wie es zuvor bei ähnlichen Vorfällen gelungen war. Die Machthaber in Nanjing zeigten an einer solchen Beilegung jedoch wenig Interesse und entsandten die chinesische Zentralarmee nach Nordchina. Diese Offensive überraschte die japanische Seite, hatte sie sich doch aufgrund der militärischen Unterlegenheit des chinesischen Gegners in Sicherheit gewiegt. Trotz der Gefahr, in einen endlosen, die eigenen Ressourcen überfordernden und damit letztlich nicht zu gewinnenden Krieg hineingezogen zu werden, setzten sich die Expansionisten innerhalb der Militärführung durch. Nachdem die Kwantung-Armee Beijing in nur einem Tag eingenommen hatte, rückte sie weiter nach Süden zum Yangtse vor. Mitte August brachen in Shanghai Feindlichkeiten zwischen der chinesischen Armee und der japanischen Marine aus, die der Lage nicht mehr Herr werden konnte und Verstärkung anfordern musste. Die chinesische Seite reagierte mit der Generalmobilisierung, und Japan sandte weitere Truppen nach Shanghai.

Die Tatsache, dass weder die japanische Regierung noch die Militärführung ein klares Konzept für diesen Krieg hatten, schien aufgrund der Anfangserfolge der kaiserlichen Truppen ohne Konsequenzen zu bleiben. Tatsächlich hatte man sich eine Zeitlang der Hoffnung hingeben können, der Krieg sei schnell zu entscheiden, ja ihn lange Zeit gar nicht als umfassenden »Krieg« verstehen wollen. Bereits im Dezember 1937 eroberten japanische Truppen Nanjing, die Hauptstadt Chiang Kai-sheks. Über die dabei von Seiten der japanischen Truppen begangenen Greueltaten gibt es viele Berichte, doch die genaue Zahl der Opfer des Massakers ist nach heutiger Quellenlage nicht zu bestimmen. Trotzdem gilt Nanjing heute mehr als die Menschenversuche der Einheit 731, der Giftgaseinsatz oder die gewalttätige Behandlung von Kriegsgefangenen als Symbol für den von japanischer Seite in weiten Teilen der eroberten Gebiete mit äußerster Brutalität auch gegen die Zivilbevölkerung geführten Krieg.

Der japanische Siegeszug geriet jedoch bald ins Stocken. Chiang Kai-shek kapitulierte trotz des Verlustes von Nanjing nicht, machte zunächst Hankow, nach dessen Verlust im Oktober 1938 dann Chungking zu seiner Hauptstadt. Der chinesische Widerstand wurde von außen durch die USA, Großbritannien und die UdSSR unterstützt, von innen durch Mao Zedong, der mit seinen Reden den Kampfeswillen innerhalb der chinesischen Bevölkerung zu mobilisieren verstand. So hatten japanische Truppen

Ende 1938 zwar alle wichtigen Städte und Eisenbahnlinien Chinas besetzt, doch man verfügte nicht über genügend Einheiten, um sie vor Attacken der Widerstandskämpfer zu schützen.

Obwohl zahlreiche Verhandlungsversuche unternommen wurden, blieben die Bemühungen um einen Frieden erfolglos. 1940 entschloss sich die Regierung in Tōkyō dazu, eine Marionettenregierung in China einzusetzen und darauf zu hoffen, dass der Widerstand des *Kuomintang*-Regimes in Chungking nachlassen würde. Diese Regierung von japanischen Gnaden unter Wang Ching-wei, dem politischen Gegner Chiang Kai-sheks, war jedoch nie in der Lage, die Unterstützung des Volkes zu gewinnen und ohne den Schutz und die Unterstützung der japanischen Armee zu agieren. Gleichzeitig war die japanische Regierungspropaganda damit befasst, den USA, Großbritannien, Frankreich und der UdSSR die Schuld für den nicht enden wollenden Krieg zu geben. Allein aufgrund der Unterstützung durch diese Mächte, so der Vorwurf, bleibe der Widerstand Chiang Kai-sheks aufrecht.

Weit mehr als eine Million japanischer Soldaten befanden sich Ende 1939 in China, ein Jahr später wurden die Kosten, die die Aktivitäten dort für den japanischen Staatshaushalt bedeuteten, auf etwa vier Millionen Dollar täglich beziffert. Die kaiserlichen Truppen mussten bei Scharmützeln immer wieder Verluste hinnehmen, und die Aussichtslosigkeit des militärischen Bemühens wurde zunehmend sichtbar. Die Ausplünderung des Landes durch japanische Konzerne, das Verhalten der Besatzungstruppen gegenüber der einheimischen Bevölkerung und die Unfähigkeit der eingesetzten Verwaltung, ein Minimum an öffentlichem Leben aufrechtzuerhalten, verdeutlichten nicht nur den Chinesen, welchen hohen Preis die Bevölkerung für die von der japanischen Propaganda als Befreiung vom Kommunismus und dem westlichen Imperialismus deklarierte Fremdherrschaft zahlen sollte.

Innenpolitische Radikalisierung

In Japan waren die Vorbereitungen für eine weitergehende Expansion vor allem von der Militärführung vorangetrieben worden. Bereits im Herbst 1936 entwarfen Heeres- und Marineministerium umfassende Pläne, die tiefgreifende Verwaltungsreformen enthielten und zu einem nationalen Verteidigungsstaat führen sollten. Begleitend wurde ein Fünfjahresplan entworfen, in dem die langfristige Koordinierung der wirtschaftlichen Entwicklung und militärischen Mobilisierung festgeschrieben war. Protesten gegen diese Pläne wurde mit viel patriotischer Rhetorik, mit Einschüchterungsversuchen und verbalen Attacken auch gegen Parteipolitiker begegnet, doch konnte man sich mit dem Versuch, beträchtliche Haushaltsmittel für die militärische Mobilisierung zu sichern, zunächst noch nicht durchsetzen.

Im Juni 1937 wurde Konoe Fumimaro Premierminister, ein anglophober Prinz, der einer bis in die Heian-Zeit zurückführbaren *kuge*-Familie des Hofadels entstammte. Unter seiner Regierung verstärkte sich die Haltung der Führungseliten zu der neuen Politik der militärischen und wirtschaftlichen Entwicklung, der lediglich die Parteien nicht unwidersprochen folgen wollten. Sie traten nun vor allem als Vertreter der Interessen der Landbevölkerung auf, die von den neuen finanziellen Lasten, die zur Durchsetzung des Entwicklungsplans notwendig würden, besonders betroffen worden wären.

In dieser Situation wurde der Krieg mit China begonnen, der in Japan selbst zu einer chauvinistischen Euphorie führte, die durch die militärischen Erfolge, durch Regierungspropaganda und die Berichterstattung der Presse genährt wurde. Damit erhöhte sich auch der Druck auf die Parteien, die Unterstützung der kämpfenden Truppen nicht durch nationale Konflikte zu beeinträchtigen. Für Konoe bot dies eine Gelegenheit, zunächst umstrittene Gesetzesvorlagen vom Unterhaus verabschieden zu lassen und dann im September die Zustimmung des Parlaments zu einem umfangreichen Nachtragshaushalt für Militärausgaben zu gewinnen.

Im Dezember 1937 brachte Konoe ein Gesetzespaket ein, das unter anderem das »Gesetz zur Nationalen Generalmobilmachung« (*Kokka Sōdōin-hō*) enthielt. Dieses sah vor, die Kontrolle der Wirtschafts- und Finanzentscheidungen zur alleinigen Sache einer Planungskommission zu machen, die unter Aufsicht des Premierministers mit Bürokraten besetzt werden und das Parlament von entsprechenden Gesetzgebungsverfahren ausschließen sollte. Konoe versuchte einerseits, die Unterhausabgeordneten durch die Zusicherung für sich zu gewinnen, die neuen Gesetze kämen nur in Kriegszeiten zur Anwendung. Zum anderen drohte er aber unverhohlen mit der Bildung einer neuen Partei, die sich klar gegen die beiden konservativen Parteien richten würde. So stimmte das Unterhaus im März 1938 zu, beraubte sich damit aber seiner eigenen Kompetenzen und Einflussmöglichkeiten auf die Innenpolitik und beendete das Kapitel der parlamentarischen Regierungen Japans.

Mit zunehmender Dauer des Krieges in China wuchsen nicht nur die Ausgaben für Militärzwecke, die im Fiskaljahr 1938 bereits drei Viertel des Haushalts verschlangen. Auch die Belastung für die japanische Wirtschaft stieg. Das US-amerikanische Embargo für Kriegsmaterial im Juni 1938 zwang das Militär, verstärkt auf Produkte, die für den Export bestimmt waren, zurückzugreifen, wodurch wichtige Deviseneinnahmen ausfielen. Das Kabinett entschied sich vor diesem Hintergrund, vom neuen Mobilisierungsgesetz Gebrauch zu machen, und rief damit erheblichen Widerstand des Unterhauses und der Wirtschaft hervor.

1939 erließ die Regierung eine »Verordnung zum Landesdienst« (*Kokumin chōyō-rei*), mit der normale Bürger zum Dienst in der militärischen Industrie mobilisiert werden konnten. In verschiedenen Unternehmen gründete man sogenannte »patriotische Produktionseinheiten« (*Sangyō hōkoku-kai*), in denen Arbeiter und Management gemeinsam für die Sache des Krieges aktiv werden sollten. Diese Entwicklung mündete letztlich 1940 in der Auflösung aller Gewerkschaften und der Gründung des »Großjapanischen Patriotischen Produktionszusammschlusses« (*Dai Nippon sangyō hōkoku-kai*).

In der Bevölkerung, die anfänglich enthusiastisch auf den Krieg reagiert hatte, stellte sich aufgrund der erheblichen Belastungen, die nun zu tragen waren, ein deutlicher Stimmungswandel ein. Die mangelnde Teilnahme an der von verschiedenen Regierungsinstitutionen geschaffenen *Kokumin seishin sōdōin undō* (Bewegung zur geistigen Generalmobilmachung des Volkes), mit der der »noble« Sinn und Zweck des Krieges propagiert wurde, verdeutlichte dies. Aufgrund von Importbeschränkungen für tägliche Bedarfsartikel und Lebensmittel wurde zwecks Rationierung ab 1940 für Reis, Zucker, Streichhölzer und andere wichtige Produkte ein Wertmarkensystem eingeführt, Reisbauern mussten ihre Ernte dem Staat abtreten. Schmuck, modische Kleidung oder bestimmte Frisuren wurden im Land nun ebenso verteufelt wie westliche Filme und Literatur. Eine der von staatlicher Seite ausgegebenen Parolen lautete nun »Luxus ist ein Feind« (*Zeitaku wa teki da*). Kriegslieder verdrängten die bis dahin gängige Musik, und öffentliche Feiern reduzierten sich auf Zeremonien, mit denen neue Soldaten in den Krieg geschickt oder die Asche Gefallener beigesetzt wurden. Von staatlicher Seite wurde zu diesem Zweck besonders der zu Beginn der Meiji-Ära errichtete Yasukuni-Schrein in Tōkyō als Ort für nach Shintō-Ritual neu geschaffene, nationalistische Beisetzungs- und Gedenkzeremonien genutzt, ein heiliger Ort, an dem heute aller ca. 2,4 Millionen auf Regierungsseite gefallenen Kriegstoten Japans seit 1853 gedacht wird.

Die Indoktrinierung der Bevölkerung im Sinne der Ideologie des Tennō-Systems, des Familienprinzips und der Kriegsziele wurde verstärkt, Andersdenkende zunehmend unterdrückt. An den Schulen waren Patriotismus, Disziplin, Moralerziehung und der nationale Verteidigungsstaat zu zentralen Unterrichtsinhalten gemacht worden. Der Geist der Reichsgründung, das Wesen des japanischen Staates und nationale Ideale waren nun wesentlich wichtiger als die bloße Vermittlung von Erkenntnissen, die als »Intellektualismus« verpönt wurde. Lehrbücher wurden 1933 und 1941 revidiert und militaristische und chauvinistische Propaganda eingefügt. Lehrer leiteten ihre Schüler an, mutige Soldaten zu werden.

Auch der Wissenschaft wurde eingeschärft, dass sie in erster Linie für gute Beziehungen zwischen Herrscher und Untertanen zu sorgen habe. Die Ideologie des Nationalwesens, die gleichzeitig ein teilweise widersprüchliches, aber auch unkonkretes Konstrukt darstellte, bot sich gerade deshalb als äußerst flexibles Instrument an, um einerseits unliebsame Bewegungen auch in diesem Teil des Bildungssystems zu unterdrücken und andererseits die Forderung nach einer dem Machtsystem und seiner Ideologie entsprechenden Erziehung zu begründen.

Mit der Zeit wurde eine beinahe lückenlose Überwachung der Bevölkerung errichtet. In Anlehnung an die Kontrollmechanismen der Fürstentümer des Tokugawa-Shōgunats wurden Städte und Dörfer bis zu kleinen, in der Regel zehn Familien umfassenden Nachbarschaftsvereinigungen hinunter durchorganisiert, eine Erfassungsmechanik, der sich kein Haushalt entziehen konnte. Vor allem die militärische Sicherheitspolizei *Kempeitai* erzwang und provozierte mit zunehmender Kriegsdauer eine immer intensiver werdende Spitzeltätigkeit unter den verängstigten Bürgern. Äußerungen, aus denen sich Kritik an Krieg, Herrschaftssystem oder auch Zweifel an Überlegenheit und Sieg Japans herauslesen ließen, reichten nicht selten aus, um denunziert und von den staatlichen Sicherheitskräften verschleppt zu werden. Über die Nachbarschaftsvereinigungen konnte aber auch die Regierungspropaganda in die Familien hineingetragen und die Indoktrinierung intensiviert werden. Nachbarschaftsgruppen dienten als Organisationseinheiten bei der Zivilverteidigung und der Verteilung von rationierten Lebensmitteln.

Die wachsende Überwachung und Unterdrückung machte auch vor dem Arbeitsumfeld nicht halt. Die Arbeiterorganisationen, die sich vor dem Krieg gebildet hatten, waren mit Beginn des Krieges mit China verboten und aufgelöst worden; an ihre Stelle traten staatlich gesteuerte bzw. kontrollierte Gruppen. Auch hier wurden Verweigerung und Desinteresse zunehmend bestraft und keine Möglichkeit gelassen, sich der Kontrolle durch den Staat und seiner Indoktrinierung zu entziehen.

1938 wurden alle Vermittlungstätigkeiten für Arbeiter unter staatliche Kontrolle gestellt und von sogenannten öffentlichen Arbeitsämtern durchgeführt. Diese waren in Polizeistationen untergebracht und wurden auch personell mit Polizisten besetzt. Gemäß der Nationalen Generalmobilmachung konnten so Arbeitskräfte besser danach bewertet werden, ob sie für den Militärdienst geeignet waren und entsprechend aus dem Arbeitsmarkt abgezogen werden sollten. Die Regierung hatte anhand des Gesetzes ohnehin die Vollmacht, u.a. die Verteilung von Arbeitern, ihren Lohn und ihre Arbeitszeit zu bestimmen. Mit andauerndem Krieg wurden so immer mehr gelernte und gut ausgebildete Arbeitskräfte aus ihren Fabriken und Produktionshallen für den Militäreinsatz abgezogen und durch ungelernte Arbeiter und Arbeiterinnen ersetzt, die ihre Aufgaben nur schlecht erfüllen konnten.

Ab 1939 erfolgten, u.a. im Rahmen des Einberufungsgesetzes, zunehmend Zwangsdeportationen chinesischer und koreanischer Arbeitskräfte nach Japan. Vor allem der Kohlebergbau und die Bauindustrie profitierten von diesen Arbeitern, deren Gesamtzahl sich bis 1945 auf mehr als 700000 belief. Die Versorgung dieser Koreaner und

Chinesen wurde mit zunehmender Kriegsdauer immer unzureichender, die Arbeitsbedingungen erwiesen sich als äußerst gefährlich, die Zahl der tödlichen Arbeitsunfälle lag im sechsstelligen Bereich, und die Zahl der Flüchtigen wuchs.

Die Parteien blieben unterdessen in Stagnation verhaftet. *Minseitō* und *Seiyūkai* befassten sich hauptsächlich mit sich selbst, die Sozial(istisch)e Massenpartei war ihrerseits gespalten entlang der oben beschriebenen Linie in jene, die in Verbindung zu rechten nationalistischen Gruppen standen, und linke Sozialisten. Im Juli und August 1940 lösten sich alle Parteien, zum Teil unter Zwang, auf, und am 12. Oktober 1940 konstituierte sich die sogenannte »Vereinigung zur Unterstützung der Kaiserherrschaft«, in die auch der »große patriotische Produktionszusammenschluss« übernommen wurde. Kopf der neuen Einheitspartei, die nach dem Muster der NSDAP organisiert wurde, war Premierminister Konoe, der im Juli im Amt bestätigt worden war. Die neue Partei nahm ihre Aufgaben u. a. bei der Kampagne für eine »Mobilisierung des Volkswillens« wahr. Alle Berufsgruppen wurden dabei angehalten, sich ganz der Erreichung der nationalen Ziele unterzuordnen. Auch die Verwirklichung der sogenannten »Neuen Struktur«, die nichts anderes als einen Militärstaat zum Gegenstand hatte, wurde durch die Einheitspartei propagiert. Parallel dazu erfolgte die »geistige Mobilisierung« des Volkes. Alles Nicht-Japanische wurde konsequent aus dem öffentlichen Leben verbannt: westliche Filme, englischsprachige Beschilderungen, ausländische Publikationen verschwanden, selbst das Golfspiel wurde durch japanisches Bogenschießen ersetzt. Gleichzeitig erinnerte die Propaganda die Bevölkerung unablässig an die mythische Vergangenheit des Landes und die Einzigartigkeit seines Volkes. So wurde im Jahre 1940 die Feier des 2600. Jahrestages der Reichsgründung durch den legendären Jimmu-Tennō begangen.

Der Eintritt in den Zweiten Weltkrieg

Überlegungen bezüglich eines Bündnisses mit Deutschland waren aufgrund der unterschiedlichen »Rassen« beider Seiten ideologisch kaum zu rechtfertigen. Japan wollte die Kolonialherrschaft des »weißen Mannes« in Südostasien brechen, für Hitler wiederum stellten die Japaner kein »kulturschaffendes« Volk dar. Andererseits respektierte der Diktator die militärischen Erfolge des Kaiserreiches und die Tatsache, dass Japan »niemals von Juden durchsetzt« worden war. Mit den Nürnberger Gesetzen von 1935, die den nationalsozialistischen Rassenwahn und -hass auf Juden konzentrierten, war diese Problematik aber auf formeller Ebene im wesentlichen beseitigt.

Im November 1936 schlossen Japan und Deutschland den Antikominternpakt, in dem das gemeinsame Vorgehen gegen den bolschewistischen Feind die ideologischen Unvereinbarkeiten und die divergierenden Machtinteressen überdeckte. Weniger der veröffentlichte Teil des Abkommens als der vermutete Inhalt der geheimen Vereinbarungen beunruhigte sowohl die Sowjetunion als auch die Westmächte. Der ein Jahr später erfolgende Beitritt Italiens verstärkte die Furcht vor einem gemeinsamen Vorgehen der »Habenichtse«.

1939 erlitt Japan in der mandschurisch-mongolisch-sowjetischen Grenzregion bei Nomonhan die zweite Niederlage gegen sowjetische Truppen in weniger als zwei Jahren. Die wesentlich besser ausgerüsteten Einheiten der UdSSR, die mongolische Truppen in einem Grenzgefecht gegen die Kwantung-Armee unterstützt hatten, brachten ihren japanischen Gegnern erhebliche Verluste bei. Diese Niederlage machte den japanischen Militärführern nicht nur ein weiteres Mal die Überlegenheit der Roten Armee, sondern auch die Gefährlichkeit eines militärischen Vorstoßes gegen die UdSSR deutlich und bewegte die Regierung in Tōkyō zur

Unterzeichnung eines Waffenstillstandsabkommens mit der UdSSR (15. September 1939).

Die zusehends riskant werdende Situation, in der sich Japan im vierten Jahr des Krieges mit China befand, erzwang eine Änderung der militärischen Strategie. Die Regierung Konoe entschied sich 1940 deshalb dafür, nach Südostasien vorzustoßen. Zugrunde lag u.a. die Überlegung, dass die Niederlande, Frankreich und Großbritannien durch die Konfrontation mit Deutschland nicht mehr in der Lage seien, ihre rohstoffreichen Kolonien zu verteidigen, in denen es u.a. Öl- und Kautschukvorkommen gab. Einmal in japanischer Hand, wäre dann Chiang Kaishek von den Versorgungsrouten über Indochina, Hongkong und Burma abgeschnitten und der Krieg in China leichter zu entscheiden gewesen. Gleichzeitig befriedigte ein solcher Expansionsplan auch die japanischen Vormachtsansprüche in Asien.

Die große Aufgabe der Einigung der Welt fand sich offiziell erstmals in einer Regierungserklärung vom August 1940 in der Parole *hakkō ichiu* (»Die ganze Welt (harmonisch) unter einem Dach«). Darin wird die Herstellung des Weltfriedens zum Grundpfeiler der Regierungspolitik erklärt, als deren erster Schritt eine neue Ordnung in Großostasien, die *Daitōa-kyōei-ken* (Großostasiatische Wohlstandssphäre), verwirklicht werden müsse. Die Vertreibung der westlichen Kolonialherren und die Bekämpfung des Imperialismus waren dabei aber vor allem Rechtfertigungsversuche gegenüber anderen asiatischen Völkern, die anstelle ihrer westlichen Fremdherrschaft bald einem asiatischen Herren zu dienen gezwungen waren.

Aufgrund der deutschen Erfolge im Krieg gegen die Niederlande und Frankreich blieb der japanischen Führung trotz des erfolgten Abschlusses des Hitler-Stalin-Paktes keine Alternative zu einem unkritischen Verhältnis zu Nazi-Deutschland. Die Schaffung der »Großostasiatischen Wohlstandssphäre« machte die Unterstützung

Deutschlands unabdingbar, da sich die USA in den Krieg einzuschalten drohten und die Kräfte Großbritanniens in Europa gebunden werden mussten. Hitler beantwortete die japanischen Bemühungen um ein solches Bündnis erst, nachdem Churchill einen Separatfrieden abgelehnt hatte und Großbritannien auch militärisch nicht zu kontrollieren schien.

Bei den Verhandlungen über den Dreimächtepakt, der im September 1940 unterzeichnet wurde und dessen Zweck vor allem darin bestand, die USA an einem Kriegseintritt zu hindern, steckten Japan, Deutschland und Italien ihre Interessensphären ab, die jedoch gleichzeitig durch geheime Zusatzabkommen wieder ausgehöhlt wurden. Offiziell wurde Asien als ausschließlich japanisches Interessengebiet anerkannt, ohne diesen Erdteil jedoch näher abzugrenzen. Schließlich kam es zur Grenzziehung auf der Höhe von Karachi, Amerika sollte den USA verbleiben, Afrika wurde in dem Abkommen nicht erwähnt.

In einer Situation, in der sich Japan auch aufgrund der sogenannten »ABCD-Einkreisung« durch Amerikaner, Briten, Chinesen und Niederländer (*Dutch*) bedroht sah, war der im April 1941 abgeschlossene Neutralitätspakt mit der UdSSR von größter Bedeutung. Die Erwartung von Teilen der japanischen Regierung, mit diesem stabilisierenden Element den Konflikt mit den USA entschärfen zu können, wurde nicht erfüllt, entsprechende Verhandlungen scheiterten. Washington verstärkte stattdessen seine Unterstützung für China und verschärfte das Handelsembargo gegen Japan. Präsident Roosevelt nutzte den Dreimächtepakt als willkommenes Mittel, um seinem eigenen Volk die Notwendigkeit des Kriegseintritts zu verdeutlichen. Innerhalb der japanischen Armeeführung herrschte Einigkeit darüber, dass eine weitergehende militärische Expansion das Eingreifen der USA provozieren würde. Um diese Gefahr zu verharmlosen, verbreiteten die Expansionisten innerhalb des Militärs Gerüchte, denen zufolge die US-Armee schlecht ausgerüstet und kaum auf einen Krieg vorbereitet sei.

Auf die japanische Besetzung Süd-Indochinas im Juli 1941 reagierten die USA, die Niederlande und Großbritannien mit einem Generalembargo, das v. a. das japanische Militär aufgrund der völligen Abhängigkeit von Öl- und Metalleinfuhren lahmzulegen drohte. Sowohl die Regierung Konoe als auch die ihr im September nachfolgende Regierung unter General Tōjō Hideki unternahmen Verhandlungsversuche, in denen die USA zur Lockerung des Embargos bewegt werden sollten. Die Forderung Washingtons nach Wiederherstellung des Zustandes vor dem Mandschurischen Zwischenfall (Hull Note) wurde jedoch von japanischer Seite als nicht akzeptabel bezeichnet. Das Stellen dieser Bedingung galt als klares Zeichen für die Bereitschaft der Regierung Roosevelt, in den Krieg einzutreten.

Obwohl man weiterhin auf dem Verhandlungswege nach Möglichkeiten suchte, den Konflikt zu entschärfen, konkretisierte sich in der militärischen Führung Japans die Idee, man könne die US-amerikanische Streitmacht durch einen Überraschungsangriff derart schwächen, dass ein anschließend auszuhandelnder Friedensvertrag dem Kaiserreich die gewünschte Anerkennung der eigenen Vormacht im Pazifik und die Versorgung mit Rohstoffen sichern würde. Auf einer der sogenannten »Kaiserlichen Konferenzen« (*gozen kaigi*), an denen der Tennō teilnahm und politische Entscheidungen mittraf, wurde ein entsprechendes Vorgehen abgesegnet. Am 26. November machte sich ein Flottenverband von den Kurilen auf den Weg nach Hawaii, wo am Morgen des 7. Dezember 1941 US-amerikanischer Zeit (8. Dezember japanischer Zeit) die fast komplett in Pearl Harbor vor Anker liegende Pazifikflotte der USA ohne vorherige Kriegserklärung bombardiert und zu großen Teilen zerstört wurde.

Die geringe Gegenwehr der US-Truppen, die aufgrund von Pannen in ihrer Vorwarnkette von dem Angriff überrascht worden waren, und die Effektivität der japanischen Attacke bei nur geringen Verlusten waren der Beginn einer Serie von militärischen Erfolgen, die die Entscheidung für ein solch aggressives Vorgehen zu rechtfertigen schienen. Nur wenige Stunden nach dem Angriff auf Pearl Harbor begannen japanische Truppen ihre Attacke gegen die Philippinen, die bald als potentielle Basis für einen US-amerikanischen Gegenschlag ausgeschaltet wurden. In den folgenden Monaten eroberten die kaiserlichen Truppen fast ganz Südostasien, einschließlich Hongkong, der malaysischen Halbinsel, der Festung Bataan auf Luzon, Singapur und Indonesien. Nach den Siegen über britische und niederländische Truppen waren wichtige Rohstoffquellen unter Kontrolle Japans. Um Chiang Kai-sheks Nachschubwege zu unterbrechen, rückten die kaiserlichen Truppen im Januar 1942 nach Burma weiter und setzten sich bis Mai gegen den Widerstand indischer und britischer Truppen durch. Mit der Besetzung Neuguineas im März 1942 schien die »Großostasiatische Wohlstandssphäre« verwirklicht (s. Karte 9).

Die Niederlage Japans

In den japanisch besetzten Gebieten verursachten der Raubbau und die Plünderung wichtiger Rohstoffe den Zusammenbruch der nationalen Wirtschaften. Die Stimmung in der einheimischen Bevölkerung war bald durch Hass und Wut auf die asiatischen Unterdrücker geprägt. Die japanischen Machthaber degradierten die Menschen zu Zwangsarbeitern für das Kaiserreich und sein Militär, Kultur und soziale Eigenheiten der indigenen Bevölkerung wurden ignoriert und das Erlernen der japanischen Sprache zur Pflicht. Verschleppungen und Hinrichtungen

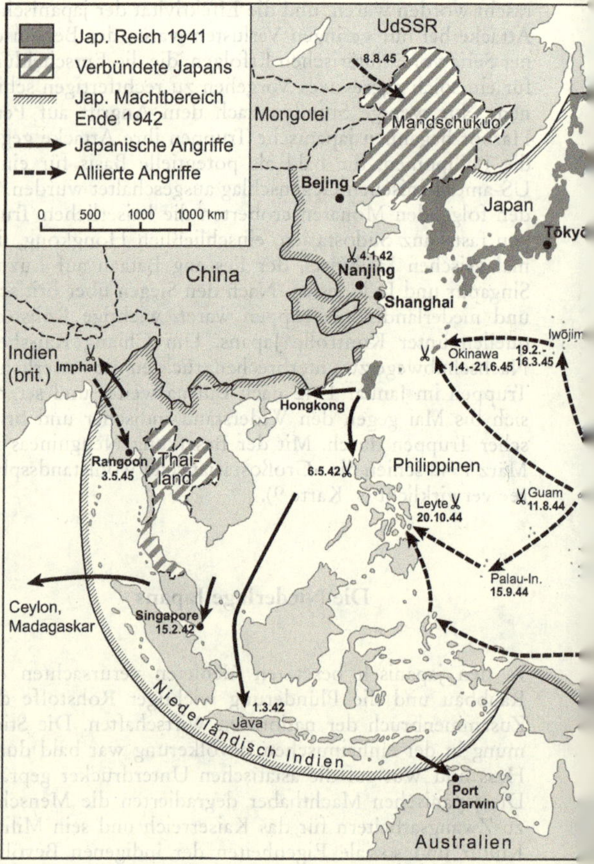

Karte 9: Der Pazifische Krieg 1941–1945

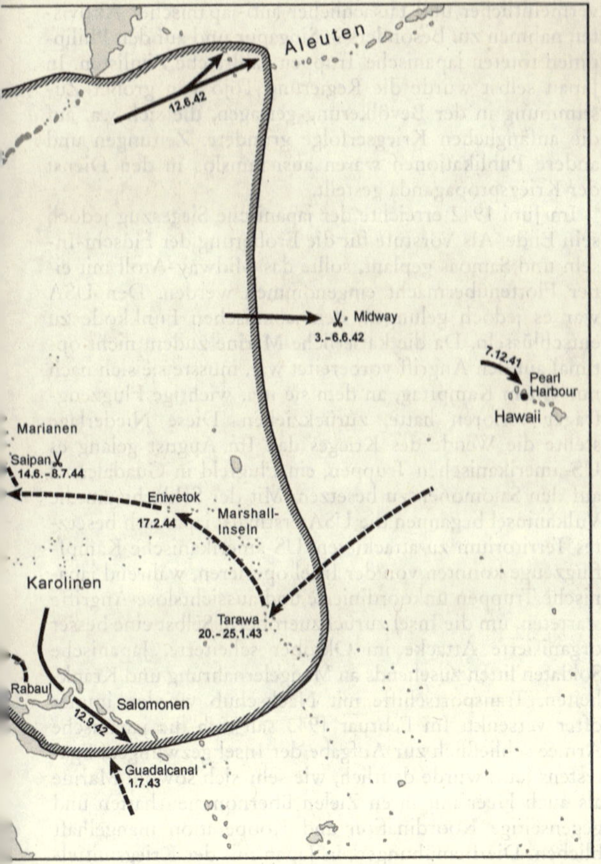
Aleuten
12.6.42
Midway
3.–6.6.42
7.12.41
Pearl
Harbour
Hawaii
Marianen
Saipan
14.6.–8.7.44
Eniwetok
17.2.44
Marshall-
Inseln
Karolinen
Tarawa
20.–25.1.43
Rabaul
Salomonen
12.9.42
Guadalcanal
1.7.43

vermeintlicher und tatsächlicher anti-japanischer Aktivisten nahmen zu. Besonders in Singapur und auf den Philippinen töteten japanische Truppen zahlreiche Zivilisten. In Japan selbst wurde die Regierung Tōjō von großer Zustimmung in der Bevölkerung getragen, die sich v.a. auf die anfänglichen Kriegserfolge gründete. Zeitungen und andere Publikationen waren ausnahmslos in den Dienst der Kriegspropaganda gestellt.

Im Juni 1942 erreichte der japanische Siegeszug jedoch sein Ende. Als Vorstufe für die Eroberung der Fidschi-Inseln und Samoas geplant, sollte das Midway-Atoll mit einer Flottenübermacht eingenommen werden. Den USA war es jedoch gelungen, den japanischen Funkkode zu entschlüsseln. Da die kaiserliche Marine zudem nicht optimal auf den Angriff vorbereitet war, musste sie sich nach nur einem Kampftag, an dem sie u.a. wichtige Flugzeugträger verloren hatte, zurückziehen. Diese Niederlage stellte die Wende des Krieges dar. Im August gelang es US-amerikanischen Truppen, ein Flugfeld in Guadalcanal auf den Salomonen zu besetzen. Mit der Schlacht um die Vulkaninsel begannen die USA erstmals, japanisch besetztes Territorium zu attackieren. US-amerikanische Kampfflugzeuge konnten von der Insel operieren, während japanische Truppen unkoordinierte und aussichtslose Angriffe starteten, um die Insel zurückzuerobern. Selbst eine besser organisierte Attacke im Oktober scheiterte. Japanische Soldaten litten zusehends an Mangelernährung und Krankheiten, Transportschiffe mit Nachschub wurden immer öfter versenkt. Im Februar 1943 sah sich die japanische Armee schließlich zur Aufgabe der Insel gezwungen. Spätestens jetzt wurde deutlich, wie sehr sich sowohl Marine als auch Heer mit ihren Zielen übernommen hatten und gegenseitige Koordination und Kooperation mangelhaft blieben. Die Bemühungen, in Japan mit der Kriegsmittelproduktion nachzukommen, scheiterten nicht nur an fehlenden Rohstoffen, sondern auch am Arbeitskräftemangel.

Die meisten jungen Männer standen an den Fronten, und Versuche, die Lücken durch die Mobilisierung von Studenten, Schulkindern und alten Menschen zu füllen, schlugen fehl.

Die Übermacht der USA und ihrer Alliierten fußte u.a. auf besserer Logistik, auf Rohstoffvorräten sowie industriellen und wirtschaftlichen Kapazitäten. Die Kapitulation Italiens im September 1943 ermöglichte den Alliierten zudem, die eigenen Truppen im Kampf gegen Japan zu verstärken. Nachdem weitere Inselregionen verloren waren, sah sich die japanische Militärführung Anfang 1944 gezwungen, Teile der Kwantung-Armee aus der Mandschurei abzuziehen und in den Süden zu verlegen. Gleichzeitig wurde eine verstärkte Offensive in China selbst gestartet, die tatsächlich über einige Monate hinweg erfolgreich war, sich dann jedoch festlief. Ab Mai 1944 war die Niederlage der japanischen Truppen in Burma unabwendbar, und der gegen britisch-indische Truppen noch im März 1944 gestartete und in einem Desaster endende Imphal-Feldzug verdeutlichte einmal mehr die Schwierigkeiten, die das japanische Militär bei der Einschätzung und Planung von Logistik und Transport hatte. Im gleichen Jahr eroberten die USA Neuguinea gegen den erbitterten Widerstand japanischer Truppen, die zunehmend ohne ausreichende Versorgung mit Material, Medikamenten und Nahrungsmitteln kämpfen mussten. Saipan fiel im Juni in US-amerikanische Hände, wodurch die Inselkette der Marianen japanischer Kontrolle entzogen war.

Diese Niederlagen und der sich abzeichnende Zusammenbruch der japanischen Militärkraft führten im Juli 1944 zum Rücktritt des Premierministers Tōjō, der später als einer der Hauptschuldigen bei den Kriegsverbrecherprozessen am Internationalen Militärgerichtshof für den Fernen Osten zum Tode verurteilt und hingerichtet wurde. Im Oktober 1944 gelang es US-amerikanischen Truppen, nach heftigen Kämpfen auf den Philippinen zu landen und bis März 1945 Manila unter Kontrolle zu bringen. Die japanische Gegenwehr war auch hier erbittert und erfolgte erstmals unter Einsatz von *kamikaze*-Flugzeugen, doch hatten die von Hunger und Krankheit gezeichneten Soldaten keine Siegeschance.

Im Dezember 1944 begannen US-amerikanische Truppen mit der Bombardierung von Iwōjima. Diese nur knapp 1000 km von Tōkyō entfernte Insel der Ogasawara-Kette stellte eine hervorragende Operationsbasis gegen das japanische Festland dar und war gleichzeitig die erste von Japan als ureigenes Territorium betrachtete Region, die an die USA verlorenging. Als die für beide Seiten sehr verlustreichen Kämpfe Ende März 1945 beendet waren, rückten die US-Truppen weiter nach Okinawa vor. Der Kampf um diese Insel war besonders grausam und brachte für die US-amerikanische Seite die größten Verluste des Krieges gegen Japan. Die kaiserliche Marine unternahm einen selbstmörderischen letzten Versuch, die Insel zu behaupten, doch scheiterte sie trotz des massiven Einsatzes von *kamikaze*-Fliegern. Auf den nach und nach von US-Truppen attackierten, zu Okinawa gehörenden Inseln begingen zahlreiche Menschen Selbstmord. Dies war auch das Ergebnis der langen und intensiven Indoktrinierung, die die vermeintliche Tugend, für den Kaiser zu sterben, verherrlichte.

Bereits 1944 hatten die USA ihre Bombardements der japanischen Hauptinseln verstärkt. Die Luftabwehr des Kaiserreiches erwies sich als völlig unzureichend, die Verluste der USA blieben gering. Die Flüchtlingsströme aus den Städten aufs Land nahmen zu, ab Sommer 1944 begann man damit, Schulkinder systematisch aus den großen japanischen Städten wegzubringen, um sie vor Luftangriffen zu schützen. Bis zum Kriegsende wurden 66 japanische Städte zerstört. Bereits zu Anfang dieser Attacken war Tōkyō durch wochenlange Bombenangriffe verwüstet worden. Die japanische Führung befürchtete für den Sommer 1945 bereits die Landung US-amerikanischer Truppen auf den Hauptinseln. In einem dem deutschen Volkssturm gleichenden letzten Versuch, alle verfügbaren Kräfte zu mobilisieren, wurden alle Männer zwischen 15 und 60 sowie Frauen zwischen 17 und 40 Jahren zum Kriegsdienst eingezogen. Die Propaganda forderte, das Heimatland, in das noch nie feindliche Truppen eingefallen waren, todesmutig und, wenn nötig, nur mit Bambusspeeren bewaffnet zu verteidigen.

Ende Juli 1945 funktionierte die japanische Wirtschaft kaum noch, Rohstoffe waren knapper denn je, die Nahrungsmittelversorgung katastrophal und die Verteidigungsfähigkeit der Luftwaffe und Luftabwehr kaum noch existent. Als Japan in der Potsdamer Erklärung vom 26. Juli 1945 zur bedingungslosen und sofortigen Kapitulation aufgefordert wurde, blieb eine Antwort vor allem deshalb aus, weil die Alliierten das Weiterbestehen des Kaiserhauses nicht garantieren wollten. Am 6. August 1945 nahmen die USA das japanische Zögern zum Anlass für den Abwurf der ersten Atombombe auf Hiroshima, der fast 200000 Tote und Verletzte forderte.

Die Führung in Tōkyō versuchte, die Stärke und Folgen dieser »neuen Art von Bombe« gegenüber der Bevölkerung zu verharmlosen. Am 8. August, zwei Tage nach dem Abwurf der ersten Atombombe, griffen sowjetische Truppen in der Mandschurei, auf Sachalin, Korea und den Kurilen an. Dieser Bruch des immer noch gültigen Neutralitätspaktes von 1941 bedeutete einen besonders schweren Schlag für die japanische Führung, da man in Tōkyō noch gehofft hatte, die UdSSR als Vermittler zwischen sich und den Alliierten gewinnen zu können. Am 9. August warfen die USA eine weitere Atombombe auf Nagasaki ab, durch die etwa 100000 Menschen starben oder verletzt wurden.

Am Morgen des 10. August traf Kaiser Hirohito die Entscheidung zu kapitulieren. Neben seinem Machtwort gegen die aufständischen Soldaten 1936 stellte dies erst die zweite als dezidiert von ihm stammend bekannte wichtige politische Entscheidung dar. Aufgrund der Einwände einiger hoher Offiziere setzte der Tennō aber erst am Abend des 14. August sein Siegel unter die Kapitulationserklärung. Am Mittag des 15. August forderte er in seiner ersten Radioansprache die Menschen mit einem Zitat des Meiji-Tennō auf, das »Unerträgliche zu ertragen« und die Waffen niederzulegen. Das japanische Volk, das vorher noch nie die Stimme seines Kaisers gehört hatte, folgte seinem Aufruf. Am 2. September 1945 wurde die Kapitulationsurkunde an Bord des US-amerikanischen Kriegsschiffes *Missouri* in der Bucht von Tōkyō unterzeichnet.

9 Japan bis zum Anfang des 21. Jahrhunderts

Von Axel Klein und Josef Kreiner

Epochenüberblick

Mit der Unterzeichnung der Kapitulationsurkunde am 2. September 1945 endete der Zweite Weltkrieg im Pazifik. Japan verlor alle seine Kolonien, sein Staatsgebiet wurde auf die vier Hauptinseln und einige kleinere, nie genauer spezifizierte Inseln reduziert. Die Versorgung der mehr als fünf Millionen Kriegsrückkehrer bei gleichzeitigem Verlust aller außerjapanischen Rohstoff- und Nahrungsmittelproduktionsgebiete stellte ein gewaltiges und kaum zu lösendes Problem dar. Im Unterschied zu Deutschland blieb in Japan jedoch zumindest der Regierungs- und Verwaltungsapparat intakt, auf den bereits die ersten Parteienkabinette zurückgreifen konnten. Den Tennō beließen die Besatzungsbehörden u.a. deshalb im Amt, um der erstmals in ihrer Geschichte besetzten und kriegsgeschundenen Nation nicht eine weitere Demütigung zuzufügen. Der Tennō erwies sich als kooperativ und wurde nicht wegen Kriegsverbrechen angeklagt.

Eine Teilung des Landes in verschiedene Besatzungszonen wurde nicht vorgenommen (nur Okinawa verblieb zeitweilig unter getrennter Verwaltung der US-Marine), so dass der *Supreme Commander of the Allied Powers* (SCAP) Douglas MacArthur und sein Stab das große Unterfangen der demokratischen Erneuerung des Landes de facto unabhängig von Ratschlägen der *Far Eastern Commission* (Washington) und des *Allied Council for Japan*

(Tōkyō) in Angriff nehmen konnten. Die Reformen waren tiefgreifend: Die ab 1947 geltende Verfassung bildete das Gerüst für eine parlamentarische Demokratie, forderte die Trennung von Religion und Staat und sah ein allgemeines, gleiches Wahlrecht vor. Artikel 9 untersagte den Aufbau von Streitkräften, konnte jedoch, wie 1954 geschehen, so ausgelegt werden, dass der Aufbau von Selbstverteidigungsstreitkräften verfassungskonform war. Die Besatzungsbehörden betrieben die Zerschlagung der großen Familienkonzerne (*zaibatsu*), die Auflösung von Großgrundbesitz durch Bodenreform, eine umfassende Erziehungsreform sowie als Abschluss der Entmilitarisierung die Anklage gegen führende Politiker und Militärs der Kriegszeit vor dem *Military Tribunal of the Far East in Tōkyō*.

Mit dem Fortschreiten des Kalten Krieges, dem Sieg Mao Zedongs in China 1949 und dem Ausbruch des Korea-Krieges 1950 veränderte sich jedoch die Haltung der US-amerikanischen Regierung gegenüber Japan, das als verlässlicher Partner in Ostasien benötigt wurde. Der Friedensvertrag von San Francisco vom 8. September 1951, der von der UdSSR, der VR China, Korea und einigen anderen Staaten nicht unterzeichnet wurde, war daher mit dem gleichzeitigen Abschluss eines Sicherheitsvertrages mit den USA verbunden. 1952 endete die Besatzung, und Japans Selbstbewusstsein erstarkte mit der wiedergewonnenen nationalen Souveränität. Politiker der Kriegszeit, die nach 1945 aufgrund der politischen Säuberung durch SCAP ihre Ämter und politischen Partizipationsrechte verloren hatten, kehrten auf die Bühne zurück und waren maßgeblich an der Neuschaffung des Parteiensystems beteiligt. 1955 formierte sich mit der Liberaldemokratischen Partei (LDP) die bis 2009 fast durchgehend regierende und dominante Partei des Landes. Die sich ebenfalls 1955 (re)konstituierende Sozialistische Partei Japans (SPJ) konnte als ideologisch dominierte Opposition nie auch nur annähernd eine Mehrheit der Bevölkerung für sich gewinnen.

Außenpolitisch wichtig waren die Aufnahme diplomatischer Beziehungen zur UdSSR (ohne Friedensvertrag) sowie die Aufnahme Japans in die Vereinten Nationen, beides 1956. Die Neuverhandlung des Sicherheitsvertrages 1959/60 war mit heftigen Protesten verbunden, die sich allerdings nicht in Wahlniederlagen der LDP niederschlugen. Im Gegenteil: Die Wirtschaftsleistung stieg, und 1968 war das Bruttosozialprodukt des Landes zum zweithöchsten der Welt geworden. Möglich wurde dieses »Wirtschaftswunder« durch eine ganze Reihe von Faktoren, deren Kern das noch bis zum Ende des 20. Jahrhunderts vorherrschende Konzept eines Handelsstaates bzw. einer Technologienation darstellte. Japan führte billige Rohstoffe ein und verarbeitete sie zu technisch hochwertigen Fertigprodukten für den Export. Vom Staat bzw. der Ministerialbürokratie (*Ministry of Trade and Industry* MITI, *Economic Planning Agency*, *Agency for Science and Technology*) vorgegebene Richtlinien und Prognosen halfen, Industriezweige in ihrer Entwicklung zu fördern und sie zumindest zeitweise vor ausländischer Konkurrenz zu schützen. Eine häufig als spezifisch japanisch angesehene Form insbesondere des Personalmanagements (Einstellung auf Lebenszeit, Entlohnung nach dem Senioritätsprinzip, Firmengewerkschaften) stützte den Höhenflug der Wirtschaft, der von den beiden Ölschocks nur kurzfristig beeinträchtigt wurde und erst nach der sog. *Bubble Economy* (1987–1991) endete.

Die starke Ausrichtung auf Wirtschaftswachstum hatte, recht früh nach Kriegsende beginnend, zu einem immer engeren Verwachsen von Regierungsbürokratie und lokaler Verwaltung, Wirtschaftsunternehmen und LDP-Politikern geführt. Dieses als »eisernes Dreieck« bezeichnete Verhältnis agierte meist zu gegenseitigem Nutzen und auf Kosten der Allgemeinheit. Eine Folge davon war, dass die immens wachsende Umweltverschmutzung geflissentlich übersehen wurde. Erst das Erstarken linker Parteien und Politiker, die sich auf lokaler Ebene als Vertreter der zunächst wenig wirksamen Bürgerproteste erwiesen, bewegte die LDP zu einer Kurskorrektur.

Die japanische Gesellschaft hatte sich unterdessen tiefgreifend verändert. Landflucht kennzeichnete diese Veränderungen ebenso wie das langsame Verschieben des Arbeitskräftebedarfs vom primären in den sekundären und später in den tertiären Sektor. Die wirtschaftliche Hochwachstumsphase brachte materiellen Wohlstand, auch wenn die Wohnsituation in den Großstädten, verglichen mit Standards in anderen Industrienationen, bescheiden blieb. Die Durchschnittsfamilie bestand aus einem erwerbstätigen Ehemann, der ob seiner langen Arbeitszeiten wenig am Familienleben teilnehmen konnte, und einer Hausfrau, die zwei Kinder zu versorgen hatte. Ab den 1970er Jahren wurde dabei der vom Nachwuchs eingeschlagene Bildungsweg immer wichtiger. Einer großen Zahl von Eltern lag sehr viel daran, ihre Kinder durch renommierte Schulen auf eine ebenso renommierte Universität schicken zu können. Der Begriff der »Schulbildungs-Gesellschaft« (*gakureki shakai*) etablierte sich. Für viele Kinder und Jugendliche bedeutete das neben der Schule zusätzlichen Nachhilfeunterricht sowie großen Prüfungsdruck, die Mütter agierten in der Regel als Bildungsmanagerinnen. Nach dem Babyboom in den frühen 1970er Jahren fiel die Geburtenrate Jahr für Jahr und trug damit bis heute zu einer immer schneller wachsenden Alterung der japanischen Gesellschaft bei, deren Konsequenzen aber erst ab 1990 auf die politische Tagesordnung gelangten.

Außenpolitisch wurde Japan 1972 vor allem durch die Wiederaufnahme diplomatischer Beziehungen der USA zur VR China überrascht, wirtschaftlich wurde es durch die Ölkrise getroffen, in deren Verlauf es zu einer hohen Inflation und Panikkäufen japanischer Verbraucher kam.

Danach wandelte sich die Produktionspalette japanischer Unternehmen hin zu Elektronikgütern und Kraftfahrzeugen. Letztere waren im Export so erfolgreich, dass sich die Industrie 1978 eine »freiwillige« Exportbeschränkung auferlegen ließ. Trotzdem hielten die Handelskonflikte vor allem mit den USA an. Gefördert wurde der japanische Wirtschaftserfolg durch die neoliberale Politik der Regierung Nakasone (1982–87, Privatisierung der staatlichen Bahn und Telekommunikationsunternehmen), durch die Aufwertung des Yen im Rahmen des Plaza-Abkommens (1985) aber gebremst. Die Japanische Zentralbank trug mit ihrer darauf folgenden Politik des billigen Geldes maßgeblich dazu bei, dass sich gleichzeitig ein Aktienboom auf der Basis spekulativ in die Höhe getriebener Grundstückspreise entwickelte. Für einige Jahre konnten sich große Teile der japanischen Arbeitnehmerschaft hoher Zusatzgehälter erfreuen. Doch das Platzen der »Seifenblasenwirtschaft« führte zu einem großen Absturz, v. a. Banken mussten – mit staatlichem Beistand – um ihr Überleben kämpfen.

In den gleichen Zeitraum fiel das Ende der DDR (1989/90) sowie der Golfkrieg (1990/91), auf den die japanische Regierung umständlich und langsam reagierte. Danach erwies sich die Politik wieder einmal als v. a. mit sich selbst beschäftigt. Nach einer Reihe von Korruptionsfällen geriet die LDP 1993 erstmals in die Opposition, eine heterogene und auch deshalb kurzlebige Sieben-Parteien-Koalition vermochte es immerhin, die Rahmenbedingungen für politischen Wettbewerb zu reformieren. Dann brach sie auseinander, und der LDP gelang es, den Erzfeind der vorhergehenden Jahrzehnte, die Sozialistische Partei, 1994 zum Steigbügelhalter für ihre Rückkehr in die Regierungsposition zu machen.

Für die Wirtschaft des Landes bedeutete das Platzen der »Seifenblasenwirtschaft« die Notwendigkeit großer Umstrukturierungen. In der zunächst emphatisch als »Verlorenes Jahrzehnt« bezeichneten Dekade der 1990er Jahre erfolgte ein Umbruch, der es der japanischen Wirtschaft zwar erlaubte, sich zu erholen und verbessert dem Globalisierungsdruck zu stellen, doch gleichzeitig den Samen für eine zunehmende sozio-ökonomische Spaltung der Gesellschaft (*kakusa shakai*) säte. Viele der zu Beginn der 1990er Jahre von den Schulen und Universitäten abgehenden jungen Japaner fanden keine feste Anstellung mehr, sie werden später als »verlorene Generation« (*rosu jene*) bezeichnet. Bis zum Ende des folgenden Jahrzehnts basierten mehr als ein Drittel der Anstellungsverhältnisse auf schlechter bezahlten Zeitverträgen, die Stammbelegschaft war deutlich geschrumpft. Armut, vor allem bei älteren Bürgern und alleinerziehenden Müttern, wuchs und wird zunehmend thematisiert. All dies spielt sich im internationalen Vergleich auf eher niedrigem Niveau ab, doch ist das Erwachen aus dem nie realen Traum der »100 Millionen Mittelschichtler« kein angenehmes für die japanische Gesellschaft. Dazu trägt auch der Umstand bei, dass die LDP-Regierungen der Vergangenheit einen Schuldenberg von etwa 200 % des BIP aufgehäuft haben. Im Jahre 2000 wurde eine weitgehend nach deutschem Vorbild konstruierte Pflegeversicherung eingerichtet, die dem rapiden Alterungsprozess Rechnung trägt. Doch stellt sie die Regierung, wie bei allen anderen Elementen des Sozialversicherungssystems auch, vor kaum finanzierbare Restrukturierungsaufgaben.

Man mag dieser negativen Bestandsaufnahme entgegenhalten, dass Japan trotz aller Rückschläge noch 2009 als Wirtschaftsmacht an zweiter Stelle in der Welt stand. Viele japanische Firmen sind weiterhin marktführende *global player*. Auch der Umstand, dass die 2005 beginnende Schrumpfung der Bevölkerung und das damit einhergehende Sinken der Zahl der Arbeitskräfte dazu beiträgt, mehr Menschen eine Erwerbstätigkeit zu ermöglichen, hellt das Bild ein wenig auf. Die Verbindung mit den asiatischen Nachbarstaaten ist nicht nur auf wirtschaftlicher Ebene gewachsen, sondern auch im (pop)kulturellen Bereich. *Manga*, *Anime* und japanische Popmusik sind in vielen Teilen Asiens äußerst populär und bringen den jungen Generationen dieser Länder andere Seiten Japans näher als die, die ihre Eltern und Großeltern vor allem mit diesem Land verbinden. An der Notwendigkeit zahlreicher und weitgreifender Reformen und Umwälzungen wird dies jedoch nichts ändern. Japan hat sich sowohl bei der Öffnung des Landes im 19. Jahrhundert (Meiji-Restauration) als auch nach dem Zweiten Weltkrieg als fähig erwiesen, unausweichliche Neuausrichtungen des Landes in Angriff zu nehmen und erfolgreich durchzuführen. Es wird spannend sein zu verfolgen, ob Japans Eliten ähnliches wieder gelingen wird.

1945	2. September: Unterzeichnung der Kapitulationsurkunde an Bord der USS *Missouri* Einrichtung eines *General Headquarter* (GHQ) unter US-General Douglas MacArthur (*Supreme Commander of the Allied Powers* (SCAP)) November: Auflösung der Familienkonzerne (*zaibatsu*) (bis Juli 1951) Dezember: Anordnungen des GHQ zur Landreform, Reform des Wahlrechts und zur Trennung von Shintō und Staat
1946	1. Januar: Erklärung des Tennō über seine nicht-göttliche Natur Mai: Tōkyōter Kriegsverbrecherprozess (Urteile November 1948)
1947	3. Mai: Inkrafttreten der neuen Verfassung
1949	März: Dodge-Kommission; Festsetzung Wechselkurs 1 $ = 360 Yen November: Physik-Nobelpreis an Yukawa Hideki
1950	25. Juni: Beginn des Korea-Krieges September: »*Red Purge*«

1951	April: Amtsenthebung MacArthurs, Nachfolger General Matthew B. Ridgway
	8. September: Friedensvertrag von San Francisco; Sicherheitsvertrag mit den USA
1952	28. April: Inkrafttreten des Friedens- und des Sicherheitsvertrages
1954	Juli: Aufstellung von Selbstverteidigungsstreitkräften *Jieitai*
1955	Oktober: Konstituierung der Sozialistischen Partei Japans (SPJ)
	November: Konstituierung der Liberaldemokratischen Partei (LDP), Beginn des sog. »'55er-(Parteien-)Systems«
1956	»Jimmu-Boom« (bis 1958)
	19. Oktober: Aufnahme von Beziehungen zur UdSSR
	Dezember: Aufnahme in die Vereinten Nationen
	Erstes Auftreten der Minamata-Krankheit
1957	Erster Atomreaktor (Tōkaimura) in Betrieb
1958	»Iwato-Boom« (bis 1961)
1960	19. Mai: Erneuerung des Sicherheitsvertrages trotz heftiger Demonstrationen
	Absage des Staatsbesuches von US-Präsident Eisenhower
	Rücktritt von Premierminister Kishi
	Nachfolger Ikeda: Plan zur Verdoppelung des Nationaleinkommens (bis 1968)
1964	September: Autobahn Nagoya–Kōbe; *Shinkansen* Superexpress Tōkaidō-Linie Tōkyō–Ōsaka
	Oktober: Olympische Spiele in Tōkyō
1966	»Izanagi-Boom« (bis 1970)
1968	April: Erstes erdbebensicheres Hochhaus in Tōkyō (*Kasumigaseki Building*)
	Japans Wirtschaft wird zur zweitgrößten der Welt
	Literatur-Nobelpreis an Kawabata Yasunari
1968/69	Studentenunruhen
1970	März–Oktober: Weltausstellung in Ōsaka
	Erster Satellitenstart
1971	Freigabe des Wechselkurses (*Bretton Woods*)
1972	15. Mai: Rückgabe Okinawas an Japan
	September: Aufnahme der Beziehungen zur VR China nach »Nixon-Schock«

1973	Oktober: Erste Öl-Krise
1975	Teilnahme am ersten Gipfeltreffen (G-6 in Rambouillet)
1976	Lockheed-Skandal, Verhaftung des Premierministers Tanaka Kakuei
1978	Friedensvertrag mit VR China
1985	Plaza-Abkommen
1987	Beginn »Bubble-Economy« (bis 1991)
1989	Januar: Tod des Shōwa-Tennō; Inthronisation des Heisei-Tennō (Akihito) Recruit-Skandal
1990	Fallende Geburtenrate wird zum politischen Thema
1991	Irak-Krieg, Regierung Kaifu gerät unter außenpolitischen Druck
1993	Politische Umwälzungen, Ende des »'55er-Systems«, Vielparteienkoalition
1995	17. Januar: Erdbeben in Kōbe-Awaji 20. März: Sarin-Giftgas-Anschlag in U-Bahn Tōkyō (*Aum-Shinri-Kyō*) August: Inbetriebnahme des Schnellen Brüters *Monjū* Demonstrationen in Okinawa gegen US-Militärbasen
1997	Errichtung einer Stiftung zur Förderung der Ainu-Kultur LDP erobert Unterhausmehrheit zurück
1999	Koalition von LDP und Kōmeitō nimmt Arbeit auf
2000	G-8-Gipfeltreffen auf Okinawa
2002	Premierminister Koizumi besucht VR Korea Fußballweltmeisterschaft in Japan und Südkorea
2005	Unterhausauflösung wegen des Gesetzes zur Privatisierung der Post; deutlicher Sieg der LDP
2007	Opposition gewinnt Oberhausmehrheit
2008	Juli: Parlament erkennt die Ainu als »*first nation*« an September: Mit Asō Tarō tritt der vierte Premierminister seit der letzten Unterhauswahl sein Amt an
2009	August: LDP verliert bei Unterhauswahl die Regierungsmehrheit, mit Hatoyama Yukio führt erstmals ein Vorsitzender der Demokratischen Partei eine Regierung
2011	März: Größtes jemals in Japan gemessenes Erdbeben, Flutwelle und Atomunfall (Fukushima) im Nordosten Japans
2012	Dezember: Rückkehr der LDP in die Regierungsverantwortung, Zersplitterung der Opposition.

Nachkriegszeit und Wiederaufbau

In einer Radioansprache zur Mittagszeit des 15. August 1945 verkündete Tennō Hirohito die Niederlage Japans im »Großostasiatischen Krieg« (*Daitōa-sensō*), heute treffender als »Pazifischer Krieg« (*Taiheiyō-sensō*) bezeichnet, und die Annahme der Bedingungen der Potsdamer Deklaration vom 26. Juli 1945. Für Japan bedeutet dieser Augusttag, der mit dem traditionellen Toten- und Ahnenfest *O-bon* zusammenfällt, bis heute das Kriegsende, dessen mit verschiedenen Zeremonien gedacht wird. Die Vereinigten Staaten begehen das Kriegsende im Pazifik dagegen jeweils am 2. September, jenem Tag, an dem die Kapitulationsurkunde an Bord des US-Schlachtschiffes *Missouri* in der Bucht von Tōkyō unterzeichnet worden ist. 1945 hatte Tennō Hirohito zwischen diesen beiden Tagen all seinen Einfluss aufgeboten, um das Los Japans zu erleichtern, aber auch um die kaiserliche Institution als solche möglichst unbeschädigt über das Kriegsende hinaus zu erhalten. Kaiserliche Gesandte, an ihrer Spitze Mitglieder des Kaiserhauses selbst, wurden in die militärischen Führungszentren im Lande und in den besetzten Gebieten entsandt, um die Einstellung der Kampfhandlungen auch bei jenen Truppenteilen durchzusetzen, die entschlossen waren, bis zum Tode weiterzukämpfen. Auch die Ernennung des neben Außenminister Shigemitsu Mamoru für die Unterzeichnung der Kapitulationsurkunde bestimmten Generals Umezu Yoshijirō konnte erst nach einer persönlichen Unterredung des Betreffenden mit dem Tennō erfolgen.

Diese umsichtige, wenig bekannte Politik des Tennō gipfelte in seinem Gespräch mit dem in Tōkyō stationierten und der amerikanischen Regierung unterstellten *Supreme Commander of the Allied Powers* (SCAP) in Person des US-Generals Douglas MacArthur (27. September 1945), in dem der Kaiser seine grundsätzliche Opposition gegen den Kriegsbeginn 1941 deutlich zu machen versuchte. Er stieß dabei auf Seiten der US-Besatzungsmacht auf große Bereitschaft, nicht nur die Institution des Kaisertums im Hinblick auf befürchtete Unruhen zu erhalten, sondern auch von einer Anklageerhebung gegen ihn als Kriegsverbrecher abzusehen. Am 1. Januar 1946 ging Hirohito noch einen Schritt weiter und verkündete in einer Radioansprache, der Tennō sei nicht göttlicher Natur, sondern die Beziehung zwischen Nation und Kaiser beruhe auf gegenseitigem Vertrauen und Respekt, wobei er deutlich erkennbar an die »Eideserklärung« des Meiji-Tennō von 1868 anknüpfte. Hirohito demonstrierte auch viele Jahre später noch Distanz zu den Militärs und Politikern der Kriegszeit. Nachdem am 17. Oktober 1978 die für den Kriegsausbruch verantwortlichen und im Tōkyōter Militärgerichtsprozess verurteilten und hingerichteten Kriegsverbrecher am Yasukuni-jinja »eingeschreint« wurden, stattete er der für die Gefallenen aller von Japan geführten Kriege seit 1853 errichteten Gedenkstätte nie wieder einen Besuch ab.

Für die Besatzung Japans war ein umfangreicher Apparat eingerichtet worden. In Washington sollte die *Far Eastern Commission*, der Vertreter aller gegen Japan Krieg führenden Alliierten angehörten, auf der Grundlage bereits früher ausgearbeiteter US-amerikanischer Pläne allgemeine politische Richtlinien vorgeben. Deren Umsetzung oblag MacArthur, dem ein *Allied Council for Japan* zur Seite stehen sollte. Da die Besatzung jedoch, abgesehen von kleinen Kontingenten aus Großbritannien und den Commonwealth-Staaten, ausschließlich von US-amerikanischen Truppen durchgeführt und der Sowjetunion eine eigene Besatzungszone in Hokkaidō nicht zugestanden wurde, agierte MacArthur de facto wie ein neuer Shōgun, eine Rolle, die er selbst noch dadurch unterstrich, dass er während seiner gesamten Amtszeit von Japan nicht mehr sah als den täglichen Weg von seiner Wohnung in der amerikanischen Botschaft zum *General Headquarter* (GHQ) im Gebäude einer ehemaligen Versicherungsanstalt gegenüber dem Kaiserpalast. Für die Implementierung seiner bzw. der Politik des GHQ, deren übergreifendes Ziel die Schaffung einer demokratischen Gesellschaft war, bediente sich MacArthur der bestehenden, das Kriegsende überdauernden politisch-administrativen Institutionen Japans: Kaiserhaus, Parlament, Kabinett und Verwaltungsbehörden. Das Staatsgebiet, dem die in rascher Folge durchgeführten Reformen galten, umfasste, wie in Potsdam beschlossen, nur mehr die vier Hauptinseln sowie einige Nebeninseln, die jedoch nie genau bestimmt worden waren. Die Kolonien Taiwan, Korea, Sachalin und die Südsee-Gebiete waren verloren. Mehr als fünf Millionen Rücksiedler von dort und aus den Gebieten des ehemaligen Mandschukuo sowie eine große Zahl ehemaliger Soldaten mussten nun in Japan versorgt werden. Einige der ins Auge gefassten Reformen wurden daher zunächst hintangestellt, um die Wirtschaft in Gang bringen zu können. Der sich anbahnende Kalte Krieg verstärkte diese Politik, bedurften die USA doch eines verlässlichen Partners in Ostasien.

Die ersten Befehle des GHQ nach Landung MacArthurs auf der Luftwaffenbasis Atsugi im Südwesten Tōkyōs betrafen die Auflösung der Kaiserlichen Armee und Marine, die Entwaffnung und Entlassung aller Soldaten und Militärangehörigen sowie den Abbau der Kriegsindustrie. Die meist von Familien geleiteten Finanz- und Industriekonglomerate (*zaibatsu*) sollten aufgelöst werden, eine Aufgabe, die im Juli 1951 als abgeschlossen galt. Die Anteilseigner wurden mit rasch an Wert verlierenden Regierungsobligationen abgefunden und durften nicht mehr in der Wirtschaft tätig werden.

Eine zweite Stütze des militaristischen Japan sah man im Shintō, insbesondere in dem seit der Meiji-Periode als »Grundlage des japanischen Volkstums« aufgebauten und dem Innenministerium unterstellten sog. »Staats-Shintō«, wobei man die sich nicht weniger nationalistisch gebärdenden verschiedenen Schulen des Buddhismus geflissentlich übersah. Das Ministerium des Inneren wurde aufgelöst, Shintō aller staatlichen Subsidien entkleidet. Die mehr als 80 000 Shintō-Schreine und deren lokale Kultgemeinden schlossen sich in einem »Schrein-Hauptbüro« (*Jinjahonchō*) zusammen und sind seitdem wie alle anderen in Japan tätigen Religionsgemeinschaften nach Prüfung ihrer Lehre als »religiöse Körperschaften« beim Ministerium für Erziehung, Bildung, Kultur, Sport, Wissenschaft und Technologie zugelassen und registriert.

Die Entmilitarisierung wurde formell mit den Verhandlungen über Kriegsschuld und Kriegsverbrechen abgeschlossen. Gegen die 28 Angeklagten der Kategorie A wurde im Mai 1946 ein Prozess vor dem *Military Tribunal of the Far East in Tōkyō* eröffnet, weitere Prozesse fanden in mehreren Städten der ehemals von Japan annektierten Länder statt. Die Tōkyōter Urteile (12. November 1948) wurden in keinem Fall einstimmig gefällt, der indische Richter Radhabinod Pal lehnte in einem Sondervotum die Berechtigung des Gerichtshofes sogar grundsätzlich ab. Ex-Premierminister Tōjō Hideki und sechs andere Verurteilte wurden durch den Strang hingerichtet.

Die während der Kriegsjahre inhaftierten politischen Gefangenen erwiesen sich nach ihrer Freilassung als sehr zielstrebig in der Neuformierung von Parteien, die nach Willen der Besatzungsmacht maßgeblich zur demokratischen Neugestaltung des Landes beitragen sollten. Bereits im November und Dezember 1945 hatten sich die Kommunistische, die Sozialistische und zahlreiche konservative Parteien konstituiert. Allerdings wurden letztere im Rahmen der von den Besatzungsbehörden verordneten »Säuberung« (*purge*) bis Anfang 1947 einer großen Zahl ihrer führenden Köpfe und Kandidaten beraubt. In das dadurch entstandene Vakuum traten vor allem Ministerialbeamte.

Die provisorische politische Führung war bereits wenige Monate nach Kriegsende von SCAP dazu aufgefordert worden, eine neue Verfassung zu erarbeiten. Die Besatzungsbehörden gaben Demokratisierung, Rechtsstaatlichkeit, Aberkennung jeglicher politischer Funktionen des Tennō sowie Schutz der Menschenrechte als nicht verhandelbare Grundlagen vor. Trotzdem bemühte sich die japanische Seite, möglichst viel von Inhalt und Charakter der seit 1890 geltenden Meiji-Verfassung zu erhalten. Sie scheiterte und konnte letztlich nicht mehr tun, als die neue Verfassung am 3. November 1946, dem Geburtstag des Meiji-Tennō, zu verkünden. Formell-juristisch handelt es sich bei der neuen Verfassung zwar um eine reformierte Version der alten, die inhaltlichen Unterschiede sind aber fundamental.

Bis dato war laut Verfassung das Volk dem Tennō untertan, jetzt ist es der Souverän. Es gilt Religionsfreiheit, dem Staat ist jede Art religiöser Erziehung und Aktivität untersagt. Das allgemeine Wahlrecht genießen nun alle Bürgerinnen und Bürger ab ihrem 20. Geburtstag. Einziges gesetzgebendes Organ des Landes wurde das nationale Parlament, das, britischem Muster folgend, aus zwei Kammern (Ober- und Unterhaus) besteht. Das Kabinett wird vom Premierminister geführt, darf nur aus Zivilisten bestehen und ist dem Parlament verantwortlich. Zum höchsten Organ der Judikative wird der Oberste Gerichtshof bestimmt, der jedoch seine Kontrollfunktion gegenüber Exekutive und Legislative bis heute im internationalen Vergleich sehr passiv auslegt. Die Bedingungen, die für eine Verfassungsänderung erfüllt werden müssen, wurden so hoch gesteckt, dass sie mit dazu beigetragen haben, dass bis heute keine einzige Veränderung vorgenommen wurde.

Neben der Verfassung wurden zahlreiche andere Bereiche in Gesellschaft und Wirtschaft des Landes erneuert. Die wohl größten Herausforderungen stellten dabei die

Demokratisierung in den Köpfen des Volkes und die dafür nötige Überwindung des durch Staats-Shintō und Kaiserkult, extremen Nationalismus und Kriegspropaganda geprägten Bewusstseins dar. Ein wesentlicher Ansatzpunkt für diese Herkulesaufgabe war die Schulbildung. Der »Moralunterricht« der Jahrzehnte zuvor wurde aus den Schulzimmern verbannt, die demokratischen Ideale der USA zum neuen Unterrichtsleitbild gemacht. Für japanische Schulkinder bestand die Schulpflicht nun aus sechs Jahren Grundschule und drei Jahren Mittelschule, eine wachsende Zahl durchläuft aber auch die drei Jahre der Oberstufe.

Für den wirtschaftlichen Wiederaufbau und die sich daraus nahtlos entwickelnde Hochwachstumsphase waren die Bodenreform, die neue Arbeitsmarktpolitik sowie die Entscheidung über den in der Industriepolitik einzuschlagenden Kurs von großer Bedeutung. Die Landreform wurde noch im Dezember 1945 in die Wege geleitet und sollte vor allem eine Auflösung des sog. »parasitären« Grundbesitzes (d. h., der Grundherr selbst war nicht vor Ort ansässig und betrieb keine Landwirtschaft) sowie eine Ablösung allen Grundbesitzes über einer Höchstgrenze von 3 Hektar (in Hokkaidō 12 Hektar) bringen. Im Ergebnis sank die Zahl der Pachtbauern auf 5 %, das Pachtland auf 10 %. Die nun ihr eigenes Land bewirtschaftenden Bauern waren binnen kurzer Zeit imstande, Japan – das in der Vorkriegszeit auf den Reisbau in Korea angewiesen war – im Hinblick auf dieses Grundnahrungsmittel autark zu machen. Die einseitige Förderung des Reisanbaus durch die Regierung bis in die Gegenwart hinein hatte jedoch zur Folge, dass andere Nahrungspflanzen (Weizen, Sojabohnen, Buchweizen u. a.) vernachlässigt wurden und Japan heute weniger als 40 % seiner Nahrungsmittel selbst produzieren kann. Zur Bevorzugung des Reisanbaus trug auch die zunehmende Technisierung bei, die durch die Nachfrage der zahlreichen selbständig gewordenen Bauern vorangetrieben wurde.

Die in der Landwirtschaft seit Einführung des Nassreis-Anbaues (etwa in der Yayoi-Periode) fast nicht veränderten Geräte der Feldbestellung und Verarbeitung (Hacke, Glättbrett, Egge, Sichel, Mörser) wurden von Maschinen abgelöst, deren Erfindung und Produktion an der Nahtstelle von Waffen- und Automobilproduktion stand und die das notwendige Kapital für viele japanische Weltmarktprodukte bereitstellten. In diesem Bereich schlug die staatliche Leitung durch das später ob seiner Steuerungserfolge oft gelobte *Ministry of Trade and Industry* (MITI) allerdings häufig fehl: Suzuki, Honda oder Toyota entwickelten sich aus der Nachfrage nach in der Landwirtschaft und Kleinindustrie einsetzbaren Mini-Traktoren, Motorpflügen und Aussetzmaschinen und expandierten entgegen den Weisungen des Ministeriums in die Automobilproduktion.

Für Arbeitnehmer brachten die Nachkriegsreformen die Freiheit, Gewerkschaften gründen zu dürfen, ein Angebot, das vor allem zu einer raschen Ausbreitung von Firmengewerkschaften führte. Aber auch Angestellte im öffentlichen Dienst organisierten sich und schwenkten in ihrer politischen Ausrichtung rasch nach links, wo sie die Unterstützung der Sozialisten und Kommunisten fanden. Als sich die wirtschaftliche Situation 1946 verschlechterte und ein Großteil der Löhne durch Inflation verzehrt wurde, drohten die Gewerkschaften mit einem Generalstreik. Der für Januar 1947 ausgerufene Arbeitskampf wurde von MacArthur jedoch verboten, eine Maßnahme, die die Lage kaum beruhigen konnte. Als 1948 öffentliche Angestellte erneut mit Ausstand drohten, wies SCAP die kurzlebige Regierung unter Premierminister Ashida Hitoshi (März bis Oktober 1948) dazu an, öffentlichen Angestellten das Streikrecht per Gesetz zu entziehen und ihr Organisationsrecht erheblich einzuschränken. MacArthur hatte diese Maßnahmen auch mit Blick auf den Siegeszug des Kommunismus in China, den sich verschärfenden Kalten Krieg sowie letztlich auch in dem Bestreben angeordnet, sein eigenes Verständnis von staatlicher Ordnung durchzusetzen. Die Zurücknahme der erst vor kurzem im Demokratisierungsenthusiasmus überlassenen Rechte legte den Grundstein für eine langanhaltende und tiefe Abneigung der japanischen Linken gegen die USA. Sie trug außerdem mit dazu bei, dass sich die Gewerkschaften der öffentlichen Angestellten 1950 zu dem Dachverband *Sōhyō* zusammenschlossen, in dem Jahr, in dem die Besatzungsbehörden mit einer »roten Säuberung« (*red purge*) die Konfrontation verschärften. *Sōhyō* wuchs in hohem Maße mit der Sozialistischen Partei (SPJ, *Shakaitō*) zusammen, Finanzmittel, Kandidaten und Wähler der SPJ stammten zusehends aus den Gewerkschaften, deren politische Forderungen wiederum die Agenda der Partei dominierten. Diese enge Fokussierung trug erheblich zu der Zementierung der Sozialistischen Partei in der Opposition und ihrer Unfähigkeit bei, sich einem größeren Wählerkreis zu öffnen. Umgekehrt blieb der Einfluss der Arbeitnehmerorganisationen im politischen System Japans aufgrund der engen Bindung an die SPJ gering.

Auf Seiten der Industrie musste man sich nach der erzwungenen Auflösung der *zaibatsu* nicht nur neu ordnen, sondern auch in Abstimmung mit den Regierungen der Frage des richtigen unternehmerischen und wirtschaftspolitischen Kurses nachgehen. Der Wirtschaftswissenschaftler Arisawa Hiromi setzte sich gegen heftige Kritik von Seiten sowohl der Marxisten als auch der Konservativen wie z.B. dem späteren Premierminister Ishibashi Tanzan (1956–57) mit einer Strategie durch, die die Schwer- und Chemieindustrie in den Mittelpunkt staatlicher Förderung stellte. Sowohl SCAP als auch die in weiten Teilen noch in den Kategorien der Kriegswirtschaft denkende Bürokratie unterstützten dieses Programm. Da die als Reparationsleistung gedachte Demontage von Industrieanlagen und deren Übergabe an China und andere Staaten nur vorübergehend und ohne großen Druck von Seiten der USA betrieben worden war, blieb als zentrales Problem die Rohstoffversorgung. Bereits zu diesem frühen Zeitpunkt entwickelte Japan ein viele Jahrzehnte lang erfolgreiches Konzept, wonach es unter Zurückstellung eigener militärischer Rüstungsanstrengungen (Verteidigungsbudget unter einem Prozent des BSP) und bei Unterordnung unter den US-amerikanischen Verteidigungsschirm die Verarbeitung von eingeführten Rohstoffen zu technisch hochwertigen Produkten für die Ausfuhr zur Grundlage seiner Wirtschaftsentwicklung machte. Gleichzeitig wurden heimische Industrien auf dem Binnenmarkt so lange vor ausländischer Konkurrenz geschützt, bis sie Weltmarktreife erreicht hatten.

Die Förderung der Großindustrie hatte mehrere Folgen, die die japanische Gesellschaft und Politik in der Zukunft nachhaltig prägten. Zunächst wurde die duale Struktur von Großbetrieben und davon mehr oder weniger abhängigen Klein- und Mittelbetrieben in der Zulieferindustrie perpetuiert. Die Angestellten der Großbetriebe und Konzerne, insgesamt nur etwa 20% der gesamten Arbeitnehmerschaft, genossen die Vorzüge einer lebenslangen Anstellung und Löhne, die mit der Dauer der Betriebszugehörigkeit automatisch stiegen. Die enge Zusammenarbeit zwischen Wirtschaft und Ministerialbürokratie wurde durch den Wechsel von Ministerialbeamten in die von ihnen vormals beaufsichtigten Industriebranchen gestärkt. In der Regel waren es Staatsdiener am Ende ihrer ministeriellen Aufstiegschancen, die diesen als »Herabsteigen vom Himmel« (*amakudari*) bezeichneten Karrierewechsel vornahmen.

Den endgültigen Durchbruch in der Sanierung der Wirtschaft brachte der Boom infolge des Korea-Krieges, der am 25. Juni 1950 ausbrach. Premierminister Yoshida Shigeru ergriff die Chance, das Ende der Besatzung herbeizuführen, wobei er zwei große Zugeständnisse machte: US-amerikanische Militärbasen in Japan blieben bestehen und die Inseln der Ryūkyū-Kette mit der Hauptinsel Okinawa auf unbeschränkte Zeit unter US-amerikanischer Kontrolle. Der Umstand, dass sich zwischen MacArthur und US-Präsident Harry S. Truman unüberbrückbare Meinungsverschiedenheiten über die militärische Führung des Korea-Krieges entwickelten und so im April 1951 General Matthew B. Ridgway zum neuen *Supreme Commander* in Japan wurde, beschleunigte die Verhandlungen.

Vom 4. bis 8. September 1951 traten in San Francisco die Vertreter von 48 Staaten zusammen und schlossen einen Friedensvertrag mit Japan, der am 28. April des Folgejahres in Kraft trat. Die UdSSR, Indien und einige andere Staaten waren der Einladung nicht gefolgt, die VR China war nicht geladen worden. Japan verhandelte stattdessen auf Druck der USA mit Taiwan-China. Das Staatsgebiet Japans wurde nicht genau definiert, Japan sollte allerdings alle annektierten Gebiete verlieren. Bis heute geblieben sind zwei kleine, aber immer wieder aufflackernde Territorialkonflikte mit China (Senkaku-Inselgruppe, chin. Diaoyutai, im Ostchinesischen Meer) und Korea (Takeshima, korean. Dokto, im Japanischen Meer) sowie das schwerer wiegende Problem der sog. »Nördlichen Territorien« (*Hoppō-ryōdo*): Die Inselgruppen Habomai und Shikotan vor Ost-Hokkaidō sowie die großen Kurileninseln Kunashiri und Etorofu waren trotz Nichtangriffspakt mit der UdSSR ebenso wie Süd-Sachalin im August 1945 von der Roten Armee besetzt worden. Chruschtschow hatte 1956 bei der Aufnahme diplomatischer Beziehungen die Rückgabe von Habomai und Shikotan angeboten, Japan aber beharrte auf einer Rückgabe aller genannten Inseln. Dieser Konflikt blockiert bis heute den Abschluss eines Friedensvertrages zwischen Japan und Russland.

Im Süden wurde der nördliche Teil der Ryūkyū, Amami Ōshima, im Dezember 1953 an Japan zurückgegeben. Okinawa, dessen Bevölkerung sich schon 1952 mit überwältigender Mehrheit – und dies trotz bitterer Erfahrungen und Diskriminierung in der Vorkriegszeit – für Japan ausgesprochen hatte, blieb als *»Cornerstone of the Pacific«* weiter unter dem Kommando eines US-Hochkommissars, der Entscheidungen der Zivilregierung genehmigen musste. Mehr als 75 % aller militärischen Einrichtungen der USA in Japan liegen auf der weniger als 1 % der Fläche Japans ausmachenden Insel Okinawa, darunter das Hauptquartier der die Meere bis in den Persischen Golf kontrollierenden 8. US-Flotte und der für Space-Shuttle-Landungen ausgebaute Luftwaffenstützpunkt Kadena. Versuche der USA, das Bewusstsein der Inselbevölkerung für die eigene Geschichte zu stärken und eventuell doch eine daraus hervorgehende Loslösung von Japan zu erreichen, schlugen fehl. Die Bevölkerung sah sich zwar bereits zum zweiten Mal für die Unabhängigkeit Japans geopfert, aber weder die Errichtung eines Landesmuseums und einer eigenen Universität noch die Rückgabe eines Teiles des in den Kriegswirren »verschollenen« Schatzes des Königshauses Shō durch Präsident Eisenhower 1956 brachten die erhoffte Zustimmung der Einheimischen.

Mit Abschluss des Friedensvertrages erlangte Japan seine Souveränität wieder, was zu einer Rücknahme verschiedener Gesetze und Regelungen der Besatzungszeit und einem reaktionären Schwenk in Teilen von Politik und Gesellschaft führte. Dazu trug ganz wesentlich die Rehabilitierung der in den Nachkriegsprozessen verurteilten bzw. durch die politische Säuberung ausgeschlossenen Politiker bei. Als sich 1955 die Sozialistische Partei nach vier Jahren der Spaltung erneut zusammenschloss, sahen sich auch die konservativen Politiker unter Druck gesetzt, ihre Kräfte zu bündeln. So konstituierte sich im gleichen Jahr auch die Liberaldemokratische Partei (LDP, *Jiyū minshutō*), die bis 1993 ununterbrochen dominante Regierungspartei des Landes bleiben sollte. In ihr institutionalisierte sich der Konkurrenzkampf zwischen denjenigen

Politikern, die in das politische Vakuum der Nachkriegszeit getreten waren, und den rehabilitierten Politikern der Kriegszeit in Form von Faktionen (*habatsu*), »Seilschaften«, deren Kräfteverhältnisse und Kooperationen über Jahrzehnte zentral für das politische Geschehen des Landes sein sollten.

Das nach seinem Entstehungsjahr benannte »'55er-(Parteien-)System« (*Gojūgo-nen taisei*) war neben anfänglichen ideologischen Grabenkämpfen vor allem dadurch gekennzeichnet, dass die LDP im Schnitt meist über etwa doppelt so viele Parlamentssitze verfügte wie die SPJ. Neben anderen Faktoren machte es das weltweit selten zu findende Unterhauswahlsystem der SPJ schwer, bei nationalen Wahlen so viele Kandidaten aufzustellen, wie es für den Gewinn der Parlamentsmehrheit vonnöten gewesen wäre. So gestaltete die Partei ihre andauernde Oppositionsrolle zuweilen mit stundenlangen Abstimmungsverzögerungen oder Handgreiflichkeiten bei Ausschusssitzungen, doch ließ sie sich mit mehr oder minder versteckten Geldzuwendungen und gelegentlichen Zugeständnissen der LDP wiederholt ruhigstellen.

Als 1954 aus der in der Zeit des Korea-Krieges geschaffenen nationalen Polizeireserve die »Selbstverteidigungsstreitkräfte« (SVS, *Jieitai*) wurden, manifestierte sich darin einer der zentralen politisch-ideologischen Konflikte zwischen Sozialisten und Kommunistischer Partei (KPJ, *Nihon kyōsantō)* einerseits sowie LDP andererseits. Die linken Parteien bekämpften die ihrer Ansicht nach verfassungswidrige Existenz japanischer Truppen auf breiter Front. Sie stützten sich dabei auf Artikel 9 der Verfassung, der in seinem ersten Absatz besagt, das japanische Volk verzichte für alle Zeit auf die Drohung mit oder den Einsatz von Gewalt zur Beilegung internationaler Konflikte. Der zweite Absatz erklärt, dass zur Erreichung dieses Ziels keinerlei Streitkräfte unterhalten werden dürfen. Die konservative Regierung legte die Verfassung so aus, dass

Truppen zum Zwecke der Selbstverteidigung durch diesen Artikel nicht verboten seien. Durch den Teilabzug US-amerikanischer Truppen auf die koreanische Halbinsel, so die politische Begründung, sei der Verteidigungsschild Japans geschwächt. 1958 zählten die SVS bereits 170000 Angehörige (von Soldaten wird mit Blick auf die Verfassung nicht gesprochen).

Ab Mitte des Jahrzehnts genossen große Teile der japanischen Bürgerinnen und Bürger die Früchte der ersten wirtschaftlichen Hochwachstumsphase, die nach dem mythischen ersten Tennō »Jimmu-Boom« benannt wurde. Dieser »Boom« festigte die Wurzeln dessen, was später als »Konvoi-Kapitalismus« bezeichnet worden ist: ein koordiniertes und gemeinsames Vorrücken von Politik, Wirtschaft und Gesellschaft, bei dem der Staat einen stabilen, im Vergleich zu westlichen Industriestaaten wettbewerbsarmen Regelungsrahmen schuf, Firmen Arbeitsplätze und Auskommen von Familienvätern im Gegenzug für hohe Arbeitsbereitschaft sicherten und Ehefrauen sich ganz familiären Pflichten widmeten und so den Staat bei familienpolitischen Aufgaben (Kinderbetreuung, Altenpflege etc.) entlasteten. Der Staat sorgte im Gegenzug für Steueranreize, die es Frauen erleichtern sollten, ihre Anstellung aufzugeben, wenn sie heirateten. Allerdings blieb Frauen auch kaum eine andere Wahl als spätestens dann zu kündigen, wenn sich Nachwuchs einstellte, denn Arbeitgeber kannten in der Regel weder Erziehungsurlaub noch Nachsicht, wenn Mütter wegen Erkrankung eines Kindes nicht zur Arbeit erscheinen konnten. Müttern blieb nur die Rolle eines flexibel abrufbaren Arbeitskräftepuffers, der bei Bedarf eingestellt und auch wieder freigesetzt werden konnte, ein Umstand, der in den 1950er Jahren kaum öffentlich problematisiert wurde. Die Bevölkerung wuchs auf über 90 Millionen an.

Im gleichen Jahrzehnt wurde aber auch vermehrt deutlich, dass die politischen und wirtschaftlichen Eliten des

Landes kein Interesse an einer kritischen Aufarbeitung der Kriegsvergangenheit hatten. Während die linke Lehrergewerkschaft *Nikkyōsō* ähnlich wie ein nicht geringer Teil der marxistisch geprägten Geschichtswissenschaft Einfluss in diese Richtung auszuüben bemüht war, wurde 1957 mit Kishi Nobusuke ein LDP-Politiker Premierminister, der Mitglied verschiedener Kriegsregierungen gewesen und 1952 wohl einzig dank der weltpolitischen Großwetterlage einer Anklage als Kriegsverbrecher entkommen war. Nachdem sein Vorvorgänger Hatoyama Ichirō 1956 diplomatische Beziehungen zur UdSSR hergestellt und mit maßgeblicher Unterstützung der USA die Aufnahme Japans in die Vereinten Nationen erreicht hatte, widmete sich Kishi, nachdem er an der Aufgabe einer Verfassungsreform gescheitert war, der Neuverhandlung des Sicherheitsvertrages mit den USA. Diese waren bereit, auf das Recht zu verzichten, bei Unruhen in Japan einseitig militärisch zu intervenieren, im Gegenzug sollte der Vertrag mit einer Klausel zur automatischen Verlängerung nach jeweils zehn Jahren versehen werden. Die parlamentarischen Debatten in Tōkyō waren von zunehmend heftigen Demonstrationen begleitet, wobei strittig ist, bis zu welchem Maße neben linken Gruppen und Parteien nicht-organisierte Bürgerinnen und Bürger beteiligt waren. Allgemein werden aber die teilweise gewalttätigen Proteste auch als Ursache für die Absage des damals geplanten Staatsbesuchs von Präsident Dwight D. Eisenhower angesehen. Der Sicherheitsvertrag wurde trotzdem mit Regierungsmehrheit am 19. Mai 1960 angenommen, doch trat Kishi wenige Wochen später zurück. Erst Ende der 1990er Jahre wurde durch die Freigabe US-amerikanischer Dokumente ein geheimes Zusatzabkommen bekannt, demzufolge den USA das Anlanden von Schiffen und Flugzeugen mit Atomarwaffen erlaubt war. Alle LDP-Regierungen aber leugneten die Existenz einer solchen Vereinbarung noch bis in das Jahr 2009 hinein.

Wirtschaftsmacht Japan

Bei der Unterhauswahl im November 1960 erzielte die LDP unter Kishis Nachfolger Ikeda Hayato einen deutlichen Wahlsieg. Die Sozialistische Partei, geschwächt durch die Abspaltung gemäßigter Abgeordneter, erwies sich trotz ihres Engagements gegen den Sicherheitsvertrag als ebenso unfähig, die konservative Regierung von den Hebeln der Macht zu trennen, wie die aus ihr hervorgegangene Demokratisch-Soziale Partei (*Minshatō*) nicht in der Lage war, eine politische Alternative nach dem Vorbild westeuropäischer sozialdemokratischer Parteien zu werden.

Ikedas zentrales Vorhaben, in zehn Jahren eine Einkommensverdoppelung zu erreichen, wurde vom Minister im Amt für Wirtschaftsplanung (*Keizai kikaku-chō*), dem parteilosen Ōkita Saburō, ausgearbeitet und führte schneller zum angestrebten Ziel als vorgesehen. Unterstützt wurde diese Entwicklung durch den 1958 einsetzenden und mehr als drei Jahre anhaltenden »Iwato-Boom«. (Auch hier wurde ein Shintō-Mythos zur Bezeichnung eines langanhaltenden Konjunkturaufschwunges benutzt. Beim »Iwato-Boom« wurde darauf abgehoben, dass es seit dem mythischen Verbergen der Sonnengottheit in einer Felsenhöhle keine vergleichbare Wirtschaftsentwicklung gegeben habe.) In der Schwerindustrie wurde in diesen Jahren die heimische Kohle als Energielieferant abgelöst durch Erdölimporte – begleitet von heftigen Protesten der Grubenarbeiter – sowie durch den Ausbau der Atomkraftwerke, die trotz aller Erdbebengefahr auch heute noch weiter betrieben werden. Das äußerst strikte Anti-Monopolgesetz vom April 1947 war gelockert worden, und unter Führung von Banken und Großhandelshäusern begannen sich erneut Konzernnetzwerke – *keiretsu* genannt – zu bilden.

Mehr als das enorme Wirtschaftswachstum war für den Aufstieg Japans im internationalen Bewusstsein aber vielleicht die Ausrichtung der Olympischen Sommerspiele 1964 von Bedeutung. In Vorbereitung dieses Großereignisses wurden umfangreiche Investitionen in die Infrastruktur getätigt, U-Bahnlinien und Stadtautobahnen in Tōkyō gebaut und der technologisch zukunftweisende Schnellzug *Shinkansen* zwischen Tōkyō, Kyōto und Ōsaka in Betrieb genommen.

Der rasante Aufschwung verstärkte die Landflucht. Zu Beginn der 1960er Jahre arbeiteten weniger als 30% der Erwerbstätigen in der Landwirtschaft, oft nur mehr im Nebenerwerb. Viele Höfe wurden alleine von Großeltern und Müttern betrieben, und schon hier setzte die schleichende Überalterung ländlicher Gebiete ein, die heute schon manches kleine Dorf aussterben lässt. In den Städten hingegen wurde die Kernfamilie zum Normalfall, hohe Geburtenraten trugen die Gesamtbevölkerung des Landes 1965 erstmals über die 100 Millionen-Grenze. Den Absolventen besserer Universitäten (zu deren Besuch meist ebenso erstrangige Grund-, Mittel- und Oberschulen sowie entsprechende Finanzmittel nötig waren) standen Positionen in den Konzernen mit allen dazugehörenden Privilegien und Vorteilen offen. Vor allem einfache Arbeiter in Klein- und Mittelbetrieben mussten jedoch für weniger Lohn und unter ungünstigeren Bedingungen ihren Lebensunterhalt bestreiten. Ihre Unternehmen fungierten in der Regel als Konjunkturpuffer für Großkonzerne und spürten als erste, wenn es den großen Auftraggebern schlechter ging. Während man im Ausland fast ausschließlich die vermeintlich lebenslange Anstellungsgarantie von Firmenangestellten in Japan bewunderte, wurden diese unzureichend sozial abgesicherten Arbeitnehmer meist übersehen.

Gerade unter diesen Menschen fanden während der Hochwachstumsphase sogenannte »Neue Religionen« großen Anklang. Sie boten den oft entwurzelten oder verunsicherten Menschen spirituellen Halt in dieser Phase radikaler und rascher Veränderungen, ohne dabei immer dem Vorwurf des Sektenhaften entkommen zu können. Neill McFarland sprach ob des immensen Zulaufs dieser Organisationen von einer *»Rush Hour of the Gods«* (1970). Schon in der unmittelbaren Nachkriegszeit waren vormals vom Militär bzw. Staat unterdrückte Sekten und religiöse Bewegungen wie *Tenri-kyō*, *Ōmoto-kyō* oder *Reiyū-kai*, die eine Tennō-Verehrung abgelehnt hatten, wieder aktiv geworden und verzeichneten nun regen Zulauf. Die bis heute wohl größte dieser Organisationen ist die *Sōka Gakkai* (wörtl. etwa: »Werte schaffende Gesellschaft«), die von sich behauptet, Mitglieder in über acht Millionen Haushalten zu haben. Ab den späten 1950er Jahren war diese schon 1930 gegründete Laienorganisation der orthodoxen Nichiren-Schule einerseits sehr offensiv und nicht selten unter Einsatz von massivem Druck missionierend in den Bevölkerungsschichten mit niedrigem Einkommen und geringer Bildung aktiv. Andererseits gewährte sie kaum Einblicke in das Organisationsinnere. Dies und die aus wiederholten Konflikten resultierende Trennung von der religiösen Mutterorganisation, der *Nichiren-shōshū*, trugen mit dazu bei, dass sowohl die *Sōka Gakkai* als auch alle anderen »Neuen Religionen« weiten Teilen der japanischen Öffentlichkeit bis heute suspekt sind. In den 1960er Jahren schuf sich die Sōka Gakkai unter ihrem Vorsitzenden Ikeda Daisaku in der *Kōmeitō* (»Partei für eine saubere Regierung«) einen politischen Arm, der in hohem Maße von der Mobilisierungsfähigkeit der *Gakkai*-Mitglieder profitierte. Auch nach der 1970 formell vollzogenen Trennung der Partei von ihrer Mutterorganisation sind die Beziehungen zwischen beiden Seiten eng geblieben, wenn sich auch beide darum bemühen, die jeweilige Unabhängigkeit voneinander herauszustreichen.

Eine der Schattenseiten des Hochwachstums und der Verstädterung war die katastrophale Umweltverschmutzung, derer sich lange weder Politik noch Regierungsbürokratie annahmen. Im Gegenteil: Neben der Großindustrie war es die Art der regionalen Infrastrukturpolitik der LDP, die die Lebensumwelt zahlreicher Menschen gefährdete. Die gießkannenartige Vergabe immenser Fördergelder, die durch die jeweiligen LDP-Abgeordneten wohlgesonnenen Bauunternehmen in ihren Wahlkreisen zugeleitet wurden, führte dazu, dass das Land mit Dämmen, Flussbetonierungen, Straßen und zahlreichen Bauten von zweifelhaftem Nutzen bedacht wurde. Partei, lokale Bauindustrie und öffentliche Verwaltung profitierten von dem gegenseitigen Geben und Nehmen, in dem Preisabsprachen, versteckte Kartelle und Korruption wucherten. Nicht zu Unrecht wurde für diese Beziehung der Begriff »Eisernes Dreieck« geprägt, ein Dreieck, das unter Ausschluss und auf Kosten der Öffentlichkeit agierte.

Das wohl traurigste Beispiel für die Folgen der Umweltverschmutzung durch Industrialisierung und mangelnde staatliche Aufsicht verursachte die Firma Chisso, die in der Nähe der Stadt Minamata (Präf. Kumamoto, Kyūshū) von 1953 bis 1969 Quecksilberverbindungen ins Meer leitete. Über den Verzehr des vor der Küste gefangenen Fischs nahmen die Menschen der Region das Gift auf, mehr als 100 von ihnen starben einen qualvollen Tod. Staat und Justiz reagierten träge, den zuständigen Behörden wurde Mitschuld angelastet, die Blockadehaltung der Zentralregierung ließ Zweifel an der Rechtsstaatlichkeit Japans aufkommen. Es dauerte bis 2004, bis der Oberste Gerichtshof am Ende eines durch alle Instanzen geführten Rechtsstreites nicht nur das Firmenmanagement, sondern auch den japanischen Staat für mitschuldig an der »Minamata-Krankheit« und ihren Folgen befand.

Vor allem Lokalpolitiker linker Parteien nahmen sich in den späten 1960er Jahren zunehmend der Anliegen der von Umweltbelastungen betroffenen Menschen an und trugen damit dazu bei, dass sich eine von den elitären Partizipationsmustern abweichende Art der politischen Beteiligung entwickelte. Besonders die Angst vor den Konsequenzen bei Wahlen bewegte die LDP dazu, Zugeständnisse zu machen und ihren auf reines Wirtschaftswachstum ausgerichteten Kurs zu modifizieren. Obwohl diese politischen Regungen der japanischen Zivilgesellschaft von verschiedenen Seiten als wichtiger Evolutionsschritt der Demokratie des Landes bezeichnet wurden, sollte nicht übersehen werden, dass es sich jeweils nur um lokal und zeitlich begrenzte Aktivitäten handelte. Eine landesweite Bewegung für Umweltschutz ist in Japan bis heute nicht entstanden, ein Pendant zu den Umweltschutzparteien europäischer Industriestaaten gibt es nicht.

Einen Grund dafür mag man auch in dem Charakter der japanischen »68er«-Bewegung vermuten. An den Universitäten begannen sich die von marxistischen Lehren begeisterten Studierenden mit den sozialen Verhältnissen auseinanderzusetzen. Ein Teil driftete in den Untergrund ab, versuchte u.a. durch Attentate auf die Situation des Ainu-Volkes einerseits, der diskriminierten sozialen Minderheit der *Burakumin*, einer »unberührbaren« *outcast*-Gruppe, andererseits aufmerksam zu machen. Einige politisch-ideologisch Motivierte gingen in den palästinensischen Untergrund (Attentat auf dem Flughafen Tel Aviv im Mai 1969) oder entführten Flugzeuge, eines davon, die *Yodo-gō*, 1970 nach Nordkorea. Größere Beachtung und – zunächst – auch Rückhalt in der Bevölkerung fand jedoch die Studentenbewegung des Jahres 1968, die sich vor allem in Tōkyō und Kyōto entwickelte. Die Errichtung eines »autonomen Stadtbezirks« (Kanda in Tōkyō) und die Besetzung der Yasuda-Aula der Universität Tōkyō, die durch einen von Universitätsseite nicht genehmigten Großeinsatz der Polizei gewaltsam beendet wurde, läuteten allerdings bereits das Ende der Bewegung ein. Wenige Radikalisierte rieben sich noch in inneren Kämpfen auf (*uchi-geba*, »innere Gewalt«), doch erstarb sowohl die Bewegung als auch ein Großteil ihres sozialkritischen Geistes. Dass aus den japanischen »68ern« eine sozialkritische Generation entstanden wäre, die die japanische Gesellschaft tiefgreifend verändert hätte, kann deshalb wohl kaum behauptet werden.

Im Kontrast zu diesen Ereignissen wurde die japanische zur zweitgrößten Wirtschaft der Welt, ein Umstand, der seit 1968 Bestand hatte. Das daraus erwachsene Selbstbewusstsein äußerte sich z.B. im ersten nach erdbebensicheren Standards errichteten Hochhaus Tōkyōs im Zentrum des Regierungsviertels Kasumigaseki. Der erste Literatur-Nobelpreis Japans für Kawabata Yasunari 1968, die Weltausstellung in Ōsaka 1970, der Start des ersten japanischen Weltraumsatelliten von der Insel Tanega im gleichen Jahr und die Gründung einer staatlichen Stiftung zur Förderung der japanischen Kultur und Sprache im Ausland, *Japan Foundation* (vergleichbar dem Goethe-Institut), 1972, unterstrichen den Willen des wirtschaftlich starken Japan, wenn schon nicht politisch, so doch wissenschaftlich und kulturell auf der Weltbühne präsent zu sein. Sehr gut passte in dieses Szenario die mit den USA 1969 vereinbarte und am 15. Mai 1972 durchgeführte Rückgabe Okinawas an Japan (die Ogasawara-Inseln waren bereits 1968 zurückgegeben worden). Premierminister Satō Eisuke erhielt dafür 1974 den Friedensnobelpreis. Getrübt war dieser Erfolg allerdings durch ein bis 2009 geheim gehaltenes Zusatzabkommen, das den USA weiterhin die Nutzung aller militärischen Einrichtungen auf Okinawa unter den gleichen Bedingungen wie zuvor, d.h. unter Einschluss auch von Atom- und Chemiewaffen, erlaubte.

Informationsgesellschaft und »Internationalisierung«

1970 ging der fast fünf Jahre lang anhaltende, vor allem auf der Nachfrage in Folge des Vietnam-Krieges beruhende sog. »Izanagi-Boom« zu Ende. Japan war als führende Weltwirtschaftsmacht fest etabliert, allerdings basierte ein großer Teil dieses Erfolges auf hohen Exportüberschüssen gegenüber den USA und den europäischen Industrieländern, die diesen Umstand immer mehr zu einem Politikum machten. 1978 erklärte sich die japanische Autoindustrie in Absprache mit MITI deshalb dazu bereit, den eigenen Erfolg durch »freiwillige« Exportbegrenzungen zu deckeln. Andere Bereiche wie Schiffbau und Stahl durchlitten währenddessen schwere Zeiten, meist verursacht durch die beträchtliche Verteuerung von Rohöl und Nachfragemangel am Weltmarkt. Große Restrukturierungsprozesse wurden nötig, die trotz der im Vergleich zu den beiden Jahrzehnten zuvor geringer gewordenen Koordinierungsversuche der Ministerien häufig Ergebnis gemeinsamer Anstrengungen von Staat und Unternehmen waren.

Zudem trafen Japan zwei Ereignisse völlig unvorbereitet, die beide von den Medien des Landes als »Schock« tituliert wurden. US-Präsident Richard Nixon besuchte die VR China und besiegelte dabei die Aufnahme offizieller diplomatischer Beziehungen zwischen beiden Staaten. Eine vorherige Konsultation mit der japanischen Regierung, die bis dato der US-amerikanischen Linie gefolgt war und Taiwan als völkerrechtlichen Vertreter chinesischer Interessen anerkannt hatte, war nicht erfolgt. Es blieb Premierminister Tanaka Kakuei nichts anderes übrig, als dem Vorbild der USA zu folgen und Taiwan fallenzulassen.

Der zweite »Schock« kam in Gestalt der ersten Ölkrise. Im November 1973 erhöhten die arabischen Förderländer den Preis für Rohöl, wodurch sich Japans Mineralölimporte um bis zu 30 % verteuerten. Die daraufhin 1974 ausbrechende Inflation führte zu Panikkäufen, die Wirtschaft stürzte in eine Rezession. Dass diese nicht sehr lange andauerte, ist vor allem der »pragmatischen« Reaktion von Regierung und Wirtschaft zuzuschreiben, die Japan letztlich erfolgreicher aus der Krise hervorgehen ließ als andere Industrienationen. Die japanische Außenpolitik schwenkte rasch von einer Unterstützung Israels zu einer stärker pro-arabischen Haltung um, zudem bemühte man sich verstärkt um Alternativen zu Öl aus Nahost. Das in Europa vor allem infolge der langen Vernachlässigung von gegenwartsbezogenen Japanstudien entstandene Bild des Wirtschaftswunderlandes Japan wurde in dieser Phase zu einem »Mythos« verklärt.

Bei der nun erfolgenden Abwendung von den Schwerindustrien und der Hinwendung zur Mikroelektronik konnte Japan auf ein in den 1960er Jahren an den neugegründeten Fachhochschulen ausgebildetes Reservoir von Technikern zurückgreifen, die das Land zunehmend von Technologieimporten unabhängig machten. Japan wurde auch Exportland von Patenten. Auf dem Gebiet der Computertechnik ermöglichten Rationalisierungen im Produktionsbereich sowohl bei den Großbetrieben (»*Toyotaismus*«) wie auch bei den Zulieferern qualitative Verbesserungen. Aus den USA wurde das Konzept der »*Just-in-time*«-Produktion übernommen und weiterentwickelt, zu dem auch das sog. *kamban*-System gehört. Japan wurde zu einem Modell der Industriepolitik hochstilisiert, wobei neben dem bereits erwähnten Wirtschaftsplanungsamt und MITI nun auch das Amt für Wissenschaft und Technik (*Kagakugijutsu-chō*; heute in das Ministerium für Bildung, Kultur, Sport, Wissenschaft und Technologie eingegliedert) eine bedeutende Rolle spielte. Dieses Amt führte in regelmäßigen Abständen sog. »Delphi-Studien« durch, bei denen führende Wissenschaftler, Techniker und Unternehmer nach ihren Einschätzungen bezüglich möglicher Entwicklungen auf allen Wissensgebieten befragt wurden. Selbstverständlich waren detailgenau zutreffende Aussagen nicht zu erwarten. Es entstanden jedoch »Visionen«, die Trends andeuteten und ein vage fassbares Ziel umschrieben. Sie trugen nicht selten dazu bei, Forschungsinstitute der Industrie sowie der Universitäten zu vom Staat zumindest bis zur Produktionsreife geförderten Projektstudien zusammenzubringen. Sowohl auf staatlicher als auch auf subnationaler Ebene investierte die öffentliche Hand in die Forschung, so etwa in die Anlage verschiedener Forschungseinrichtungen in der Wissenschaftsstadt Tsukuba (Präf. Ibaraki, östlich von Tōkyō). Als jedoch Tanaka Kakuei, dessen »Plan zur Restrukturierung der japanischen Inseln« (*Nihon rettō kaizō-ron*, 1972) zu einem Bestseller aufstieg, Premierminister wurde und seine Politik die Bodenspekulation anheizte, verloren diese Konzepte stark an Beachtung. Auch das Vorhaben einer Verlegung der Hauptstadtfunktionen aus der Metropole Tōkyō wurde (nicht zum letzten Mal) vertagt.

Im Unterschied zu fast allen anderen japanischen Premierministern war Tanaka kein Absolvent einer renommierten Universität, sondern kam aus dem Baugewerbe. Trotzdem behauptete er sich in der LDP, auch weil er besser als andere die Wahlkreis- und Kontaktpflege mit Finanzmitteln und Wahlgeschenken beherrschte. Seine Amtszeit wird als Hochphase der Schmiergelder und des Klüngels in Japans Politik betrachtet. Nachdem er bereits 1948 wegen eines Bestechungsskandals verhaftet und im Januar 1949 aus der Zelle heraus seinen Wahlkampf erfolgreich betrieben hatte, wurde im Februar 1976, zwei Jahre nach Ende seiner Amtszeit, in US-amerikanischen Medien erstmals berichtet, Tanaka und zwei seiner Minister hätten Bestechungsgelder erhalten, um die japanische Fluglinie ANA zum Kauf von Flugzeugen des Lockheed-Konzerns zu bewegen. Der folgende Gerichtsprozess endete 1983 mit einer Verurteilung Tanakas zu vier Jahren Haft, die von ihm eingelegte Revision führte 1987 zu dem gleichen Urteil. Tanaka ging erneut in Revision, verstarb aber 1993, bevor das endgültige Urteil ergangen war.

Mit seiner Regierungszeit wuchs auch die Erkenntnis, Japan enge sich durch seine US-Zentrierung in seinen Außenbeziehungen zu sehr ein und vernachlässige andere Regionen. Einer von zahlreichen Belegen für diese Ansicht war der Umstand, dass keine einzige japanische Universität Fächer wie Orientalistik, Arabistik oder Turkologie anbot und auch Europa-Studien nur wenig entwickelt waren. Die Antworten auf diesen Missstand wurden unter dem wenig konkreten Schlagwort der »Internationalisierung« (*Kokusai-ka*) zusammengefasst, das durch Premierminister Nakasone Yasuhiro zu Beginn der 1980er endgültig zu einem in politischen Debatten sowie in wissenschaftlichen und journalistischen Abhandlungen inflationär verwendeten Begriff wurde.

Zwar hatte Japan schon vor seiner Aufnahme in die Vereinten Nationen mit internationalen Institutionen wie der UNESCO, der *International Labor Organization* oder der OECD zusammengearbeitet. Nun aber wurde es entsprechend seiner wirtschaftlichen Führungsrolle als einer der sechs Teilnehmerstaaten des ersten »Gipfeltreffens« 1975 im französischen Rambouillet eingeladen. Zudem nutzte Japan seine herausgehobene Stellung auch als die eines Vertreters der asiatischen Staatenwelt. Okinawa wurde wegen seiner kulturellen Sonderstellung als Brücke – kulturell, wirtschaftlich, politisch – zu Südostasien angesehen, beim Gipfeltreffen 1979 in Tōkyō trat Japan als Sprecher der ASEAN-Staaten auf.

Eine Bremse aller Internationalisierungsbemühungen war – und ist bis heute – die unterschwellig vorhandene, manchmal auch deutlich ausgesprochene Vorstellung, Japan sei von einem homogenen, in Sprache, Kultur und Geschichte völlig einheitlichen Volk bewohnt und kenne keine Minderheiten irgendwelcher Art. Selbst die Rückkehr Okinawas in den japanischen Staat änderte daran wenig, obwohl sie schlaglichtartig eine »andere«, exotisch oder sogar fremdartig anmutende Kulturtradition in das Bewusstsein der Öffentlichkeit rückte. Die Beliebtheit von Schlagern und Liedern aus Okinawa machten Musik und Sprache dieser Inselwelt vor allem in der populären Kultur bekannt.

Von tiefgehender Diskriminierung kann in Zusammenhang mit der ethnischen Minderheit der Ainu gesprochen werden. Japan verneinte auf der UN-Konferenz zum Schutz von Minderheiten die Existenz einer solchen auf seinem Staatsgebiet. Es dauerte bis 1997, bis die Bemühungen der »Vereinigung von Menschen des gleichen Volkes« (*Utari-kyōkai*), in der etwa 30000 Ainu organisiert sind, die Verabschiedung eines Gesetzes erreichte, das den Schutz und die Förderung von Sprache und Kultur der Ainu im Rahmen einer Stiftung sicherstellte. Erst im Juli 2008 verabschiedeten beide Häuser des Parlaments einstimmig ein Gesetz, das die Ainu als Vorbewohner Hokkaidōs und Japans, als sog. *»first nation«*, anerkennt. Im täglichen Kontakt werden aber sowohl Ainu als auch andere Gruppen, etwa rückgewanderte Brasilien-Japaner, ausländische Arbeitnehmer (aus Indien, Bangladesh, von den Philippinen) oder seit dem Krieg in Japan ansässige Koreaner häufig gemieden. So ist mangelnde »Internationalisierung« vor allem zunächst ein innerjapanisches Problem, dem mit Englischunterricht ab Kindergarten oder Grundschule, Förderung des ausländischen Tourismus und von ausländischen Studierenden sowie anderen, eher wenig zielführenden Maßnahmen begegnet wird.

Auch in die Gestaltung der Beziehungen zu den Nachbarstaaten spielte dieser Umstand indirekt hinein. Zwar wurde 1978 ein Friedensvertrag mit der VR China unterzeichnet, doch gestaltete sich ähnliches mit der Republik Korea (Süd-Korea) schwierig. Es wurde mehrmals versucht, ein besseres beiderseitiges Verständnis zu erreichen, ohne wirklich zu einem Durchbruch zu gelangen. Als Probleme erweisen sich u.a. die wiederholten Besuche japanischer Premierminister am Yasukuni-Schrein sowie die Territorialfrage um Takeshima. Hinzu kam der Streit um Formulierungen in japanischen Schulbüchern bezüglich vom japanischen Militär entführter und in Militärbordellen systematisch missbrauchter Frauen, die in der japanischen Debatte verharmlosend als »Trostfrauen« (*ianfu*) bezeichnet werden. Gerade im Schulbuchstreit kam zudem eine möglicherweise tiefersitzende Diffamierung von Opfern in der Zivilbevölkerung Okinawas zum Vorschein, die sich auf Weisung der Armee im Endkampf das Leben nahmen. Der Literatur-Nobelpreisträger Ōe Kenzaburō wurde wegen seiner Kritik an diesem Vorgehen des japanischen Militärs verklagt, jedoch freigesprochen. So ist die weitergehende Öffnung gegenüber fremden Kulturen, die durch die zunehmende Globalisierung unausweichlich ist, noch mit einer latenten Fremdenfeindlichkeit und Überbetonung nationaler Tradition verknüpft.

In den 1970er Jahren erlebte das Land das Anwachsen der Bevölkerung auf über 110 Millionen. Ein erneuter Baby-Boom erreichte 1973 seinen Höhepunkt, und nirgendwo auf der Welt war die durchschnittliche Lebenserwartung höher als in Japan. Immer mehr Menschen lebten (meist beengt) in urbanen Ballungsräumen, für zahlreiche junge Familien baute die öffentliche Hand in Vororten deshalb bereits seit Ende der 1950er Jahre Bettenburgen, die euphemistisch als »*New Towns*« bezeichnet wurden und heute zunehmend vergreisen. Farbfernseher, Klimaanlage und Kühlschrank gehörten längst zur Standardausstattung der Kleinfamilie, die in der Regel so funktionierte, dass der Ehemann einer Erwerbstätigkeit nachging, während sich die Ehefrau und Mutter um Haushalt und Kinder kümmerte. Ab den 1970er Jahren wurde die Begleitung der Kinder im wachsenden Bildungswettbewerb zu einer der zentralen Aufgaben der Mütter. Die zunehmend anspruchsvoll und aufreibend werdende Schulbildung, zusätzlicher Unterricht in Nachhilfeschulen und Eingangsprüfungen für möglichst renommierte und damit karrierefördernde Schulen und Universitäten bildeten oft den Mittelpunkt des Familienlebens in der breiten Mittelschicht, an dem der Vater wegen langer Arbeits- und Pendelzeiten kaum teilnahm. Der Begriff der »Schulbildungs-Gesellschaft« (*gakureki shakai*) etablierte sich.

Um den Dekadenwechsel von den 1970er zu den 1980er Jahren kam es zu einem Anwachsen sog. Psycho-Sekten, die unter der Bezeichnung »Neue Neue Religionen« (*Shin Shinkō-shukyō*, Nishiyama) zusammengefasst werden, darunter *Agon-Shū* (1978) und *Kōfuku-no-Kagaku* (1986). Auch *Aum-Shinri-Kyō* (»Aum Höchste Wahrheit«; heute unter der Bezeichnung *Aleph* tätig) gehört zu dieser Gruppe. *Aum* sagte in einer aus alttestamentlichen, buddhistischen und der Offenbarung des Johannes entnommenen, wirren Synthese den Weltuntergang voraus. Sie plante, durch Giftgasanschläge in der Stadt Matsumoto sowie auf drei U-Bahn-Linien in Tōkyō ihrer eigenen Prophezeiung nachzuhelfen. Bei diesem ersten Terroranschlag auf eine Weltstadt kamen am 20. März 1995 zwölf Menschen ums Leben, mehr als 5000 wurden verletzt.

Die »Seifenblasenwirtschaft« und ihre Folgen

1982 begann die für japanische Verhältnisse lange Amtszeit von Premierminister Nakasone Yasuhiro. Er verstand sich nicht nur ausgezeichnet mit US-Präsident Ronald Reagan, sondern vertrat auch eine ähnlich neoliberale und gewerkschaftsfeindliche Wirtschaftspolitik. Da man sich in Regierungskreisen einig war, den Staat verschlanken und die besonders seit Mitte der 1970er Jahre steigende Staatsverschuldung eindämmen zu müssen, folgte man den Empfehlungen einer Expertenkommission und privatisierte u.a. sowohl die staatliche Eisenbahn (*Kokutetsu, Japan Rail*) als auch das Telekommunikationsunternehmen NTT. Außerdem wurden Bemühungen konkreter, die besonders das Finanzministerium – Hüter des Staatshaushalts – immer wieder angeschoben hatte: die Einführung einer Mehrwertsteuer, die in der Öffentlichkeit jedoch höchst unpopulär war und bis zu ihrer Einführung 1989 immer wieder von der LDP von der politischen Agenda genommen wurde. Die Angst der Partei vor dem Widerstand der Wählerschaft war berechtigt, denn die Demonstrationen gegen die letztlich nur 3% betragende Verbrauchssteuer waren der größte der wenigen landesweit auftretenden Proteste seit Beginn der 1970er Jahre.

Im September 1985 einigten sich die führenden Industrieländer auf eine gemeinsame Politik, um die Überbewertung des US-Dollars zu korrigieren und das amerikanische Außenhandelsdefizit abzubauen. Dieses als *Plaza-Agreement* bekannte Abkommen führte zu einer starken Aufwertung des Yen (von 245 auf 165 und weiter auf 120 Yen für den Dollar). Die Zentralbank Japans reagierte mit Diskontsatzsenkung, Geld und Kredite wurden billig, womit der Startschuss für die sich ab da aufblähende und folgenschwere »Seifenblasenwirtschaft« (*Bubble Economy*) gefallen war. Im Bereich der produzierenden Industrie waren gleichzeitig zwei Entwicklungen höchst folgenreich, die jeweils auf die wirtschaftliche Globalisierung zurückgeführt werden können. Um Produktionskosten zu senken und international konkurrenzfähig zu bleiben, fanden die Vorschläge des ehemaligen Präsidenten der Zentralbank Japans zunehmend Anwendung, die in dem nach ihm benannten *Maekawa-Report* enthalten waren: einerseits Konzentration auf die Produktion wissensintensiver Güter in Japan selbst, andererseits Auslagerung von auf einfacher Technologie beruhenden Fertigungsprozessen in Niedriglohnländer (China, Südostasien).

Die in den folgenden Jahren, besonders dann ab den 1990ern einsetzenden Umstrukturierungsmaßnahmen der Unternehmen bedeuteten den Anfang vom Ende des bis dahin geltenden Konsenses zwischen Gesellschaft, Wirtschaft und Staat. Die von Seiten der Arbeitgeber bis dato gebotenen stabilen Anstellungsverhältnisse wurden mit Hilfe neuer Gesetze ausgehöhlt. Der vom englischen »*restructuring*« abgeleitete Begriff *risutora* löste *kokusaika* als Modewort ab. Immer mehr Familien der breiten Mittelschicht, in denen häufig nur der Vater über ein Einkommen verfügte, lernten nun erstmals die Angst vor der Arbeitslosigkeit kennen. Das setzte wiederum den Staat unter Druck, die unterentwickelte Risikoabsicherung von Erwerbslosigkeit zu verbessern.

Die 1980er Jahre brachten auch eine Verschärfung der Handelskonflikte mit anderen Industriestaaten, allen voran den USA. Dort bemühte man sich immer wieder um Strategien, um den vermeintlich geschlossenen japanischen Binnenmarkt zu öffnen. Dabei fühlte sich die japanische Seite beispielsweise bezüglich ihrer Genehmigungsverfahren und Vertriebswege wiederholt missverstanden, während die USA gerne auf absurde Behauptungen japanischer Verhandlungsführer abhob, die Importbeschränkungen rechtfertigen sollten. In dieser Zeit schaukelten sich gegenseitige Provokationen hoch, und auf beiden Seiten fühlten sich Politiker genötigt, die andere Seite teils scharf zu kritisieren. Der erzkonservative LDP-Politiker und spätere Gouverneur von Tōkyō, Ishihara Shintarō, machte zusammen mit *Sony*-Gründer Morita Akio in einem vielzitierten Buch klar, Japan könne zu US-amerikanischem Druck auch »Nein« sagen und beispielsweise hochsensible Sicherheitstechnologie an die Sowjetunion verkaufen. Die Reaktionen in den USA fielen entsprechend aus, und die japanische Regierung bemühte sich um Schadensbegrenzung.

Am 7. Januar 1989 starb Kaiser Hirohito. Dem seit 1926 amtierenden Shōwa-Tennō folgte Kronprinz Akihito nach und das Kabinett wählte – wie vorsorglich in einer Kabinettsverordnung schon Jahre vorher festgelegt worden war – eine neue Regierungsdevise, ein Zitat aus dem chinesischen Klassiker *Shiji* des Sima Qian aus der früheren Han-Periode: *Heisei* (verkürzt aus »Im Inneren und Äußeren, im Himmel wie auf Erden, wird Friede«; bereits 1865 als Devise erwogen). Sowohl Bestattung als auch Inthronisierung präsentierten der Welt das Bild des alten, traditionellen Kaiserhauses. Innerjapanisch führten die aus Shintō-nahen Elementen zusammengesetzten Feierlichkeiten – wohl letztmalig – zu einer Diskussion, ob nicht doch die alte Kaiserstadt Kyōto der rechte Ort für diese Zeremonien wäre.

Der Wechsel auf dem Kaiserthron fiel in die Hochphase der »Seifenblasenwirtschaft«, die für große Teile der japanischen Bevölkerung erhebliche Einkommensverbesserungen brachte. Der Konsum stieg, die Menschen gaben viel Geld aus. Eigentümer von Grundstücken freuten sich über phantastische Wertsteigerungen, und der Aktienindex *Nikkei* stieg Ende 1989 auf das danach nicht wieder erreichte Hoch von 38915 Yen. Teure deutsche Personenwagen der Luxusklasse mit Lenkrad auf der (»falschen«) linken Seite zogen durch modische Stadtviertel, und die deutsche Wiedervereinigung löste einen Boom für deutsche Produkte, Deutschlandreisen und Sprachunterricht aus, der durch das lockere Geld hohe Umsätze ermöglichte.

Das Platzen der *Bubble* 1990 traf dann alle Teile der Gesellschaft und Wirtschaft hart. Klein- und Mittelunternehmen standen unter hohem Finanzierungsdruck, den viele nicht überstanden, selbst große Firmen mussten Angestellte entlassen. Über Jahre fanden viele Schul- und Universitätsabsolventen keine feste Anstellung mehr und werden heute als *»lost generation«* (*rosu jene*) bedauert. Stark ins Straucheln gerieten auch die japanischen Banken, die mit dem Einbruch des Grundstückmarkts auf Bergen fauler Kredite sitzenblieben. Trotz erheblicher staatlicher Hilfen waren einige der kleineren Finanzinstitutionen nicht mehr zu retten.

Parallel zum Platzen der »Seifenblasenwirtschaft«, das von der japanischen Zentralbank durch Verknappung des Geldes und Zinserhöhung beschleunigt worden war, fiel der Ostblock in sich zusammen. Für Japan bedeutete das aber keinesfalls das Ende des Kalten Krieges, denn die sicherheitspolitische Lage des Landes war weiterhin von einem unberechenbaren Nordkorea sowie einem riesigen kommunistischen China gekennzeichnet. Auch die Beziehungen zu den Nachfolgern der UdSSR, allen voran Russland, waren durch das Territorialproblem belastet. Trotzdem erwartete der Westen von der Wirtschaftsmacht nun auch die Übernahme politischer Verantwortung, und zwar nicht nur durch liefergebundene Entwicklungshilfe und sogenannte Scheckbuchdiplomatie. Als 1990 irakische Truppen unter Saddam Hussein in Kuwait einmarschierten und sich dem eine internationale Allianz unter Führung der USA entgegenstellte, forderte man Japan explizit zu einem personellen Beitrag auf. Die japanische Regierung unter Premierminister Kaifu Toshiki erwies sich in dieser Frage aber als wenig handlungsfähig. Es gelang ihr nicht, ein Gesetz zur Beteiligung an friedenserhaltenden Missionen der UN zu beschließen (ein solches wurde erst im Juni 1992 unter Kaifus Nachfolger Miyazawa Ki'ichi verabschiedet). Die Forderungen aus den USA wurden unterdessen immer lauter. Japan verwies auf Artikel 9 der Verfassung, von den USA selbst nach Kriegsende geradezu gefordert, und darauf, dass es deshalb unmöglich sei, Truppen außerhalb des Landes einzusetzen. Letztlich wurde der internationale Druck aber als so stark empfunden, dass man – ohne weiter über die Höhe zu verhandeln – der US-amerikanischen Forderung nach einem finanziellen Beitrag von 13 Milliarden US-Dollar zustimmte. Da das aber erst nach Ende der Kampfhandlungen geschah, war das internationale Image des Landes erheblich beschädigt. Entsendungen der Selbstverteidigungsstreitkräfte im Rahmen von UN-Missionen nach Kambodscha, Mozambique, Zaire oder auf die Golan-Höhen, Katastrophenhilfe in Indonesien, Osttimor, Ruanda und anderen Regionen, besonders aber die Stationierung von Truppen im Süden des Irak nach 2003 haben mittlerweile allerdings dazu beigetragen, das Bild Japans in der westlichen Staatengemeinschaft positiv zu verändern.

In den 1990er Jahren konnte außerdem eine Hinwendung japanischer Diplomatie nach Asien beobachtet werden. Die Außenminister des Landes nahmen regelmäßig an den ASEAN-Treffen teil, Japan war zudem Ideengeber für und Gründungsmitglied der *Asian-Pacific Economic Cooperation* (APEC, 1989). Dabei spielten allerdings erneut Wirtschaftsinteressen eine wichtige Rolle in der Formulierung der Außenpolitik des Landes. Als größte Fremdinvestoren der Region hatten japanische Firmen zahlreiche Produktionsstätten ins benachbarte Ausland verlagert, das auch Hauptziel japanischer Entwicklungshilfe war. Wohl auch deshalb war Japan der einzige G-7-Staat, der die Regierung der Volksrepublik China nach der Niederschlagung des Aufstandes am Platz des Himmlischen Friedens 1989 nicht deutlich kritisierte. Das zögerliche und halbherzige Eingreifen bei der asiatischen Finanzkrise 1997 machte Japans Politik in der Region ebenfalls angreifbar.

Auch innenpolitisch lag einiges im argen. Den Debatten um die Beteiligung am Golfkrieg war die Aufdeckung eines großen politischen Korruptionsfalles um die Firmengruppe *Recruit* vorausgegangen, der das politische System des Landes nachhaltig erschüttern sollte. Japans politische Elite hatte es während aller Jahrzehnte seit Kriegsende wiederholt verstanden, sich ausgiebig mit sich selbst, mit innerparteilichen Grabenkämpfen und Korruptionsfällen zu beschäftigen. Die zwecks Karrieresicherung und Belohnung für treue Partei- und Faktionsdienste nötigen raschen Wechsel in Partei- und Regierungsämtern führten dazu, dass Minister im Schnitt nur etwa ein Jahr im Amt bleiben konnten und der Posten des Premierministers zwischen 1945 und 1995 insgesamt 25 Mal wechselte. Dass ein und dieselbe Partei ununterbrochen über Jahrzehnte regierte, tat weder dem Land noch seiner Demokratie gut.

Große Teile der Bevölkerung scheinen sich lange Zeit mit der Überzeugung getröstet zu haben, man könne das Treiben der Politiker tolerieren, weil die von Eliteuniversitäten stammenden Ministerialbeamten die eigentlichen und kompetenten Steuermänner des Landes seien. Dieser Glaube ging mit den 1990er Jahren jedoch auch zu Ende. Berichte über schwarze Kassen und veruntreute Gelder dominierten zeitweise ebenso die Medien wie ausgiebige Feiern auf Kosten der Steuerzahler. Die Kritik daran war jedoch harmlos im Vergleich zu der Reaktion, die im Rahmen der Ermittlungen zu einem Skandal im Gesundheitssystem erfolgte. Beamte im Gesundheitsministerium hatten einem pharmazeutischen Unternehmen, in dem ehemalige Kollegen durch *amakudari* Anstellung gefunden hatten, in den 1980er Jahren den Vertrieb ungeprüfter Blutkonserven genehmigt. 1400 Menschen wurden dadurch mit dem HIV-Erreger infiziert, bis 2005 starben etwa 500 davon. Mit Kan Naoto kämpfte 1996 erstmals ein Minister gegen die Blockade seiner eigenen Beamten an, um die Verantwortlichen ausfindig zu machen; mit Kawada Ryūhei gelang 2007 einem der infizierten Opfer der Einzug ins Oberhaus.

Der Recruit-Fall, der übrigens einige Ähnlichkeiten mit der deutschen Flick-Affäre aufwies, sowie weitere Bestechungsaffären hatten zusammen mit Parteiaustritten und -neugründungen 1993 tatsächlich dazu geführt, dass die LDP in die Opposition geriet. Es bleibt dahingestellt, ob diese Entwicklung das Bemerkenswerteste an jenem Sommer war oder aber der Umstand, dass die Partei trotz aller Kritik immer noch 228 von 511 Unterhaussitzen gewann. An wenigen Stellen der japanischen Nachkriegsgeschichte wurde so deutlich, dass trotz aller Politikverdrossenheit in der japanischen Öffentlichkeit doch genau dort auch eine Mitverantwortung für die Missstände des politischen Systems zu suchen ist. Über all die Jahrzehnte waren immer wieder Politiker trotz ihrer Verwicklung in Korruptionsfälle und landesweiter Kritik wiedergewählt worden. Es sind wohl auch die Folgen unzureichender politischer Sozialisation, eine bemüht neutrale und damit letztlich inhaltsleere politische Ausbildung in den Schulen, ein alltags- und recht personenbezogenes Politikinteresse sowie eine unbedeutend kleine Opposition, die u. a. als Ursachen für die lange Dominanz der LDP trotz aller an ihr geübter veröffentlichter Kritik genannt werden können.

Es mussten viele Faktoren zusammenkommen (Finanzskandale, innerparteiliche Konflikte, wiederholter Bruch von Reformversprechen, Versagen der Ministerialbürokratie etc.), um das »'55er-System« ins Wanken zu bringen. Diejenigen, die das hauptsächlich bewirkten, stammten aus der LDP, hatten ihr Parteibuch zurückgegeben und neue Parteien gegründet. Am Ende einer wendungsreichen Phase 1992/93 wurde Hosokawa Morihiro 1993 zum Premierminister einer aus sieben Parteien gebildeten Koalitionsregierung. Für ein Land, das seit Jahrzehnten keine Koalitionsregierung erlebt hatte, eine neue und verwirrende Erfahrung, vor allem deshalb, weil die äußerst heterogene Regierung nur durch den Willen zur Macht und ihre Ablehnung gegenüber der LDP zusammengehalten wurde. Einigen konnte man sich letztlich auf eine Reform der Rahmenbedingungen für den politischen Wettbewerb: Man setzte strengere Spendenregelungen durch, erhöhte die Strafen für politische Korruption, führte erstmals eine staatliche Parteienfinanzierung ein und reformierte das Wahlsystem des Unterhauses. Die zuerst 500, ab 2000 dann 480 Abgeordneten werden nun aus 300 Mehrheitswahlkreisen sowie elf Verhältniswahlkreisen mit starren Parteilisten gewählt. Zu mehr reichte der Zusammenhalt der Koalition nicht. Nachdem sich im Frühjahr noch Hata Tsutomu für drei Monate als Chef einer Minderheitsregierung abmühte, konnte die LDP sowohl die kleine »Neue Vorreiterpartei« (*Shintō sakigake*) als auch die sich jetzt »Sozialdemokratische Partei« (*Shakai minshutō*) nennende SPJ für eine Koalition gewinnen. Neben der Abneigung der Sozialdemokraten gegen Teile der Vielparteienkoalition war es wohl das Angebot, den Premierminister stellen zu dürfen, das besonders überzeugend wirkte. So wurde Murayama Tomi'ichi Ende Juni 1994 der erste sozialistische Regierungschef seit 1948, und die LDP saß wieder an den Schalthebeln der Macht. Man kann guten Gewissens behaupten, dass es nicht viele Monate mehr in der Opposition gebraucht hätte, um die Partei auseinanderbrechen zu lassen. Letztlich sind ihre Politiker weit weniger durch ein gemeinsames Programm verbunden als durch die Möglichkeit, sich gemeinsam die Regierungsposten zu sichern. So aber löste bereits im Januar 1996 Hashimoto Ryūtarō (LDP) den glücklosen Murayama ab, und schon im Oktober 1997 hatte die Partei so viele ehemals Abtrünnige zur Rückkehr überredet, dass die LDP wieder über eine Mehrheit im Unterhaus verfügte.

Bei all den drastischen Umwälzungen zum Dekadenwechsel ging ein wichtiges Problem fast unter. 1989 war die Geburtenrate auf 1,57 gefallen und damit erstmals tiefer als 1966, das »Jahr des Feuerpferdes«, in dem sich viele japanische Ehepaare ganz bewusst nicht für ein Kind entschieden, sagt der Aberglaube doch, dass Mädchen dieses Jahrgangs ihrem zukünftigen Ehemann Unglück bringen würden. Nun war die seit 1974 fallende Geburtenrate so niedrig, dass bereits 2010 voraussichtlich mehr als die Hälfte aller Japanerinnen und Japaner 50 Jahre und älter sein würden. Sinkende Innovationsfähigkeit, Arbeitskräftemangel und ein hoher Bedarf an Pflegekräften und medizinischer Betreuung sind die wichtigsten Konsequenzen dieser Entwicklung. Ohne tiefgreifende und damit politisch schwer realisierbare Gegenmaßnahmen drohten die Sozialversicherungssysteme zu kollabieren, die im Falle der Rentenversicherung ohnehin schon bedrohlich in Schieflage geraten waren.

Als Ursache für die abnehmende Geburtenrate wurde zuerst auf die fallende Zahl von Eheschließungen verwiesen, denn nur 2 % aller Kinder werden Eltern geboren, die nicht verheiratet sind. Vor allem die mit dem wachsenden Bildungsgrad junger Frauen verbundenen Opportunitätskosten gelten als Ursache für diese Entwicklung. Diejenigen, die heiraten, tun das immer später, oft zu spät, um nach dem ersten noch ein zweites oder überhaupt ein Kind zu bekommen. Zudem sind es oft wirtschaftliche Überlegungen, die Eltern davon abhalten, mehr Nachwuchs in die Welt zu setzen.

Auch am anderen Ende der gesellschaftlichen Alterung stehen Frauen im Mittelpunkt der Aufmerksamkeit. Während über Jahrzehnte viele Ehefrauen mittleren Alters neben oder nach der Kindererziehung zum Pflegedienst an der Elterngeneration übergingen, führte der Protest gegen die ausbleibende Unterstützung von Seiten des Staates 2000 zur Einführung einer Pflegeversicherung. Substanzielle Maßnahmen zur Förderung von jungen Familien sowie zur Umsetzung der Vereinbarkeit von Beruf und Kindern hingegen blieb der liberaldemokratisch geführte Staat schuldig. An Willensbekundungen von Seiten der LDP fehlte es nicht, doch machten es die Eigenschaften des Geburtenproblems unattraktiv für Politiker, sich intensiver damit zu befassen. Nicht zuletzt lautete die weitverbreitete Meinung unter Liberaldemokraten, dass man mit diesem Thema keine Wählerstimmen gewinnen könne.

Im Zuge der Diskussion über die ausbleibenden Kinder wird u. a. auf die unsicheren Zukunftsaussichten potentieller Eltern verwiesen. Obwohl Ende der 1990er Jahre ein Durchschnittseinkommen von über US$ 40000 pro japanischen Bürger errechnet wurde und Japan damit zu den reichsten Ländern der Welt zählte, zeigte der Trend für einen größer werdenden Teil der Bevölkerung doch nach unten. Ein wachsender Teil junger Menschen schlägt sich – zum Teil freiwillig, zum Teil ungewollt – ohne Ausbildung bzw. als Gelegenheits- und Zeitarbeiter durchs Leben. Ein Drittel der japanischen Arbeitnehmer, ein Großteil davon Frauen, gehört schon der Gruppe der kaum abgesicherten und schlecht verdienenden Zeitarbeiter an. Zudem werden die Unterschiede zwischen Arm und Reich größer, die ländlichen Regionen vergreisen und werden gleichzeitig oft von einer hohen Schuldenlast erdrückt, Armut ist für immer mehr Menschen ein akutes Problem.

Dabei schrumpft die Bevölkerung Japans seit 2005, der Anteil der arbeitsfähigen Menschen in höherem Tempo. Da sich die Politik mit Rücksicht auf die öffentliche Meinung bisher nicht zu einer substanziellen Öffnung des Landes für Gastarbeiter durchringen konnte und ein nennenswerter Anstieg der Geburtenzahl weder zu erwarten ist noch schnell genug wirken kann, muss folglich der Vorrat an Arbeitskräften mobilisiert werden, den das Land hergibt. Dazu gehören die zeitarbeitenden jungen Menschen, dazu gehören Senioren, dazu gehören aber auch Frauen. Jene unter ihnen, die sich in der Vergangenheit für mehr Chancengleichheit eingesetzt hatten und immerhin 1985 mit der Verabschiedung des »Gesetzes für Chancengleichheit im Beruf« einen Teilerfolg erzielen konnten, erleben jetzt, wie sich der ehemals widerstrebende Kontrahent um sie bemühen muss. Das Konzept der »*work-life balance*«, der Vereinbarkeit von Beruf und Familie, soll Frauen zum einen in die Arbeitswelt locken bzw. dort halten, zum anderen aber auch helfen, den weiterhin vorhandenen und weitverbreiteten Wunsch nach Kindern zu erfüllen. Allerdings waren die vom Wirtschaftsverband *Keidanren* und von den LDP-Regierungen vorgelegten Programme selten mehr als Absichtserklärungen. Nach der Weltfinanzkrise 2008/09 gilt mehr als je zuvor, dass der mit dem Zweifachen des BIP verschuldete japanische Staat seinen Sozialhaushalt kaum wird vergrößern können, zumal mit dem maroden Rentensystem sowie den unter Finanzierungsdruck stehenden Pflege- und Krankenversicherungen ohnehin andere Probleme als akuter empfunden werden.

Als 2001 Koizumi Jun'ichirō neuer Premierminister wurde, löste er eine regelrechte Begeisterung für seine Person aus, die auch in seinem energisch und glaubwürdig vorgetragenen Reformwillen begründet lag. Je nach Popularitätswerten in der Bevölkerung intensivierte er über die fünf Jahre seiner Amtszeit seine Auseinandersetzung mit den verkrusteten Strukturen und Interessengruppen in seiner eigenen Partei. Seine Drohung, die LDP zu spalten, sollte sie sich seinen Reformplänen in den Weg stellen, stand im Mittelpunkt des von den Medien intensiv begleiteten politischen Kampfes im liberaldemokratischen Lager. Vielen Wählern wurde erst spät klar, dass Koizumis Liberalisierungskurs auch Opfer fordern würde. Als der Regierungschef 2005 Ernst machte mit seinem Plan, die staatliche Post zu privatisieren, wuchs der innerparteiliche Widerstand erheblich. Nur mit Mühe und zahlreichen Gegenstimmen aus der eigenen Partei passierte der entsprechende Gesetzentwurf das Unterhaus, im Oberhaus brachten ihn die Gegner aber zum Scheitern. Koizumi löste daraufhin das Unterhaus auf, rief Neuwahlen aus und versagte seinen Gegnern die offizielle Kandidatur für die LDP. Dieser beispiellose Vorgang wurde intensiv von den Massenmedien verfolgt, die den Wahlkampf 2005 in ihrer Berichterstattung auf die Auseinandersetzung zwischen Koizumi und den Privatisierungsgegnern reduzierten und damit den Oppositionsparteien weitgehend die Möglichkeit nahmen, sich ihrerseits mit ihrem Programm medial zu präsentieren. Der zum Ringen um Reformen hochstilisierte Wahlkampf endete mit einem beeindruckenden Sieg Koizumis. Zusammen mit dem Koalitionspartner *Kōmeitō* verfügte die LDP nun über eine Zweidrittelmehrheit, viele neue Abgeordnete hatten nur dank der Popularität Koizumis ihr erstes Mandat gewinnen können. Etwa ein Jahr, nachdem die Postprivatisierung dann verabschiedet war, trat Koizumi zurück. Im Amt folgten ihm für jeweils nur ein Jahr Abe Shinzō und Fukuda Yasuo, die beide überraschend zurücktraten. Mit Asō Tarō nahm im September 2008 der vierte Regierungschef seit der letzten Unterhauswahl seine Arbeit auf. Wie schon bei seinen beiden Vorgängern war das Regieren für ihn besonders schwierig, weil die Oppositionsparteien bei der Oberhauswahl 2007 die Mehrheit errungen hatten und nun den Gesetzgebungsprozess beträchtlich verzögern konnten. Sein Versprechen, rasch Unterhauswahlen auszurufen, hielt er mit Hinweis auf die im Herbst 2008 auftretende Weltwirtschaftskrise nicht ein. Fallende Umfragewerte bei gleichzeitigem Popularitätsgewinn der Demokratischen Partei ließen Asō den Wahltermin bis ans Ende der vierjährigen Legislaturperiode hinauszögern. Das Ergebnis des Urnengangs bezeugte dann auf eindrucksvolle Weise, wie die drei Nachfolger Koizumis ihre Partei in der Bewertung der Wähler hatten absinken lassen. Am 30. August 2009 konnte die DPJ unter ihrem Vorsitzenden Hatoyama Yukio 310 von 480 Unterhausmandaten gewinnen. Dieser Sieg war so hoch, dass die Zahl der auf der Parteiliste aufgestellten DPJ-Kandidaten nicht ausreichte und letztlich nur 308 Demokraten ins Parlament einzogen. Die um Sozialdemokraten und Neue Volkspartei ergänzte Regierungsmannschaft machte sich rasch an ihre Reformprojekte, unter denen das Zusammenstreichen von öffentlichen Infrastruktur- und Investitionsprogrammen, eine Beschneidung der ministeriellen Einflussnahme auf die Regierungspolitik sowie die Neuverhandlung der US-amerikanischen Militärbasen auf Okinawa (Futemma-Airbase) weit oben standen. Den Übergang zu einem Zweiparteiensystem schien die japanische Demokratie nach langer Zeit endlich vollbracht zu haben.

Über die nächsten drei Jahre machte sich in der Öffentlichkeit jedoch große Ernüchterung breit. Zu viele unerfahrene Politiker der neuen Regierung verschluckten sich an ambitionierten Reformprojekten. Premier Hatoyama musste bald wegen eines Finanzskandals zurücktreten. Sein Nachfolger Kan Naoto wurde trotz der immensen Herausforderung, die der Atomunfall von Fukushima darstellte (s. die folgenden Seiten), von innerparteilichen Gegnern, der Opposition und den Massenmedien aus dem Amt gedrängt. Der letzte Regierungschef der DPJ, Noda Yoshihiko, gab dem Drängen der Opposition nach Neuwahlen unter der schlichten Bedingung nach, die Mehrwertsteuer zu erhöhen. Die Wahlbeteiligung im Dezember 2012 war die niedrigste bis dato, die Koalition aus LDP und Kômeitô aber errang eine deutliche Mehrheit, während das Oppositionslager zersplitterte.

Die Herausforderungen des Landes werden unterdessen nicht kleiner: Einkommens-, Bildungs- und Versorgungsunterschiede wachsen. Die Alterung der Gesellschaft nimmt zu. Ohne Kräfte aus dem Ausland wird die Versorgung einer zunehmenden Zahl pflegebedürftiger Senioren kaum zu schultern sein, doch eine Immigration im nötigen Ausmaß würde die Gesellschaft vor erhebliche und unbekannte Adaptionsprobleme stellen.

Bei der Öffnung des Landes Mitte des 19. Jahrhunderts sowie nach der Niederlage im Pazifischen Krieg 1945 hat Japan sich in der Lage gezeigt, große Herausforderungen zu meistern und das Land neu auszurichten. Obwohl die jetzigen Herausforderungen nicht mit denen der Vergangenheit verglichen werden können, sind es doch diese historischen Erfahrungen, aus denen ein Teil der japanischen Bevölkerung Hoffnung für die Zukunft schöpft.

Der 11. März 2011 und die Folgen

Am 11. März 2011 ereignete sich die größte Katastrophe, die Japan seit dem Ende des Zweiten Weltkriegs erdulden musste. Um 14 Uhr 46 erschütterte ein tektonisches Beben die am Pazifik gelegenen Küstengebiete der Tōhoku-Region (Präfekturen Iwate, Miyagi und Fukushima). Das Beben, dessen Epizentrum im Pazifik 130 km vor der Sanriku-Küste in einer Tiefe von 24 km lag, erreichte die in Japan bisher noch niemals gemessene Stärke von 9,0 auf der nach oben hin offenen Richter-Skala. Die dabei freigesetzte Energie war so gewaltig, dass Teile der betroffenen Landmasse um mehr als zwei Meter verschoben wurden. Ausläufer und hunderte von Nachbeben, davon über 80 mit einer Magnitudenstärke von 6 oder mehr, reichten in den folgenden zwei Monaten bis in die Kantō-Region einschließlich der Großstädte Tōkyō und Yokohama.

Dennoch war die Zahl der durch das Beben verlorenen Menschenleben sowie der verursachten materiellen Schäden vergleichsweise gering. Die weitaus schlimmeren Folgen hatten die Flutwellen (Tsunami), deren größte etwa eine Stunde nach dem Beben einen Küstenstreifen von 560 km^2 verwüstete und die nach Angaben der japanischen Regierung stellenweise fast 40 m Höhe erreichte. Knapp 16 000 Tote wurden gezählt, zwei Drittel davon 60 Jahre und älter, etwa 8000 Menschen galten zum Jahresende 2011 noch als vermisst. 475 000 Wohngebäude wurden beschädigt oder zerstört, Straßen an ca. 4000 Stellen, Zuggleise an über 7200 Stellen beschädigt. Schätzungen der Weltbank zufolge lag der durch Beben und Tsunami verursachte Schaden bei ca. Yen 17 Billionen (ca. Euro 160 Mrd.).

Eine noch größere Dimension erreichte die am 11. März ausgelöste Katastrophe dadurch, dass sowohl Beben als auch Tsunami vier der sechs Reaktoren des Atomkraftwerks Fukushima I der Tokyo Electric Power Company

(TEPCO) erheblich beschädigten. Während das Beben bereits Kühlwasserleitungen undicht werden ließ, zerstörte die Tsunami die Stromversorgung und damit die Reaktorkühlung. Bis zum 15. März kam es zu zwei Bränden und Explosionen an vier der Reaktoren, in drei ereigneten sich Kernschmelzen. Bis Anfang April liefen zudem große Mengen radioaktiven Wassers in den Pazifik und viele Monate lang trat kontaminierter Dampf aus.

Der Mangel an Wissen um das, was sich in und um die Reaktoren herum tat, beeinträchtigte besonders während der ersten Tage die Arbeit des Krisenstabs der Regierung. Die für solche Notfallsituationen eingerichteten Beobachtungs-, Mess- und Informationssysteme funktionierten nicht. Premierminister Kan Naoto fürchtete in dieser Zeit, selbst Tōkyō evakuieren zu müssen, doch erwies sich diese Angst als unbegründet. Trotzdem scheint Kan in wichtigen Momenten richtige Entscheidungen getroffen und gegen den Widerstand des AKW-Betreibers durchgesetzt zu haben. Er ordnete an, die Reaktoren mit Meerwasser zu kühlen, während das Management des Betreibers diesen Schritt noch vermeiden wollte, um keine zusätzlichen Schäden an der Anlage anzurichten. Als TEPCO später die Reaktoren aufgeben wollte, zwang Kan die Firma, sich weiter um eine Kontrolle der Anlagen zu bemühen.

Die Informationspolitik der Regierung und der AKW-Betreiberfirma war in dieser Zeit darauf ausgerichtet, keine Panik entstehen zu lassen und nur wirklich gesichertes Wissen an die Medien zu geben. Diese Strategie führte aber dazu, dass man der verunsicherten Öffentlichkeit kaum aufzeigte, welche Entwicklungen sich ergeben könnten oder welche Gefahren drohten. Das übernahmen dann die Massenmedien, die den Informationsmangel durch Spekulationen zu kompensieren versuchten. In einem Umkreis von einigen hundert Kilometern um Fukushima I herum konnten die Menschen nicht sicher sein, ob sie nicht auch Schaden nehmen würden. Vor allem diejenigen in der Metropolregion Tōkyō/Yokohama bemühten sich, dieser Angst dadurch zu begegnen, dass sie ihren normalen Alltagsgeschäften nachgingen. Trotzdem wurden sie dabei immer wieder durch Meldungen über Luft- und Trinkwasserverseuchung, verstrahlte Lebensmittel und Probleme bei der Krisenbewältigung an den zerstörten Reaktoren aufgeschreckt.

Für die etwa 300000 Evakuierten, die in der betroffenen Region in Notunterkünften leben mussten, war die Lage um ein Vielfaches schlimmer. Sie verfolgten, wie zunächst Rettungs-, dann Wiederaufbauarbeiten unter der ständigen Drohung einer Ausbreitung der nuklearen Gefahr erfolgten. Viele dieser Menschen hatten Familienangehörige und Freunde verloren, ihre Heimat war zerstört, der Arbeitsplatz vernichtet. Das überaus disziplinierte Verhalten der betroffenen Bevölkerung während dieser Zeit fand auch deshalb weltweit große Bewunderung. Anders als beim Erdbeben in der Region Kōbe von 1995 zeigten sich die japanischen Behörden diesmal sehr viel flexibler bei der Annahme ausländischer Hilfsangebote. US-Army und Navy wurden von offizieller japanischer Seite um Hilfe gebeten, das Ergebnis war die »Operation Friendship-*tomodachi*«.

Diejenigen, die in 20 km Umkreis von Fukushima I lebten, wurden am 15. März von der Atomkontrollbehörde aufgefordert, Häuser und Wohnungen zu verlassen. Auch deshalb gilt die Reaktorkatastrophe von Fukushima nun weltweit als warnendes Beispiel für die Konsequenzen, die ein unkontrollierbares Atomkraftwerk hervorrufen kann. Die deutsche Regierung unter Bundeskanzlerin Merkel ließ sich durch die Ereignisse selbst, sicher aber auch durch die katastrophenfreudige und in Japan als übertrieben kritisierte Medienberichterstattung in Deutschland dazu bewegen, den von ihr ursprünglich rückgängig gemachten Atomausstieg wieder zur Regierungspolitik zu erklären. Dabei übersah man jedoch, dass der GAU von

Fukushima nicht dadurch verursacht worden war, dass man im Hochtechnologieland Japan die komplizierte Reaktortechnik nicht grundsätzlich im Griff haben könnte. Ursächlich war vielmehr, dass der regionale Energiemonopolist TEPCO über Jahrzehnte mit der LDP sowie dem zuständigen Ministerium für Wirtschaft zum gegenseitigen Vorteil gearbeitet hatte und durch den Mangel an staatlicher Aufsicht wichtige, sicherheitsrelevante Schutzmaßnahmen schlicht unterlassen konnte. So war die betroffene Region bereits in der Heian-Periode (869 n. Chr.) und zu Anfang der Edo-Periode (1611) von ähnlich schweren Beben heimgesucht worden, deren Ausmaß Wissenschaftler auf der Grundlage historischer Dokumente sogar recht präzise kartografieren konnten. Das von ihnen identifizierte Gebiet war mit dem am 11. März 2011 verwüsteten fast deckungsgleich. Aber sowohl TEPCO als auch die stark von finanziellen Zuwendungen des Energiekonzerns profitierende LDP ignorierten diese Erkenntnisse. Es überrascht im Rückblick wenig, dass das Unternehmen nach dem Beben vom 11. März eingestehen musste, dass es nicht einmal einen Leitfaden für einen solchen Katastrophenfall vorbereitet hatte.

Die LDP wiederum präsentierte sich in den Wochen und Monaten nach dem Beben auf eine fast zynische Weise obstruktiv. Die Partei boykottierte alle Versuche von Premierminister Kan zur Kooperation. Anstatt einer großen Koalition zur Überwindung der akuten Krise zuzustimmen, ging es der liberaldemokratischen Führung um Parteichef Tanigaki Sadakazu in erster Linie darum, politisches Kapital aus der Not des Gegners zu schlagen. Der Erfolg dieser Strategie blieb zwar bescheiden, doch strafte das Wahlvolk die LDP auch nicht für diese Haltung ab. Kan jedoch, dessen Initiativen zur Stärkung erneuerbarer Energien und zu einer Verringerung der Abhängigkeit von Atomenergie breite Unterstützung in der Öffentlichkeit fanden, wurde von innerparteilichen Gegnern, einer kritischen Presse sowie der Opposition zum Rücktritt gedrängt. Ihm folgte im September 2011 der ehemalige Finanzminister Noda Yoshihiko. Was von Kans Energiepolitik auf lange Sicht bleiben wird, ist vor allem vor dem Hintergrund der großen Rohstoffabhängigkeit des Landes sowie der immer noch einflussreichen Atomlobby ungewiss. Sicher ist jedoch, dass Teile der Regierungspartei sowie die größte Oppositionspartei des Landes im Angesicht der Katastrophe ihrer Verantwortung nicht gerecht wurden.

Japans BIP schrumpfte in Folge des 11. März um 3,5 %. Die Regierung stellte mittels umfangreicher Nachtragshaushalte Geld für den Wiederaufbau und für die Stützung der Binnenwirtschaft zur Verfügung. Die Verschuldung des Landes stieg damit deutlich über 200 % des BIP an, was von Finanzexperten jedoch deshalb (noch) nicht als gefährlich bewertet wurde, weil Japan seine Staatsanleihen zu großen Teilen an inländische Investoren verkaufen konnte. Erst wenn die Zinsen steigen würden, könnten die Staatschulden zu einem akuten Problem werden. Aufgrund der hohen Staatsverschuldungen in den USA und einigen europäischen Ländern (»Euro-Krise«) wuchs der Wert des Yen jedoch selbst unter diesen Umständen immens und verteuerte damit japanische Exporte, ein Umstand, der der Wirtschaft des Landes weitere Probleme bereitete.

Auch in Japans Gesellschaft hat der 11. März 2011 eine Reihe von Veränderungen herbeigeführt. In den Monaten danach häuften sich Medienberichte über die steigende Bedeutung, die selbst junge »Singles« nun Partnerschaft und Ehe beimaßen. Die Zahl der Eheschließungen nahm sprunghaft zu, Familie und Verwandtschaft wurden wieder als sehr wichtig empfunden, Nachbarschaft und Freundschaft neu entdeckt. Fragen von Energieversorgung und -sparen erhielten nun ebenfalls sehr viel Aufmerksamkeit. Die ehemals marginalisierten Kritiker atomarer Energieerzeugung waren nun in die gesellschaftliche Mitte gerückt, und gleichzeitig entstand eine für japanische Verhältnisse bemerkenswert kritische Öffentlichkeit. Auch wenn die Zahl der Teilnehmenden im Vergleich zu Deutschland nicht hoch erscheinen mag (an der größten Demonstration, die im Juni 2011 in Tōkyō stattfand, nahmen 60000 Menschen teil), zogen doch so viele Anti-AKW-Demonstrationen durch die Städte des Landes wie nie zuvor.

Ähnliche Mobilisierungserfolge wie die der Anti-Atomkraft-Bewegung konnten in den folgenden Jahren Initiatoren der Proteste verzeichnen, die sich gegen eine Änderung der japanischen Verfassung wandten. Premierminister Abe hatte 2020, das Jahr der Tokioter Sommerolympiade, als Zieldatum für eine Reform der Nachkriegsverfassung von 1946 ausgegeben. Unter anderem sollte Artikel 9 um einen Zusatz erweitert werden, der die Selbstverteidigungsstreitkräfte des Landes verfassungskonform machen würde. Den verschiedenen, über die Jahrzehnte vorgelegten Reformentwürfen der LDP stand eine Bewegung gegenüber, die von Pazifismus getragen wurde und den Absichten der Regierungspartei nicht traute. Dieses Misstrauen wurde unter anderem durch den nationalistischen und »ur-japanische Tugenden« beschwörenden Flügel der LDP genährt, der sich der sogenannten »Japan-Konferenz« (*nippon kaigi*) angeschlossen hatte. Aus dieser Ecke des politischen Spektrums ertönten nicht nur Stimmen, die Nationalstolz einforderten und die (Kriegs-)Vergangenheit umdeuteten, sondern auch solche, die sehr viel mehr über die Pflichten der Bürger gegenüber ihrem Staat sprachen als über die Rechte.

Trotz dieser gemeinsamen Interessenlage gelang es der politischen Opposition nicht, sich auch anderweitig auf ein gemeinsames Vorgehen zu einigen. Stattdessen blieben die Oppositionsparteien zersplittert und stellten keine aussichtsreiche Alternative zur Liberaldemokratischen

Partei dar. Die Koalition aus LDP und Kōmeitō konnte so die Unterhauswahlen 2012, 2014 und 2017 deutlich für sich entscheiden, obwohl sie nur eine ähnliche Stimmenzahl gewann wie bei ihrer desaströsen Wahlniederlage 2009. Der Umstand, der diese Siege ermöglichte, war die niedrige Wahlbeteiligung. Mehr als 40% der Wähler verzichteten auf ihr Stimmrecht, so dass die in hohem Grade mobilisierbaren Wählergruppen der Regierungskoalition maßgeblich über den Wahlausgang entschieden.

»Abenomics«, der 2013 eingeführte, medientaugliche Begriff für die Wirtschaftspolitik des Premierministers, verlor in dieser Zeit viel von seiner Strahlkraft. Abe propagierte »drei Pfeiler« (billiges Geld durch Niedrigzinsen, fiskalische Anreize vor allem durch Staatsinvestitionen, Strukturreformen). Während die politisch einfacher durchzusetzenden Maßnahmen (lockere Geldpolitik und massive Konjunkturprogramme) recht schnell implementiert werden konnten, blieben (schmerzhafte) Strukturreformen oft im Ansatz stecken. Die dreimalige Verschiebung der Mehrwertsteuererhöhung (von 8% auf 10%) war nur ein Beispiel für die Beharrungskräfte des Landes. Insgesamt führte die Konjunkturpolitik nur zu einem geringen und instabilen Wirtschaftswachstum; der von der Regierung angekündigte »Trickle-down-Effekt« sowie die Überwindung der langanhaltenden Deflation blieben hinter den Erwartungen zurück. Etwa 40% der japanischen Arbeitnehmer waren nicht regulär beschäftigt, sondern verdienten ihren Lebensunterhalt als Zeitarbeiter oder Aushilfen und mussten somit ohne den vollen Schutz des Sozialsystems auskommen. Substantielle politische Antworten auf die Alterung der Gesellschaft blieben aus, Einwanderung erfolgte lediglich durch die Hintertür. Dank »Praktikantenvisa« und einer großzügigen Arbeitserlaubnis für Studierende (bis zu 27 Stunden die Woche) wurden vor allem einfache Jobs immer häufiger von Ausländern übernommen. Der Abbau der auf mehr als 250% (2018)

des BIP angewachsenen Staatsverschuldung war nach Ansicht der meisten Wirtschaftsfachleute nur in mehreren Jahrzehnten – wenn überhaupt – möglich. Verschärft wurde diese Lage auch durch die Erdbeben in der Region Kumamoto, die am 14. und 16. April 2016 jeweils in der Stärke 7,0 die Präfekturhauptstadt und ihre Umgebung trafen und mehrere hundert Tote forderten. Die fast 200000 Obdachlosen waren auch Jahre später noch auf Notunterkünfte angewiesen.

Die noch unter der US-Päsidentschaft Barack Obama geplante Wirtschaftsgemeinschaft *Trans-Pacific-Partnership* (TPP) sollte zwölf Anrainerstaaten des Pazifik zu einer Freihandelszone zusammenfassen und als Gegengewicht zu der nun Japan überholenden Wirtschaftsmacht der Volksrepublik China etablieren. Allerdings wurde sie durch die Ablehnung des Obama-Nachfolgers Donald Trump stark geschwächt. Die unter Xi Xinping mit massiven staatlichen Investitionen vorangetriebene Initiative, eine »Neue Seidenstraße« zu errichten und dadurch das globalpolitische wie außenwirtschaftliche Gewicht der VR China weiter zu stärken, erfolgte somit in einer Zeit, in der sich der japanische Nachbar alles andere als selbstbewusst präsentierte. In Afrika und im Nahen Osten sah sich Japan einer ständig wachsenden Konkurrenz Chinas gegenüber, der u.a. eine alle drei Jahre in Japan zusammentretende *International Conference on African Development* neben dem schon seit 1994 etablierten *Africa-Japan-Forum* Paroli bieten sollte. Auch die Beziehungen zu Südkorea (Debatten über den Umgang mit Zwangsprostituierten und Zwangsarbeitern während des Weltkrieges, die noch unter Präsidentin Park Geun-hye als beendet angesehen wurden) und Nordkorea (mit seinen Raketentests über japanischem Luftraum sowie seinem Atomwaffenprogramm; hinzu kam das Problem entführter japanischer Staatsbürger) hielten die japanische Regierung in Atem. Abe war gezwungen, sich besonders der Unterstützung einer US-Regierung unter Trump zu vergewissern, der seinerseits eine starke Aufrüstung Japans und angesichts des niedrigen Yen-Kurses Einschränkungen im Export verlangte.

Die Menschen Japans beschäftigte ab 2017 auch das Schicksal des Kaiserhauses. Heisei-Tennō hatte nach seiner Thronbesteigung 1989 die Sympathien des Volkes gewonnen und seine durch die Verfassung vorgegebene Rolle als »Symbol Japans« mit Pflichtbewusstsein, mit Anteilnahme am Schicksal benachteiligter Bevölkerungsgruppen wie Kranken und Behinderten, von Naturkatastrophen Betroffenen und vor allem der Bevölkerung Okinawas, deren Leiden im Weltkrieg und unter der Besatzungszeit er Japan immer wieder ins Bewusstsein zu rufen verstand, ausgefüllt. Als er seinen Wunsch andeutete, 2019 nach 30 Jahren zurückzutreten, unterstützte der Großteil der Bevölkerung dies und drängte somit die Regierung dazu, den 1. Mai 2019 als Tag der Inthronisation des dann 59 Jahre alten Kronprinzen Naruhito als 126. Tennō (nach offizieller Zählung) festzulegen. Die am 1. Januar 1946 von Shōwa-Tennō in seiner Neujahrsbotschaft ausgesprochene Natur des Tennō als Mensch war ganz offensichtlich im Bewusstsein Japans fest verankert.

Anhang

Tabelle zur Epochengliederung

Historisches Ereignis		Regierungssitz	Regierendes Geschlecht	Sozialgeschichte	Gesellschaft	Großgliederung
552	Buddhismus	ASUKA (593–710)	SOGA u. a.	*UJI-CLANE* 7. Jh.	Primitiver Geschlechterstaat	VORZEIT
645	Taika-Reform		FUJIWARA			ALTERTUM
692	Thronbesteigung Suiko-Tennō					
701	Ritsuryō-Kodex			HOFADEL bis 12. Jh.	701 sinisierter Beamtenstaat	
710	Nara/Heijō Hauptstadt	NARA (710–784)				
712	*Kojiki* (1. Reichsgeschichte)					
784	Nagaoka Hauptstadt	NAGAOKA (784–794)				
794	Kyōto/Heian Hauptstadt	HEIAN (794–1185)				
827	Ämter erblich					
1086	*insei*-Regierung					
1156	Sieg der Taira (Heike)		TAIRA			
1185	Schlacht bei Dan-no-ura: Sieg der Minamoto (Genji)	(FUKUHARA) (1180)			827 dezentralisierter Feudalismus	
1192	Minamoto no Yoritomo Shōgun	KAMAKURA (1185–1333)	MINAMOTO (HŌJŌ)			
1274, 1281	Mongoleneinfälle					
1331, 1334–39	Kemmu-Restauration des Go-Daigo-Tennō	MUROMACHI				

1338	Ashikaga Taka'uji Shōgun	(1338–1573)	ASHIKAGA (1338–1573)	SCHWERTADEL 10.–19. Jh.		MITTELALTER
1337–92	Schisma Nord-/Südhof	(YOSHINO)				
1467–77 1467–1568	Ōnin-Bummei-Wirren Sengoku »Streitende Reiche«	MUROMACHI (1338–1573)				
1543	Portugiesen auf Tanega					
1568	Oda Nobunaga in Kyōto					
1585	Toyotomi Hideyoshi Großkanzler	(AZUCHI-MOMOYAMA)	ODA / TOYOTOMI (1568–1598)			
1588	Landvermessung Hideyoshis				1588 zentralisierter Feudalismus	
1592/1597	Korea-Invasionen					
1600	Schlacht bei Sekigahara					FRÜHE NEUZEIT
1603	Tokugawa Ieyasu Shōgun Edo Regierungssitz	EDO (1603–1868)	TOKUGAWA (1603–1867)	BÜRGER 17. Jh.		
1614/15	Fall von Ōsaka					
1633–39	Edikte zur Kontrolle der Auslandskontakte					
1853/54	»Öffnung Japans«					
1867/68	Meiji-Restauration Tōkyō Residenz- und Hauptstadt	TŌKYŌ (seit 1868)		VOLK 20. Jh.	1868 Nationalstaat Kapitalismus	NEUZEIT
1912	Taishō					
1926	Shōwa					
1989	Heisei					GEGENWART

Liste der Tennō, Shōgune, Ryūkyū-Könige und Premierminister

1 Tennō

1 Jimmu (660–585 v. Chr.)
2 Suizei (581–549 v. Chr.)
3 Annei (549–511 v. Chr.)
4 Itoku (510–477 v. Chr.)
5 Kōshō (475–393 v. Chr.)
6 Kōan (392–291 v. Chr.)
7 Kōrei (290–213 v. Chr.)
8 Kōgen (214–158 v. Chr.)
9 Kaika (158–98 v. Chr.)
10 Sujin (97–30 v. Chr.)
11 Suinin (29 v. Chr. – 70 n. Chr.)
12 Keikō (71–130)
13 Seimu (131–190)
14 Chūai (192–200)
15 Ōjin (270–310)
16 Nintoku (313–399)
17 Richū (400–405)
18 Hanzei (406–410)
19 Ingyō (412–453)
20 Ankō (453–456)
21 Yūryaku (456–479)
22 Seinei (480–484)
23 Kenzō (485–487)
24 Ninken (488–498)
25 Buretsu (498–506)
26 Keitai (507–531)
27 Ankan (531–535)
28 Senka (535–539)
29 Kimmei (539–571)
30 Bidatsu (572–585)
31 Yōmei (585–587)
32 Sushun (587–592)
33 Suiko (592–628)
34 Jomei (629–641)
35 Kōgyoku (642–645)
36 Kōtoku (645–654)
37 Saimei (655–661)
38 Tenji (auch Tenchi, 668–671)
39 Kōbun (671–672)
40 Temmu (673–686)
41 Jitō (690–697)
42 Mommu (697–707)
43 Gemmei (707–715)
44 Genshō (715–724)
45 Shōmu (724–749)
46 Kōken (749–758)
47 Jun'nin (758–764)
48 Shōtoku (764–770)
49 Kōnin (770–781)
50 Kammu (781–806)
51 Heizei (806–809)
52 Saga (809–823)
53 Junna (823–833)
54 Nimmyō (833–850)
55 Montoku (850–858)
56 Seiwa (858–876)
57 Yōzei (877–884)
58 Kōkō (884–887)
59 Uda (887–897)
60 Daigo (897–930)
61 Suzaku (930–946)
62 Murakami (946–967)
63 Reizei (967–969)
64 Enyū (969–984)
65 Kazan (984–986)
66 Ichijō (986–1011)
67 Sanjō (1011–16)
68 Go-Ichijō (1016–36)
69 Go-Suzaku (1036–45)
70 Go-Reizei (1045–68)
71 Go-Sanjō (1068–72)
72 Shirakawa (1072–86)

73 Horikawa (1086–1107)
74 Toba (1107–23)
75 Sutoku (1123–41)
76 Konoe (1141–55)
77 Go-Shirakawa (1155–58)
78 Nijō (1158–65)
79 Rokujō (1165–68)
80 Takakura (1168–80)
81 Antoku (1180–85)
82 Go-Toba (1184–98)
83 Tsuchimikado (1198–1210)
84 Juntoku (1210–21)
85 Chūkyō (1221–21)
86 Go-Horikawa (1221–32)
87 Shijō (1232–42)
88 Go-Saga (1242–46)
89 Go-Fukakusa (1246–59)
90 Kameyama (1259–74)
91 Go-Uda (1274–87)
92 Fushimi (1287–98)
93 Go-Fushimi (1298–1301)
94 Go-Nijō (1301–08)
95 Hanazono (1308–18)
96 Go-Daigo (1318–39)
97 Go-Murakami (1339–68)
98 Chōkei (1368–83)
99 Go-Kameyama (1383–92)
100 Go-Komatsu (1392–1412)
101 Shōkō (1414–28)
102 Go-Hanazono (1429–64)
103 Go-Tsuchimikado (1465–1500)
104 Go-Kashiwabara (1521–26)
105 Go-Nara (1536–57)
106 Ōgimachi (1560–86)
107 Go-Yōzei (1586–1611)
108 Go-Mizunoo (1611–29)
109 Meishō (1630–43)
110 Go-Kōmyō (1643–54)
111 Go-Sai (1656–63)
112 Reigen (1663–87)
113 Higashiyama (1687–1709)
114 Nakamikado (1710–35)
115 Sakuramachi (1735–47)
116 Momozono (1747–62)
117 Go-Sakuramachi (1763–70)
118 Go-Momozono (1771–79)
119 Kōkaku (1780–1817)
120 Ninkō (1817–46)
121 Kōmei (1847–66)
122 Meiji (Mutsuhito) (1868–1912)
123 Taishō (Yoshihito) (1915–26)
124 Shōwa (Hirohito) (1926–89)
125 Heisei (Akihito) (1989–2019)
126 Naruhito (ab 2019)

2 Shōgune

2.1 Kamakura-Shōgunat

1 Minamoto no Yoritomo (1192–99)
2 Minamoto no Yori'ie (1202–03)
3 Minamoto no Sanetomo (1203–19)

2.1.1 Shikken-Ära

4 Fujiwara Yoritsune (1226–44)
5 Fujiwara Yoritsugu (1244–52)
6 Prinz Munetaka (1252–66)
7 Prinz Koreyasu (1266–89)
8 Prinz Hisaaki (1289–1308)
9 Prinz Morikuni (1308–33)

2.2 Kemmu-Restauration

Prinz Moriyoshi (Morinaga) (1333–34)
Prinz Narinaga (Nariyoshi) (1334–38)

2.3 Muromachi-Shōgunat

1 Ashikaga Taka'uji (1338–58)
2 Ashikaga Yoshiakira (1358–67)
3 Ashikaga Yoshimitsu (1368–94)
4 Ashikaga Yoshimochi (1394–1423)
5 Ashikaga Yoshikazu (1423–25)
6 Ashikaga Yoshinori (1429–41)
7 Ashikaga Yoshikatsu (1442–43)
8 Ashikaga Yoshimasa (1449–73)
9 Ashikaga Yoshihisa (1473–89)
10 Ashikaga Yoshitane (1490–97)
11 Ashikaga Yoshizumi (1494–1508)
(10) Ashikaga Yoshitane (1508–21)
12 Ashikaga Yoshiharu (1521–46)
13 Ashikaga Yoshiteru (1546–65)
14 Ashikaga Yoshihide (1568–68)
15 Ashikaga Yoshiaki (1568–73)

2.4 Edo-Shōgunat

1 Tokugawa Ieyasu (1603–05)
2 Tokugawa Hidetada (1605–23)
3 Tokugawa Iemitsu (1623–51)
4 Tokugawa Ietsuna (1651–80)
5 Tokugawa Tsunayoshi (1680–1709)
6 Tokugawa Ienobu (1709–12)
7 Tokugawa Ietsugu (1713–16)
8 Tokugawa Yoshimune (1716–45)
9 Tokugawa Ieshige (1745–60)
10 Tokugawa Ieharu (1760–86)
11 Tokugawa Ienari (1787–1837)

12 Tokugawa Ieyoshi (1837–53)
13 Tokugawa Iesada (1853–58)
14 Tokugawa Iemochi (1858–66)
15 Tokugawa Yoshinobu (auch Keiki, 1866–67)

3 Könige von Ryūkyū

3.1 Shunten-Linie

Shunten (1187–1237)
Shumbajunki (1238–48)
Gihon (1249–59)

3.2 Eiso-Linie

Eiso (1260–99)
Taisei (1300–08)
Eiji (1309–13)
Tamagusuku (1314–36)
Sei'i (1337–49)

3.3 Satto-Linie

Satto (1350–95)
Bun'ei (1396–1405)

Drei Reiche (Sanzan) (1350–1429)

3.4 Erste Shō-Dynastie

1 Shō Shishō (1406–21)
2 Shō Hashi (1422–39)
3 Shō Chū (1440–44)
4 Shō Shitatsu (1445–49)
5 Shō Kimpuku (1450–53)
6 Shō Taikyū (1454–60)
7 Shō Toku (1461–69)

3.5 Zweite Shō-Dynastie

1 Shō En (1470–76)
2 Shō Sen'i (1476–77)
3 Shō Shin (1477–1526)
4 Shō Sei (1527–55)
5 Shō Gen (1556–72)
6 Shō Ei (1573–88)
7 Shō Nei (1589–1620)
8 Shō Hō (1621–40)
9 Shō Ken (1641–47)
10 Shō Shitsu (1648–68)
11 Shō Tei (1669–1709)
12 Shō Eki (1710–12)
13 Shō Kei (1713–51)
14 Shō Boku (1752–94)
15 Shō On (1795–1802)
16 Shō Sei (1803)
17 Shō Kō (1804–34)
18 Shō Iku (1835–47)
19 Shō Tai (1848–79)

4 Premierminister

1 Itō Hirobumi (1885–88)
2 Kuroda Kiyotaka (1888–89)
3 Yamagata Aritomo (1889–91)
4 Matsukata Masayoshi (1891–92)
5 Itō Hirobumi (1892–96)

6 Matsukata Masayoshi (1896–97)
7 Itō Hirobumi (1898)
8 Ōkuma Shigenobu (1898)
9 Yamagata Aritomo (1898–1900)
10 Itō Hirobumi (1900–01)
11 Katsura Tarō (1901–05)
12 Saionji Kimmochi (1906–08)
13 Katsura Tarō (1908–11)
14 Saionji Kimmochi (1911–12)
15 Katsura Tarō (1912–13)
16 Yamamoto Gombei (1913–14)
17 Ōkuma Shigenobu (1914–16)
18 Terauchi Masatake (1916–18)
19 Hara Takashi (1918–21)
20 Takahashi Korekiyo (1921–22)
21 Katō Tomosaburō (1922–23)
22 Yamamoto Gombei (1923)
23 Kiyoura Keigo (1924)
24 Katō Takaaki (1924–25) und (1925–26)
25 Wakatsuki Reijirō (1926–27)
26 Tanaka Gi'ichi (1927–29)
27 Hamaguchi Osachi (1929–31)
28 Wakatsuki Reijirō (1931)
29 Inukai Tsuyoshi (1931–32)
30 Saitō Makoto (1932–34)
31 Okada Keisuke (1934–36)
32 Hirota Kōki (1936–37)
33 Hayashi Senjūrō (1937)
34 Konoe Fumimaro (1937–39)
35 Hiranuma Ki'ichirō (1939)
36 Abe Nobuyuki (1939–40)
37 Yonai Mitsumasa (1940)
38 Konoe Fumimaro (1940–41)
39 Konoe Fumimaro (1941)
40 Tōjō Hideki (1941–44)
41 Koiso Kuniaki (1944–45)
42 Suzuki Kantarō (1945)
43 Higashikuni Naruhiko (1945)
44 Shidehara Kijūrō (1945–46)
45 Yoshida Shigeru (1946–47)
46 Katayama Tetsu (1947–48)
47 Ashida Hitoshi (1948)
48 Yoshida Shigeru (1948–49)
49 Yoshida Shigeru (1949–52)
50 Yoshida Shigeru (1952–53)
51 Yoshida Shigeru (1953–54)
52 Hatoyama Ichirō (1954–55)
53 Hatoyama Ichirō (1955)
54 Hatoyama Ichirō (1955–56)
55 Ishibashi Tanzan (1956–57)

56 Kishi Nobusuke (1957–58)
57 Kishi Nobusuke (1958–60)
58 Ikeda Hayato (1960)
59 Ikeda Hayato (1960–63)
60 Ikeda Hayato (1963–64)
61 Satō Eisaku (1964–67)
62 Satō Eisaku (1967–70)
63 Satō Eisaku (1970–72)
64 Tanaka Kakuei (1972)
65 Tanaka Kakuei (1972–74)
66 Miki Takeo (1974–76)
67 Fukuda Takeo (1976–78)
68 Ōhira Masayoshi (1978–79)
69 Ōhira Masayoshi (1979–80)
70 Suzuki Zenkō (1980–82)
71 Nakasone Yasuhiro (1982–83)
72 Nakasone Yasuhiro (1983–86)
73 Nakasone Yasuhiro (1986–87)
74 Takeshita Noboru (1987–89)
75 Uno Sōsuke (1989)
76 Kaifu Toshiki (1989–90)
77 Kaifu Toshiki (1990–91)
78 Miyazawa Ki'ichi (1991–93)
79 Hosokawa Morihiro (1993–94)
80 Hata Tsutomu (1994)
81 Murayama Tomi'ichi (1994–96)
82 Hashimoto Ryūtarō (1996)
83 Hashimoto Ryūtarō (1996–98)
84 Obuchi Keizō (1998–2000)
85 Mori Yoshirō (2000)
86 Mori Yoshirō (2000–01)
87 Koizumi Jun'ichirō (2001–03)
88 Koizumi Jun'ichirō (2003–05)
89 Koizumi Jun'ichirō (2005–06)
90 Abe Shinzō (2006–07)
91 Fukuda Yasuo (2007–08)
92 Asō Tarō (2008–09)
93 Hatoyama Yukio (2009–10)
94 Kan Naoto (2010)
95 Kan Naoto (2010–11)
96 Noda Yoshihiko (2011–12)
97 Abe Shinzō (2012–2014)
98 Abe Shinzō (2014–2017)
99 Abe Shinzō (2017–)

Literaturhinweise

Epochenübergreifend

Bary, Theodore de (Hrsg.): Sources of Japanese Tradition. 2 Bde. New York ^{2}2001/2005.

Collcutt, Martin / Jansen, Marius / Kumakura, Isao: Japan. Geschichte – Kunst – Lebensformen. München 1989. (Weltatlas der Alten Kulturen; 12.)

Dettmer, Hans Adalbert: Grundzüge der Geschichte Japans. Darmstadt 1965.

Goch, Ulrich: Abriß der japanischen Geschichtsschreibung. München 1992.

Hall, John Whitney (Hrsg.): The Cambridge History of Japan. 6 Bde. Cambridge (Engl.) 1988–1999.

Bd. 1: Ancient Japan. Hrsg. von Delmer M. Brown. 1993.

Bd. 2: Heian Japan. Hrsg. von Donald H. Shively u. William H. McCullough. 1999.

Bd. 3: Medieval Japan. Hrsg. von Kozo Yamamura. 1990.

Bd. 4: Early Modern Japan. Hrsg. von John Whitney Hall u. James L. McClain. 1991.

Bd. 5: The Nineteenth Century. Hrsg. von Marius B. Jansen. 1989.

Bd. 6: The Twentieth Century. Hrsg. von Peter Duus. 1988.

Hall, John Whitney: Das Japanische Kaiserreich. Übers. von Ingrid Schuster. Frankfurt a. M. ^{14}2006 [Erstausg. 1968].

Hartmann, Rudolf: Geschichte des modernen Japan: von Meiji bis Heisei. Berlin 1996.

Inoue, Kiyoshi: Geschichte Japans. Übers. von Manfred Hubricht. Frankfurt a. M. / New York 1995 [jap. Erstausg. 1963–1965].

Krebs, Gerhard: Das moderne Japan 1868–1952. Von der Meiji-Restauration bis zum Friedensvertrag von San Francisco. München 2009.

Zöllner, Reinhard: Geschichte Japans. Von 1800 bis zur Gegenwart. Paderborn 2006.

Ur- und frühgeschichtliche Grundlagen

Kaifu, Yosuke [u. a.] (Hrsg.): Emergence and Diversity of Human Behavior in Paleolithic Asia. College Station (TX) ²2015.
Kidder, J. Edward: Ancient Japan. Oxford 1977.
– The Earliest Societies in Japan. In: Delmer Brown (Hrsg.): Ancient Japan. Cambridge (Engl.) 1993. (The Cambridge History of Japan; 1.) S. 48–107.
Ledyard, Gari: Galloping along with the Horseriders: Looking for the Founders of Japan. In: Journal of Japanese Studies 1.2 (1975). S. 217–254.
Lewin, Bruno: Aya und Hata. Bevölkerungsgruppen Altjapans kontinentaler Herkunft. Wiesbaden 1962.
– Der koreanische Anteil am Werden Japans. Opladen 1976.
Sasaki, Kōmei: The Origins of Japanese Ethnic Culture. Looking Back and Forward. In: Hans Dieter Ölschleger (Hrsg.): Theories and Methods in Japanese Studies: Current State and Future Developments. Göttingen 2008. S. 167–184.
Slawik, Alexander: Austronesische Elemente in der japanischen Reichsgründungssage und das Hayahitoproblem. In: Actes du 4ᵉ Congrès International des Sciences Anthropologiques et Ethnologiques. Bd. 2. Wien 1952. S. 217–223.
Suzuki, Hisashi: Racial History of the Japanese. In: Ilse Schwidetzky (Hrsg.): Rassengeschichte der Menschheit. 8. Lieferung: Asien, Bd. 1. Wien/München 1981. S. 7–69.
Wieczorek, Alfried / Steinhaus, Werner / Forschungsinstitut für Kulturgüter, Nara (Hrsg.): Zeit der Morgenröte. Japans Archäologie und Geschichte bis zu den ersten Kaisern. Mannheim 2004. [Ausstellungskatalog]

Die Dominanz des Kaiserhofs Ende 7.–12. Jahrhundert

Quellen

Antoni, Klaus: Kojiki. Aufzeichnung alter Begebenheiten. Berlin 2012.
Aoki, Michiko: Izumi Fudoki. Tōkyō 1971.
Aston, William George: Nihongi. Chronicles of Japan from the Earliest Times to A. D. 697. London 1896 (Nachdruck 1956).

Charlier, Michael: Das Dairi-shiki. Eine Studie zu seiner Entstehung und Wirkung. Wiesbaden 1975.

Dettmer, Hans: Der Yôrô-Kodex. Die Gebote. [Bd. 1:] Einleitung und Übersetzung des Ryô no gige. [Tl. 1:] Buch 1. Wiesbaden 2009.

– Der Yôrô-Kodex. [Bd. 2:] Die Gebote. Übersetzung des Ryô no gige. Tl. 2: Bücher 2–10. Wiesbaden 2010.

– Der Yôrô-Kodex. [Bd. 3:] Die Verbote. Übersetzung des Yôrô-ritsu. Wiesbaden 2012.

Florenz, Karl: Die historischen Quellen der Shinto-Religion. [Kojiki, Nihongi, Kogo-shūi]. Göttingen 1919.

Kūkai: Ausgewählte Schriften. Übers. und kommentiert von M. Eihō Kawahara und C. Yūhō Jobst. München 1992.

Lewin, Bruno: Die Regierungsannalen des Kammu-tennō. Hamburg 1962.

McCullough, Helen: Kokin Wakashū: The First Imperial Anthology of Japanese Poetry. With Tosa Nikki and Shinsen Waka. Stanford 1985.

– / McCullough, William: A Tale of Flowering Fortunes: Annals of Japanese Aristocratic Life in the Heian Period. 2 Bde. Stanford 1980.

Murasaki Shikibu: Die Geschichte vom Prinzen Genji. 2 Bde. Zürich 1966.

Naumann, Nelly: Die Mythen des alten Japan, übers. und erläutert. München 1996.

Nippon Gakujutsu Shinkōkai (Hrsg.): The Manyōshū. New York 1965.

Sei Shōnagon: Das Kopfkissenbuch der Hofdame Sei Shonagon. Übertr. und hrsg. von Mamoru Watanabe. Zürich 1952.

Zachert, Herbert: Semmyō. Die Kaiserlichen Erlasse des Shoku-Nihongi. Berlin 1950.

Literatur

Borgen, Robert: Sugawara no Michizane and the Early Heian Court. Cambridge (Mass.) 1986.

Brower, Robert / Miner, Earl: Japanese Court Poetry. Stanford 1975. ([1]1961.)

Dettmer, Hans: Die Steuergesetzgebung der Nara-Zeit. Wiesbaden 1959.

– Die Urkunden Japans vom 8. bis ins 10. Jahrhundert. Bd. 1: Die Ränge. Wiesbaden 1972.
Friday, Karl: Pushing Beyond the Pale: The Yamato Conquest of the Emishi and Northern Japan. In: The Journal of Japanese Studies 23.1 (1997) S. 1–24.
Hall, John: Kyoto as Historical Background. In: John Hall / Jeffrey Mass (Hrsg.): Medieval Japan. Essays in Institutional History. New Haven / London 1974. S. 3–38.
Hayashi Ryōichi: The Silk Road and the Shoso-in. New York 1975.
Hempel, Rose: Japan zur Heian-Zeit. Kunst und Kultur. Stuttgart 1983.
Hérail, Francine: La cour du Japon à l'époque de Heian aux Xe et XIe siècles. Paris 1995.
Hurst, G. Cameron: The Structure of the Heian Court: Some Thoughts on the Nature of »Familial Authority« in Heian Japan. In: John Hall / Jeffrey Mass (Hrsg.): Medieval Japan. Essays in Institutional History. New Haven / London 1974. S. 39–59.
– »Insei«. Abdicated Sovereigns in the Politics of Late Heian Japan, 1086–1185. New York / London 1976.
Ishii, Ryōsuke: A History of Political Institutions in Japan. Tōkyō 1980.
Kemper, Ulrich: Die Entstehung des Kampaku-Amtes. In: Nachrichten der Gesellschaft für Natur- und Völkerkunde Ostasiens 103 (1968) S. 19–38.
Kunst- und Ausstellungshalle der Bundesrepublik Deutschland (Hrsg.): Tempelschätze des Heiligen Berges. Daigo-ji. Der Geheime Buddhismus in Japan. Bonn, München 2008. [Ausstellungskatalog]
Marra, Michele: Representations of Power, the Literary Politics of Medieval Japan. Honolulu 1993.
McCullough, Helen: Ōkagami, the Great Mirror. Fujiwara Michinaga (966–1027) and His Times. Princeton 1980.
McCullough, William: Japanese Marriage Institutions in the Heian Period. In: Harvard Journal of Asiatic Studies 27 (1967) S. 103–167.
Möller, Jörg: Spiel und Sport am japanischen Kaiserhof im 7. bis 14. Jahrhundert. München 1993.
Morris, Ivan: The World of the Shining Prince: Court Life in Ancient Japan. New York 1964; Tōkyō 1978.

Murakami, Hyoe / Harper, Thomas (Hrsg.): Great Historical Figures of Japan. Tōkyō 1978.
Museum für ostasiatische Kunst Köln (Hrsg.): Im Lichte des großen Buddha. Schätze des Tōdaiji-Tempels, Nara. Köln 1999. [Ausstellungskatalog]
Naumann, Nelly: Die einheimische Religion Japans, Teil 1: Bis zum Ende der Heian-Zeit. Leiden 1988. Teil 2: Synkretistische Lehren und religiöse Entwicklungen von der Kamakura- bis zum Beginn der Edo-Zeit. Leiden 1994.
Paul, Gregor: Philosophie in Japan: von den Anfängen bis zur Heian-Zeit. Eine kritische Untersuchung. München 1993.
Piggott, Joan: The Emergence of Japanese Kingship. Stanford 1997.
Sakamoto, Tarō: The Six National Histories of Japan. Vancouver 1991.
Shimizu, Yoshiaki (Hrsg.): Japan, the Shaping of Daimyo Culture, 1185–1868. London 1989.
Stavros, Matthew: Kyoto. An Urban History of Japan's Premodern Capital. Honolulu 2014.
Toby, Ronald: Why Leave Nara? Kammu and the Transfer of the Capital. In: Monumenta Nipponica 40.3 (1985) S. 331–347.
Tsuboi, Kiyotari / Tanaka Migaku: The Historic City of Nara: An Archaeological Approach. Tōkyō 1991.
Verschuer, Charlotte von: Les Relations Officielles du Japon avec la Chine aux VIIIe et IXe Siècles. Genf [u.a.] 1985.
Visser, Marinus de: Ancient Buddhism in Japan. 2 Bde. Leiden 1935.

Der frühe Feudalismus

Quellen

Asakawa, Kan'ichi: The Documents of Iriki. Illustrative of the Development of the Feudal Institutions of Japan. Transl. and ed. by Kan'ichi Asakawa. New Haven [u.a.] 1929 (Reprint Westport (Conn.) 1974).
Brown, Delmer M. / Ishida, Ichirō: The Future and the Past: a Translation and Study of the Gukanshō, an Interpretative History of Japan Written in 1219. Berkeley 1979.
Grossberg, Kenneth A.: The Laws of the Muromachi Bakufu.

Kemmu Shikimoku (1336) & Muromachi Bakufu Tsuikahō. Tōkyō 1981.
Joüon des Longrais, F.: Âge de Kamakura: Sources (1150–1333), Archives. Tōkyō 1950.
Lee, Gregory B. / Wilson, William S.: Ideals of the Samurai. Writings of Japanese Warriors. Burbank [8]1982.
McCullough, Helen Craig: The Taiheiki. A Chronicle of Medieval Japan. New York 1959.
– Yoshitsune. A Fifteenth-Century Japanese Chronicle. Stanford 1966.
Steineck, Christian: Quellentexte des japanischen Amida-Buddhismus. Wiesbaden 1997.
Taranczewski, Detlev: The Court and its Provinces: Producing and Distributing Wealth in Classical Society, 700–1200. In: Routledge Handbook of Premodern Japanese History. Hrsg. von Karl F. Friday. London u. a.: Routledge, 2017, S. 116–137.
The Tale of the Heike. Übers. von Hiroshi Kitagawa und Bruce T. Tsuchida. Tōkyō 1975.
Varley, H. Paul: The Onin War. History of its Origins and Background, with a Selective Translation of the Chronicle of Onin. New York [u. a.] 1967.
Wilson, William R.: Hōgen Monogatari: Tale of the Disorder in Hōgen. Tōkyō 1971.

Literatur

Adolphson, Mikael: The Gates of Power: Monks, Courtiers, and Warriors in Premodern Japan. Honolulu 2002.
Arnesen, Peter Judd: The Medieval Japanese Daimyo: The Ōuchi Family's Rule of Suō and Nagato. New Haven [u. a.] 1979.
Asakawa, Kan'ichi: Land and Society in Medieval Japan. Tōkyō 1965.
Barth, Johannes: Kamakura: Die Geschichte einer Stadt und einer Epoche. Tōkyō 1969.
Berry, Mary Elizabeth: The Culture of Civil War in Kyoto. Berkeley 1994.
Bitō, Masahide (Hrsg.): Studies on Bushi (Samurai). Tōkyō 1985.
Brochlos, Astrid: Grundherrschaft in Japan. Entstehung und Struktur des Minase no shō, Wiesbaden 2001.
Collcutt, Martin: Five Mountains: the Rinzai Zen monastic institution in medieval Japan. Cambridge (Mass.) 1981.

Elison, George / Smith, Bardwell L. (Hrsg.): Warlords, Artists, and Commoners. Japan in the Sixteenth Century. Honolulu 1981.
Farris, William Wayne: Population, Disease, and Land in Early Japan, 645–900. Cambridge (Mass.) 1985.
– Heavenly Warriors: The Evolution of Japan's Military, 500–1300. Cambridge (Mass.) 1992.
Foard, James [u. a.] (Hrsg.): The Pure Land Tradition: History and Development. Berkeley 1996.
Friday, Karl: Hired Swords: The Rise of Private Warrior Power in Early Japan. Stanford 1992.
Gerber, Adrian: Gemeinde und Stand. Die zentraljapanische Ortschaft Ōyamazaki im Spätmittelalter – Eine Studie in transkultureller Geschichtswissenschaft. Stuttgart 2005.
Goble, Andrew E.: Kenmu: Go-Daigo's Revolution. Cambridge (Mass.) 1996.
Goodwin, Janet R.: Alms and Vagabonds: Buddhist Temples and Popular Patronage in Medieval Japan. Honolulu 1994.
Grossberg, Kenneth A.: Japan's Renaissance: The Politics of the Muromachi Bakufu. Cambridge (Mass.) 1981.
Hall, John W.: Government and Local Power in Japan, 500–1700. A Study Based on Bizen Province. Princeton 1966.
– / Mass, Jeffrey P. (Hrsg.): Medieval Japan: Essays in Institutional History. New Haven 1974.
Keirstead, Thomas: The Geography of Power in Medieval Japan. Princeton 1992.
Kunst- und Ausstellungshalle der Bundesrepublik Deutschland (Hrsg.): Japans Schönheit, Japans Seele. Meisterwerke aus dem Tokyo National Museum. Bonn 2003. [Kunst der Muromachi-Periode; Ausstellungskatalog]
Mass, Jeffrey P.: Yoritomo and the Founding of the First Bakufu. The Origins of Dual Government in Japan. Stanford 1999.
– Antiquity and Anachronism in Japanese History. Stanford 1992.
– Lordship and Inheritance in Early Medieval Japan: A Study of the Kamakura Sōryō System. Stanford 1989.
– The Development of Kamakura Rule, 1180–1250. A History of Documents. Stanford 1979.
– The Kamakura Bakufu: A Study in Documents. Stanford 1976.
– Warrior Government in Early Medieval Japan: A Study of the Kamakura Bakufu, shugo and jitō. New Haven 1974.
– (Hrsg.): The Origins of Japan's Medieval World: Courtiers, Cle-

rics, Warriors, and Peasants in the Fourteenth Century. Stanford 1997.
– (Hrsg.): Court and Bakufu in Japan: Essays in Kamakura History. New Haven 1982.
Morris, Ivan: Samurai oder von der Würde des Scheiterns: Tragische Helden in der Geschichte Japans. Übers. von Ursula Gräfe und Gunther Ludwig. Frankfurt am Main 1989.
Pandey, R.: Writing and Renunciation in Medieval Japan: The Works of Poet-priest Kamo no Chōmei. Ann Arbor 1998.
Renondeau, Gaston: Histoire des Moines Guerriers du Japon. Paris 1957.
Rüttermann, Markus: Das Dorf Suganoura und seine historischen Quellen: Untersuchungen zur Genese einer zentraljapanischen Dorfgemeinde im späten Mittelalter. Hamburg 1996.
Ruppert, Brian D.: Jewel in the Ashes: Buddha Relics and Power in Early Medieval Japan. Cambridge (Mass.) 2000.
Shinoda, Minoru: The Founding of the Kamakura Shogunate 1180–1185. New York 1960.
Steenstrup, Carl: Hōjō Shigetoki (1198–1261) and his Role in the History of Political and Ethical Ideas in Japan. London/Malmö 1979.
Steineck, Christian: Dōgen als Philosoph. Wiesbaden 2002.
Souyri, Pierre F.: Le monde à l'Envers: La Dynamique de la Société Médiéval. Paris 1998.
Taranczewski, Detlev: Einige Aspekte der Entstehung des privaten Eigentums im mittelalterlichen Japan. In: Mitteilungen der Gesellschaft für Natur- und Völkerkunde Ostasiens 112 (1988) S. 229–308.
– Lokale Grundherrschaft und Ackerbau in der Kamakura-Zeit – dargestellt anhand des Nitta no shō in der Provinz Kōzuke. Bonn 1988.
– Some Aspects of Local Rule in Medieval Japan. In: Japan Forum 3.2 (1991) S. 341–350.
– Streit um Wasser: Konflikt und Kooperation in der japanischen Reisbauerngesellschaft. In: Jahrbuch des Deutschen Instituts für Japanstudien 3 (1992) S. 21–46.
– The Creation of Self-Government and Local Leadership in Central Japan from the Fourteenth to the Sixteenth Centuries. In: Ian Neary (Hrsg.): Leaders and Leadership in Japan. Richmond 1996. S. 26–38.

– Frauen des Kriegerstandes. In: Historisches Museum der Pfalz Speyer (Hrsg.): Samurai. Ostfildern 2008. S. 142–151.
Varley, H. Paul: Imperial Restoration in Medieval Japan. New York [u. a.] 1971.
Vollmer, Klaus: Professionen und ihre ›Wege‹ im mittelalterlichen Japan. Eine Einführung in ihre Sozialgeschichte und literarische Repräsentation am Beispiel des Tōhoku'in shokunin utaawase. Hamburg 1995.
White, James W.: Ikki. Social Conflict and Political Protest in Early Modern Japan. Ithaca / New York 1995.
Yiengpruksawan, Mary H.: Hiraizumi: Buddhist Art and Regional Politics in Twelfth-Century Japan. Cambridge (Mass.) 1998.

Japan und die ostasiatische Staatenwelt an der Wende vom Mittelalter zur Frühen Neuzeit

Japan

Quellen

Fróis, Luís S.J.: Die Geschichte Japans. Übers. von G. Schurhammer und E. A. Voretzsch. Leipzig 1926.
Kaempfer, Engelbert: Heutiges Japan. Hrsg. von W. Michel und B. J. Terwiel. München 2000.
Rodriguez, João S.J.: This Island of Japon. João Rodrigues' Account of 16th-Century Japan. Übers. von M. Cooper. Tōkyō / New York 1973.
Siebold, Philipp Franz von: Nippon. Archiv zur Beschreibung von Japan und dessen Neben- und Schutzländern Jezo mit den südlichen Kurilen, Sachalin, Korea und den Liukiu-Inseln. Hrsg. von seinen Söhnen [Alexander und Heinrich von Siebold]. 2 Bde. Würzburg und Leipzig [2]1897 [1. Aufl. Leiden 1832–1852].
Thunberg, Karl Peter: Reise durch einen Theil von Europa, Afrika und Asien, hauptsächlich in Japan, in den Jahren 1770 bis 1779. Hrsg. von Eberhard Friese. 2 Bde. Heidelberg 1991 [1. Aufl. Berlin 1792–1794].
Valignano, Alessandro S.J.: Sumario de las cosas de Japón. 1583. Hrsg. von José Luis Alvarez-Taladriz. Tōkyō 1954.
Viallé, Cynthia / Blussé, Leonard (Hrsg.): The Deshima Dagregisters. Bd. 11: 1641–1650. Leiden 2001.

Literatur

Berry, Mary Elizabeth: Hideyoshi. Cambridge (Mass.) / London 1989.

Boxer, Charles Ralph: The Christian Century in Japan: 1549–1650. Berkeley 1951.

Cooper, Michael S. J.: Rodrigues the Interpreter: An Early Jesuit in Japan and China. New York / Tōkyō 1974.

– They Came to Japan: An Anthology of European Reports on Japan, 1543–1640. Berkeley 1981.

Hall, John Whitney / Toyoda, Takeshi (Hrsg.): Japan in the Muromachi Age. Berkeley 1977.

– / Nagahara, Kenji / Yamamura, Kozo (Hrsg.): Japan before Tokugawa: Political Consolidation and Economic Growth, 1500–1650. Princeton 1981.

Hickmann, Money L. (Hrsg.): Japan's Golden Age: Momoyama. New Haven / London 1996.

Kreiner, Josef (Hrsg.): The Road to Japan. Social and Economic Aspects of Early European-Japanese Contacts. Bonn 2005.

– Die mongolischen Versuche einer Unterwerfung Japans. In: Kunst- und Ausstellungshalle der Bundesrepublik Deutschland (Hrsg.): Dschingis Khan und seine Erben. Das Weltreich der Mongolen. München 2005. S. 328–337.

Lamers, Jeroen P.: Japonius Tyrannus. The Japanese Warlord Oda Nobunaga Reconsidered. Leiden 2000.

Lach, Donald: Asia in the Making of Europe, I: The Century of Discovery. 2 Bde. Chicago/London 1965.

Michel, Wolfgang: Von Leipzig nach Japan. Der Chirurg und Handelsmann Caspar Schamberger (1623–1706). München 1999.

Moran, Joseph: The Japanese and the Jesuits: Alessandro Valignano in Sixteenth-Century Japan. London / New York 1993.

Samson, George: A History of Japan. 1334–1615. London 1961.

Toby, Ronald: State and Diplomacy in Early Modern Japan: Asia in the Development of the Tokugawa Bakufu. Princeton 1984.

Totman, Conrad: Tokugawa Ieyasu: Shogun. San Francisco 1983.

– Early Modern Japan. Berkeley [u. a.] [6]2008.

Varley, Paul / Isao Kumakura (Hrsg.): Tea in Japan: Essays on the History of Chanoyu. Honolulu 1989.

Ryūkyū

Quellen

Kobata, Atsushi / Matsuda, Mitsugu: Ryukyuan Relations with Korea and South Sea Countries. An Annotated Translation of Documents in the Rekidai Hōan. Kyōto 1969.

Literatur

Caroli, Rosa: Il mito dell'omogeneita Giapponese: storia di Okinawa. Mailand 1999.
Kerr, George H.: Okinawa. The History of an Island People. Rutland [u. a.] 1958.
Kreiner, Josef (Hrsg.): Sources of Ryūkyūan History and Culture in European Collections. München 1996.
– (Hrsg.) Ryūkyū in World History. Bonn 2001.
Pearson, Richard (Hrsg.): Okinawa. The Rise of an Island Kingdom. Archaeological and Cultural Perspectives. Oxford 2009.
Schottenhammer, Angela (Hrsg.): The East Asian »Mediterranean«: Maritime Crossroads of Culture, Commerce and Human Migration. Wiesbaden 2008.
Smits, Gregory: Visions of Ryukyu. Identity and Ideology in Early-Modern Thought and Politics. Honolulu 1999.
Tōhō Gakkai (Hrsg.): Studies of Medieval Ryukyu within Asia's Maritime Network. Tōkyō 2008.

Nordlande

Quellen

Philippi, Donald L: Songs of Gods, Songs of Humans. The Epic Tradition of the Ainu. Tōkyō 1979.

Literatur

Alber, Heinz Hugo: Die Aufstände der Ainu und deren geschichtlicher Hintergrund. Wien 1977.
Fitzhugh, William W. / Chisato O. Dubreuil (Hrsg.): Ainu: Spirit

of a Northern People. Washington D.C. 1999. [Ausstellungskatalog]

Kreiner, Josef / Ölschleger, Hans Dieter: Ainu – Jäger, Fischer und Sammler in Japans Norden. Bestandskatalog der Sammlung des Rautenstrauch-Joest-Museums. Köln 1987.

Ölschleger, Hans Dieter: Umwelt und Wirtschaft der Ainu: Bemerkungen zur Ökologie einer Wildbeutergesellschaft. Berlin 1989.

Staatliches Museum für Völkerkunde München (Hrsg.): Die Ainu. Porträt einer Kultur im Norden Japans. München 2002. [Ausstellungskatalog]

Walker, Brett L.: The Conquest of Ainu Lands. Ecology and Culture in Japanese Expansion, 1590–1800. Berkeley 2001.

Die vorindustrielle Dynamik, Frühe Neuzeit

Quellen

Ihara, Saikaku: Fünf Geschichten von liebenden Frauen. Übers. von Walter Donat. München 1960.

– Yonosuke der dreitausendfache Liebhaber. Übers. von Kazuo Kani. Herrenalb 1965.

– The Japanese Family Storehouse or the Millionaires' Gospel Modernised. Übers. von G. W. Sargent. Cambridge (Engl.) 1959.

Miura, Baien: Kagen. Vom Ursprung des Wertes [1773]. Übers. von Günther Distelrath. In: Bertram Schefold (Hrsg.): Miura Baien. Kagen. Vom Ursprung des Wertes. Vademecum zu einem japanischen Klassiker des ökonomischen Denkens. Düsseldorf 2001. S. 143–212.

Najita, Tetsuo (Hrsg.): Tokugawa Political Writings. Cambridge (Engl.) 1998.

Satow, Sir Ernest Mason: A Diplomat in Japan.

Literatur

Barth, Johannes: Edo – Geschichte einer Stadt und einer Epoche Japans. Tōkyō 1979.

Bix, Herbert P.: Peasant Protest in Japan. 1590–1884. New Haven 1986.

Dore, Ronald P.: Education in Tokugawa Japan. London 1984.

Ehmcke, Franziska / Shōno-Sládek, Masako (Hrsg.): Lifestyle in der Edo-Zeit. Facetten der städtischen Bürgerkultur Japans vom 17.–19. Jahrhundert. München 1994.

Gerstle, Andrew (Hrsg.): 18th Century Japan. Culture and Society. Sydney [u. a.] 1989.

Guth, Christine: Japanese Art of the Edo Period. London 1996.

Hanley, Susan: Everyday Things in Premodern Japan – The Hidden Legacy of Material Culture. Berkeley 1997.

– / Kozo Yamamura: Economic and Demographic Change in Preindustrial Japan 1600–1868. Princeton 1977.

Hayami, Akira: The Historical Demography of Pre-Modern Japan. Tōkyō 2001.

Kalland, Arne: Fishing Villages in Tokugawa Japan. Richmond 1995.

Kohsaka, Shiro / Laube, Johannes: Informationssystem und kulturelles Leben in den Städten der Edo-Zeit. Wiesbaden 2000.

Kracht, Klaus (Hrsg.): Japanese Thought in the Tokugawa Era. A Bibliography of Western-Language Materials. Wiesbaden 2000.

Leupp, Gary P.: Servants, Shophands and Laborers in the Cities of Tokugawa Japan. Princeton 1992.

McClain, James L. / Osamu Wakita (Hrsg.): Osaka. The Merchants' Capital of Early Modern Japan. Ithaca 1999.

Meyer, Eva-Maria: Japans Kaiserhof in der Edo-Zeit. Unter besonderer Berücksichtigung der Jahre 1846 bis 1867. Münster 1999.

Morris-Suzuki, Tessa: A History of Japanese Economic Thought. London 1989.

Nagai, Michio / Urutia, Miguel (Hrsg.): Meiji-Ishin – Restoration and Revolution. Tōkyō 1985.

Najita, Tetsuo: Visions of Virtue in Tokugawa Japan – The Kaitokudō Merchant Academy of Osaka. Chicago 1987.

– / Scheiner, Irwin (Hrsg.): Japanese Thought in the Tokugawa Period 1600–1868 – Methods and Metaphors. Chicago 1978.

Nakai, Kate Wildman: Shogunal Politics – Arai Hakuseki and the Premises of Tokugawa Rule. Cambridge (Mass.) 1988.

Nakane, Chie / Shinzaburō Ōishi (Hrsg.): Tokugawa Japan – The Social and Economic Antecedents of Modern Japan. Tōkyō 1990.

Nosco, Peter (Hrsg.): Confucianism and Tokugawa-Culture. Princeton 1984.

Pauer, Erich: Technik – Wirtschaft – Gesellschaft. Der Einfluß wirtschaftlicher und gesellschaftlicher Veränderungen auf die

Entwicklung der landwirtschaftlichen Geräte in der vorindustriellen Epoche Japans ab dem 17. Jahrhundert. Wien 1973.
Pfulb, Gerhard: Soziale Ordnung als Problem. Auffassungen über soziale Ordnung im japanischen Konfuzianismus, 1660–1750. Bochum 1993.
Smith, Thomas C.: Native Sources of Japanese Industrialization 1750–1920. Berkeley 1988.
Smitka, Michael (Hrsg.): The Japanese Economy in the Tokugawa Era, 1600–1868. New York 1998. (Japanese Economic History, 1600–1960; 6.)
Totman, Conrad D.: Early Modern Japan. Berkeley 1993.
Vaporis, Constantine Nomikos: Breaking Barriers. Travel and State in Early Modern Japan. Cambridge (Mass.) 1994.
Yamamura, Kozo: A Study of Samurai Income and Entrepreneurship. Cambridge (Mass.) 1974.

Von den Ungleichen Verträgen zur Großmacht – Japans Weg zum modernen Nationalstaat

Quellen

Braisted, William Reynolds (Hrsg.): Meiroku Zasshi. Journal of the Japanese Enlightenment. Cambridge (Mass.) 1976.
Kume, Kunitake: The Iwakura Embassy, 1871–73: A True Account of the Ambassador Extraordinary & Plenipotentiary's Journey of Observation through the United States of America and Europe. 5 Bde. Matsudo 2002.
Mutsu, Munemitsu: Kenkenroku: A Diplomatic Record of the Sino-Japanese War, 1894–95. Tōkyō 1982.
Pantzer, Peter (Hrsg.): Die Iwakura-Mission: das Logbuch des Kume Kunitake über den Besuch der japanischen Sondergesandtschaft in Deutschland, Österreich und der Schweiz im Jahre 1873. München 2002.

Literatur

Allen, George C.: A Short Economic History of Modern Japan 1867–1937. London 1966.

Ando, Junko: Die Entstehung der Meiji-Verfassung. Zur Rolle des deutschen Konstitutionalismus im modernen japanischen Staatswesen. München 2000.

Beasley, William G.: The Rise of Modern Japan. Tōkyō 1990.

Conroy, Hilary: The Japanese Seizure of Korea, 1868–1910. A Study of Realism and Idealism in International Relations. Philadelphia 1960.

Gordon, Andrew: A Modern History of Japan. From Tokugawa Times to the Present. Oxford 2003.

Jansen, Marius B. (Hrsg.): The Nineteenth Century. Cambridge (Engl.) 1989. (The Cambridge History of Japan; 5.)

– / Gilbert Rozman (Hrsg.): Japan in Transition: From Tokugawa to Meiji. Princeton 1986.

Kindermann, Gottfried-Karl: Der Ferne Osten in der Weltpolitik des industriellen Zeitalters. München 1970.

Kreiner, Josef (Hrsg.): Der Russisch-Japanische Krieg 1904/05. Göttingen 2005.

Nish, Ian: The Anglo-Japanese Alliance. The Diplomacy of Two Island Empires 1894–1907. London 1966.

Pauer, Erich: Die Rolle des Staates beim Aufstieg Japans in den Kreis der hochindustrialisierten Länder. In: Armin Hermann / Hans-Peter Sang (Hrsg.): Technik und Staat. Düsseldorf 1992.

– Japans Weg von der Agrar- zur Informationsgesellschaft. Wie Japan durch Vorgabe von Zielen, Aufstellen von Regeln und Nutzung von Informationen zu den westlichen Industrieländern aufschloß. In: Wolfram Fischer (Hrsg.): Lebensstandard und Wirtschaftssysteme. Frankfurt a. M. 1995. S. 595–637.

– Technologietransfer und industrielle Revolution in Japan, 1850–1920. In: Technikgeschichte 51.1 (1984) S. 34–54.

– Japans industrielle Lehrzeit. Die Bedeutung des Flammofens in der wirtschaftlichen und technischen Entwicklung Japans für den Beginn der industriellen Revolution. Bonn 1983.

Piper, Annelotte: Japans Weg von der Feudalgesellschaft zum Industriestaat. Wandlungsimpulse und wirtschaftliche Entwicklungsprozesse in ihrer politischen, geistigen und gesellschaftlichen Verankerung. Köln 1995.

Schwentker, Wolfgang: Die »lange Restauration«. Japans Übergang vom Shōgunat zur Meiji-Ära. In: Sepp Linhart / Erich Pilz (Hrsg.): Ostasien. Geschichte und Gesellschaft im 19. und 20. Jahrhundert. Wien 1999. S. 47–65.

Smith, Thomas C.: Political Change and Industrial Development in Japan: Government Enterprise, 1868–1880. Stanford 1955.
Westney, D. Eleanor: Imitation and Innovation. The Transfer of Western Organizational Patterns to Meiji Japan. Cambridge (Mass.) 1987.
White, John Albert: Transition to Global Rivalry: Alliance Diplomacy and the Quadruple Alliance. Cambridge (Engl.) 1995.
Wolff, David [u.a.]: The Russo-Japanese War in Global Perspective. World War Zero. Bd. 2. Leiden 2007.

Das Entstehen einer modernen städtischen Gesellschaft und Kultur, 1900/1905–1932

Downard, J. Douglas: Tokyo: The Depression Years, 1927–1933. Ph. D. Diss. Indiana 1976.
Duus, Peter: Party Rivalry and Political Change in Taishō Japan. Cambridge (Mass.) 1968.
Griffin, Edward G.: Taishō Democracy. In: Kodansha (Hrsg.): Kodansha Encyclopedia of Japan. Bd. 7. Tōkyō 1983. S. 303–305.
Hanes, Jeffrey Eldon: Seki Hajime and the Making of Modern Osaka. Ph. D. Diss., Univ. of California, Berkeley 1988.
Hunter, Janet: The Emergence of Modern Japan. An Introductory History Since 1853. London / New York 1989.
Inouye, Jūkichi: Home Life in Tokyo. London 1985 [1. Ausg. 1910].
Japanese National Commission for UNESCO (Hrsg.): The Role of Education in the Social and Economic Development of Japan. Tōkyō 1966.
Mathias, Regine: Soziale Bewegungen im Japan der Vorkriegszeit – Eine sozialhistorische Einordnung. In: Claudia Derichs / Anja Osiander (Hrsg.): Soziale Bewegungen in Japan. Hamburg 1998. S. 15–34.
– / Schmidtpott, Katja: Wohnverhältnisse der städtischen Mittelschicht 1905–1970: Bilder und Wirklichkeiten. In: Japanstudien. Jahrbuch des Deutschen Instituts für Japanstudien der Philipp-Franz-von-Siebold-Stiftung 13 (2001) S. 89–151.
Minichiello, Sharon A. (Hrsg.): Japan's Competing Modernities. Issues in Culture and Democracy 1900–1930. Honolulu 1998.
Moeran, Brian: The Birth of the Japanese Department Store. In:

Kerrie L. MacPherson (Hrsg.): Asian Department Stores. Richmond/Surrey 1998.
Murakami, Junichi: Besitz und Bildung. Deutsch-japanische Bürgertumsvergleiche. Tōkyō 1990.
Najita, Tetsuo: Hara Kei in the Politics of Compromise 1905–1915. Cambridge (Mass.) 1967.
Nakamura, Takafusa: Economic Growth in Prewar Japan. New Haven / London 1983.
Silberman, Bernard S. / Harootunian, Harry D. (Hrsg.): Japan in Crisis. Essays on Taishō Democracy. Princeton 1974.
Smith, Henry D. II: Tōkyō as an Idea: An Exploration of Japanese Urban Thought until 1945. In: Journal of Japanese Studies 4.1 (1978) S. 45–80.
Vlastos, Stephen (Hrsg.): Mirror of Modernity. Invented Traditions of Modern Japan. Berkeley 1998.

Japan im Krieg, 1931–1945

Berger, Gordon Mark: Parties out of Power in Japan. Princeton 1977.
Best, Antony: Britain, Japan and Pearl Harbor. Avoiding War in East Asia, 1936–1941. London 1995.
Boyle, John Hunter: China and Japan at War 1937–1945: The Politics of Collaboration. Stanford 1972.
Borg, Dorothy / Shumpei Okamoto (Hrsg.): Pearl Harbor as History. Japanese-American Relations 1931–1941. New York / London 1973.
Cohen, Jerome B.: Japan's Economy in War and Reconstruction. Westport 1973 (Neuauflage).
Duus, Peter (Hrsg.): The Twentieth Century. Cambridge (Engl.) 1988. (The Cambridge History of Japan; 6.)
Fox, John P.: Germany and the Far Eastern Crisis 1931–1938. A Study in Diplomacy and Ideology. Oxford 1982.
Goldman, Stuart D.: Nomonhan, 1939. The Red Army's Victory That Shaped World War II. Annapolis 2012.
Havens, Thomas R. H.: Farm and Nation in Modern Japan – Agrarian Nationalism, 1870–1940. Princeton 1964.
Harris, Sheldon H.: Factories of Death. Japanese Biological Warfare, 1932–1945, and the American Cover-Up. London 1995.

Ienaga, Saburō: The Pacific War – World War II and the Japanese 1931–1945. New York 1978.
Kawai, Tatsuo: The Goal of Japanese Expansion. Tōkyō 1938.
Krebs, Gerhard / Martin, Bernd (Hrsg.): Formierung und Fall der Achse Berlin–Tōkyō. München 1994.
– / Christian Oberländer (Hrsg.): 1945 in Europe and Asia. Reconsidering the End of World War II and the Change of the World Order. München 1997.
Kreiner, Josef / Mathias, Regine (Hrsg.): Deutschland–Japan in der Zwischenkriegszeit. Bonn 1990.
Large, Stephen S.: Emperor Hirohito and Showa Japan. A Political Biography. London 1996.
Lebra, Joyce C. (Hrsg.): Japan's Greater East Asia Co-Prosperity Sphere in World War II. Oxford 1975.
Martin, Bernd: Deutschland und Japan im Zweiten Weltkrieg: Vom Angriff auf Pearl Harbor bis zur deutschen Kapitulation. Göttingen 1969.
– Aggressionspolitik als Mobilisierungsfaktor. Der militärische und wirtschaftliche Imperialismus Japans 1931–1941. In: Friedrich Forstmeier / Hans-Erich Volkmann (Hrsg.): Wirtschaft und Rüstung am Vorabend des Zweiten Weltkrieges. Düsseldorf 1975. S. 222–244.
– Zur Tauglichkeit eines übergreifenden Faschismus-Begriffs. In: Vierteljahrshefte für Zeitgeschichte 29 (1981) S. 48–73.
Maruyama, Masao: Thought and Behaviour in Modern Japanese Politics. London [u. a.] 1963.
Mitchell, Richard H.: Thought Control in Prewar Japan. Ithaca [u. a.] 1976.
Morley, James William (Hrsg.): Dilemmas of Growth in Prewar Japan. Princeton 1971.
Morris, Ivan (Hrsg.): Japan 1931–1945 – Militarism, Fascism, Japanism? Boston 1963.
Nishikawa, Masao / Miyachi, Masato (Hrsg.): Japan zwischen den Kriegen. Eine Auswahl japanischer Forschungen zu Faschismus und Ultranationalismus. Hamburg 1990.
Ota, Masahide: This was the Battle of Okinawa. Naha 1981.
Pauer, Erich (Hrsg.): Japan's War Economy. London / New York 1999.
– Nachbarschaftsgruppen und Versorgung in den japanischen Städten während des Zweiten Weltkrieges. Marburg 1993.

Scalapino, Robert A.: Democracy and the Party Movement in Prewar Japan. The Failure of the First Attempt. Berkeley / Los Angeles 1967.

Smethurst, Richard J.: A Social Basis for Prewar Japanese Militarism. Berkeley / Los Angeles 1974.

Titus, David Anson: Palace and Politics in Prewar Japan. New York / London 1974.

Toland, John: The Rising Sun. The Decline and Fall of the Japanese Empire 1936–1945. New York 1970.

Japan in der zweiten Hälfte des 20. Jahrhunderts

Abegglen, James C.: The Strategy of Japanese Business. Cambridge (Mass.) 1984.

Aoki, Hideo: Japan's Underclass: Day Laborers and the Homeless. Melbourne (Vic.) 2006.

Bailey, David: Crisis or Recovery in Japan: State and Industrial Economy. Cheltenham [u. a.] 2007.

Caprio, Mark / Sugita, Yoneyuki: Democracy in Occupied Japan: The U.S. Occupation and Japanese Politics and Society. London [u. a.] 2007.

Conrad, Harald / Lützeler, Ralph (Hrsg.): Aging and Social Policy – A German-Japanese Comparison. München 2002.

Distelrath, Günther: Die japanische Produktionsweise: Zur wissenschaftlichen Genese einer stereotypen Sicht der japanischen Wirtschaft. München 1996.

Dore, Ronald: Taking Japan Seriously: A Confucian Perspective on Leading Economic Issues. Stanford 1987.

Flath, David: The Japanese Economy. Oxford [u. a.] ²2005.

Hamada, Kōichi: Aging and the Labor Market in Japan: Problems and Policies. Cheltenham [u. a.] 2007.

Hashimoto, Kenji: Class Structure in Contemporary Japan. Melbourne (Vic.) 2003.

Hirayama, Yōsuke: Housing and Social Transition in Japan. Abingdon [u. a.] 2007.

Johnson, Chalmers: MITI and the Japanese Miracle: The Growth of Industrial Policy. 1925–1975. Stanford 1982.

Kasza, Gregory James: One World of Welfare: Japan in Comparative Perspective. Ithaca (NY) [u. a.] 2006.

Kingston, Jeff: Japan's Quiet Transformation: Social Change and Civil Society in the 21st Century. London [u. a.] 2004.
Klein, Axel: Das politische System Japans. Bonn 2006.
Kreiner, Josef / Möhwald, Ulrich / Ölschleger, Hans Dieter (Hrsg.): Modern Japanese Society. Leiden/Boston 2004. (Handbook of Oriental Studies, Section V, Japan; 9.)
Mackie, Vera C.: Feminism in Modern Japan: Citizenship, Embodiment and Sexuality. Cambridge [u. a.] 2003.
Molasky, Michael S.: The American Occupation of Japan and Okinawa. Literature and Memory. London / New York 1999.
Mosk, Carl: Japanese Economic Development: Markets, Norms, Structures. London [u. a.] 2008.
Nomura, Masami: Japanese Companies: Theories and Realities. Melbourne 2004.
Osiander, Anja: Der Fall Minamata. Bürgerrechte und Obrigkeit in Japan nach 1945. München 2007.
Rebick, Marcus: The Japanese Employment System: Adapting to a New Economic Environment. Oxford 2005.
Schaede, Ulrike: Choose and Focus: Japanese Business Strategies for the 21st Century. Ithaca 2008.
Schwartz, Frank Jacob: The State of Civil Society in Japan. Cambridge (Engl.) [u. a.] 2003.
Shibusawa, Naoko: America's Geisha Ally. Reimagining the Japanese Enemy. Cambridge (Mass.) 2006.
Stockwin, James Arthur Ainscow: Governing Japan: Divided Politics in a Resurgent Economy. Malden (Mass.) [u. a.] 2008.
Sugimoto, Yoshio: An Introduction to Japanese Society. Cambridge (Engl.) [u. a.] ²2003.
Totani, Yuma: The Tokyo War Crimes Trial: The Pursuit of Justice in the Wake of World War II. Cambridge (Mass.) 2008.
Vogel, Steven K.: Japan remodeled: How Government and Industry are Reforming Japanese Capitalism. Ithaca 2006.

Personenregister

Zu den Autoren

Maria-Verena Blümmel

Geboren 1951. Studium der Japanologie, Volkskunde und Sinologie in Freiburg i.Br. und Wien, anschließend Stipendiatin an der Universität Tōkyō. Promotion Freiburg 1977. Wissenschaftliche Mitarbeiterin an der Universität Bonn (1980–1984) sowie Lehrtätigkeit an den Universitäten Trier und Marburg (1994–2006).

Publikationen: Hofzeremonien im japanischen Mittelalter, eine Untersuchung zu den Jahresbräuchen des Kaisers Go-Daigo (Kemmu-nenjūgyōji). 1979. – Das »Kleine Kyōto« – Kulturideal des mittelalterlichen Kriegeradels. In: Berliner Beiträge zur sozial- und wirtschaftswissenschaftlichen Japan-Forschung 16 (1983) S. 17–26. – Die »Fünf Feste« beim Kriegeradel. In: Klaus Antoni / Maria-Verena Blümmel (Hrsg.): Festgabe für Nelly Naumann. 1993. S. 53–66. – Die Riten des Kriegeradels – Übernahme oder Neuschöpfung. In: Klaus Antoni (Hrsg.): Rituale und ihre Urheber – ›Invented Traditions‹ in der japanischen Religionsgeschichte 1997. S. 61–75.

Günther Distelrath

Geboren 1959. Studium der Japanologie an der Universität Bonn 1984 bis 1990, Promotion 1995, Habilitation 2000. Seit 2008 Privatdozent und wissenschaftlicher Mitarbeiter an der Abteilung für Japanologie und Koreanistik, Institut für Orient- und Asienwissenschaften, Universität Bonn.

Publikationen: Die japanische Produktionsweise. Zur wissenschaftlichen Genese einer stereotypen Sicht der japanischen Wirtschaft. 1996. – Das Zeitalter des Merkantilismus in Japan. In: (Mithrsg.) JapanWelten. Aspekte der deutschsprachigen Japanforschung. 2000. – Miura Baien: Kagen. Vom Ursprung des Wertes [1773] (Übersetzung und Kommentar). 2001. – (Mithrsg.) Fundamentalismus versus Wissenschaft? Zur Identität des Orients in östlichen und westlichen Diskursen. 2002. – Japans vorklassische Ökonomik und ihre religions- und geistesgeschichtlichen Grundlagen. In: Jahrbuch normative und institutionelle Grundlagen der Ökonomik, Bd. 6 (2007). – (Mithrsg.) Zur Konstruktion kollektiver Identitäten im modernen Asien. 2007. – (Mithrsg.) Von Bauern, Beamten und Banditen. Beiträge zur historischen Japanforschung. 2007.

Axel Klein

Geboren 1967. Studium der Japanologie, Politikwissenschaften und Vergleichenden Religionswissenschaft in Bonn. Promotion 1998. Habilitation 2005. Wissenschaftlicher Mitarbeiter an der Forschungsstelle Modernes Japan der Universität Bonn, 2007–2011 am Deutschen Institut für Japanstudien, Tōkyō, seit 2011 Professor für Politik Japans an der Universität Duisburg-Essen.

Publikationen: Das Wahlsystem als Reformobjekt. 1998. – Das politische System Japans. 2006. – Der Konflikt um japanische Schulgeschichtsbücher – Ein Beitrag zur Einordnung und Objektivierung der Kontroverse. 2007. – Pictures at an Election or How to Get Votes in Japan (Dokumentarfilm). 2008. – (Mit Barbara Holthus) Fertility and the Economic Crisis. A Theoretical Contribution to Predicting Demographic Development. 2009. – Zahlreiche Aufsätze zur Politik des gegenwärtigen Japan.

Josef Kreiner

Geboren 1940. Studium der Völkerkunde und Japanologie in Wien und Tōkyō. Promotion 1964. Habilitation in Wien (1968) und Bonn (1970). Von 1971 bis 1977 Inhaber des Lehrstuhls für Japanologie an der Universität Wien, von 1977 bis 2008 an der Rheinischen Friedrich-Wilhelms-Universität Bonn. 1977 bis 1988 sowie 1996 bis 2008 Direktor des Japanologischen Seminars der Universität Bonn, 1981 bis 1988 Geschäftsführender Direktor des Seminars für Orientalische Sprachen bei der Universität Bonn und von 1997 bis 2008 Leiter der Forschungsstelle Modernes Japan. 1988 bis 1996 Gründungsdirektor des Deutschen Instituts für Japanstudien der Philipp-Franz-von-Siebold-Stiftung, Bundesministerium für Wissenschaft und Forschung. 2008 bis 2013 Special Appointed Professor am Institute for International Japanese Studies der Hosei University, Tōkyō, und Gastforscher am Tokyo National Museum.

Publikationen: Ryūkyū in World History. 2001. – Japans Schönheit, Japans Seele. Katalog der Kunst- und Ausstellungshalle der Bundesrepublik Deutschland. 2003. – (Mithrsg.) Modern Japanese Society. 2004. – The Road to Japan. Social and Economic Aspects of early European-Japanese Contacts. 2004. – Der Russisch-Japanische Krieg 1904/05. 2005. – Japanese Collections in European Museums I–V., 2005–2016. – Zahlreiche Feldstudien und Aufsätze zu Religion and Gesellschaft auf Dorfebene in verschiedenen Regionen Japans, zu den historischen Kontakten Japan – Europa, zum Kulturtransfer und zu Sammlungen japanischer Kunst in Europa.

Regine Mathias

Geboren 1950. Studium der Japanologie, Sinologie und Geschichte in Bochum, Fukuoka und Wien. 1977 Promotion an der Universität Wien mit einer Arbeit über die Herausbildung der Lohnarbeit im japanischen Bergbau. Von 1996 bis 2016 Inhaberin des Lehrstuhls für Geschichte Japans an der Ruhr-Universität Bochum; seit 2016 tätig am Centre Européen d'Études Japonaises d'Alsace (CEEJA). Forschungsschwerpunkte: Japanische Sozial- und Wirtschaftsgeschichte; Alltagsgeschichte des modernen Japan.

Publikationen: Female labour in the Japanese coal-mining industry. In: Janet Hunter (Hrsg.): Japanese Women Working – Past and Presence. 1993. S. 98–121. – (Mithrsg.) Japanische Frauengeschichte(n). 1995. – *Shokugyō fujin*: »Emanzen« oder brave Töchter? Zur Geschichte der modernen Frauenberufe in Japan. In: Ilse Lenz / Michiko Mae (Hrsg.): Getrennte Welten, gemeinsame Moderne? Geschlechterverhältnisse in Japan. 1997. S. 123–150. – Soziale Bewegungen im Japan der Vorkriegszeit – eine sozialhistorische Einordnung. In: Claudia Derichs / Anja Osiander (Hrsg.): Soziale Bewegungen in Japan. 1998. S. 15–34. – (Mit Katja Schmidtpott) Wohnverhältnisse der städtischen Mittelschicht 1905–1970: Bilder und Wirklichkeiten. In: Japanstudien. Jahrbuch des Deutschen Instituts für Japanstudien der Philipp-Franz-von-Siebold-Stiftung. Bd. 13 (2001) S. 89–151. – Alltagsgeschichtliche Ansätze in der japanischen Geschichtswissenschaft. In: Hans Martin Kraemer / Tino Schölz / Sebastian Conrad (Hrsg.): Geschichtswissenschaft in Japan. Themen, Ansätze und Theorien. Göttingen 2006. S. 189–212.

CHRISTIAN OBERLÄNDER

Studium der Medizin, Japanologie und Public Administration in Bonn, Tōkyō und Boston. Promotion und Habilitation an der Universität Bonn. Professor für Japanologie am Institut für Politikwissenschaft und Japanologie der Martin-Luther-Universität Halle-Wittenberg.

Publikationen: Zwischen Tradition und Moderne: Die Bewegung für den Fortbestand der Kanpō-Medizin in Japan (1874–1895). 1995. – (Mit Gerhard Krebs) 1945 in Europa und Asien. 1997. – Japan – ein ostasiatischer Wohlfahrtsstaat? Wohlfahrtspluralismus und Zivilgesellschaft in Japan seit dem Zweiten Weltkrieg. 2001. (Mithrsg.) Wahrnehmungskulturen. Erkenntnis – Mimesis – Entertainment. 2008.

DETLEV TARANCZEWSKI

Geboren 1947. Studium der Ostasiatischen Philologie und Geschichte (Japan), der Soziologie, Politologie und der mittelalterlichen japanischen Geschichte an der Johann Wolfgang Goethe-Universität Frankfurt am Main und der Tōkyō Metropolitan University. Promotion Frankfurt am Main 1982. Habilitation Bonn 2002. Privatdozent für Japanologie, Institut für Orient- und Asienwissenschaften, Universität Bonn.

Publikationen: Lokale Grundherrschaft und Ackerbau in der Kamakura-Zeit – dargestellt anhand des Nitta no shō in der Provinz Kōzuke. 1988. – Some Aspects of Local Rule in medieval japan. In: Japan Forum 3.2 (1991) S. 341–350. – The Creation of Self-Government and Local Leadership in Central Japan from ther Fourteenth to the

Sixteenth Centuries. In: Ian Neary (Hrsg.): Leaders and Leadership in Japan. 1996. S. 26–38. – Der pflügende Herrscher – »Förderung des Ackerbaus« in der Ikonographie benevolenter Politik. In: JapanWelten: Aspekte der deutschen Japanforschung. Festschrift für Josef Kreiner. 2000. S. 289–303. – Japan, der Feudalismus, Westeuropa, Ostasien. In: Hans Martin Krämer / Tino Schölz / Sebastian Conrad (Hrsg.): Geschichtswissenschaft in Japan. Themen, Ansätze und Theorien. 2006. S. 31–64. – Frauen des Kriegerstandes. In: Samurai. Hrsg. vom Historischen Museum der Pfalz, Speyer. 2008. S. 142–151. (Mithrsg.) Chûsei Nihon to Seiô-takyoku to bunken no jidai [Mittelalter – Epoche der Dezentralisierung und Machtteilung. Japan und Westeuropa im Vergleich]. 2009.